U0824964

中国政法大学法学
实验班研讨课系列丛书

丛书主编：焦洪昌

法理学研讨课

（文献卷）

雷　磊　主编

JURISPRUDENCE
SEMINAR

法律出版社
LAW PRESS·CHINA
北京

图书在版编目(CIP)数据

法理学研讨课. 文献卷 / 雷磊主编. -- 北京 : 法律出版社, 2022(2023.12 重印)
(中国政法大学法学实验班研讨课系列丛书 / 焦洪昌主编)
ISBN 978 - 7 - 5197 - 6207 - 0

Ⅰ. ①法… Ⅱ. ①雷… Ⅲ. ①法理学 - 文集 Ⅳ. ①D90 - 53

中国版本图书馆 CIP 数据核字(2021)第 227992 号

法理学研讨课(文献卷)
FALIXUE YANTAOKE (WENXIANJUAN)

雷 磊 主编

策划编辑 高 山 黄倩倩
责任编辑 高 山 黄倩倩 邓颖君
装帧设计 汪奇峰

出版发行 法律出版社
编辑统筹 学术·对外出版分社
责任校对 王晓萍
责任印制 陶 松
经　　销 新华书店

开本 710 毫米×1000 毫米 1/16
印张 27.75 **字数** 420 千
版本 2022 年 8 月第 1 版
印次 2023 年 12 月第 4 次印刷
印刷 唐山玺诚印务有限公司

地址:北京市丰台区莲花池西里 7 号(100073)
网址:www.lawpress.com.cn
投稿邮箱:info@lawpress.com.cn
举报盗版邮箱:jbwq@lawpress.com.cn
销售电话:010 - 83938349
客服电话:010 - 83938350
咨询电话:010 - 63939796
版权所有·侵权必究

书号:ISBN 978 - 7 - 5197 - 6207 - 0
定价:98.00 元
凡购买本社图书,如有印装错误,我社负责退换。电话:010 - 83938349

丛书总序

起源于西方的现代大学教育模式中，法学课程大体包括三种类型：第一类是讲授课，即通常所说的“大课”，以教师讲授特定法学学科的基本知识和基本原理为主；第二类是案例研习课，在学生掌握了基本知识和原理后，由教师准备实务案例，组织学生进行案例分析研讨，以传授和培养学生的法律思维与解题能力；第三类则是研讨课，即所谓的“席明纳”（Seminar），由教师在特定学科内设计一定数量的主题，指定相关阅读材料并让参加课程的学生分组作报告，组织全体学生予以讨论、批评与辩驳，以达到培养问题意识、学会学术论证之目的。虽然中国法学教育起步较晚，但近年来许多大学法学院也都纷纷开设了以上三类课程。

中国政法大学法学院承担着“法学人才培养模式改革实验班”的培养任务，以培养“宽口径、厚基础、应用型、复合型”的法律人为目标，经年来积累了相当多的改革探索经验，也为社会输送了大量的法治人才。但是，在实验班的教学过程中也陆续暴露出了一些问题，其中一个就是讲授课、案例研习课与研讨课的分工不明确。从任务设定的角度看，基础知识、实践运用与理论深化应当是对应于三类课程的基本诉求，但在实际授课的过程中，内容重复、区分度不明显成为学生反映较多的问题。就研讨课而言，其中一个重要的原因或许在于组织授课的教师和参与讨论的学生缺乏一个“可触及”的文本，编取反映本学科重大理论问题和学术传统的经典文献，配之以辅读材料，设计问题，按照授课周次按图索骥去展开逐渐深入的研讨，以提升学生的学术能力。鉴于此，我们组织编纂了这套“中国政法大学法学实验班研讨课系列丛书”，并依托法学院的相关专业，首批推出了三本读本，即《法理学研讨课（文献卷）》《法理学研讨课（案例卷）》《中国法律史研讨课》。

“水尝无华，相荡乃成涟漪；石本无火，相击而发灵光。”研讨课读本仅仅是一种静态的载体，但它却可以开放和容纳动态的学术讨论活动。我们所希望的,是使其有限的文本承载无限的意义和可能性,成为大学法学智识教育的起点。此外,这套丛书虽然以法学院的教学实践为根基,但对兄弟法律院校的同类课程教学未尝没有参考的价值,故而我们不揣冒昧,使之通过出版成为公共资源,以求有裨益于杏林,并能进而求教于方家以臻完善。

中国政法大学法学院院长　焦洪昌

2019 年 5 月于北京

本 卷 序

《法理学研讨课》(以下简称《法理学》)包括“文献卷”与“案例卷”两卷，是一份以法学本科生为目标受众，以法理学研讨课之教学辅助为自我定位的参考读物，尽管它对法学理论专业的研究生和其他法理学爱好者或许同样有所助益。

由于法理学属于理论法学学科，所以一般来说只设有讲授课和研讨课两类课程。各校法理学的讲授课大多会有自己的指定教材(如较为流行的“全国高等学校法学专业核心课程教材”)，且有的比较强调与法律职业资格考试内容的衔接性。而法理学研讨课则属于任课教师自由发挥的空间，不同的教师由于学术背景、个人兴趣的差异，课堂教学的内容呈现差异化的风格。这固然是学术多元的体现，也是法理学学科内在丰富性的要求使然，但也带来了一定的问题。站在学生的角度来看，最大的困惑来自两个方面：其一，究竟哪些主题才属于法理学领域？法理学给人的感觉是包罗万象的，似乎用“排除法”排除掉部门法(教义学)之后的余数基本都可以被扫入法理学这个“杂货袋”中。换言之，似乎只要对法律现象进行逃脱于实在法制度之上的理论思考，都可被归为“法理学”。但什么都管的另一面就是什么也管不了，甲说乙说随便说，谁也说服不了谁，不如部门法学那样具体而明确。其二，究竟哪些问题才属于法理学中的重要问题？这一问题又体现在两点上。一是哪些文献属于法理学的重要文献。法理学从古希腊迄今已有两千多年的历史，涌现出了无数的文献和为数不少的经典，但经典之所以是经典，要么是因为它提出了法理学上的重要问题，要么是将对某个重要问题的回答往前推进了一步。二是哪些案件是法理学可以也必须出场的案件。法学属于实践性学科，法理学作为其一部分也不例外。它要证明自己的“重要性”，就必须要体现，至少在某些法律实践的场合(我们一般视为“疑难案件”的场合)，仅仅凭借部门法教义学无法充分应对，回避不了法理学层次的思考。当然,这些场合往往也就是法理学中的重要问题出现的场合。回答不了这两个问题,法理学就必然要面对“冗余”和“无用”的指责。

鉴于此,《法理学》的选编遵循了两大原则:一是固有性。所谓“固有性”,指的是只围绕法理学(法哲学)的固有主题来设计,而不涉及晚近兴起的那些交叉学科研究,如法社会学、法经济学、法人类学、法律与文学、法律与认知科学、比较法学等。这些通常被归入宽泛意义上的法理学的分支,尽管在主题上与法理学(法哲学)有所交叉,但无法充分展现后者本身的传统与特色。参考德语学界的一种被相对广泛接受的划分,我们将法理学分为法概念论、法认识论、法伦理学和法制度论四个分支(详见本卷“绪论”的导言部分)。换言之,《法理学》将完全围绕法哲学的传统问题来选择材料、设计提问、展开讨论。我们所希望的,是让学生明白法理学(法哲学)的核心问题之所在,避免从一开始就误入歧途。

二是经典性。根据本校故往法理学研讨课的开设情况,大体上研讨内容可以分为两类,一类是文献研讨,另一类是案例研讨。文献研讨是教师设计法理学主题,指定阅读文献,组织讨论,以期对法理学之重要问题,在掌握前人之理解(文献)的基础上予以批判性反思和推进。案例研讨则是以案例为引来导入法理学的重要问题,进行讨论和争辩,明了法理学争议(理论争议)对于法律实践(实践分歧)的影响。基于此,《法理学》在选材上紧紧围绕“经典文献”和“经典案例”的思路,萃取在相关主题上绕不过去的基本文献和案例,作为研讨课的基本依凭。这些文献和案例由本书的编纂者集体讨论商定。虽然个人前见无法绝对避免,但尽可能地照顾到了不同的学术传统,也顾及了文献和案例本身的影响力(有的已有历史证明)。《法理学》的两卷,即“文献研讨”与“案例研讨”,既有结构上的对应性,也有各自的特殊性。结构上的对应性是指两卷都以上述法概念论、法学方法论、法伦理学和部门法理学作为编纂框架,读者在使用时可以对照文献和案例进行阅读,明了同一主题之问题在理论文献中的形态及在案例中的作用。特殊性指的是文献和案例也并非严格一一对应(这自然是无法做到的),选择时也有各自的特殊考虑,格式上自成一体,读者在使用时也可以将它们分开来,作为两种独立类型之法理学研讨课的辅助读物。

《法理学》得以完成,端赖诸人之功。本卷的分工为(以章节先后为序):

雷磊(中国政法大学法学院教授):绪论、第一部分、第三部分;

朱明哲(中国政法大学比较法学院副教授):第二部分;

孙海波(中国政法大学比较法学院副教授):第四部分。

全书由雷磊负责统稿。

对诸位志趣相投之同道的协力合作,在此深表谢意。同时,对于法律出版社高山编辑的美意相邀及其与邓颖君编辑的辛勤付出,亦一并表示衷心感谢。

美国法理学家罗纳德·德沃金(Ronald Dworkin)曾言:法理学不是“在阴雨天猜谜做游戏”。从这个意义上讲,对任何真正之法理学问题的研讨——无论是文献还是案例——都不只是假想玄谈和坐而论道,而同样有着深切的现实关怀,尽管这种关怀的表现方式并非那么直接。但正如德国哲人雅斯贝尔斯(Jaspers)所说,哲学并不是给予,它只能唤醒。《法理学》的用意并不在于向学生灌输和教导什么,而更多的是引发学生培养问题意识,对既有的材料进行批评性审视,推进对重要问题的思考。如果能向这个方向推进哪怕是小小的一步,那么一种美好的、有尊严的法理学当可期待。

雷　磊

2019 年 4 月于北京

目　　录

绪　论　什么是法理学

第一部分　法概念论

第二部分 法学方法论

第三部分　法伦理学

第四部分　部门法哲学

绪　　论

什么是法理学

导　言

“法理学”本身就是一个众说纷纭的概念。为此，有必要首先来澄清它的外部结构与内部结构。按照德国传统的二分法，法学可以被一分为二，即法教义学（Rechtsdogmatik）与基础研究（Grundlagenforschung）。前者又可进一步区分，如围绕现行民法展开的民法教义学、围绕现行刑法展开的刑法教义学等。部门法学知识的主体就是这些法教义学，它们是以内在参与的立场研究个别规范的分支学科。它们是狭义上的法学，也构成了我们今天法学教育的主体。与此不同，基础研究则从别的学科视角出发来研究法律，比如，从哲学角度研究法学就是法哲学，从历史学角度研究的就是法史学，从社会学角度研究则形成法社会学，等等。如果说法教义学的研究以“适用”为导向，围绕现行实在法的解释、建构和体系化来展开的话，那么基础研究就更加“理论”化，它们旨在为法教义学提供更加厚重的基础和宽泛的视野，使法学不仅是一门技艺，而且也成为一门学问和科学。作为基础研究组成部门的法哲学就意图对法学问题进行哲学思考、反思与彻底化，为法学知识提供哲学基础。当然，今天意义上的“法理学”还不完全等同于这里说的法哲学，它还包括了法理论（Rechtstheorie）。法理论的研究起源于19世纪中后叶德国的“一般法学说”，其基本旨趣在于，受实证主义思潮支配下的形式—结构向度的影响，去研究法学的基本概念、基本结构及其一般基础，从而摆脱德国传统上价值色彩浓厚的法哲学的桎梏，为法教义学提供法学自己的“总论”。所以，法理学就包括了法哲学与法理论两支,前者是关于法的一般哲学理论,而后者是关于法的一般法学理论。

本书聚焦于关于法的一般哲学理论。法哲学的基本问题意识来自哲学,是哲学问题在法学领域的投影。哲学的基本问题有三组:(1)本体论问题:这个世界由哪些事物组成?事物的本质是什么?(2)认识论问题:我们能否获得关于世界或事物的知识?如何获得关于世界或事物的知识?(3)价值论问题(伦理学问题):我们采取怎样的行动才是对的或正义的?怎样的生活才是善的或美好的?它们分别涉及客体、主体—客体以及主体—主体的问题。这三组问题投射到法学领域,就形成了一般法哲学的三个分支:(1)法概念论问题:法是什么?[①] 法律规范的特性是什么?法律与道德之间有无概念上的必然联系?(2)法认识论问题:法律知识是否可能?如何获得法律知识(或:获得法律知识的方法是什么)?法学是一门科学吗?后两个问题构成了法学方法论思考的起点。(3)法伦理学问题:[②]什么是善或正义的法律?具体演变而来的问题包括,能否用法律强制实施某种道德?公民是否以及为什么要服从于法律?法治作为一种政治理想的要求是什么?等等。[③] 但是,法哲学除了严格对应于哲学三组问题的一般法哲学之外,还包括特殊法哲学(部门法哲学)。法学与哲学的最大不同之处在于,它无论如何需要面对具体的法律制度,作为法学组成部分的法哲学同样如此。部门法哲学构成了法哲学的第四组问题,即法制度论问题,它追问的问题的是:人类的各个重要的法律制度(契约、刑罚、财产、婚姻家庭……)的基本原理或正当性基础何在?当然,法制度论的背后依然涉及概念论与价值论的问题,因而与一般法哲学无法决然分割。但毕竟它们在研究对象上有所不同:一般法哲学直接面对"法"这一总体对象,而部门法哲学则研究组成这一总体对象的具体法律制度。

---

① 之所以称为"法概念论",而不是"法本体论",是因为当代法哲学研究深受以罗素和维特根斯坦为代表的哲学的语言转向的影响,其最著名的代表就是当代分析法学者哈特(H. L. A. Hart)。如果说传统的法本体论争议直接围绕"法律的本质是什么"这一问题展开的话,那么在当代,提问与追问的方式都发生了很大的转变。"法律的概念是什么?"或者说"如何给法下定义?"成为法概念论的主要关切点。

② 在德语传统中,这一问题也被表述为"正确法"(richtiges Recht)问题。

③ 有必要指明的是,法概念论与法伦理学之间的区分,只有站在特定的法哲学传统,即法律实证主义的立场上才能成立,自然法学的传统会否认这一区分。但毕竟从逻辑上而言,这是两组可分离的问题。

依循上述思路，本书按照“法概念论”“法学方法论”“法伦理学”“部门法哲学”的框架，加上“绪论”部分，从法学思想史上萃取了16篇经典文献作为研讨课的主读文献，以应和16周次的课程。这些文献，有的是完整的论文，有的则节选自作者的专著。它们相对于整个法哲学的传统而言可谓“沧海一粟”，但它们基本照顾到了英美和欧陆传统中的代表性人物与作品。上述五个部分，每个部分在开始之处都按上了“导言”，一是对本部分的基本问题意识进行交代，二是简略介绍本部分所选篇目及选择原因。围绕每篇主读文献，也相应编排了四个部分：(1)引言：交代本篇文献的背景、主题和主要观点。(2)正文：刊印主读文献。(3)辅读文献：列举与主读文献之主题相关的重要参考文献，尽量涉及正反两方面的观点。由于篇幅关系，只列明辅读文献的来源信息，帮助读者查询。(4)问题讨论：围绕主读和辅读文献，设计相关的提问，帮助读者展开研讨。当然，这些问题未必是穷尽性的，读者当然可以自行提出更多的问题。

文献一 [德]罗伯特·阿列克西:《法哲学的本质》

【引 言】

如何理解"法哲学"关涉我们现在所要从事之活动(小到参加这门研讨课,大到今后你们中的一些人可能要从事的专业研究)的自我理解。任何学科要对自己所从事之活动的性质进行把握总是困难的,因为它涉及的是一种二阶观察。这不仅要求论者曾对法哲学的问题进行过深入而系统的研究,而且要能适度抽身于这种(一阶的)研究,躬身自省,达到反思均衡和系统把握的程度。尤其是,不因自己的前见和预设的立场将某些研究"天然地"排除于法哲学的研究之外。换言之,论者要根据论域、而非立场来界定法哲学的疆域。同时,他既要对法哲学核心问题的讨论现状有直观,又要对不同主张的思路及其论证有宏观洞察。

在许多关于法哲学本身的作品中,我们选择了当代德国法哲学家罗伯特·阿列克西的《法哲学的本质》一文,主要是基于以下几点考虑:其一,作为当代最具有影响力的学者之一,阿列克西不仅直接参与了法哲学核心领域的国际论战,而且具有非常强的概念化能力与宏观框架的建构能力;其二,既继承了传统德国法哲学的观念,又接受了英美分析哲学的基本工具,能兼顾不同的学术传统;其三,文风简洁、举重若轻、逻辑清晰,便于阅读和把握。

阿列克西认为法哲学专注于思考法律的本质问题。关于法律之本质的论争围绕三个问题展开,即法律属于何种类型的实体、法律如何与现实世界相关联(法律的现实性)、法律与道德的关系(法律的正确性)。第一个问题涉及规范与规范体系,第二和第三个问题则关涉法的效力。法律是一种规范或规范的体系,这一点毫无疑问。有疑问的是,在本体论的意义上,规范是什么？是意义的承载物还是事实的动因？属于社会学或心理学现象，还是属于独特的精神现象？规范是法哲学中最为抽象和基础的概念，也会影响到法律推理。“法律的本质是什么”这一问题可以被转变为“法律的必然特征是什么”。第二个问题涉及法律的一个鲜有争议的必然特征，即强制或者强力。强制与法律之间的必然联系来自于实践上的必要性，也即法律实施的必要手段。第三个问题涉及法律的另一个有争议的特征，即正确性。正确性问题涉入了法律与道德之间的关系。法律实证主义与非实证主义之间围绕这一关系问题的特定版本展开争论。“道德包含在法律之中”的主张对当作法律正当性的评价标准、对法律的创制和适用以及阐明法律的界限都有意义，但也会产生许多问题。上述法哲学问题面临着本体论、伦理学和认识论方面的挑战，这需要用反思性、体系性和包容性的思考来应对。

或许每一种对法哲学之本质的思考都带有特定的理想和诉求，而对法哲学本质的不同理解也必然是不同版本之理性和诉求之间的竞争。

【正　文】

法哲学的本质

［德］罗伯特·阿列克西

哲学，就是对于实然与应然（或者善）以及，对“关乎此二者的知识何以可能”这一问题的概括与系统的反思。法哲学，则是在与法律相关联的情况下提出以上这些问题。在此过程中，法哲学专注于法律之本质为何的思考之中。指向法律本质的这一论争主要围绕三个问题。问题之一，法律存在于何种类型之实体之中，以及此种实体通过何种方式联结成为我们所谓的“法律”这一核心实体？答案是，法律是由作为意义承载物的规范组成的一个规范体系。问题之二，法律规范作为意义的承载物如何与现实世界相关联？此种关联可通过“权威颁布”和“社会实效”得到理解，当然，就后者而言，强制或强力也是不可或缺的。问题之三，关于法的正确性或正当性，此处又涉及法律与道德的关系。探究法的本质就需要揭示以下诸概念——

“规范意旨”、“权威颁布”、“社会实效”以及“内容正确性”——之间的必要联系。

法哲学的本质与以下两个问题相关。首先就是哲学的本质,其次是我们所谓“法哲学”作为哲学所独有的特征。

一、哲学的本质

哲学因其庞杂的流派、方法、类型、主题和理念而难以清晰界定其本质。对于哲学本质的概括解读使我们可以得出以下假定,即即使不是所有,至少历史上大部分在此领域内出现过的迥然不同的哲学概念之中存在某些共同之处,正是因此,我们才可以设想哲学的“核心意义”或者说哲学的概念。

哲学这一概念最重要的特征或许当属“反思性”。哲学具有反思性是因为哲学乃是“对于思考的思考”。哲学所以具有此一特征是因为哲学的课题——人类构想的实践,这些构想一方面是关于自身、世界及其他观念;另一方面是关于人的行为——本质上都是为理性所决定的。

对于世界、自身及其他观念的概念化把握得到了“实然”这一概念。而对于行为的认识却得到了应然或者善的假设。思考实然的一般问题被定义成作为本体论的形而上学;而探究应然(或者善)的问题的学说则被称作伦理学。人类实践并不是单纯立足于对以上两个问题的解答,毋宁说大部分情况下,本体论以及伦理学是隐含在实践之中的,然而实践还应当包括——在大部分情况下同样也是隐含其中的——对于第三个问题的解答,即“如何证明实然与应然(或者善)的信念?”,而这被称作“认识论”。哲学试图将原本隐含在人类实践中的本体论的、伦理学的和认识论的假设加以明确化。

明确的反思对于哲学的本质来说实属必要,但未到充分的程度。如一个憎恶学生在课堂上咀嚼口香糖的老师或许也会分析自己这种态度产生的原因,但这并不足以使其成为一名哲学家。反思如果想要真正得到本质上的哲学化则必须伴随有两种至关重要的特征。即这种反思必须是关于一般或根本问题的反思,并且,这种反思是体系化的。职是之故,最简要且最短,然而事实上又不免复杂的定义或许如下所述:哲学,是对于实然与应然(或者善），以及二者何以可能的概括的系统的反思。

无论如何，以上阐述的内容是无法宣称它已经概括了哲学的所有课题的——这一定义的简洁性排除了这一可能。尽管如此，即使一个远比其复杂的解释也是无法穷尽哲学的本质的，因为，即使哲学是一个概念化的活动，我们赖以解释其本质所使用的全部概念之后或概念之中或许还存在某些无法以概念化方式加以把握的东西。是故，我们的解释仅能尝试着提供关于法哲学本质解答的一个起点。人们或许会假设这一问题——如同法哲学自身——有某种自治性，所以我们毫无疑问地需要了解哲学的一般的本质，而这仅仅是第一步，并非将其作为我们理解法哲学本质所立基的最终和完全的基础——如同地基之上建立的房子。

我对哲学是“实然与应然（或者善）以及此二者在知识上何以可能的概括的系统的反思”这一定义——尽管它是一种极端的抽象和相当试探性的假设——导出了三个对于我们的目的相当重要的推论。其一，反思具有批判的维度。反思实然与应然（或者善）以及如何得到以上二者——就是追问和探讨何为客观的存在、何为真实的或者正确的以及何为正当的。如果有人将“规范性”描述为如何区分正确与不正确的能力的话，那么这类问题就是规范性问题。因此，哲学——作为一种反思的工作——当然也就具有一种“规范”的面相。其二，一般化和体系化的特征导致了哲学具有分析以及综合（或者整体化）的特点。分析这一面相被描述为：人们认识并且明确化我们生活其中的自然世界和社会世界的基本结构以及用以把握以上二者所需要的基本观念和基本原则的尝试。一旦失去分析的特点，哲学在实质意义上的概括化或者体系化的努力都将付之阙如。

在法哲学中，分析的这一特征是与诸如规范、“应当”、人、行为、制裁、制度等概念相联系的。而综合的这一面相被定义为将以上诸概念统一成一个连贯的、一致的整体的尝试。这样的一个相当根本和一致的关于实然、应然（或者善）以及“我们能够知道什么”的图景就是哲学的调整性理念，或者简单地讲就是终极目标。这就意味着哲学必须是整体性的。是故，我们上文关于哲学的定义必须用以下这些早已为上文的定义所暗示了的诸多特质加以补充，也就是说哲学的定义应当包含这些：哲学是规范的（或批判的）、分析的并且整体的（或综合的）。关于哲学的定义中的三个概念（反思的、一般的、体系的),以及推论中的三个概念(规范的、分析的、整体的),仅仅是从不同角度描述同一个东西而已。

二、前理解以及论争

法哲学作为哲学,是一种概括的系统的反思,并且它——正如一般的哲学一样——拥有规范的、分析的、整体的诸多面相。它的独特之处在于只有"法律"才构成其考察的对象。法哲学并不是一般地指向实然、应然(或者善)以及"我们能够知道什么",它是在与法律相关联的情况下提出以上这些问题。在与法律相关联的情况下提出以上这些问题就是追问法的本质。这也就自然而然地导向了探究法律本质的法哲学的定义。

然而,这么做似乎会导致一个问题。这个循环的问题乃是基于这样的一个事实:一方面,如果不使用法律的概念法哲学将难以定义;另一方面,法哲学又肩负着解释法律为何这一使命,而这一使命是以探究法律本质的面目出现的。在未能道明法律为何物之前我们是无法厘清法哲学为何的,那么法哲学在这一状况下又如何着手探寻什么是法律呢?在此,与其认为这个循环是恶性的,毋宁说它是良性的。因为这只是解释学循环的版本之一,并且它最终将通过和其他变异的解释学循环一样的方式被解决:即由着手实践时提出的前理解开始,通过批判的系统的反思来阐释它。

对于法律的前理解并不能仅仅是一个本身即相当复杂的实体的前理解。除这一复杂性之外尚有另一复杂之处,即对于法律的前理解委实种类繁多:理解法律的尺度从霍姆斯(Holmes)的外在观点——"坏人"到德沃金(Dworkin)理想主义的内在观点——法官 Hercules。法哲学作为一项同时带有体系性质和批判性质的工作不能从单独的一个前理解出发,它需要将这些观点全盘纳入考量,并且,更重要的是,需要分析以上全部观点所表达法的所有特征相互之间的联系。

我们需要全盘考量的首先是这些关于法律和法哲学前理解,其次是法律的多种特征,而所有以上这些都为我们展现出某一各种方法和各种特征的列表式的理念。但是问题在于,我们如何拟制这样的一张法律和法哲学的列表呢?简单地撷取和搜集历史上出现过的以及当下呈现在我们面前的每一种方法和特征,诚如康德(Kant)所言,"充其量只是任意的集合而非一个理性的体系"[①]。我们甚至无须论证就可以指出这样的做法是与哲学体系的、批判的特征相背离的。哲学化的反思是需要成体系的。当然,指出"一种简单的集合"——或者如康德所言"一首叙事诗是不够的"——要远比指出如何建立一个充足的概念体系或者框架来得简单。或许,以上问题的最佳解决途径也许在于系统地分析比较当前关于法律本质的各种论辩,而绝非简单地运用一个抽象的法律理论。作为对法律本质的思考,没有其他做法比上文所述的更契合法哲学的一般性特征。

三、三个问题

关于法的本质的论辩围绕着三个问题展开。第一,法律存在于何种类型之实体之中,以及此种实体通过何种方式联结成为我们所谓的"法律"这一核心实体?这个问题与规范以及规范体系这两个概念相关。而第二和第三个问题则关涉法的效力。其中,第二个问题涉及法的真实的或者事实的这一面相,而这正是法律实证主义的领域。在这里,我们需要区别两个中心,其一决定于权威颁布的概念,其二决定于社会实效的概念。关于法哲学本质的第三个问题则是与法的正确性与正当性相关。在这里,主要的问题是法律与道德之间的关系。探讨这个问题实际上就是探究法所具有的批判的这一面相。正是以上三个问题相结合的这种三元组合设定了关于法律的本质这一问题的核心。

上文的这种三元划分可以宣称是完全的、中立的以及系统的。首先,只有当这种三元划分能够吸收任何有关法律本质——支持抑或反对某个观点——的论辩时,它才可以宣称是全面的。而是否达到这个标准的唯一方法就在于用尽可能多的批评性的例子来确证我们的三元模型。其次,只有当这个模型不会对它所容纳的论辩表现出自己的偏好时,它才可以被认为是中立的,验证的方法同上。最后,想要宣称这种模型是系统性的则要求它能够展现出法律本质的一幅连贯且一致的图景。在此,除了一种连贯且一致的记述作为确证方法之外别无选择。

到此,我们可以对最后一点加以概括,即我们只有通过详细推敲与法律

---

① See Kant:"kein *Vernunftsystem*,sondern bloß(ein) aufgerafftes Aggregat sein würde."

本质的三个问题的解答相关的理论,才能使法哲学的本质变得尽可能清晰。然而,问题的症结在于,不仅单独的个体无法发展出一套如此完美的理论,甚至,有人会怀疑这种完美理论的理想到底能否达致。幸运的是,出于认知的目的,我们并不需要知道一切。作为一种为达到我们的目而将这些典型问题放入其中加以讨论的框架,上文的这种三元模型已经可以满足上述要求。

四、四种观点

在将以上三个典型问题纳入我们的三元模型之中思考之前我们必须确证四个观点。此种确证再次确认了这种三元模型的效力。第一个观点认为,法哲学并不受制于这些与法律相关的特殊问题,任何有关于哲学的东西都可以提出来在法哲学中进行探讨。也就是说,法哲学实质上包括一般哲学所探讨的各种问题,这种观点我们可以将它称作"一般性质命题"。第二个观点则主张,存在法哲学上的特殊问题。持此观点者的理由是法律所特有的性质,这些性质在于法律总是权威性的、制度化的、批判性的或者理想化的。以上论调属于"特殊性质命题"。观点之三着眼于法哲学与其他实践哲学领域之间的特殊关系,尤其是道德哲学和政治哲学。我们将这种观点称为"特殊关系命题"。最后一种观点超越了以上三者,也就是说,这一观点并不是简单地作为与它们并列的第四种观点出现的,它的理念在三者之后出现。依这种理念,只有将以上三种观点全部——而不是其中一种或者两种——纳入考量范围,法哲学才可能实现其目的。这就是法哲学的包容性理想。

然而,尽管我们的三元模型宣称它是中立的,但这四种论点却并非是中立的,因为它们对于问题的解决早已有了各自的判断。当我们把这个包容性的理想与某种类似于"自制性准则"的观点相比较之后,情况就显得明朗了。自制性准则中某个激进的版本主张:第一,法哲学不应当拘泥于一般意义上的哲学所关注的问题;第二,法哲学应当着眼于法律的权威性、制度性等特征;第三,法哲学应当把批判的规范性问题交给道德哲学和政治哲学加以解决,并且,给予道德哲学和政治哲学的领域的应当超越它们目前所及之界限。这一自制性准则反映出一幅根本不同于包容性理想的图景。在这里，法哲学已经变成了法律的司法理论，并且，已经脱离了一般哲学、道德哲学和政治哲学。

在自制性准则和包容性理想之间的这种抉择是一次根本性的抉择。甚至，这种抉择比在法律实证主义和非法律实证主义之间的抉择对于法哲学性质的影响来的更为深远。因为后者的抉择至少是在法哲学领域之内，而前者的抉择则是在哲学与非哲学之间进行的。这就是与我们的三个典型问题形成对比的背景。

五、实体与观念

对于我们在上文给出的法律存在于何种实体之中这一经典问题，凯尔森（Kelsen）和奥利维克鲁纳（Olivecrona）在20世纪30年代曾给出过答案。凯尔森详细论述了“作为规范的法律”、规范作为“意义”、对“应当”所包含意义的“独特性”，以及作为一种“范畴”的“应当”。这是一种用以描述抽象实体的独特语言。凯尔森坚持规范才是法律的实体，因此，法律这一现象不能够被简约成为社会学上的事实或者心理学上的过程。法律属于“理念事实”而非自然事实，这样的一种理念事实，作为与社会学或者心理学事实不同的一个世界，依弗雷格（Frege）的见解应当是“第三领域”。而与此恰好相左的立场见之于卡尔·奥利维克鲁纳，考虑到凯尔森的见解，他主张“法律规则是——且特别是——案件诉讼中法官行为以及人们相互间交往行为的事实上的动因”。这一问题——作为一个本体论的问题——并不是一个单纯的一般哲学的命题，毋宁是为达致法哲学的本质所必须回答的法哲学上的真正问题！

坚持自制性准则的人可能会反对这种说法，这种说法认为：“对于法学家来说规范在本体论上的地位”这一问题同“对两个地理学家来说他们已经识别并且勘测了某座非洲的高山，然而，此山到底是实际存在或仅仅是想象中存在？”这一问题是同样的无足轻重。对于这种反对意见的回应则认为，实在问题之于地理学家与意义问题之于法律家乃是旨趣迥异的。规范究竟是意义承载物抑或事实上的动因决定了另一个更为深入的问题的答案，即规范能否被设想成一个推论体系的元素从而将它作为论辩的起点，或者，问题之二——规范是否仅仅是因果链条中的一个元素。在前一种情况，通过法律推理达致判决的正确是可能的,然而在后者则只能认为是一种幻想。这表明法律推理的自我理解,以及借以实现的法律的自我认识,在多大程度上决定于本体论的假设。当然,此处存在三种重构本体论假设的方法。然而,仅仅是这一事实——这种重构本体论假设的必要性的存在——足以确证这样一个观点,即法哲学如果失去这些富有真正哲学特征的论辩的话将难以为继。

无论在何种情况下,规范或者应当的概念无疑是法哲学中最为抽象概念的不可替代的候选者。倘若我们从这一层次的抽象的出发,则有关法律的基础性概念乃是借由推理而来的印象将会变得更加深刻。例如,规则与原则之区别是一般规范理论中高度抽象的问题,我们会发现它同法律推理理论之间存在尽管遥远但却难以割舍的联系。如果法律包含了此二者,则法律推理的过程将不可避免地将涵摄与权衡结合在一起。因此,法律推理本质上是被一般实践推理的结构所决定了的。这正是我们不认可法律推理作为一个自治的领域,或者说是独立的、分别于其他论证领域的一个领域的重要理由。

以上这一切都说明为了把握法律的本质,根本性的哲学问题必须加以解答。如果将法哲学从一般哲学那里割裂开来,那么对于法律本质的反思将是不可能的。

六、必然属性

追问某物的本质比追问某物令人感兴趣的并且重要的属性要更进一步。关于法律本质的问题其实就是关于法律必然属性的问题。"必然性"这一概念将带领我们通向哲学的中心。与其类似的概念也是如此,如分析性和先验性,如果没有这些概念,试图理解诸如"某物的本质是什么"之类的问题将变得难以企及。另外,如果没有了解此类问题的结构,我们将无法理解法哲学的主要问题:"法律的本质是什么?";并且对这个问题的无力解答将导致我们无法了解什么是法哲学。

对于在"某物的本质是什么"这类形式的句子中出现的"本质"这一概念下定义,这种定义之所以可能乃是在于"必然性",正是通过"必然性",我们才能够用"法律的必然属性是什么?"这一问题替代"法律的本质是什么?"。

“法律的本质是什么?”这一问题通过必然性等概念(还有比如分析性和先验性)转化成了对于法律特性的揭示。“何者是必需的”这个问题当它与“何者是独具的”这个问题相联系后最终到达了“本质为何”这一终点。以上观点就是“特殊性质论”的见解。

对于法律这一概念来说,两个属性是必须具备的,其一为强制或者强力,其二为正确性或者恰当性。前者与一个核心因素——社会实效相关,而后者则表达了法律的理想或者批判的面相。法哲学的关键问题正是在于探究以上两个属性与法律这一概念之间的联系,以及通过法律这一概念它们二者又具有怎样的关联。全部——或者说基本上全部——法哲学的问题都是决定于以上这一命题的。

强制或者强力与法律的这种联系是否必然这一命题历来是争论的焦点。一种元争论*也加入了有关这一问题的一系列争论之中,这种元争论旨在探求能够被确定是支持或者反对强制或者强力同法律之间联系之必然性的是何种类型之论辩。在此无法详述这些内容。为此,我们将选择对于法哲学本质相关问题具有指导意义的内容加以阐释。

强制和法律之间的联系,相比较而言更为简单。以下这一观点乃是建立在对语言实际用法的概念性理由**之上的,即一个规则和规范构成的体系如果无从授权强制和制裁——即使在个人自卫的情况下也是如此——就算不上一个法律体系,认同此一观点似乎相当自然,因为对于如此一种缺乏强制保障的体系,又有谁会冠之以“法律”之名呢?然而,诸如此类的概念分析就其本身而言也无法提供充分的论证。因为,基于语言实际用法而得到的概念必须时刻演变,也就是说,这些概念必须发展出它们原本所没有的意义以应对变动不居之现实,诚如康德所言“提及此处,尤其是,金、水以及法律的概念——‘对客体而言已属充分’”[①]。是故,在法律(law)这一概念之中包含强制的成分对于作为客体的法(the law)而言亦属充分,因为它反映了

---

* 所谓“元论争”,系指关于论争本身的论争,亦即超越论争之上的论争。此处的意思是,关于法律和强制关系的论争本身所展开的论争。——译者注

** 哈特也曾一度是吉尔伯特·赖尔(Gilbert Rile)开创的“牛津日常语言学派”成员之一,关注语言在使用中的含义。——译者注

① See Kant:“dem Gegenstande adäquat.”

一种必然联系的实践上的必要性。如果认可法律是一项社会性的实践,并且这一实践的基本的形式功能是由诸如法律的安定性、实效性以及潜在性等价值加以表述的,那么,强制在法律这一概念中乃是不可或缺的。这种实践上的必然性——这一表述在某种程度上与哈特的“自然的必然性”相一致——乃是暗含在语言日常用法之中的概念之必要内涵的一种反映。这也表明我们用以指称社会事实的语言也同样适用解释学的原则,即每一人类实践都应当被设想成一种实现其功能以及可能性的尝试。澄清“法律”在概念上以及实践中的必要条件对于我们认识强制在何种意义上作为法律本质的必要属性是颇有助益的。

法律的第二个重要必要属性被认为是正确性。此一见解站在强制或者强力的完全对立面,并且认为正是正确性构成了法律与其他社会现象之间的本质区别。

如同上文所揭示的那样,强制的必要性之基础正是这种通过“手段—目的”关系加以阐释的实践上的必要性,就此而言,这种论证似乎带有一定目的论的意味。然而正确性作为必要的条件却是来自法律行为与法律推理的结构之中,从而带有义务论的特点。将法律所表现出来的这种义务论的结构清晰地展示出来也是法哲学的诸多重要任务之一。

所有有助于展示法律这一结构的方法都可以在此处加以运用。其中之一便是“施为性矛盾(以言行事之矛盾)的建构”方法。举一个例子,某一虚构宪法的第 1 条如下:“X 是一个独立的、联邦制的、并且非正义的国家。”虽然难以否认的是这一条款在某些方面是荒诞不经的,然而,在这一矛盾建构方法之下的理念乃是揭示一种荒诞性,这种荒诞性来自于行为中暗示建构一个正义的宪法,然而表面上却明确地宣称它是非正义的。如果借助以上例子所进行的解释是可行的,并且假设关于正义的声明——属于更广泛的追求正确性的声明的一部分[①]——必然明确地得到表述,那么法律和正义之间的必然联系就得以厘清了。

然而,认识到这一观点将在哪些方面受到挑战也并非难事——只要反

---

① 如果正义能够被定义为关于分配与矫正的正确性,那么正义属于正确性的一部分;See Alexy 1997,105。

对者否认法律必须声明是正确的即可。一旦失去对于正义追求的明确声明,那么在暗示和明示之间的任何矛盾都将归于消弭。因为上文例子中宪法第 1 条中对于非正义的声明只需被解释为权力诉求的一种表达即可。

此处并不是讨论一个规范体系取代通过诉求权力的方式进行的正确性宣称而仍是一个规范体系是否可能的问题。这个问题乃是与法哲学相关,而不是与它的本质相关。然而在此,我们可以说暗含在法律之中的必要的义务论结构的探讨属于法哲学的真正本质。

七、法律和道德

假设法律必然提出正确性宣称这一观点被证明是错误的,那么试图批驳法律实证主义者关于法律独立于道德之外这一观点将变得相当困难。反之,如果这一观点被证明是正确的,那么这一观点将会为法律必然包含着道德论辩这一观点打下坚实的基础。

“道德包含在法律之中”对于解决各种问题相当有助益,然而与此同时这一观点也带来了一些问题,如果我们遵循实证主义者的可分离命题的话本来是可以避免的。道德包含论有助于解决之问题有三:其一,作为法律基础的用以论证法律正当性的根本性评价;其二,法律的正确性宣称对于法律的创制和适用之意义;其三,法律的界限何在。

根本评价问题的某一方面在论及法律与强制之间的关系被归为一种实践上的必然性时已经有所涉及,然而实践上的必然性这一概念又未免含混不清。因为这一缺乏说服力的解释只是将实践上的这一必然性诉诸“手段—目的”的关系,即我们对待目的的选择时仅仅将其作为一个既定的或者假设的事实。这也正是哈特的“自然必然性”意义所在,当然这一论点成立的前提在于我们仅仅将目的理解成“某些相当显而易见的概括……考虑到人的本性以及人所居住的这个世界”。然而,如果法律的一般性目的——如法律稳定性和基本权利的保护——被认为是实践性推理的先决条件时,那么上文的这一观点就必须加以改变,并且,当这些先决条件被认为是法律的要素时此观点将彻底地改头换面。如此一种强有力的关于“实践上的必然性”的解释将为法律提供一个评价性的或者规范性的基础。

道德包含论所要解决的第二个问题是,正确性宣称在法律的制度框架内的实现。疑难案件中的法律推理即其适例:一旦认可道德包含在法律之中,那么在权威性推理缺位的情况下道德推理就可以并且必须参与到法律裁决的正当化过程中来。考虑到法律推理只是更为一般的实践推理的一部分,法律推理理论一直试图证明以上观点。

问题之三是用道德包含说能够加以解决的问题中最为简单的,即法律的界限何在。如果作为法律,不考虑极端非正义的情况——至少从法律体系构成物的角度来说——在不依靠道德推理的情况下对于法律正当性的论证如何可能?

以上这些只是反映了道德包含论的一个方面,而另一个方面——如同上文已经提及的那样——道德包含论也存在严重的问题。对于法律的权威性、制度性结构而言,其中一个主要问题在于道德包含论所主张的道德推理处于一种普遍的不确定性之中,因为道德论证往往倾向于永无休止。在社会生活中,一般而言,通过讨论而取得一项共识是相当困难的。然而,基于实践上的必要性,一项权威判断必须是可替代的。此处的这一论争在于,假设考虑到道德推理不属于法律,那么将道德推理纳入法律推理之中而又不减损后者必要的权威性因素将是不可能的。而考虑这种可能性存在与否也是法哲学的主要任务之一。

问题之二将会更加严峻,即道德知识或者道德论证究竟是否可能。如果主观主义、相对主义、非认知主义或者情感主义等元伦理学上的观点被证实是正确的话,那么所谓提出正确性宣称就将被证明是一种"错误理论",如同麦基业已指出的那样。这就说明通过正确性宣称来吸收道德的做法将会背负起道德知识和道德证立这一认识论上的包袱,而这一包袱委实不轻。

在我们考虑法哲学问题之初就曾区分了哲学的三个问题:关于实然的本体论问题;关于应然(或者善)的伦理学和实践问题;以及关于"我们能够知道什么"的认识论问题。我们在法哲学领域目前所走过的历程表明,法哲学面临着这三个问题的挑战。而这种挑战似乎业已超越了单个个体所能取得的成就,它要求更多。法哲学反思性和体系性的本质需要一种包容的理论来连结这几个问题并使其成为一个连贯的整体,这一理论——就其所处地位而言——必须尽可能地接近法律,并以此保证法律的本质最终能够被真实且清晰地揭示。通过这种方式,我们对于法哲学本质的思考将会随着某种理想的阐释而结束。

(本文为王凌皞译,原载于郑永流主编:《法哲学与法社会学论丛》(2005年卷),北京大学出版社2005年版,第115~127页,收录时个别表述有调整。)

【辅读文献】

1. Robert Alexy and Ralf Dreier, "The Concept of Jurisprudence", *Ratio Juris* 3 (1990), pp. 1–13.

2. Joseph Raz, "Can There be a Theory of Law?", in Martin P. Golding ed., *Blackwell Guide to the Philosophy of Law and Legal Theory*, Oxford: Blackwell Publishing, 2005, pp. 324–342.

3. [英]哈特:《法理学中的定义与理论》,载[英]哈特:《法理学与哲学论文集》,支振锋译,法律出版社2005年版,第23~54页。

4. 颜厥安:《论法哲学的范围及其主要问题》,载颜厥安:《法与实践理性》,中国政法大学出版社2003年版,第3~26页。

5. 郑永流:《法哲学是什么?》,载《法哲学与法社会学论丛》,中国政法大学出版社1998年版,第1~52页。

6. 舒国滢:《走出概念的泥淖——"法理学"与"法哲学"之辨》,载《学术界》2001年第1期。

7. 陈景辉:《法理论为什么是重要的?——法学的知识框架及法理学在其中的位置》,载《法学》2014年第3期。

8. 雷磊:《如何学习法理学》,载《研究生法学》2011年第4期。

【问题讨论】

1. 阿列克西认为法哲学的核心问题是什么?他是如何展开论述的?

2. 阿列克西将法律在本体论的意义上视为是一种规范。(1)什么是规范?卡尔·波普区分过世界一(物理的世界)、世界二(心理的世界)和世界三(精神的世界),规范属于哪个世界?(2)将法律视为规范是近代以后的主流观点,你是否赞成这种观点?为什么?

3.“法律的本质是什么”是否等同于“法律的必然特征是什么”?“法律的必然特征是什么”是否等同于“法律的必要特征是什么”?

4.拉德布鲁赫曾区分“价值的”、“涉及价值的”与“价值无涉的”三个领域,分别对应于法哲学、法律科学与法律的事实研究。照此区分,法哲学就属于一门价值科学。对此你是否赞同?为什么?

5.法哲学的任务仅在于发展出一套更好的理论工具对法律进行描述,抑或同时在于发展出一套对法律进行评价和批评的标准?

6.法哲学与法教义学之间的关系是什么?

第一部分

法 概 念 论

导　言

法概念论的核心问题在于“法是什么?”。如果说传统的法本体论争议直接围绕“法律的本质是什么”这一问题展开的话,那么至少在当代分析法学者哈特(H. L. A. Hart)之后,提问与追问的方式都发生了很大的转变。“法律的概念是什么?”或者说“如何给法下定义?”成为法概念论的主要关切点。对法概念的追问并不是法学家的语言游戏,而具有实践上的影响。这种影响之所以发生,是因为通常情况下我们所使用的法概念本身就内含着效力问题,即法是否“应当被遵守与适用”的问题。说某个法有效通常就意味着我们有义务将它作为行为的标准与裁判的依据。从理论上讲,我们在使用法概念来指称某种对象时,既可以是包含效力诉求的,也可以是不包含效力诉求的。前者被称为“包含效力的法概念”,后者被称为“不包含效力的法概念”。在有的场合,我们会使用不包含效力的法概念,比如,当我们在法制史研究中用法概念来指涉唐代、明代的制度时,就不包含这是“有效的”(应当被遵守和适用)的法这样的诉求,因为它的对象是已经成为历史现象的法了。但在大部分场合,尤其是在法律实践的场合,我们使用的大多为包含效力的法概念,也就是说,当我们主张“这是法”时,已经隐含着我们应当将它作为行为依据,法官应当将它作为裁判依据这层意思了。并且这通常是不需要明言的。设想当一位律师在法庭上试图说服法官适用于本案的“法律依据”是规范 x,最后却承认 x 是个无效的规范。这不仅是荒谬的,而且会被认为由于不当地使用了“法律(依据)”的概念而使整个论证归于无用功。确定法律规范有效是适用它来解决实践问题的前提性问题,而法概念通常包含着效力的标准,这就使法概念可能与法律实践发生关联。当然,在常态下简单案件的场合,由于对相关法律规范的效力不存在疑问(所以效力问题尽管始终存在,但在很多情形中被"自动"忽略了),按照现有的教义学就可以解决问题,所以(包含效力之)法概念与法律实践的关系体现得并不明显。但在不常见的一些场合中,法概念论就需要直接出场。

围绕这一问题,法哲学上长久以来形成了一组经典的对立:自然法学①和法律实证主义。自然法学者认为,法律与道德在概念上存在必然联系(联系命题),而法律实证主义者认为法律与道德在概念上不存在必然联系(分离命题)。它们之间的对立也可以被表述为,前者主张"法律的效力和道德正确性之间存在必然联系",后者则力图将法律效力与对其内容上的道德评价相区分,用实证主义者凯尔森(Kelsen)的话来说,"法律可以有任何内容"。更具体地说,法律实证主义者只将两个要素作为法的概念要素:一个是权威制定性,即法律规范是否由有权机关通过正当程序而制定,是否符合法律体系的授权;另一个是社会实效,法律规范是否从属于一个大体上有实效的法律体系。自然法学者在这两者之外加入了第三个要素,即内容正确性(道德正确性)的要求。与这三个概念要素对应的是法的三种效力概念:法学的效力概念、社会学的效力概念和伦理学的效力概念。换言之,法律实证主义只将法视为与其内容无关的社会事实,法的效力只包括法学和社会学的效力概念,而自然法学则坚持要将(至少是最低限度的)道德要求作为评价其效力的条件,从而将伦理学的效力概念也一并包括进来。

本部分选取或节选了当代法哲学的四篇经典文献,其中两篇来自法律实证主义的传统,另外两篇来自自然法学的阵营。为了不触动其固有的问题意识和行文结构,编者并没有刻意围绕上述核心问题和分歧对文献进行加工和编排,而是保留了它们的原貌。哈特与凯尔森分别代表了英美与欧陆的实证主义传统,两者的智识来源和论证思路上都有所不同。哈特为哲

① 当代一般称为"非法律实证主义",因为该阵营的学者们已不再认为在本体论的层面上存在一种叫作"自然法"的法。

学家赖尔(Ryle)所开创的牛津“日常语言学派”的成员。他致力于依据语言行为理论对法律进行一种“描述社会学”的研究,他在批判其前辈奥斯丁(Austin)“法律命令说”的基础上,提出了双重规则理论,从而更为准确地描述出了作为社会事实的法律。与此不同,凯尔森以新康德主义关于“实然”与“应然”之二分法为基调,以规范的范畴以区别于自然,以相对主义为抓手区分法律与道德,将法律界定为一种以强制为内容的规范,一种社会治理技术,并将法律体系(法律秩序)勾画为以基础规范为顶点的规范体系。拉德布鲁赫(Radbruch)与富勒(Fuller)同样代表了两种不同的自然法路径:拉德布鲁赫与凯尔森一样,均立足于新康德主义的哲学传统,但却因其法理念间关系的调整而逐渐走向包容性非实证主义的立场。作为战后自然法复兴运动的重要代表,拉德布鲁赫基于对告密者案和纳粹审判案件的观察而发出了“来自海德堡的警告声”,提出了被后人称为“拉德布鲁赫公式”的观点。他的观点引起了哈特的质疑,而后又引发了富勒的回应。而后这两位英美世界的伟大学者有各自更为体系性地阐发了自己的观点,形成了 21 世纪的两本名著《法律的概念》与《法律的道德性》。与拉德布鲁赫以法理念为核心的实质主张不同,富勒提出了以法的八项内在道德为基础的“程序自然法”理论。这套主张被后来的学者认为是法治的重要版本之一——“合法性”(legality)主张,甚至引起了某些法律实证主义者[如拉兹(Raz)]的共鸣。由此可见,法概念论之争是十分复杂的,在自然法与法律实证主义各自的阵营内部,同样存在不同的理论脉络和进路。这些进路一方面共同对抗着对立阵营的主张,另一方面又彼此争夺话语资源,从而形成十分复杂的理论争鸣的局面。

文献二 [英]赫伯特·哈特:《法律作为双重规则体系》

【引 言】

哈特是当代英美传统中法律实证主义最著名的捍卫者,也可以说提供了迄今为止这一传统中最为完善的实证主义版本。尽管他理论的很多方面同样遭受到后来学者的批评或修正,但《法律的概念》一书是绝对不可绕不过去的法哲学文本,甚至被认为是 21 世纪英美法哲学传统中最重要的法哲学著作,没有之一。《法律的概念》全书共十章:第一章是全书的总论,在这一章中,哈特提出了本书要研究的那个"恼人不休的问题"——"法律是什么",同时提出了研究的路径。他认为之所以一直以来理论家在"法律是什么"这个问题上争论不休,是因为他们要么无法区分道德与强制,要么无法区分法律和道德,所以如果要对这一问题提供答案,首先就要作这两组区分。随后,在第二至第四章中,他系统地批判了将法律等同于强制的"法律命令说";紧接着在第五至第七章,他构筑了一套双重规则理论来阐述自己的核心主张;第八和第九章对主张法律与道德在概念上存在必然联系的进行了批判,坚守实证主义的立场;第十章则是个案研究,也就是以国际法为基础,说明他的法律理论如何能解释国际法是法的问题。

本文节选自《法律的概念》第五章和第六章第一节。哈特在这一部分承续了在上一部分中对奥斯丁法律命令说,也就是将法律视为主权者以制裁为后盾之命令的理论,认为它最大的不足在于以一系列的经验要素作为界定法律的基础,而缺乏"规则"的观念。但如果没有这个观念,就连最基本形态的法律也无法说明。法律体系是由两类规则组成的,一类是要求人们做什么或不得做什么的规则,也即是科予义务的规则;另一类是规定以各式各样的方式确定它们的作用范围、控制它们的运作或者引入新的、取消或修改旧的规则的规则,它们寄生于前一类规则之上,是授予权力的规则。前者是初级规则,后者是次级规则。

法律命令说没法恰当地说明义务的观念(或者说法律的"规范性")。将法律等同于强制充其量是一种扩大了的抢匪情境,在这种情境中只存在"被强迫",而不存在"义务"。将两者等同的缺陷在于:第一,将义务视为在不服从时遭受惩罚的可能性忽略了这一事实,凡规则存在之处,违反规则的行为,不仅仅构成预测敌对反应或法院制裁的基础,而且也是这种反应和制裁的理由或证立。第二,一个人在某规则下负有义务,和预测他在不服从的情形中极可能遭受损害,两者是不同的。某人负有不杀人的义务,和他杀了人之后却脱逃了法律的制裁,这两者并不矛盾。义务要以规则的存在为前提,但并不是说只要存在规则,被规则当作标准的行为模式就总是能科予人们义务。只有当人们对遵从某规则的一般要求是持续且强烈的,而且对那些违反或有违反之虞之人所施加之社会压力是强大的时候,规则才会科予义务。社会压力可能仅仅来自社会公众言辞上的广泛批评与不赞成,此时的义务就是道德义务;也可能是身体上或实质上的制裁,此时的义务就是原始法律的义务。在区分"被迫"、对制裁的预测和"义务"的过程中,哈特提出了一个重要的区分,那就是规则的外在观点与内在观点,只有从内在观点出发才能正确地说明义务。对义务之预测理论的最大问题就在于忽视了规则的内在面向。但仅存在科予义务的规则的社会是有缺陷的,它存在不确定性、静态性和无效率性。为了弥补这些缺陷,就要引入三类次级规则,即承认规则、变更规则和裁判规则。其中最重要的是承认规则:只有通过同一个承认规则检测的规则才能组成一个法律体系。换言之,法律体系可以被重构为以承认规则为基础的规则体系,其他规则的效力都可以追溯至承认规则(所以关于它们的效力陈述是内部陈述,它们的效力被理解为法律体系的成员资格问题),而承认规则本身没有效力问题(只有"这个体系是普遍具有实效的"这一外部陈述)。承认规则从内部看是接受的态度(规范性共识),从外部看则是法院、政府官员和一般人民在援引其所含判准以鉴别法律时表现出的一致的实践活动本身。

所以承认规则属于社会规则,承认规则的存在是事实问题。到了这里,哈特的实证主义概念论才完全展现出来:以承认规则为基础的法律(体系)是一种社会事实!

哈特的以承认规则为基础的双重规则体系理论在避免法律命令说之缺陷的同时,捍卫了法律的存在无关乎其内容(或价值)的实证主义立场。但这种做法也遭受到了后来的自然法学者的批评,其中最猛烈和体系的批评来自于他的学生德沃金(Dworkin)。德沃金在早年的理论(《规则模式Ⅰ》)中区分了法律体系的两个组成部分,即法律规则与法律原则,认为两者具有质的差别,并主张承认规则作为一种系谱规则只能识别出法律规则,但却无法识别出法律原则,因为法律原则属于实质性的政治道德。① 哈特的后辈们对于这一挑战纷纷予以回应,他们主张采取了两种回应的策略:一种主张承认规则的确无法识别出法律原则,但认为德沃金式的法律原则原本就不是法律体系的组成部分,因为后者不具有“来源”(拉兹);另一种主张承认规则并不全然是系谱规则,它既可以系谱的方式识别出法律规则,也可以别的方式识别出法律原则,但法律原则是否属于法律体系,依然以它们是否被安置于承认规则内为限,所以法律依然是个事实问题[科尔曼(Colemann)]。前者被称为“排他性法律实证主义”或“刚性法律实证主义”,后者被称为“包容性法律实证主义”或“柔性法律实证主义”。② 所以,今日之论争格局,从实证主义这一侧而言,已演变为三方角力的局面:一方面是排他性与包容性法律实证主义共同攻击自然法学说,另一方面则是排他性与包容性法律实证主义相互之间的抗争。但无论如何,哈特的学说是双方共同的起点。因此,回到哈特,回到哈特的经典学说及其论证,是后来者不可回避的做法。

---

① 当然,德沃金后来自己也放弃了这一论证方式。

② 哈特在后来《法律的概念》第二版后记中也将自己归于后一个分支。

【正　文】

法律作为双重规则体系

[英]赫伯特·哈特

一、新的起点

把法律视为主权者之强制命令的简单模型,未能成功地呈现某些法律体系的明显特征。这个理论失败的根本原因是,其所由建构的要素,即命令、服从、习惯和威胁等观念,并不包括,或者说不能通过把这些要素组合起来产生"规则"的观念,而如果没有这个观念,我们就连最基本形态的法律也无法说明。如果我们要周延地处理法律体系的复杂性,就需要去区分两种相关但不同类型的规则。在其中一种类型之规则的规范下(这个类型的规则可以被认为是基本的或初级的类型),无论他们愿意不愿意,人们都被要求去做或不做某些行为。另一种类型的规则在某个意义上则是寄生在第一种类型的规则之上,或者说,对第一种类型的规则而言是次级的;因为它们规定了,人类可以通过做或说某些事,而引入新的、取消或修改旧的初级类型规则,或者以各式各样的方式确定它们的作用范围,或控制它们的运作。第一种类型的规则科以义务;第二种类型的规则授予权力,包括公共的或私人的。第一种类型的规则规范的对象是人们具体的行为或变动;第二种类型的规则的运作方式不只是导致了具体行为或变动的规则,也产生了责任或义务的创设或改变的规定。

我们对于"在某特定社会团体中,存在这两种类型的规则"这样一个主张已经做了初步的分析。但现在我们不只要进一步加深这个分析,而且我们也将提出一个一般性的主张:奥斯丁以为他在"强制命令"这个观念中找到了"法律科学之关键",其实真正的"法律科学之关键"就是这两种规则的组合。我们并不主张,在"法"这个字被"妥当地"运用的任何对象上,就一定会找到这个初级规则和次级规则的组合;因为,相当清楚地,"法"这个字被运用的对象十分的歧异,它们之所以被称为“法”并没有一个简单的、统一的道理。相反,它们是因为与被称为“法”的核心事例有着各种非直接的关系(通常是形式上或内容上的类比关系),才被赋予“法”这个名称的。我们将试图说明,如果能够理解这两种类型的规则以及两者间之相互作用的话,我们就能厘清“法律”的大部分特征,而这些特征在过去十分令人困惑,而这些困惑激起了人们想要寻求“法律”这个概念之定义的欲望,但却又使人们不断地失败。我们之所以给予这个要素之结合以核心之地位,是因为它对于构成法学思想之架构的诸多概念,具有强大的说明力量。至于“法”这个字,为什么能够用在这么多如此异质的对象上,这是个次要的问题。当我们能够掌握这些核心要素后,我们就可以开始来处理这个问题。

二、义务的观念

将法律当作强制性命令的理论虽然是错误的,但是它的出发点却是基于对以下事实完全正确的掌握,即凡有法律之处,人类的行为在某个意义上就不是随意的,或者说是“具义务性的”。这个理论因为选择了这个出发点,而得到很大的启发。因而,当我们要从初级规则和次级规则间相互作用的角度,来对法律进行全新的阐释时,我们也将从同样的想法出发。不过,当我们要踏出关键的第一步时,我们必须从这个理论的错误中学到教训。

让我们回想一下抢匪情境。A 命令 B 交出他的钱,并且威胁他说,如果不遵从的话,就要射杀他。根据强制性命令理论,这个情境阐明了义务或责任的一般观念。而我们可以在一个扩大了的抢匪情境中,发现法律义务的观念:A 就是被习惯地服从的主权者,并且其命令一定是一般化的,意即它规定了某个种类的行为,而非某特定的单一的行为。之所以有人主张抢匪情境能够显示出“义务”的意义,是因为我们确实会把这个情境描述为如果 B 服从的话,他就是“被强迫”交出钱的。但是,同样确实的是,如果我们把这些事实描述为 B“有义务”或“有责任”将钱交出,那么我们就错误地描述了这个情境。所以,从一开始就很清楚,为了理解“义务”观念,我们尚需要其他的东西。我们必须区分以下两种说法的差异,即说某人被强迫去做某事,与说他有义务去做。第一个说法通常是关于行为人的信念或动机:B 被强迫交出他的钱,如同抢匪情境所示,可能只是意味,他相信如果他不把钱交出,他会遭受某些伤害或不愉快的后果，所以为了避免那些后果，他把钱交出。在这种情形中，当行动者不服从时所将发生在他身上的事，使他本来宁愿去做的事（如将钱保留下来），变得遥不可及。

我们现在进一步考虑另外两个因素，这两个因素会使被强迫去做某事的观念，变得稍微复杂一些。有一点似乎是清楚的，那就是根据普通常识的判断，如果 B 所受威胁的恶害，相较于若 B 去遵从命令所会承受之不利益或严重后果来说，是微不足道的，如 A 若只是以捏 B 一下来加以威胁，则我们应该不会认为 B 受到了强迫要把钱交出去。同样地，如果没有任何合理的根据认为，A 能够或有可能实现他所威胁的严重伤害，或许我们也不应该说 B 受到了强迫。虽然在“受到强迫”这个观念中暗含着根据客观常识对伤害所做之判断以及对恶害发生可能性之合理评估，但是说一个人被强迫服从于某个人，大致上仍然是一句指涉被强迫者之信念或动机的心理学陈述。相较之下，说某人有义务去做某事的陈述则属于相当不同的类型，而且我们可以从许多地方看出两者的差异。因此，尽管在抢匪情境中关于 B 之行动及其信念和动机的事实，已经足够让我们说 B 被强迫交出他的皮夹，但这些事实却不足以让我们说他有义务做这件事，而且此类关于信念和动机的事实，不只不足以使“一个人有义务去做某事”这个陈述为真，甚至对它而言根本不是必要的。所以，说一个人有义务去做某事，如说实话或服兵役，这个陈述可以仍旧是真，即便他相信（无论合理地或不合理地）他永远不会被发现违反了义务，并且相信不服从的后果没有什么好怕的。更甚者，说某人有服兵役的义务，与他事实上是否去服了兵役，在相当程度上是相互独立的；相对于此，说某人被强迫去做某事，却通常带有这样的含义，即他实际上做了这件事。

有些理论家（奥斯丁也在其中）或许是看到了，人的信念、恐惧和动机与他是否有义务去做某事，并没有一般的相关性，因此他们并不以这些主观事实来界定这个观念，而是以负有义务之人在不服从时，会遭受惩罚或“恶害”的机会或可能性来加以界定。这种界定“义务”概念的方式，没有把义务的陈述当成心理学的陈述，而是当成对遭受惩罚或“恶害”之机会的一种预言或评估。对许多后来的理论家而言，这是一个太有意义的创见，因为它将一个难以捉摸的观念带回到现实之中，并且以清楚、可靠一如科学用语的经验性语言加以重述。的确,在“义务”或“责任”观念的阐释上,这样的做法有时被接受为除了形而上学的设想之外唯一的替代方案,而形而上学的设想将义务或责任当成是神秘地存在于日常可观察的现实世界“之上”或“背后”之不可见的客体。尽管把义务陈述视为某种预测性陈述可以替代形而上学式的阐释,但是我们仍有许多的理由加以拒斥,而且事实上,这种看法并非是唯一的替代方案。

根本的反对理由是,预测式的诠释模糊了以下事实,即凡规则存在之处,违反规则的行为,不仅仅构成预测敌对反应或法院制裁的基础,而且也是这种反应和制裁的理由或证立。

然而,对于义务的预测式诠释,有第二个较为简单的反对理由。如果“某人负有义务”这个陈述的意义就是,他在不服从的情况下极可能遭受损害,那么在以下的情形中,说“他负有义务”就会产生矛盾。例如,一个人有义务服兵役,但是由于他已逃出该国管辖权之外,或成功地贿赂了警察或法院,从而他连被逮捕或遭受损害的最小机会都没有。可是,事实上,这么说并没有任何矛盾,而且人们常常这么说,且毫无理解上的困难。

当然,在正常的法律体系中,绝大部分的违法行为都会受到制裁,因此,违法者经常冒着被惩罚的风险;所以,说一个人有义务,与说在不服从的情形中他极可能遭受损害,两者经常都是真的。甚至这两个陈述的关联在某种程度上要来得更强。因为,至少在国内法律体系中,除非一般而言极可能对违法者施以制裁,否则说某人负有义务将只有很少,或甚至是没有用处的。在这个意义下,这种陈述可以说是预设了说话者相信制裁体系能够持续而正常地运作,正如同板球中之“他出局了”这个陈述预设了(虽然不是断言)球员、裁判和记分员将会以通常的步骤来进行比赛。然而,对于义务观念的理解而言,相当关键的一点是了解到,说一个人在某规则下负有义务,和预测他在不服从的情形中极可能遭受损害,两种陈述是不同的。

很清楚地,我们在抢匪情境中是找不到“义务”的,虽然“被强迫去做某事”这个较为简单的观念,可以用该情境中的要素加以界定。为了阐明法律义务的观念,我们必须先理解义务的一般观念,而要理解义务的一般观念,我们就必须转向一个不同的社会情境,这个社会情境有别于抢匪情境,其中存在社会规则;这个情境在两个方面可以帮助我们理解“某人负有义务”这个陈述的意义。第一,把某些类型的行为视为标准的社会规则,其存在是人们做出义务陈述通常的背景或适当的脉络,尽管人们并不会把它们一起说出来;第二,这种陈述的一种独特的运作方式就在于,通过把某人的情况涵摄到规则底下,而把该规则适用到他身上。在第四章中,我们已经看到了,任何社会规则的存在都包含了规律的行为模式,以及人们将该行为当作行为准绳之独特态度。我们也已经看到,社会规则的种种特性与单纯社会习惯的主要歧异所在,以及不同的规范性词汇(“应该”“必须”“应当”)如何被用来引起人们对于此行为标准和违规行为的注意,并且用来明确地表达以规则为基础的要求、批判或承认。在规范性词语的类型中,“义务”和“责任”这些词语形成了一个重要的次类型,它们带着某些其他词语所无法包含的意涵。因此,对义务或责任之观念的理解而言,掌握在一般层次上区辨社会规则和单纯习惯的要素确实是不可或缺的,但是仅止于此是不足够的。

说某人“有义务”或“负担义务”的确是隐含着规则的存在,但是在规则存在之处,被规则当作标准的行为模式并非总是能够科予人们义务。“他应该有……”和“他有义务……”并非总是可以相互替换的表述,尽管它们在以下的面向上是相像的,即二者皆暗暗指向既存之行为标准,或者皆用来从一般规则在特定个案中得出结论。礼仪或正确说话的规则当然是规则:它们不仅仅是众人偶然复合而成的习惯或规律的行为;人们教授这些规则,而且努力地加以维持;我们援引这些规则,以典型的规范性词汇来批判我们自己和其他人的行为:“你应该脱掉你的帽子”,“说‘you was’是错误的”。但是若有人把“义务”或“责任”这些词语用在这些规则上,就会使人大惑不解,而这不只是文体上的古怪而已。他将错误地描述这个社会情境,因为虽然义务规则和其他规则的界限在许多点上是模糊的,但是这个区分主要的思路是相当清楚的。

当人们对遵从某规则的一般要求是持续且强烈的,而且对那些违反或有违反之虞之人所施加之社会压力是强大的时候,我们会将此规则当作并说成是科予义务。这种规则可能完全源自惯习:对于规则的违反可能不存在任何集中地组织起来的惩罚体系,或者社会压力的形式可能只是广布的敌意或批评,而未达到身体上或实质上制裁的程度。它可能仅限于在言辞上表明不赞同,或对违规者诉诸他对他违反之规则的尊重,也可能极为仰赖人们的羞耻心、良心责备和罪恶感等情感的作用。当某规则所施加的压力是刚刚最后提及的那种压力时,我们可能会将这些规则归类为该社会群体的道德,而在这些规则之下的义务即属道德义务。相反地,当某规则所施加之压力主要或经常是身体上或实质上的制裁时,即使这些制裁并非由官员严密地加以界定及执行,而是由社会大众来实施制裁,我们仍会倾向于将这些规则归类为原始或初步形式的法律。当然,我们可能在相同之行为规则的背后,同时发现这两种强烈的社会压力;有时,甚至在这个情形中我们可能无法指出,同一个规则背后的两种社会压力,哪一个应该是主要的,哪一个应该是次要的,从而我们所面对的是道德规则或是原始的法律规则这个问题,可能就不容易给出答案。但是就目前而言,我们无须为划出法律与道德的界限而停留。重要的是,人们对规则背后之社会压力的重要性或严重性的坚持,是这些规则是否产生义务的主要因素。

义务的这个主要特性很自然地带出另外两个特性。首先,由强烈的压力所支持的规则之所以被认为是重要的,是因为人们相信,对社会生活的维持,或对社会生活之某些被高度重视之特征的维持而言,它们是必要的。比如,限制滥用暴力这个明显不可或缺的规则,就被认为可以产生义务。同样地,要求诚实或真诚、要求遵守承诺,或者规定在社会群体中扮演独特角色或具独特功能的人必须要做什么,诸如此类之规则亦可以被认为产生“义务”,或者“责任”。其次,我们普遍地承认,这些规则所要求的行为可能对他人有益,但却可能与负有义务之人心中所愿相冲突。因此,义务和责任在特性上被认为是包含了牺牲或放弃,而义务或责任与利益之间永远存在冲突的可能性,在所有的社会中,对法律人和道德家而言,都是不证自明的公理。

“义务”这个词汇中,隐含着拘束负义务之人的“契约”这样的意象,而“责任”这个词汇之中则潜藏着债务的观念,这两个观念都可以从这三个要素的角度来说明,而这三个要素则将科予义务或责任的规则与其他的规则区分开来。在这个经常萦绕于法学思考的意象中,社会压力就像是一条束缚那些负有义务之人的锁链,所以他们无法随心所欲、恣意而为。这条锁链的另一端有时为该群体或官方代表所执,他们坚持负有义务之人必须履行义务,否则就要施加刑罚;有时该团体将此权力信托于私人,使其可以选择坚持负有义务之人必须履行义务,或者要求给付对他而言等值的行为或事物。第一种情况象征着刑法上的责任或义务,而第二种则象征了民法上的责任或义务,在民法中,我们认为私领域中的个人有与义务相对的权利。

虽然我们所想到的这些意象或隐喻是很自然的,或很有启发性的,但我们不能容许被它们误导而对"义务"产生错误的想法,以为"义务"之本质在于那些负有义务之人所经验到的某种压力感或强迫感。义务规则一般由严重的社会压力所支持的事实,并不必然意味着,在规则之下负有义务,就是经验到强迫或压力的感觉。因此,对某个诈欺惯犯的以下说法并没有任何的矛盾,而且可能通常是真实的,即他有义务支付租金,但是当他使用完毕而未付钱时,他并未感受到任何要付钱的压力。感觉到被强迫和负有义务是有差别的,虽然它们经常相互伴随。将此二者等同起来,导致人们错误地以心理感觉的角度诠释规则的内在面向。

的确,在我们对预测理论的主张做最后处理之前,规则的内在面向是我们必须再次注意的。因为预测理论的拥护者有足够的理由可以问到,如果社会压力是义务规则如此重要的特征,为何我们却如此强调预测理论之不妥;预测理论是通过违规行为所招致之惩罚或敌视反应发生的可能性来定义"义务",而赋予这个特征以核心的地位。或许有人会觉得下述两种看法的差别是微不足道的:一种看法将义务陈述视为对违规行为之敌对反应发生可能性的预测或评估;另一种看法,也就是我们的看法,认为虽然义务陈述预设了违规行为一般而言会遭到敌对反应这个背景,但是其典型的用法并不是去预测这一点,而是去说某个人的情况落在此种规则的规定底下。可是,这个差别事实上并不是微不足道的。的确,除非这个差别的重要性能够被掌握,否则我们就不能够恰当地理解,在规则存在之处,整个人类思考、说话和行动的独特方式,也就不能了解这些思考、说话和行动方式所建构起来的社会规范结构。

以下我们将再次比较规则的"内在"和"外在"面向,借以说明为何如此区分对理解法律以及任何社会结构而言如此重要。当一个社会群体有着某些行为规则时,这个事实让人们得以表达许多紧密相关但却属于不同种类的说法;因为针对规则,人们可以站在观察者的角度,而本身并不接受规则,或者人们可以站在群体成员的角度,而接受并使用这些规则作为行为的指引。我们可以将二者分别称为"外在"观点和"内在"观点。从外在观点所做出的陈述本身也可能有不同类型。因为本身未接受规则的观察者可以断言,某群体接受了规则,因而他可以从外在指涉他们从内在观点看待规则的情形。但是,无论规则为何,无论它们是游戏规则,如国际象棋或板球规则,或者是道德规则或法律规则,只要愿意,我们就能够站在另一种观察者的地位来看待规则,这种观察者甚至不以这种方式点出群体的内在观点。这种观察者满足于记录可观察之行为(对规则的遵从部分地展现在这些行为之中)的规律性,以及进一步地,伴随违规行为而来之敌对反应、谴责或惩罚的规律性。在一段时间之后,外在的观察者就可能在观察到之规律性的基础上,将违规行为与敌对反应关联起来,而能够在相当程度上成功地做出预测,并且评估违规行为遭遇敌对反应或惩罚的机会。这种观察者通过这样的观察所取得的知识不仅让人更了解该群体的生活,并且可以使他能够生活在这个群体中,而不会有不愉快的后果;相对地,一个企图在该群体中生活,但缺乏此种知识的人,则不免会尝到苦果。

然而,如果观察者真的严守这个极端的外在观点,并且对接受规则之群体成员如何看待他们自己的规律行为,没有提出任何的说明,他就没有办法从规则的角度,也不能从建立在规则上的"义务"及"责任"的角度来描述他们的生活。相反地,这样的描述将是以行为可观察之规律性、预测、可能性和征兆等措辞形容的。对这种观察者而言,群体中某成员对正常行为的偏离,将只是敌对反应可能随之而来的征兆,而且仅止于此。他的观点就像是以下那个人的观点,有个人在交通繁忙的街道上对红绿灯(行车管制号志或三色灯光号志)观察了一段时间,而只允许自己说:当红灯亮时,交通极可能会停止。他将灯光当成仅仅是人们将以某种方式举止的自然征兆,就像乌云是将要下雨的征兆。当他这么做时,他遗漏了他所观察的那些人的社会生活的一整个面向,因为对他们而言,红灯并非仅仅是其他人将会停下来的一个征兆,而是要他们停下来的信号,这个信号同时也是他们停下来的理由,因为他们事实上是在遵守"当红灯亮时要停下来"这个规则,这个规则使得"红灯亮时要停下来"成为行为的标准和义务。我们若提到这一点,就是把群体看待自己行为的方式引入我们的说明中,也就是引入了从他们的内在观点所看到的规则的内在面向。

外在观点可能在相当程度上呈现了规则在某些群体成员的生活中发挥

作用的方式,这些人不接受群体的规则,并且只有在他们判断不愉快的后果极可能跟随违规行为而来时,才会遵守规则。他们的观点需要用以下的陈述来表达,即“我被强迫去做这件事”“如果……我极可能因此而受害”“如果……你可能因此而受害”“如果……他们将会对你……”但是他们不需要像“我有义务……”或“你有义务……”之类的方式表达,因为这些表达方式只有对那些从内在观点来看待他们自己和其他人之行为的人,才是必要的。将观察对象限制在可观察之行为规律性上的外在观点,所不能呈现的,是规则在那些通常是社会多数之人的生活中发挥作为规则发挥功能的方式。这些人可能是官员、律师或私人,他们在一个接一个的情况中,使用这些规则作为社会生活中的行为标准,作为主张、要求、允许、批判或惩罚的基础,也就是在所有根据规则运作的常见生活事务中使用规则。对他们而言,规则的违犯不仅仅是预测敌对反应将随之而来的基础,同时也是敌视的一个理由。

在任何时刻,任何依照规则(无论是不是法律的规则)运转的社会生活,皆可能处于以下两种不同类型的人所构成的紧张关系中。一方面,有一种人接受规则并自愿合作以维持规则,并愿从规则的角度来看待他们自己和他人的行为;另一方面,那些拒绝规则的人,他们从外在观点来看待规则,而将之视为惩罚可能发生的征兆。任何渴望周延公正地处理此事实之复杂性的法理论所面对的困难之一,就是要同时记得此两种观点的存在,而不要在进行界定时遗漏其一。或许我们对义务之预测理论所做的全部批判可以简单地表示为:这就是该理论对义务规则之内在面向所做的处理。*

三、法律的要素

当然,我们可以想象一个没有立法机构、法院或任何种类之官职的社会。的确,有许多对原始社群的研究不仅仅主张,这个可能性是已被实现的,而且这些研究也详细地描述了此种社会的生活,在其中社会控制的唯一手段就是群体对其标准的行为模式的一般态度,而这正是我们归属于义务规则的特性。此种类型之社会结构通常被称为“惯习”式的社会结构,但是

* 预测理论遗漏了规则的内在面向。——译者注

我们将不使用这个措辞,因为这通常意涵着,惯习规则是非常古老的,并且由较其他规则为小之社会压力所支持。为了避免这些意涵,我们将把此种社会结构称为科予义务之初级规则的社会结构。如果某个社会的生活只依靠此种初级规则来维持,则这个社会必须清楚地满足某些条件,这些条件建立在一些关于人性以及我们所生活之世界的自明之理之上。第一个条件是,这些规则必须以某种形式包含对滥用暴力、偷窃,以及欺骗之限制。人类是会被这些行为所诱惑的,但他们大体上必须抑制这些行为,如果人类想要紧密地生活在一起。事实上,在我们所知道的原始社会中,总是可以找到这样的规则,甚至随着其他各种科予个人种种积极义务的规则,要求人们服务于或贡献于共同生活。第二个条件是,虽然这样的社会仍可能呈现出我们之前所描述的,存在于接受规则的人和拒绝规则(只有对社会压力的恐惧才会使他们遵从规则)的人之间的紧张关系,假如由体力近乎平等的人如此松散地组织起来的社会要维持下去的话,但是后者显然只能是少数:因为,若非如此,则那些拒绝规则的人所遭受的社会压力就会小到不足为惧。这一点也已为我们对原始社群之知识所肯定,在该社群中,即使有异议分子和为非作歹者,其他多数人在生活中仍是从内在观点来看待规则。

对我们现在所要说明的事情而言,以下这点更为重要。很明显地,只有因血缘、共同情感和信念而紧密结合,并处于稳定环境的小型社群,始能成功地依赖此种非官方规则的体制而生活。在任何其他的条件下,其结果必定会证实这样一种简单形式的社会控制是有缺陷的,并且有必要以不同的方式做补充。第一个缺陷是这种群体生活所依赖的规则并不会形成一个体系,而只会是一批个别独立的标准,没有任何可供鉴别的或共同的标识(当然,它们是特定人类群体所接受的规则这一点除外)。就这点而言,它们近似于我们现代社会中的礼仪规则。因此,如果人们对于规则是什么,或对于某个既定规则的精确范围有所疑问,将没有任何解决这个疑问的程序,不管是诉诸权威性的文本,或者是对此具有权威的官员。因为,显然地,这样一种程序和对权威性文本或人格的承认,隐含着一种不同于义务规则的规则,而义务规则在我们的假设中是这个群体所唯一拥有的规则。我们可以将仅具初级规则之简单社会结构中的这个缺陷称为不确定性。

第二个缺陷是初级规则的静态性格。此种社会所知的唯一的规则变动模式将会是一种缓慢的生长过程:一种曾经被认为是随意的行为,首先变成习惯性或经常性的,然后变成义务性的;接下来,则经历反向的衰退过程,起初曾经被严厉地处理的偏离行为开始被容忍,然后就慢慢变得没有人在乎了。在这样的社会中,无论是取消旧规则或引进新规则,将不存在任何为适应变动中之环境而刻意变更规则的方法。因为,这样做的可能性再次预设了一种不同于"科予义务之初级规则"的规则之存在,然而,在此社会中却只有初级规则。在一个极端的情形中,此社会中的规则可能在更为彻底之意义上是静态的。虽然这种极端的情形或许在任何现实的社群中都不曾存在过,但它却值得我们加以考虑,因为对此情形的补救正是法律的性格之一。这个极端的情形就是,在某个原始的社会中非但不存在任何刻意变更一般规则的方法,而且在特定个案中由规则所产生的义务,亦不能通过任何个人的刻意选择而加以变动或修正。每一个个人将只拥有固定的义务或责任去做或不做某些事。确实,其他人会从这些固定义务的履行当中获得好处,但是,如果只存在科予义务的初级规则,这些受益者就没有任何的权力免除义务人的履行义务,或者将由履行义务所产生的利益转让给其他人。因为免除或转让的运作使个人在科予义务之初级规则底下的原初地位产生了变动,并且为使这些运作成为可能,必须存在与初级规则不同种类的规则。

简单形式之社会生活的第三个缺陷是,用以维持规则的社会压力是分散的,因而是无效率的。人们总是会为一个公认的规则是否已被违反而发生争议,而且除了最小型的社会之外,在任何社会中,这个争议将不确定地继续着,如果没有一个机构,被授权能够终局地和权威地确定违规事实。此种终局性和权威性决定机制的阙如必须与其他相关弱点做区分。所谓其他相关的弱点指的是,对于违规行为的惩罚,以及其他包含实质惩罚或使用武力的社会压力,并不是由一个特别的机构来执行,而是留给受害之个人或集体大众。明显地,由群体无组织地去捉拿并惩罚违规者必然非常浪费时间,并且因缺乏官方独占"制裁",所以自力救济所造成之世仇宿怨可能相当地严重。然而,法律的历史清楚地告诉我们,欠缺权威地确定违规事实的官方机构是一个更加严重的缺陷;因为许多社会早在能够补救欠缺权威决定机制之缺陷前,就已经补救了欠缺组织性制裁机制的缺陷。

最简单之社会结构的三个主要缺陷,其每一个的补救方法都是以属于另外一种类型之规则的次级规则来补充科予义务的初级规则。对每一个缺陷之补救方法的引进,本身就可以被当成由前法律世界迈入法律世界的一步,因为每一个补救方法都引入许多遍布于法律中的要素,而这三个补救方法结合在一起就足以使初级规则的体制不容置疑地转变为法律体系。我们将逐一地考虑每一个补救方法,并且说明为什么将法律的特征描述为科予义务之初级规则与此种次级规则的结合,是对法律最佳的阐释。然而在进行逐一的讨论之前,我们应该注意到以下几个一般性的重点。尽管这些补救方法所引进的规则彼此不同,而且也与它们所补充之初级规则不同,但是它们仍有重要的共通特征,并且以各种不同的方式彼此关联。因此我们可以说,它们全部处于同一个不同于初级规则的层次,因为它们都是关于初级规则的规则:初级规则所涉及的是个人必须去做或不可以做的行为,相对地,次级规则都是关于初级规则本身。它们规定了初级规则被确定、引进、废止、变动的方式,以及违规事实被决定性地确认的方式。

对于初级规则体制的不确定性最简单的补救方式,就是引进我们称为"承认规则"的规则。承认规则会指出某个或某些特征,如果一个规则具有这个或这些特征,众人就会决定性地把这些特征当作正面指示,确认此规则是该群体的规则,而应由该社会的压力加以支持。此种承认规则可能以各种样式存在,包括简单的或复杂的。在许多早期社会的法律中,它可能不过是记载于某文件上,或刻于某公共石碑上的一份权威性规则的列表或文本。无疑地,从历史的角度来看,由前法律社会进展到法律社会的这一步可能可以区分为几个阶段,其中的第一个阶段是将本来不成文规则形诸文字。虽然这是相当重要的一步,但不是关键的一步。关键的是,承认此书面或刻面中的规则具权威性,也就是承认,当规则之存在有疑问时,诉诸此权威性的文件乃是解决疑问的适当方式。凡有此种承认存在之处,就存在一个相当简单的次级规则:一个鉴别科予义务之初级规则的决定性规则。

在一个已发展的法律体系中,承认规则当然是更复杂的;它们可能不是通过单独一份文本或列表来鉴别初级规则,而是通过初级规则所拥有某一般特征来鉴别规则。这个特征可能是以下的事实,即这些初级规则是由特定机构制定出来的,或者它们被作为习惯长期地实践,或者它们与司法裁判有相关性。甚至,若有超过一种一般特性被采纳为鉴别判准,则承认规则也会包含安排优先顺序以解决规则间可能发生之冲突的规定,而通常我们让成文法优于习惯或判决先例,使前者成为法律之“较优越的渊源”。这样的复杂性可能使现代法律体系中的承认规则,似乎相当不同于对权威性文本的单纯接受,但即使在这个最为简单的形式中,此种规则还是展现了许多法律的特征。通过提供权威性的标识,即便此处的法律体系观念仍在其萌芽的阶段,它也引进了法律体系的观念;因为如此一来,规则不再是一群个别没有联系的规则的集合,而以简单的方式被统一起来。此外,在确认某规则是否在权威性规则的列表上时,我们有了法效力这个观念的起源。

对于初级规则体制之静态特质,我们将引进所谓的“变更规则”来加以补救。此种规则最简单的形式就是,授权给某个人或一些人,为整个群体的生活或其中某一阶层的人的生活引进新的初级行为规则,以及废止旧的规则。诚如我们在第四章中已经主张过的,正是从此种规则的角度,而不是从强制性命令的角度,我们才能够理解以立法行为来制定和废止法律之观念。这样的规则可能相当简单,也可能相当复杂,因为所授予的权力可能毫无限制,也可能以各种方式加以设限,而且这些规则除了规定谁是立法者之外,可能还以严谨的措辞,界定立法所须遵循的程序。显然地,在变更规则和承认规则之间,有非常密切的联系:因为凡前者存在之处,后者必然要将立法包括进来,作为规则的鉴别特征,虽然承认规则不需要涉及立法程序的所有细节。在承认规则之下,通常某份官方的证明文书或官方立法文件将足以作为立法行为已完成的充分证据。当然,如果有一个简单的社会结构,在其中立法是唯一的“法源”,则承认规则将简单地将立法行为规定为法效力唯一的鉴别标识或判准。这就好像我们在第四章中所描述的想象中雷克斯一世王国的情形:在那里,承认规则很简单,任何雷克斯一世所制定的就是法律。

我们已经颇为详细地描述了授予个人权力,让他们去改变在初级规则下之最初地位的规则。若没有此种授予私人权力的规则,社会将失去某些法律所能带来之最重要的便利。因为这些规则使遗嘱的订立、契约的签订、财产的转让,以及许多人们可以自由创设之权利义务结构成为可能,而这些权利义务的结构乃是法律生活的特征,当然,初步形式的授权规则当然也是“承诺”这个道德制度的基础。这些规则与包含在立法观念中之变更规则的类似性是很清楚的,而且如同近来的理论(如凯尔森的理论)所显示的,许多契约或财产制度中令人困惑的特征,可以通过将契约之签订或财产之转让视为个人所行使之有限立法权力,而获得厘清。

在简单的初级规则体制中,因社会压力之分散而导致的无效率,我们所要做的第三个补充是由下述这种次级规则所构成,这一种次级规则授权给某些人对于在特定的场合中,初级规则是否被违反,做出权威性的决定。最基本形式的裁判就蕴含在这种决定机制中,而我们把授予权力做出权威性决定的次级规则称为"裁判规则"。除了指定谁是裁判者之外,此种规则也界定了裁判者必须遵循的程序。就像其他次级规则一样,这种规则处于和初级规则不同的层次:虽然人们可能通过其他规则而对法官科以裁判义务,借以强化裁判规则,但裁判规则本身没有科以任何义务,而是授予司法权力,并将特殊地位赋予那些说明何种义务已被违反的司法宣告。像其他次级规则一样,这些规则界定了一批重要的法律概念,诸如法官或法院的概念、审判管辖权的概念与判决的概念等。除了这些与其他次级规则的相似处外,裁判规则与它们也有着紧密的联系。的确,有裁判规则的体系必然也有某种初步的和不完全的承认规则。之所以如此是因为,如果法院被授权对规则被违反的事实做出权威性的决定,则这些决定就无可避免地会被当作对规则是什么的权威性决定。所以,一个授予审判管辖权的规则也会是承认规则,因为人们可以借此通过法院的判决来鉴别初级规则,而这些判决也将成为法律的"渊源"。的确,这种与最基本形式的审判管辖权不可分的承认规则,是非常不完全的。不像权威性文本或成文法典,判决可能无法以一般化的措辞来表述,而且如果要把它拿来作为规则的权威性指示,我们就必须从特定判决中推论出规则,而此推论之可信赖度必定随着诠释者的技巧和法官如何保持一致性二者而起伏不定。

很明白地,很少有法律体系会把司法的权力限制在确认初级规则被违犯的"事实"。在一段迟延之后,大多数的体系都看到了进一步集中社会压力的好处,并且部分地禁止了私人使用身体上的惩罚或暴力的自力救济。相反地,他们以进一步的次级规则来补充科予义务之初级规则,具体规定了或至少限制了对违犯行为的刑罚,并且在法官确定违法的事实时,授予他们指示其他官员施用刑罚的独占权力。这些次级规则提供了体系中集中化的官方“制裁”。

如果我们退回去仔细思索由科予义务之初级规则与承认、变更和裁判等次级规则之结合所产生的结构，我们在此显然不仅仅拥有了法律体系的核心，而且在困惑着法学家和政治理论家二者之许多现象的分析上，也拥有了最强而有力的工具。

不仅仅是法律人在专业上所关注之特定的法律概念，诸如：义务和权利、效力和法源、立法和审判管辖权，以及制裁等概念，从此等要素结合的观点，可以获得最佳的阐释，而且国家、权威和官员等概念（这些概念跨越法律和政治理论两个领域）也需要同样的分析，如果我们要驱散仍旧笼罩在这些概念周遭的模糊性。为什么从初级规则和次级规则的角度所做之分析具有如此的说明力，其理由不难寻见。围绕着法律概念和政治概念之大部分的模糊和扭曲，起源于以下事实，即这些概念必然包含我们所谓的“内在观点”：持有此观点的人，不只记录和预测遵从规则的行为，而且也使用规则作为他们自己和其他人之行为的评价标准。在法律概念和政治概念的分析中，我们需要更仔细地检视这个观点。在简单的初级规则体制下，内在观点以最简单的形式呈现出来，亦即人们使用这些规则作为批判的基础，以及对遵从的要求的合理化，与对违规行为所施加的社会压力和惩罚。当我们要分析义务和责任等基本概念时，我们有必要提及以此种最初步的方式所展现的内在观点。随着次级规则体系的加入，人们从内在观点出发所说的话和所做的事，其范围被大大地扩张，也变得更多样化了。一整批的新概念随着这个扩张而来，并且我们必须通过内在观点才能对它们加以分析。这些概念包括立法、审判管辖权、效力，以及大体说来，私人或公共的法律权力等观念。不过，我们要注意到，始终有一股力量会驱使我们，以日常的或“科学”的事实陈述或预测性说法来分析这些概念。但是这样做只能呈现这些概念的外在面向：若要公正地对待它们所特有的内在面向，我们需要看到，无论是立法者之立法运作、法院之裁判、私人或官员权力之行使，或者其他“法律行为”，都以不同的方式关联于次级规则。

四、承认规则与法效力

依照我们在前文中所批评的理论，一个法律体系的基础建立在以下这个情境之上:社会群体的大多数成员习惯性地服从于由主权者所发布,以威胁为后盾的命令,而主权者本身并不习惯性地服从于任何人。对该理论来说,这种社会情境是法律存在的必要且充分的条件。我们业已在一些细节上说明,这个理论无法阐释现代国家内部法律体系一些显著的特征。不过,尽管这个理论颇为模糊而有误导之嫌,但无论如何,从它在许多思想家心中占有一席之地的事实看来,这个理论确实包含着一些关于法律的重要面貌的真理。然而,这些真理唯有通过另一种更复杂的社会情境作为基础才能被清楚地阐明,其重要性也才能被正确地评估。此情境就是:属于次级规则的承认规则被人们接受,而且被用来辨识科予义务的初级规则。如果有任何一种社会情境够资格成为法律体系的基础,那就是这一种社会情境。在这一章中,我们将讨论组成这种情境的各种因素,这些因素在主权理论或其他地方所呈现出来的面貌,往往不是过于片面,就是被误解,因此我们必须在此加以阐明。

在任何一个接受承认规则的地方,民众与官员就拥有辨别科予义务之初级规则的权威性判准。这些判准,如我们所见,可以呈现为各种不同的形式:它们包括引证权威性的文本、法规、惯习、特定人士所做的一般性宣言或过去特定案件中的司法裁判。在前一部分里面我们所描述的雷克斯一世的简单法律体系中,只有这位君王订定的才是法律,没有任何习惯规则或宪法文件可以对他的立法权施加法律上的限制。鉴别法律的唯一标准,很简单地,就是去查考雷克斯一世立了什么样的法律。这种简单形式的承认规则,会在官员和人民依照这项规则来辨别法律时的实践中呈现出来。对照之下,现代法律体系中的"法源"则较为多样,因此相应的承认规则也更为复杂:鉴别法律的判准是众多的,通常包括一份成文的宪法、立法机构通过的法案以及司法的裁判先例。大部分情况下,为了要解决这些不同判准间的冲突,都会有明文规定这些判准适用的先后顺序。英国的法律体系正是以此方式订明"成文法"优于"普通法"的。

我们必须注意,区分"各判准间的优先层级"与"各判准由何导出"这两个概念是很重要的。因为这两者的混淆会导致一个错误的观点,以为所有的法律基本上或"事实上"(即使是"默许地")都是立法的产物。在英国的法律体系中,成文法优于习惯与判例,因为习惯法和普通法皆可被成文法剥夺其法律的地位。但是,它们的法律地位(尽管可能有些不确定)并非来自立法权“默然”的行使,乃来自对承认规则的接受,此承认规则赋予习惯与判例独立但逊于成文法的地位。在这种复杂的阶层体系中,一如在前述的简单情境下,承认规则也可呈现在依照此规则辨别法律的一般实践中。

在法律体系的日常运作中,承认规则极少被明确地陈述为一项规则,虽然有时候英国的法院会以一般性的口吻,声明某个法律判准相对于其他判准的地位,好比他们声明国会的立法优于其他确定的或潜在的法源。大部分时候,承认规则并未被陈述出来,但是其存在显示于特定规则被鉴别出来的时候,不管此鉴别的行动是由法院、其他官员还是一般人民或其顾问所做的。当然,由法院来使用承认规则所提供的判准,与由其他人来使用是很不一样的:当法院判断某项特定规则可以正确地被识别而成为法律,而在这个基础之上作出判决结论时,法院所说的就具有权威性的地位。当然,此地位又是被其他规则所赋予的。就这个性质而言,正如许多其他的性质,承认规则很像比赛中的得分规则。在比赛过程中,决定哪些行为构成得分(如棒球中的跑回本垒,或足球中的射球入门等)的一般化规则很少被详述出来;相反地,此种一般化规则往往就被裁判或球员直接使用,以判定哪个特定阶段能够分出胜负。正如在法律体系中的情况,在球赛中,官员(裁判或记分员)的声明也拥有由另一些规则所赋予的权威性地位。但是,进一步来看,在法律体系及球赛这两种情况中都有可能发生一种情形,那就是官员对于规则的权威性适用,与规则中的字句在一般情况下被理解出的意义发生冲突。我们将在后面看到,任何理论若要阐明这样一套规则体系,也必须同时说明这种复杂的衍生状况。

在鉴别法律体系中的特定规则时,法院或其他人对于未经明述的承认规则之使用,正好表明这是一种内部观点。使用这些承认规则的人以此表明了他们接受承认规则作为引导。在这种态度下,人们所使用的语汇自然有别于在外部观点下所使用的语汇。持内部观点的人最普通的表达语句就是:“法律规定如何如何……”这样的表达方式我们不只可以从法官的嘴里听到,也可以从生活在法律体系下的一般人口中听到,当他们要指明法律体系中的某个规则的时候。这样的表达方式,就像比赛中的“出局”或“得分”一样,是一个人援用他与其他人所共同认为合于目标的规则,来衡量所欲适用的情况时,所使用的语言。这种与他人共同接受规则的态度,必须被拿来与观察者的态度对照。所谓观察者的态度,指的是一个人从外部记录“某个社会群体接受此等规则”的这个现象,但他自己并不接受这项规则的一种态度。持这种外部观点的人,一般会使用的语言并非“法律规定如何如何……”,而是“在英国他们认为凡是女王议会所通过的就是法律……”这样的一种表达方式。前面一种陈述我们称为内部陈述,因为它表明的是一种内部的观点,并且乃是由那些接受承认规则,而不多加说明便加以适用于确认法律体系内有效规则的人所使用。后面一种陈述我们称为外部陈述,因为它是一个法律体系的外部观察者自然而然会使用的语言。这位观察者自己并不接受该规则,而仅仅说出他人接受该规则的事实。

如果我们能够了解内部陈述乃是,直接使用公认的承认规则而做出的陈述,并且有别于指出“该规则被大家所接受”这个事实的外部陈述,那么围绕法律“效力”这个概念的许多困惑便可迎刃而解。因为,“有效力的”这个词最常被用在内部陈述中,把未被说出但被大家所接受的承认规则运用于法律体系中的特定规则上。说某个既存的规则是有效的,就是肯定它已通过所有承认规则所提供的判准,并成为法律体系规则中的一员。“某项规则是有效的”这样的说法若是有误导的地方,也仅仅是在于它或许会稍微减弱该陈述属于内部观点的这个特性;因为,就好比板球选手在场上“出局”这句话,这样的陈述之所以有效,乃是将说话者及其他人早已接受的承认规则,直接运用于特定案例中的结果,而非清楚地说出这个承认规则是否已经被满足。*

我们认为,围绕法律“效力”这个概念而产生的困惑,乃是出自法律“效力”以及法律“实效”之间的复杂关系。如果“实效”意味着,一项规范某种行为的法律规则大部分时候都会被遵守,那么很清楚地,任何规则的“效力”与其“实效”之间实在没有必然的关系。除非该体系的承认规则在其诸判准中包含以下这种有时被称为“废弃规则”的条款:任何规则如果早已不再具

---

* 亦即承认规则是否被满足,满足承认规则的初级规则是否生效,都不用清楚地说出来。持内部观点的人会直接把已生效规则运用在特定案件情况中,而作出内部陈述,根本不用把那些前提拿出来说。就好比球场上的裁判会直接作出“出局”或“得分”的判决,而不会自找麻烦地,在作出判决前,先把他所引用的记分规则之所以是有效规则所依赖的权威性判准再拿出来说一遍。——译者注

有实效，则不能被视为该体系内的规则，我们必须把某个特定规则之缺乏实效（此实效的缺乏可影响也可不影响其效力），与人民和官员对于某法律体系之规则普遍的漠视这两种情形区别开来。在后者的情形中，人民与官员对于构成法律体系之次级规则的漠视，可能如此全面而持久，以至于若是这种情形发生在一个新的法律体系中，我们几乎可以说，它从来没有成为某群体的法律体系；这种情形若是发生在一个曾经存在过的法律体系中，则我们可以说它已不再是该群体的法律体系。在这两种情况中，运用法律体系之规则的内部陈述所需要的正常脉络或背景都已不存在。在这种情况下，不管是使用该体系内的初级规则来衡量特定人的权利与义务，或者是在该体系内根据承认规则来衡量一个规则是否有效，都显得失去焦点。坚持要使用一个从未诞生过，或已被废弃的法律体系内的规则，就像是在比赛中，使用一条从未被采用或已被废弃的得分规则来衡量比赛的进行一样，除了以下会提到的情况之外，完全是无谓之举。

一个人若对于法律体系内特定规则的“效力”做出内部陈述，这个内部陈述可以说是建立在“这个体系是普遍具有实效的”这个外部陈述为真的基础上。在正常的情况下我们表达内部陈述，必须以法律体系普遍的实效为背景。但是，若因此就说关于效力的陈述“意指”法律体系具有普遍的实效性，这也是错误的。虽然假使一个法律体系从未成立或者已被废弃，则说这个体系内的规则是有效或无效，“通常”是失去焦点或无谓的，但是这样的说法并非没有意义，也不一定总是失去焦点。就好比教授罗马法最生动的方法，就是要在谈到罗马法的时候，说得好像它具有实效，并且讨论其体系内特定规则的效力，并以之实地解决问题案例。又好比若要恢复一个被革命摧毁的旧社会秩序，并且抵抗新秩序，其中一种办法就是紧守旧政权下的法效力判准。比如仍然按照俄国沙皇时代有效的继承规则来主张财产权的白俄罗斯人民就是如此。

我们若能认识到外部陈述（法律体系具有普遍实效的事实）乃是作为内部陈述（法律体系中某规则是有效的）的背景，我们就能够采取较适当的角度来看待一种流行的理论，这种理论认为主张一个规则有效就是预测它会被法院执行，或是预测其他政府官员会依照它采取某些行动。从很多方面来看，这种理论都类似于对义务的预测性分析，而这是我们在上一部分所讨论过并已放弃的。这两种预测性的理论有着相同的动机,那就是希望借此避免对“效力”这个概念做出形而上的诠释,他们认为如果不想把某种神秘且无法由经验方法来测知的性质加诸法律的“效力”概念,就一定要把法律的“效力”理解为对于官员未来行为的预测。这两种理论之所以有其可取之处,也是因为同样一件重要的事实,那就是任何接受规则的人若做出关于效力或义务的内部陈述,他们通常也同时预设了外部陈述(法律体系具有普遍实效的事实)的真实性。这两种理论确实十分相关。但最后,这两种理论也犯下同样的错误:它们忽略了“效力”概念含有内部陈述的特性,而把它当作只具有外部陈述的性质,以至于把“效力”等同于官员的特定行为。

如果我们能够注意到在裁判的过程中,法官所说的“某项规则是有效的”这种说法如何运作,那么预测论的错误就十分明显了。因为法官发出此语的时候,他仅仅是“预设”着,而非“说出”法律体系具有普遍实效;很明显,他没有任何想要预测他自己或其他法官行为的意图。法官所说的“某项规则是有效的”这样的说法是一项内部陈述,这句陈述乃是在肯定该项规则已符合所有在他的法庭上用来鉴别何者为法律的判准;这样的陈述所构成的不是一种预言,而是他裁判理由的一部分。不过,确实有一种情况,这种情况发生在“一项规则是有效的”这句陈述乃是由一般人民所说出来的时候,此时这句陈述比较接近某种预言。这种情况就是当非官方人员在法庭上说一项规则有效或无效时,若与法官的见解相左,则我们就很有理由预测他应该会收回他的见解。但即使如此,若我们因此就说“因为这个一般人民所表达的,关于规则有效无效的陈述,没有能成功地预测法院会怎么做,所以这个陈述是错误的”,这样的说法也未免过于武断。因为,表达这项陈述的人把这项陈述收回可以有许多理由,不一定是因为这项陈述是“错误的”;同样地,这种陈述也可能有更多错误的方式,甚至比这样的说法所容许的更多。

提供判准以衡量法律体系内其他规则之效力的“承认规则”,在某个重要的意义上(这个意义我们待会儿将会说明),可以说是“终极的”规则。并且当数个“判准”彼此间呈现优越或从属关系时,其中一定有一个是诸判准中的最高者。承认规则的终极性以及诸判准之一所具有的最高性这两个观念值得我们注意。但我们有必要把它们与下述这种我们业已反对过的理论划清界限,就是那种认为任何法律体系,就算它躲在某种法律形式背后,也有一个在法律上不受任何限制的主权立法者的理论。

在最高判准以及终极规则这两个观念中，前者比较容易界定。我们可以说某个判定法律效力或法源的“判准”是最高的，如果通过它被鉴别出来的“规则”，在与通过其他判准所鉴别出来的“规则”相冲突的时候，我们仍然会承认它是法律体系内的规则；相反地，那些通过其他判准所鉴别出来的“规则”，如果与这个通过最高判准所鉴别出来的“规则”相冲突时，我们就会拒绝承认它是法律体系内的规则。我们可以对“优越的”与“从属的”这两个观念，使用我们已经用过的比较级语汇，做一个类似的说明。很清楚地，所谓“较优越的”或“最高的”判准都仅是指出在天平两端的相对位置，绝不隐含着任何在法律上不受限制的立法权力。但是，在法律理论中，“最高的”与“不受限制的”却十分容易混淆。容易混淆的其中一个理由，是因为在较简单的法律体系中，“具有终极性的承认规则”、“最高的判准”与“法律上不受限制的立法者”这几个观念往往是重合的。因为，如果有一个立法者不接受任何宪法上的约束，并且有权立法废除任何从其他来源产生的法律规则之法律地位，则在此法律体系中势必有这样一条承认规则：该立法者所立之法乃法律效力的最高判准。根据宪法理论，这就是英国的情况。但即使是像美国那种没有“法律上不受限制的立法者”的体系中，仍然大可包含一条具有终极性的承认规则，提供一整套的效力判准，而其中有一个是最高判准。例如，当其国内正常的立法机构之立法权限，被不受该立法机构修正的宪法所节制，或者当宪法包含一些超出该机构立法权限的条款时，就是如此。所以，在这里，尽管没有一个不受法律限制的立法机构（即使对“立法机构”做最宽广的解释），但这个法律体系仍然包含着一个具有终极性的承认规则，并且在其宪法条款内包含着一个最高的效力判准。

我们可以依循一条我们所熟悉的法律推理途径，借此便能清楚了解承认规则作为终极规则的意义。如果有人问道：某项规则是否具有法律上的效力？为了回答此问题，我们必须运用其他规则所提供的效力判准。牛津郡议会所提出来这项单行法规是有效的吗？是的，因为它没有逾越牛津郡议会的权限范围，而且乃是依照卫生大臣所颁布的行政命令中所规定的程序来提出的。一开始，我们只需知道该行政命令提供了我们借以衡量该细则之效力的判准。或许实际上并不需要进一步探询下去，但总会有可以进一步探询下去的可能性。我们可以进一步探询该行政命令是否有效,若要如此,我们便需考察授予卫生大臣该权限的法律。最后,如果要更进一步询问该法律是否有效时,我们便需诉诸“女王议会所制定者即是法律”这项规则。然而在此,关于效力的探询必须停止:因为我们所触及的这项规则,尽管跟前面的行政命令和法律一样,都可以提供判准以衡量其他规则之效力,但是与它们不同的是,我们却再无法找到另一条规则,可以提供判准来衡量这项规则的效力。

确实,关于这项终极规则,我们可以提出很多问题。我们可以问道:是否英国的法院、立法机构、官员、一般人民真的都在使用这条规则来作为终极承认规则?或者,我们刚刚所做的事情,也就是使用已被废弃的法律体系之效力判准所做的法律推理过程,是否其实是无意义的游戏呢?或者我们也可以问道:以这样的规则作为根基的一个法律体系到底好不好呢?它产生的好处真的多于坏处吗?有没有坚强的理由来支持呢?有没有道德上的义务这么做呢?显然,这些问题都是极重要的问题;但是,同样清楚的是,当我们问到关于“承认规则”的问题的时候,我们所问的问题,已经跟那些我们之前借着承认规则之助所回答的,关于其他规则的问题不一样了。当我们所说的不再是因为某项法律符合“凡女王议会通过者即为法律”这项终极规则,所以它是有效的,而是在英国,无论法院、政府官员或一般人民,都使用这条最后的规则作为终极承认规则;当我们这样说的时候,我们已经从主张法律体系内某项规则有效无效的内部法律陈述,转换到该体系观察者(他自己不一定接受该体系)所做的外部事实陈述。因此,同样地,当我们从“某项立法是有效的”,转换到“该法律体系的承认规则十分优越,建立在其上的体系是值得支持的”这种陈述的时候,我们已经从关于法律效力的陈述转换到关于价值的陈述。

有些强调承认规则之法律终极性的学者,认为尽管一个法律体系内的其他规则之效力可以通过承认规则而被确证,但是承认规则自己的效力却无法被确证,它的效力是“被假定的”,“作为前提的”,或是一种“假设”。可是,这种说法极可能造成误解。法官、律师或一般公民在法律体系每天的运作中所做的,关于特定规则之法律效力所做的内部陈述,的确带有若干预设。这些预设就是,人们普遍接受用以鉴别特定规则之法效力的承认规则这件事实。当人们表达法律上的内部陈述时,这表示他们一方面接受该法律体系的承认规则;同时,他们把这些可在法律体系的外部陈述中被表达出来的事实,隐而未说。这些隐而未说的内容,构成关于法律效力之陈述的正常背景或脉络,正因如此,这些事实被说成是被这些陈述所“预设”。但很重要的是,要看清楚这些所谓被预设的事情到底是什么,而不应混淆其性质。这些被预设的事情包含两个要素。第一,当一个人很严肃地主张某既有法律规则,比如说某特定法律是有效的时候,其实他正同时使用着他所认为妥当而加以接受的承认规则来鉴别法律。第二,他所用以评量特定法律之效力的承认规则,不只是他一个人接受而已;他所接受的承认规则同时也被社会普遍地接受,并且在该法律体系的一般运作中被采用。如果该预设被质疑,我们大可以从实际的运作中去查证:我们可以看看法院如何鉴别某规则是不是法律,并且看看这些预设在这些鉴别的运作中,是否被普遍地接受或默认。

把这两个预设描述成是“法效力”之无法被证明的“假说”实在不是很好的说法。我们通常需要用“效力”这个字,而且也只能用“效力”这个字,来回答发生于规则体系内部的一个问题。这个问题就是一项规则能否归属于该法律体系,取决于其是否能够符合承认规则所提供的判准。这种问题不会发生在提供判准的承认规则本身;因为承认规则既非有效亦非无效,它就是很单纯地因为妥当而被采用。我们不应把这个单纯存在的事实说成“其效力被拟设但无法被证明”这样一种奇怪而模糊的说法。打个比方来说,巴黎有一根标准米尺,它是所有以公尺为单位之测量的终极标准。我们如果说承认规则作为终极规则其效力乃是被假定的,就好像在说标准米尺的正确性只能被假定,但不能被证明,这岂非荒谬?*

说具有终极性的承认规则之效力是被“假定的”,这样的说法有一个更严重的问题,就是它掩盖了内部陈述所蕴含之第二个预设的事实性格。无疑地,法官、政府官员与其他人日常的实践活动乃是承认规则所真实然在的地方,这样的实践活动是十分复杂的。正如我们稍后将看到的,关于这种规

---

* 因为它根本不需要被证明,也就无所谓假定,它是一切需要被证明之测量的终极标准。——译者注

则确实的内容及范围甚至存不存在的问题,在有些情况下,实在难以有清晰或肯定的回答。但无论如何,把“假定承认规则的效力”与“预设承认规则在司法实践中的存在”这两种对承认规则性质的不同解释区别开来是很重要的,因为如果没有区别开来,我们就难以了解说这种规则存在到底是什么意思。

在上一部分所描绘的初级义务规则的简单体系内,“一项规则存在”的这项主张一定是一个本身并未接受该规则的观察者所做的外部事实陈述,他检验这个规则是否存在的方法,就是去查明一件事实是否存在,这件事实就是:一定的行为模式实际上是否被接受为一项准则,并是否具备作为社会规则所应该拥有的特征,而能够与纯粹是众人一致的行为习惯区别开来。我们现在要通过这个方法,来尝试着诠释并检验以下这项主张,那就是:在英国存在一条规则,要求人们在进教堂时要脱帽。通过在社会群体的实践当中发现一项规则存在的事实,我们就能够理解承认规则,如同我们所引为例证的社会规则,其存在乃是一项事实。如果这种规则确实然在于社会群体的实践中,我们就没有必要另外再去讨论这项社会规则“有没有效力”,尽管它到底有没有价值或合不合意是大可质疑的。因为一旦它们的存在已被确认为事实,去肯定或否定它们的效力,或是说“我们假定其效力但无法证明”,都只会把事情弄得更模糊。然而,从另一方面来看,在一个成熟的法律体系中就不是如此了。在一个成熟的法律体系中,包含着一条承认规则,任何规则都要通过符合该承认规则所提供的判准,才能成为此法律体系的一员。如此一来,“存在”这个字就有了新用法。“一条规则存在”这项陈述,现已不再是它在单纯的习惯规则情况下的样子,亦即不再是一项外部的事实陈述,而是仅仅说出一种特定的行为普遍地被接受为实践上的标准这个事实。它现在可以是一项内部陈述,运用着被人们接受但未被明确道出的承认规则,因此粗略地说,这句陈述意味着“在符合法律体系的效力判准之下,是有效的”。就这方面而言,正如在其他方面一样,承认规则是不同于体系内其他规则的。主张承认规则存在的说法,只能是一种外部的事实陈述。尽管当体系内其他从属于承认规则的规则,可以在已被人们普遍漠视时继续有效,或说继续“存在”,只因它单单符合承认规则之判准,承认规则存在的形态,但却必须是法院、政府官员和一般人民,在援引其所含判准以鉴别法律时，所为之复杂但通常是一致的实践活动本身。承认规则的存在是事实问题。

（本文节选自［英］哈特：《法律的概念》（第3版），许家馨、李冠宜译，法律出版社2018年版，第135～170页第五章、第六章第一节。收录时有删减，章节序号和个别表述有调整。）

【辅读文献】

1.［英］奥斯丁：《法理学的范围》，刘星译，中国法制出版社2002年版，第13～41页第一讲、第216～366页第六讲。

2.［美］布莱恩·比克斯：《法理学：理论与语境》，邱昭继译，法律出版社2008年版，第39～64页第三章“H. L. A. 哈特和法律实证主义”。

3.［英］约瑟夫·拉兹：《法律实证主义与法律渊源》，载［英］约瑟夫·拉兹：《法律的权威》，朱峰译，法律出版社2005年版，第33～45页。

4.［美］朱尔斯·科尔曼：《原则的实践》，丁海俊译，法律出版社2006年版，第七讲“社会惯习命题”、第八讲“包容性法律实证主义”。

5. 陈景辉：《作为社会事实的法——实证观念与哈特的社会规则理论》，载郑永流主编：《法哲学与法社会学论丛》（2006年第1期），北京大学出版社2006年版。

6. 庄世同：《法律的规范性与法律的接受》，载《政治与社会哲学评论》2006年第1期。

【问题讨论】

1. 哈特认为奥斯丁的法律命令说最大的缺陷是什么？

2.“被迫”（be obligated to）与“有义务”（have an obligation）的区别何在？义务形成的条件是什么？道德义务与法律义务的区别是什么？

3. 双重规则理论的内涵是什么？为什么要引入次级规则？你认为哈特将法律等同于双重规则体系是正确的吗？

4. 承认规则是一种什么性质的规则？它具有什么样的面相？承认规则

能否确保法律(体系)的事实属性?

5. 法律的内在观点与外在观点如何区分? 有的非实证主义者(如阿列克西)将这一区分等同于参与者视角与观察者视角的区分,并认为参与者视角下的法律观必然是一种非实证主义的法律观? 如何看待这里面的张力?

6. 排他性实证主义与包容性实证主义分别是如何来捍卫法律的社会事实属性的?

文献三　[奥]汉斯·凯尔森:《法的概念及法律秩序的层级构造》

【引　言】

凯尔森的纯粹法理论是21世纪的欧洲大陆诞生的最有代表性、影响最深远的法律实证主义学说。他的代表作《纯粹法理论》共有两版,即1934年的第一版和1960年的第二版。尽管两个版本在篇幅、结构和论证细节方面都有所不同,但基本的思路与主张却一以贯之地保留了下来。事实上,纯粹法理论是一种"极薄"的理论——这不是说他的理论十分简单,也不是说他的著作篇幅非常短小,而是说他的理论最终可以被还原为一个范畴,那就是"规范"。这一定位当然来自凯尔森的新康德主义认识论。我们知道,康德认识论最大的特点在于区分"实然"与"应然"这两个范畴,它们在凯尔森的理论中对应于自然与规范。质言之,自然服从的是因果律,所谓有因必有果、有果必有因,联系两者的是必然关系;而规范创设的是归属律,事实条件与法律效果之间存在的并非必然的因果关系,而是应当的关系。所以,法律的实效与法律的效力就是两回事。当然,纯粹法学的纯粹性不仅体现在它将自然(或者说"事实")的范畴驱逐于法律科学的研究领域之外,而且也将道德(或者说"价值")的范畴也驱逐于法律科学的研究领域之外。正如他所认为的,应然是一种先验、而非超验的观念,是一种形式范畴,所以它既可以用来表示法律,也可以用来表示道德(既有法律规范,也有道德规范)。区别于两者的,是法律在内容上规定了制裁,或者说,它是一种用制裁来联结所不欲发生之行为(不法行为)的社会技术——在此意义上,法律是一种强制规范。法律仅仅是一种手段,而无关于其所追求的目的(凡是绝对价值观都被他扫入"意识形态"的口袋之中)。纯粹法理论仅仅是一种关于实在法的理论。所以,规范是有别于事实和价值的第三范畴,这也是纯粹法学的双重纯粹性所在。

当然,规范并非孤立的存在。法律不是一个规范,而是一个规范的体系,即法律秩序。法律规范体系与道德规范体系的构成方式并不相同:法律规范之间主要是以授权链条的方式来进行的,无关乎内容,而道德规范之间主要是内容上的推演关系来进行的。在《纯粹法理论》第二版中,凯尔森分别称之为动态体系与静态体系。在动态体系之中,当追问某个法律规范的效力时可以追溯到授权某主体创制它的另一个规范,而这后一个规范又可以追溯至第三个规范,以此不断。由此,后一个的规范相对于前一个就构成了上位规范,从而依据效力的高下形成状如金字塔式的层级构造。问题在于,这一层级构造的顶点,也即是效力最终回溯的原点在哪里?凯尔森名之为"基础规范"。正是基础规范保证了整个法律秩序中每一下位层级之规范效力的传递,它也构成了法律秩序统一性的保证:凡是能追溯到同一个基础规范的,就都属于同一个法律体系。在国内实在法秩序中,基础规范之下,存在宪法、立法(法律)、司法与行政、法律行为、强制行为等诸多层级。不仅是一般规范,而且司法与行政以及法律行为等个别规范都属于法律秩序。而立法、司法与行政这一传统的分类也只具有相对的意义了。

由此不难看出,凯尔森的理论被称为规范理论的原因。值得指出的是,纯粹法理论中的"规范"属于认识论而非本体论的范畴。也就是说,规范之于凯尔森并非向其他学者(如前面的哈特)那里那样是"在那儿"的东西,而是一种认识法律现象的工具。在康德的理论中,认知(知识)的产生需要两方面的条件,即经验材料与先天范畴。只有运用先天范畴对经验材料加以把握,才能产生有意义的知识。对于凯尔森来说,"规范"就是认识法律现象(经验材料)的先天范畴,只有通过它,才能产生有意义的关于法律的知识。所以,"规范"就好比认识法律世界的"眼镜",没有它,就看不清法律世界。凯尔森的思路是一个倒推式的思路:因为"只有拥有规范的范畴,才能产生对法律有意义的认知",而现在我们"已经对法律产生了有意义的认知",所以必然在我们的思维结构中存在规范的范畴。规范是体系化的,一个规范的存在(效力)只能来自另一个规范,所以必然最终预设基础规范。当然,凯尔森理论中"阿喀琉斯的脚踵"也正因如此:基础规范是一种"超验逻辑预设”(拟制),那么将法律看作规范的体系就是一种可能、而非必然的观点。事实上,同为新康德主义代表学者的拉德布鲁赫就运用了另一个概念来看待法律现象,那就是“文化”。拉德布鲁赫在区分事实与价值的基础上,进一步将事实区分为价值中立的事实与价值关涉的事实,前者即为自然,而后者是为文化。他将法律定位于文化领域,认为“法律是一种服务于法理念即法价值的现实”。但无论如何,凯尔森的规范理论都对当代法哲学产生了重大的影响,将法律视为一种规范的做法已成为许多理论的出发点。在此,我们节录了《纯粹法理论》第一版的第三章和第五章来作为讨论的文本基础。

【正　文】

法的概念及法律秩序的层级构造

[奥]汉斯·凯尔森

一、法的概念

(一)自然法学说与法律实证主义

传统法律理论就其超验法的概念而言,时至今日仍不脱保守自然法学说的影响。这一概念完全符合自然法学说盛行时期哲学上的形而上学特征,这一时期在政治方面恰好表现为君主专制的警察国家。19 世纪资产阶级的胜利掀起了对形而上学与自然法学说的公开反抗。与其环环相扣的便是经验自然科学之勃兴与宗教意识形态的衰微,资产阶级的法律科学也由自然法学说转向法律实证主义。此转向虽然激进,却从未彻底实现。固然,法律已不再被预设为永恒与绝对之范畴,法律的内容也不再无视历史变迁,甚至作为实在法的法律自身,也成了有限时空中的现象。但绝对法律价值的观念却从未真正死亡,而是在为法学,甚至实证主义法学所珍视之伦理理想中借尸还魂,这种理想就是正义。此类法学虽也不遗余力地强调法与正义的区别,但两者的藕断丝连却也有目共睹。在其看来,实在国家制度欲成为法律,便多少应与正义有所关联,即具有最低限度之伦理性,纵“虽不能至”,也须“心向往之”。实在法想要成为“法”,必须多少符合法理念与正义,尽管要求不高。既然现行国家制度的合法性被预设为不证自明,那么关于最低限度道德的法律理论也就卑之无甚高论,不过是自然法学说的缩影而已。当资产阶级团结一致统一掌握政权、各集团力量对比均衡时,此最低限度的保障已经足够。究竟哪些原则属于实证主义迄今仍无定论,而法律科学也并非完全倒向实证主义。但其中占据优势者仍旧是非实证主义。

(二)作为法律范畴的“应然”

1. 超验观念意义上之“应然”

法律科学的倾向在下述实在法概念中一目了然,此概念即规范或“应然”。上文不厌其烦地阐释法律规范与道德规范不同,绝对道德价值不关涉法律科学。显而易见,绝对道德价值站不住脚,那么法律只能体现相对价值,这一点无须多言。然而,法律科学无意否认绝对价值的存在,只不过自认为无力担负这一问题,而这不能不对法的概念有所影响。其实,如果将法律视为与道德同样的规范,如果法律的意义也如后者一样以“应然”来表达的话,那么道德中关乎绝对价值者,也将附着于法律规范及法律上之“应然”概念之上。将某行为称为受法律规制或将某行为称为法律义务,这类说法从未摆脱这一行为是善的、正确的、公正的这类观念的干扰。就此而言,19世纪实证主义法学将法律归结为“应然”或规范的概念,的确夹带着某些意识形态因素。

2. 先验范畴意义上之“应然”

纯粹法理论力求从法的概念中完全剔除意识形态因素,就必须割断法律规范概念与其母体——道德规范的脐带,并巩固法律相对道德之自主性。纯粹法学说并非如传统理论一般,将法律规范也如道德规范一般归结为绝对命题,而是将其理解为表述条件事实与其后果之关系的假言命题。如此一来,法律规范就变成了法律命题,后者乃实在法的基本形式。正如自然规律联结了原因事实及其结果,实在法同样联结了法律要件与法律效果(所谓不法行为之后果)。前者之联结模式为因果律,后者则为归属律,在纯粹法理论看来,这种归属律恰恰是法律之为法律并具有自主性的关键所在。正如结果不离原因，法律效果同样系于法律要件。然而，切不可认为法律要件乃是其效果的原因，毋宁是法律效果（不法行为之后果）被归属律联结于法律要件。此即所谓某人“因”犯罪而受罚，或“因”未清偿债务而被执行财产等等的真正含义。刑罚与犯罪、强制执行与私法上之不法行为之间仅有规范关系，却无因果关系。纯粹法理论将这类关系命名为“归属”，同时也表达出了法律的特殊存在，即其效力：一言以蔽之，法律不是别的，仅仅是“应然”而已。纯粹法学说就以“应然”来描述法律，“应然”体现了这一独特意义：从属于某一法律秩序之事实在相互关系中的独特含义；而“必然”对于因果律而言也同样如此。

上述两种情形都包含着要素间功能联系的简化表述，而这种联系因其所体现之系统的不同而不同：因果律体现自然，而归属律体现法律。值得注意的是，当因果律早已被剥去先前被人披上的形而上学之巫术甚至泛神论（相信原因之外的神秘力量创造结果）的外衣，还原为单纯的功能联系之后，经过净化的因果律对自然科学而言实为不可或缺的基石，其假设自然可知，而此假设只能借由联结因果两端才能被接近满足。自然规律的含义是：“如果有甲，则必然有乙”；而实在法所表达的却是：“如果有甲，则应当有乙。”两者都没有涉及甲乙间关系之道德或政治价值。“应然”乃是用以理解法律经验素材之相对性的先天范畴。就此而言，“应然”不可或缺，否则便完全无法理解或表述实在法联结两个事实的方式。显然，两者的关系并非因果关系。对犯罪处以刑罚，并非某个原因的结果，这两个事实间的联系，完全不同于因果律，而是出于立法者的设定。它虽然与因果律迥异，但也如后者一样是牢不可破的铁律。在法律秩序之中，刑罚依法都在犯罪之后发生，且毫无例外——而即使是在自然秩序中，也难免有刑罚因为这样或那样的原因而未能实现的情形；而刑罚得以实现时，也未必就是犯罪的结果，尚可能有其他原因，甚至可能完全不是由犯罪引起的。所谓不法行为“应当”发生相应后果等等，这里的“应然”是一种法律范畴，仅体现包含这一法律要件与法律效果之法律命题的特殊意义。这种范畴具有纯形式的性质，故而迥然有别于超验法理念。无论它联结的事何种内容的事实，也无论将何种行为当作法律，都不影响其效力。这一“应然”范畴是康德认识论意义上的先验性假设，而非形而上学意义上的超验观念，它不因内容而排除任何社会实体。正是这种先验性确保了纯粹法学说彻底的反形而上学立场,才得以将传统理论最口诛笔伐的苏维埃俄国及法西斯意大利的法律秩序当作与法兰西共和国并无二致的法律秩序。

3. 自然法与形而上学的复兴

欧战所引发的社会动荡是传统法律理论一齐转向自然法的契机,就连传统哲学也出现了退回前康德时代之形而上学的苗头。接近 20 世纪中叶的资产阶级拾起了 19 世纪初的封建领主用以反对自身的相同政治意识形态武器。而纯粹法学说则滥觞于反意识形态的实证主义哲学与 19 世纪的法律理论,如果有对康德先验哲学与法律实证主义反攻倒算者,本学说与之誓不两立。

(三)作为强制规范的法

表征“应然”的规范是一种形式范畴,它仅仅是法律的属概念,却不能区别出它的种差。法律规范乃强制规范(为强制而设之规范),这是 19 世纪法律理论的共识,并以此区分法律与其他规范。纯粹法学说在此对 19 世纪的传统实证主义法律理论不持异议。本学说认为,法律命题中联结于特定法律要件之效果的是国家的强制行为——包括刑罚及民事及行政制裁——据此,仅当条件事实界定为不法行为时,结果事实才构成这一不法行为的效果。使人的行为成为不法行为的,是其罪过(广义),这种罪过既不是行为自身之品质,也不是它与某种超法律规范或超实在法之道德价值的关系;而仅在于这一行为被法律命题规定为特定效果之要件,仅在于实在法秩序为其设定了强制行为。

(四)不法行为的概念

就纯粹法理论之一贯立场而言,必须对不法行为的概念从根本上进行重新诠释。这一概念的关键既不在于立法者的动机,也不在于为立法权威所厌的社会情势,确切地说,即社会危害性(其实不过是立法权威以为如此而已)。关键仅在于它被规定于法律命题之中,换言之,它被作为特殊法律效果——(国家)强制行为之要件。据此,不法行为就是法律命题中的条件行为,也即法律命题中所设立之制裁将施加于其身上者的行为。既然不法行为就是制裁所针对者,那么作为不法行为之事实本身必然有别于它的构成要件。在原始法律秩序或不法行为被归结于法人(如公司)的案件中,如果对不法行为之后果承担责任者不限于行为人自身,那么这都是因为立法者预设了行为人与责任人之间存在某种关联,无论是真实的还是拟制的关系。这就是所谓的替代性责任。亲属连坐、行政连带与国民一体都是这一道理。据此,不法行为的真正实施者与该行为后果之责任的承担者之间仍存在事实或法律上的同一性。

论述至此不难推知,不法行为由对法律之否定(法律政策往往认为如此)变成了法律的特殊前提。唯其如此,不法行为才能成为法律认知的对象,因为唯有法律才能将不法行为作为可强制的法律要件。如此一来,不法行为便被真正被纳入法律秩序之中,从而克服了惟有前科学阶段之幼稚法学才能容忍从的违反体系的弊病。而其他具有规范性质的认知模式,诸如伦理学与神学,都不能幸免于此,神正论(欲将世界解释为善之秩序者)将恶视为对善的全然否定,从而将其从人的本性中剔除出去,恶仅被作为实现善的条件,即所谓恶有恶报、邪不胜正等。纯粹法理论对所谓不法行为“破坏”或“侵害”法律的学说不以为然,法律根本无法以不法行为“破坏”或“侵害”,毋宁说法律惟有借由不法行为才能发挥其根本功能。不法行为的发生绝非法律之祸(传统法律理论常常这样认为),恰恰相反:法律只能通过不法行为来证明其存在,而法律的存在便在于其效力,即“应当”用制裁来作为不法行为的后果。

同样,在这一问题上,纯粹法理论也与当代法律理论格格不入。后者已堕入自然法之窠臼,它抛弃了强制这一经验因素,却将符合法理念的内在价值奉为法律之圭臬。自然法学者认为,法律的强制拘束力直接来自其价值感,而实在法不过是绝对神圣或自然秩序的支脉而已,唯其如此,法律才能不具有强制性——此时法律效力一如绝对道德的效力,都依赖于法律信念的内在强制。如此种种,都显现出自然法的色彩。

(五)作为社会技术的法

1. 法律秩序的实效

在地道的实证主义者看来,法律不过是外部强制秩序罢了,但其实法律更是一种可以强制实施的特殊社会技术:通过对相反行为加以强制(剥夺某项利益,诸如生命、自由或财产)从而鼓励社会所欲之行为发生。法律秩序显然以人之趋利避害(强制)为出发点。法律的目的无非是诱使人们去实施其所欲之行为,手段则是宣扬若不从事立法者所欲的行为,则将有恶加诸其身。正是出于上述动机,法律才追求实效。着眼于此,法律规范的内容仅涉及人类,因为只有人才有理性与意志,才能受规范驱使而使其行为符合规范。当然,在人的作为与不作为之外还有其他事实,即所谓事件,但只有在与人的行为密切相关时才被规定于法律规范之中,也就是作为人的行为之要件或后果。至于原始法律秩序之法律效果不仅加诸人身,且及于禽兽以及无生命之物,从而对万物之"行为"都加以规制,这是由于初民的泛神论相信万物有灵的缘故。换言之,也即是将万物的"行为"都类比为的行为而已。

2. 次要规范

着眼于法律秩序之预设目的,即使人们依法行事以免受强制,那么法律秩序就可以为合乎其目的之命令规范的集合,诸如"不得偷盗""欠债还钱"之类。然而值得注意的是,法律的根本属性——也即是它与强制的关联——却未必很明显。那么,规定不受制裁之行为(法律所欲之行为)的规范便只在此前提下才能成为法律规范,也即它是下述完整法律命题为避免繁冗而采取的简练表述形式:应当做某事,否则便将遭受制裁。这一法律命题是法律规范的主要形式;而单纯规定不受制裁之行为的规范则可视为次要法律规范。注意,不法行为(制裁之条件)貌似是对次要规范中所设定之义务(免于制裁之行为,即法律所欲之行为)的否定,从而与前者相矛盾。但不法行为与次要规范所规定之义务行为在逻辑上却并不矛盾。逻辑矛盾只能发生于两个"实然"命题或两个"应然"命题之间,两类命题彼此之间却绝对不会矛盾——那么,两个规范("应然")可能矛盾,而一个规范与一个事实("实然")之间却不会矛盾。若用公式表达,则"甲为甲且非甲"是矛盾;而"甲应为甲却非甲"则并不矛盾。而违反规范乃是与逻辑矛盾截然不同之范畴。尽管这种不法事实与规范所设定之义务行为不可称为逻辑矛盾,却可当作目的论矛盾。关于非法与合法——对法律之违反与遵守——之传统概念显然认为次要规范更体现了法律的目的。如果能意识到前者不过是制裁之前提、而后者则是免于制裁之行为的话,对这两个概念还是可以继续使用的。

3. 守法动机

很难断定人的守法行为是否真的是制裁威胁的效果。毫无疑问,在多数情况下,截然不同之动机促成了法律所欲的状态。这类动机并非当然总是对即将临头之制裁的恐惧;宗教信仰与道德观念常使人奉公守法,社会习惯与风评也往往令人不敢妄为,有时违法对人并没有太大的吸引力——如此种种都促成了对法律的遵守。下文将指出,人的实际行为符合法律固然是法律秩序的重要条件,却未必就表明法律具有实效,相反,这未必不是意识形态的效果,对于提倡守法的意识形态而言尤其如此。

法律的独到之处在于,将被认为具有社会危害性的行为与对行为人的制裁相联系,这种手段可用于达成任何社会目的。然而,法律之为法律不在于其目的,而仅在于这种特殊手段,次要规范之所以不足以体现法律的本质,其原因也正在于它并非联系法律要件与法律效果的完整法律命题。法律仅仅是一种强制机制,自身并不负担任何政治或伦理价值,它的价值完全取决于凌驾于其上并以之为手段的那个目的。至于将该事实解释为法律自然与任何意识形态无关。这一事实毫不含糊地充当历史前提,并可借此窥见作为社会秩序之强制秩序与它所维护之社会情势两者间的关系。至于这种社会情势究竟如何、是否如社会主义者所宣传的那样具有阶级统治之特征,就不是纯粹法理论可知的了。本理论只关心法律秩序自身,而不问它所追求或达成的目的。一旦不涉及目的,法律秩序自然也与因果关系风马牛不相及(目的与手段之关系正是因果关系之特例),而纯粹法学说将只考虑法律秩序自身的规范意义。

(六)对"应然"的否认

但这种规范意义却从未真正获得承认。论者往往将法律与立法行为混为一谈,把法律理解为某些人针对他人行为所实施的行为,从而将立法行为当作特定结果的原因。从此出发,有人相信可从特定行为模式之规律性入手来理解法律秩序,并有意否认与立法行为不可分离的规范意义,反而坚信"实然"之外别无"应然"。立法者或法学家断言所谓"盗窃者罚"不过是杀鸡儆猴的劝诱或令人生出改恶从善之心的念头而已。那么"不得盗窃"或"盗窃者罚"这一法律命题便被还原为"有人意在使人远离盗窃或对之加以惩罚,而多数人大体上没有盗窃或已遭惩罚”这一事实陈述。如此一来,用法律来统治民众就无异于用诱饵来抓捕野兽的人,守法者俨然成为立法者的猎物。之所以打这个比方,不仅由于两类关系中都含有动机因素,更是因为两者都是欺骗,尤以法律被立法者或法学家装扮为规范之时为甚。从上述立场出发,就不存在什么可称为“规范”的东西,此处“应当怎样”所表达的意义与纯粹法理论大相径庭,根本不含有别于道德之实在法的特殊意义。这些人只根据因果律考察自然事实,只见法律行为而不见其特殊意义。如此一来,诸如规范或“应然”之类法律用以彰显自身、法学用以描述法律的意义,都被贬为彻头彻尾的“意识形态”,纵然经纯粹法理论净化并独立于绝对道德价值亦难幸免。如此一来,科学所认知的“事实”就只剩下受因果律支配的物理与心理事实,这无异于主张:除自然外,没有其他事物存在。

(七)法的规范意义

持上述立场者究竟能否理解社会现象,社会事实是否会因为该立场而消解殆尽、从而根本无法加以认知,姑且存而不论。然而对于将社会领域之本质与意识形态混为一谈的观点,却不得不多费些笔墨。后者将社会与自然之关系视同意识形态与现实间之对立,殊不知如此一来,法律的特殊意义就将荡然无存。如果抛弃规范或“应然”的固有意义,那么许可与规定、自物与他物、权利与义务之间的区分都将无从谈起。一言以蔽之,成百上千的法律用语都会失去其意义。甲依法对乙负有还款一千元的义务是一码事,而甲事实上付给乙一千元则是另一码事;某行为有罪且依法当惩罚是一码事,而实施这一行为者颇有可能遭受惩罚则是另一码事。立法者对执法者所立的规定、执法者对个人(通过司法裁判或行政行为)所下的命令、个人对他人(通过私法行为)所授予的意义绝非“我可能将这样做”这句话所能穷尽。后者出自超然立场,它所回答的并非是法律上之“应然”问题,而是“已然或将然”这一无关法律的问题。如果法律的规范意义确实是意识形态,那么以理解法律之内在意义(法律对立法、执法与守法者之意义)为己任的法律理论所孜孜以求者,正是这种意识形态所以独一无二之处。

纯粹法理论在这一点上很有心得。其实,只要拨开笼罩于实在法“应然”之上的形而上学绝对价值迷雾,而只以“应然”一词来表达法律规范借以联结法律要件与法律效果的东西,那么所谓法律的意识形态属性便豁然开朗。本学说深知,将某种事实的特殊规范意义解释为法律只是可能而非必然,而且这种可能有赖于对基础规范的预设(详见下文,这里暂且不论)。理论上的无政府主义将法学家称为法律的东西视为赤裸裸的权力,除此之外不知还有他物;然而法律的存在实在不能像受自然规律支配的自然事实那样来加以证明,所以实在难以举例来驳斥这些人的观点,纯粹法理论对此也是心知肚明。然而,假如因此就抛弃"应然"范畴,抛弃在认识论上系统地解释自然行为负载之智识内容并赋予其法律意义的规范理论,这也是本学说所不敢苟同的。法律科学历经千年而不衰,足以证明规范理论不仅可能、而且必然,这一点自不待言。这一科学以法教义学的形式,满足有心于法律者的智识渴求。如果将法律科学一笔勾销,那又如何来应对这种合理的需求呢?要知道法社会学绝难取前者而代之,这是因为两者所解决之问题是截然不同的。只要宗教存续,神学教义就无法被宗教社会学或宗教心理学取代;同理,只要法律存在,规范理论就自有立足之地,至于它在认知科学中的地位如何自另当别论。因此,目前的要务绝非抛弃这种法律科学及其赖以表征规范的"应然"范畴,而在于厘定其对象、检讨其方法。

(八)法的"应然"与"实然"

一方面承认法律是意识形态,另一方面又要求法律理论纯粹化,即不含意识形态因素,两者貌似矛盾,实则不然。"意识形态"一词的含义原本模棱两可,时而是指相对现实而言之理想,时而又指掩盖或扭曲现实的观念。它不仅含混,有时甚至不同含义之意识形态相互交织,不同层次之意识形态混为一谈。因此,意识形态与现实之间的对立也就仅仅是相对而言的。如果来考量作为规范秩序的实在法与它试图规制的行为事实(即便后者实际上未必受其规制)之间的关系,那么将实在法归入意识形态也无伤大雅;如果谈论的是实在法与另一类更高且欲规制实在法的秩序(诸如自然法或正义之绝对价值)之间的关系,那么实在法就是"真实"存在的法律,而自然法与正义则属于意识形态。纯粹法理论正是通过使得实在法不受自然法关于正义之意识形态污染,来捍卫其反意识形态的立场,至于高于实在法之秩序有效与否则不在本理论的讨论范围之内。纯粹法理论只是专注于实在法,从而使得法律科学没有必要将实在法装扮成更高之秩序,也无须用另一类更高秩序来对实在法进行辩护。本理论试图避免滥用实在法与人为预设之绝对价值间的差异来否认实在法之效力。归根结底,纯粹法理论是一种法律实证主义理论。

二、法律秩序的层级构造

(一)作为规范体系的秩序

既然作为秩序的法律——法律秩序——是法律规范的体系,则那么纯粹法学说所要回答的首要问题便是:各个法律规范如何成为一体,一个法律规范又凭什么归属某于某个法律秩序?

如果各个规范的效力都可以回溯至充当其终极效力根据的某一个规范,那么上述各个规范便构成统一的体系或秩序。如此一来,这一基础规范就成为各个规范的共同渊源,而构成某秩序之众多规范的统一性便在于基础规范;而某个规范之所以归属某个秩序,也是因为它可回溯至这一秩序的基础规范。规范秩序因其基础规范的不同而有别,换言之,规范秩序可依其最高效力原则分为两类。一类规范因其内容而有效,也即其内容具有一目了然之效力品质,所以规范涉及的行为是理所当然的义务。而这一规范的内容之所以如此,是因为它可回溯至基础规范,后者囊括了秩序中一切规范的内容,正如一般涵盖了所有个别那样。道德规范就属于此类规范。譬如"禁止欺骗""遵守诺言"之类,都是"诚信"的展开;而从"仁爱"这一基础规范,也不难演绎出"不得伤害他人""帮助身处困境之人"之类的规范。现行道德秩序的基础规范在此不必深究,我们只需明了,道德秩序中多数规范其实早就隐含于其基础规范之中,正如个别都蕴含于一般之中,所以一切道德规范都可以通过演绎方法从基础规范中推导出来。如此,道德的基础规范就具有实质性与静态性。

(二)作为创设链条的法律秩序

法律规范却与上述规范不同,它不因内容而有效。一切内容皆可为法,不得仅因其实质而将任何行为摒除于法律规范的内容之外,也不得因规范的内容不符合某种实质性价值(道德价值)就质疑其效力。一个规范之所以是有效的法律规范，仅仅是由于其产生的途径——依据特定规则、并循特定方法被创设。法律仅因其作为实在法而有效，制定或发布是法律有效的必要前提，它的效力无关乎道德或其他平行秩序，法律之实证性正体现于此。实在法与所谓自然法之间的根本区别也在于此。自然法规范正如道德规范一样，是从其基础规范中演绎而来的，这一基础规范因其内容为神明、自然或理性之产物而不证自明；而实在法秩序之基础规范则仅仅是这一秩序中之规范据以创设的基础规则，也即不外乎是对造法事实之规定而已。这种基础规范是一个过程的起点，它具有彻底的形式性与动态性。法律规范无法从基础规范中合乎逻辑地演绎出来，而只能通过特定行为来制定或发布，后者并非认知活动，而是意志行为。制定或发布法律规范的方式不一而足：习惯或立法产生的是一般规范，司法裁判与私法行为造就的则是个别规范。除习惯法外，其他方式创设的都是成文法，而习惯所生的不成文法是法律创制的特例。

法律秩序中的规范都可以回溯至基础规范，这表明各个规范的创设都要合乎基础规范。譬如，如果追问，监禁某人而剥夺他的自由，这一强制行为为什么是合法的并属于某一法律秩序，答案便是，这一行为出自司法裁判中个别规范之规定。如果追问，这一个别规范为什么有效、为什么构成某一法律秩序的一员，答案则在于，这一规范符合刑法典。如果再追问刑法典的效力根据，则必须诉诸宪法：这部刑法典是由宪法规定的有权机关依据合乎宪法的程序制定的。

然而，我们如果打破沙锅问到底，再进一步去探寻宪法——它是一切法律与合法行为之依据——的效力根据，则只有追溯先前的宪法，并最终追溯到某个僭主或无论何种机构制定的历史上第一部宪法。制宪者的意志表达即为有效规范，如果想要认识最终基于此宪法之上的法律秩序，就必须作出这种基础性预设。那么，无论最初是制宪者或是它所委任的机关，依据这一宪法所规定的要件与程序所立之强制秩序都是法律秩序。这就是这一法律秩序的基础规范（这里仅以一国法律秩序为限）。

（三）基础规范的意义

纯粹法理论以基础规范为其基础性假设。既然预设基础规范有效，那么基于基础规范的法律秩序也就有效。基础规范赋予最初立法者之行为——进而赋予基于此行为之法律秩序中的一切行为——以“应然”的意义,而这种“应然”正是法律命题(可对一切实在法素材加以描述之教义学表述形式)据以将法律效果联结于法律要件的因素。构成法律秩序之一切事实的规范意义皆根源于这一基础规范,唯有预设基础规范,才能将经验素材解释为法律,即法律规范的体系。而这些素材——被解释为法律行为者——的本质也因所从属之法律秩序的基础规范之具体内容不同而不同。基础规范只是实证地理解法律素材所必要的预设,而不是依据法定程序制定或发布的,故而不属于实在法律规范。纯粹法理论无意通过表述基础规范而在法学方法上另辟蹊径,只是将法学家习焉不察者或心照不宣的东西昭示于众而已:法学家于对其研究对象加以概念化时,一方面拒绝以自然法来充当实在法的效力根据,另一方面仍想将实在法理解为有效秩序,也即将法律解释为规范、而非偶然事态。凭借基础规范理论,纯粹法理论才能来剖析长盛不衰的实在法的认知方法,揭示其秘而不宣的先验逻辑前提。

(四)国内法秩序的基础规范

1. 基础规范的内容

法律及其所构成的社会在岌岌可危时尤显露出其本质,而当法律秩序发生非法变更,也即在革命中被新法律秩序取代之际,基础规范的意义更加一目了然。譬如,某个君主制国家发生革命政变,革命者企图废黜君主而代之以共和国。这一革命一旦成功,便会产生除旧布新之效的效果:民众不再服从已丧失实效的旧秩序,转而遵循大体上具有实效的新秩序。那么这一新秩序就是法律秩序。换言之,符合新秩序的行为就是合法行为,反之则是不法行为。之所以如此,都是因为解释者预设了新的基础规范,这一规范剥夺了君主的立法权威,转而将它交付给革命政权。如果革命者建立的新秩序尚未具有实效,也就是民众的实际行为不合乎这一秩序,从而式的革命归于失败,那么革命政权的行为就不是制宪,而是反叛;不是造法行为,而是违法行为。上述解释是根据旧秩序来进行的,而这种旧秩序预设了以君主为立法权威的基础规范。

如此一来,问题就产生了:某一法律秩序之基础规范的内容由什么来决定？分析法律判断之终极预设可知，基础规范的内容取决于构成特定秩序之事实，也就是这一秩序在多大程度上为人所遵循。切记：人们的实际行为只需大体上符合秩序即可，而不必完全符合。因为现实当然不可能完全合乎规范，否则的话这一规范秩序便毫无意义；如果早知某行为必然发生，又何必加以规定呢？如果要求人们的实际行为毫无例外地合乎社会秩序，那么它的基础规范就只能承认一切行为都合法，诸如“存在即合理”或“汝所欲者，即可为之”等。这种秩序没有任何意义，就像一切事实都与之相悖的秩序也没有任何意义那样。因此，如果现实大体上与某一规范秩序相悖，那么这一规范秩序就必然丧失其效力。如此一来，调整人们行为的法律秩序，其效力就取决于人们的实际行为在多大程度上与之相符，也就是这一秩序的实效。效力对实效的依赖恰可与“应然”与“实然”之间的张力作比较，我们仅能划定它的上限与下限。人们的行为对秩序的符合程度，便在这两端间浮动。

2. 法律秩序的效力与实效（法与权力）

一旦明白了效力对实效的依赖，就难免易会产生将两者混为一谈的误解，也即将法律秩序的效力等同于人们的行为在多大程度上符合这一秩序。之所以这种将效力混同于实效的努力往往为人所乐见，无非是因为这一做法也许能实现理论的简化，然而这种努力无不以失败收场。如果将效力——法律的特殊存在——归结为任一事实，就无法理解法律独一无二的意义，无法理解法律与事实间的对立，只有效力有别于实效，才能谈论行为符合法律与否。正如不能脱离事实来奢谈效力一般，同样不能将效力与事实混为一谈。如果权力的概念来指代作为法律秩序实效的事实，那么法律秩序的效力与实效之间的关系，就会成为我们耳熟能详的法与权力间的关系。如果对前人的论述进行理论重述，就不难得出对于这一问题的答案：虽然徒法不足以自行，但法与权力终究不是一物。在本学说看来，法律乃是权力的特定秩序（或组织）。

3. 国内法秩序的基础规范与国际法

法律秩序的效力依赖于实效这一原则，恰恰是一种实在法律规范的表述，但这一规范不是国内法、而是国际法。正是国际法使已确立的权力获得正当性，并依据其实效使这一权力所构建的强制秩序成为法律（详见下文）。

实效原则是一个国际法原则,它充当了各个国内法秩序的基础规范。由历史上最初的立法者所创设的宪法,只有具有"实效",才能被预设为有效,也即现实必须大体上符合由这一宪法所生的秩序。即便依靠革命或政变夺取政权的人,如果他所发布的规范能获人民的持续服从,那么它同样是国际法意义上的合法政府。这一原则之真意在于,如果在国际法之下某个强制秩序在特定区域内持续具有实效(获得大体上的服从),那么国际法便承认这一秩序为有拘束力的法律秩序。换言之,承认这一秩序所构成的社会为国家。

然而只有将国际法视为高于国内法秩序并承认前者对后者的授权时,才能将规定国内法秩序的基础规范理解为实在法律规范。如此一来,本学说所说的并非实在法律规范、而是预设的基础规范就不再构成国内法秩序的基础,而成为国际法的基石。那么,国际法上的实效原则就不是上述意义上的基础规范,而只是国内法秩序的相对基础规范。如果将国际法优位说作为理论起点,那么基础规范的问题就不再局限于国内法一隅,而是针对囊括一切国内法秩序之普遍法律秩序的终极根据。对于这一问题,后文再详细论述。

4. 法律规范的效力与实效

如果法律秩序是一种封闭秩序,那么它的效力就依赖于这一秩序的实效。换言之,法律秩序的效力取决于相关行为大体符合作为整体的法律秩序。然而我们却不能据此推论出,各个法律规范的效力同样与它们的实效具有上述关系,更不能认为法律秩序中部分规范如果欠缺实效就会危及这一秩序的整体效力。各个法律规范的效力问题应在法律秩序内部来解决,也即诉诸赋予一切规范以效力的第一部宪法。如果这部宪法有效,那么以合乎宪法的方式发布的规范就都有效。简言之,国际法上的实效原则只是针对国内法秩序的第一部宪法而言的,也即仅是就法律秩序的整体而非秩序内部的各个规范而言的。如此一来,各个法律规范的效力就无关乎其实效,据此能更清楚看出区分效力与实效之概念的必要。

像国际法一样,也可以在国内法秩序的领域中以某种途径确立实在法上的实效原则,从而使某一规范的效力依赖于其实效。譬如,(实质意义上的)宪法如果将习惯作为立法之外的另一种法律渊源,那么制定出的法律规范就可因为持续不被适用而被习惯废止。规范在废止前自然有效,然而,新制定的规范却在发生实效前就具有效力;只要这一规范尚未充分符合习惯废止的要件,那么它不被适用这一事实就像不法行为一样丝毫无损其效力。由此可知,即使仅就国内法而言,效力与实效也不能混为一谈。

(五)法律秩序的层级构造

1. 宪法

如果对意识层面之宪法——基础规范——的功用加以分析,就可知道法律独一无二的特质:它调整着自身的创设。具体而言,一个法律规范规定着另一个规范的创设程序,并在某种程度上确定着它的内容。既然法律具有动态性,也即一个规范不依据另一个规范所规定的方式来创设就不会发生效力,那么后者便充当了前者的效力根据。这两个规范呈现为上位秩序与下位秩序之空间图式。由此,法律秩序就不是同位规范的体系,而是不同位阶法律规范的层级秩序。一个规范的创制及其效力,可以回溯至另一个规范;而后者的创设,又由其他规范所调整;正是这种关联体现了秩序的统一。这一回溯的过程直到基础规范——假设之基础规则——为止,后者是法律秩序的终极效力根据,它维系着创设链条的统一性。

仅就国内法而言,法律秩序的层级构造可概述如下:基础规范下面,是作为实在法最高位阶的(实质意义上的)"宪法"。而宪法的根本功能在于规定立法机关及其程序。此外,宪法以规定或禁止的方式确定立法内容的情形也所在多有。然而,宪法对内容的确定多数情况下只具有宣示的性质,这是因为对本应立法而未予立法的情形在法律技术上实难加以制裁。相反,宪法对不得立法事项的规定则明显更具有实效。譬如,公民的基本权利与自由是现代宪法不可或缺的组成部分,但它们其实不外乎是对立法内容的消极规定而已。宪法对法律上的平等、人身自由与信仰自由的保障,即采取禁止歧视与剥夺自由立法的方式。这种禁止在法律技术上通过追究违宪立法者(多为元首或首脑)的个人责任或否决、撤销违宪法律得以实现。然而这种做法预设了两项前提:其一,普通法律无权废止宪法中规定其创设及内容的条款;其二,宪法条款的废止与修正必须满足更严格的条件,比如达到法定人数的绝对多数才能通过。换言之,宪法应对自身的废止与修正规定较普通立法远为严格的程序。

2. 立法与法律渊源

层级构造中仅次于宪法的，是依据立法程序创制创设的一般规范。这类规范不仅规定个别规范的创设机关(多为法院或行政机构)与程序，更确定其内容。宪法的重心在于立法程序，它对后者的内容仅作最低限度的规定；立法却并非如此，它对司法裁判与行政行为的程序及内容都作规定。立法所创设的法律可分实质(实体)法与形式(程序)法。刑法与民法都有相应的诉讼法；行政命令之外尚有行政程序。因此，宪法与立法的关系与立法与司法裁判或行政行为的关系其实并无二致，不同之处仅在于上位规范的侧重点：前者形式要素重于实质要素；后者则两类要素并重。

国内法层级构造的第二位阶(一般规范的创设)又可详加区分。这里只涉及法律与命令之间的区别：依据宪法，创设一般法律规范的权力原则上委诸民选的议会，行政分支则可依据立法制定实施细则；但这一规定也有例外，特定情形下宪法可授权政府替代议会发布所有或某些必要的一般规范。不由议会、而由行政机关发布的一般规范被称为命令，它兼有执行法律与替代法律的功用。后者即所谓行政法规。正如宪法有其特殊形式，立法同样如此。据此，可区分实质意义之立法与形式意义之立法。前者是就一切一般规范而言的，后者则指采取立法形式的一般法律规范——依据宪法规定由议会通过的一般规范，以及一切具有此这种形式之内容的一般规范(如上述行政法规)。就此而言，“形式意义之立法”是一种模棱两可的说法；立法形式这一概念同样含混不清，它的外延远超出一般规范的范围。

为求简明扼要，这里仅涉及宪法中的一般规范以及依据宪法而创设的一般规范，习惯法则不在讨论之列。制定法与习惯法往往都被包含于“法律渊源”的概念之中。这一概念纯粹是一种比喻，而且它的含义模棱两可，有时指创设一般规范的两种途径——集中而自觉的立法与分散而自发的习惯；有时又指法律秩序的最终效力根据，也即基础规范概念的另一表述。然而就最广义而言，法律渊源是指一切法律规范，一般法律规范与个别规范都被涵盖其中，甚至包括从客观法(此处指个别规范)所生发出的主观法，也就是法律义务或法律权利。所以司法裁判同时为被告的义务与原告的权利的渊源。由此可知，法律渊源一词因其含糊而毫无用武之地。那么与其云山雾罩,倒不如开门见山,这里所讨论的,就是作为个别规范之渊源的一般规范。

3. 裁判

一般规范是指将抽象法律效果联结于抽象法律要件的规范。所以,如果它想要具有实际意义,就必须被个别化。一般规范进行抽象规定的事实,必须在个案中被具体确定;而抽象的制裁也必须具体化才能予以适用。而这些都可以通过司法裁判来确定,因为这就是司法机关的职责。裁判并非如其字面含义或传统论理所暗示那样仅仅是一种宣示或发现,法院的使命绝不限于单纯地宣示与发现立法中业已完备的规范。相反,裁判具有货真价实的建构功能。如果确实存在与法律效果相联结的案件事实,那么它与具体法律效果的关联也都是由司法裁判所创设的。正如抽象层面上的两个事实是由立法所联结的那样,具体层面上的关联主要是由裁判来决定的。故而裁判本就是个别规范,是一般抽象之法律规范的个别化与具体化,也即法律创设过程(从一般到个别)的延续。这一点,对于认为一切法律都是一般规范、从而将法律与立法混为一谈的人来说是不可理解的。

4. 司法与行政

正如司法裁判一样,行政命令同样是立法之个别化与具体化。习惯上所称的国家行政,其大部分职能与所谓司法并无差别,两者采取的技术与追求的目的亦难分彼此:都是通过对相反行为施以国家机关之强制行为,从而诱发社会所欲(或立法者认为社会所欲)的行为,也即将这一行为作为公民的法律义务。法院制裁侵权者以维护公民名誉,与行政机关处罚超速驾驶之司机以保障行人安全,两者在本质上又有什么差别呢?如果将前者称为司法,将后者称为行政,那么这里的区别也仅在于法官之独立性(纯粹是传统习惯使然)通常为行政机关所欠缺。而两者的本质(如上例中所说明的那样)都在于间接实现国家目的。司法与行政在功能上的区别仅限于行政机关在间接实现国家目的之外,还可以直接实现国家目的,即将社会所欲的东西作为自身的法律义务,诸如创办学校、经营铁道、设立医院等。如果司法与行政确实有什么区别的话,那么也仅在于这类直接行政的方式是司法所没有的。因此,想要在概念上建立恰当的法律功能体系,就应该打破司法与行政之间的界限而另起炉灶:两者的分立完全来源于习惯,然而两者的功能却大部分重叠。一旦洞察了这一点,用直接国家行政与间接国家行政的区分来替代司法与行政的划分,对法律机关组织来说当不无裨益。

5. 私法行为与强制行为

在民法等特定法律部门中,一般规范的个别化与具体化并不像司法裁判那样直接由国家官吏来实施。就法院所适用的民法规范而言,私法行为居于立法与裁判之间。换言之,私法行为担负着使得法律要件个别化的重任。基于立法所授予的权力,当事人自行创设调整其相互行为的具体规范。而司法裁判则确认这一规范被违反的事实,并将强制行为作为不法行为的后果联结于后者。

作为不法行为后果之强制行为的实现是以宪法为开端的法律创制过程的最后阶段。

6. 法律创设与法律适用的相对性

在清楚了法律秩序的层级构造之后,就可知道法律的创设(立法)与法律的适用(执法)绝非如传统法律理论所称的那样是绝对对立的。绝大多数法律行为都兼具法律创设与法律适用的双重性质:对于上位规范来说是适用,对于下位规范来说就是创设。第一部宪法的制定虽然是创设最高法律的行为,但同样是基础规范的适用;立法虽然创设一般规范,却同时是对宪法的适用;创设个别规范的司法裁判与行政行为是对立法的适用,而强制行为则是对司法裁判与行政命令的适用。只有作为预设之基础规范具有单纯规范创设的属性,正如只强制行为具有单纯适用的属性。而居于两者之间的,都兼有创设与适用两种性质。尤其值得注意的是,绝不能像传统理论那样,误将作为法律适用行为的私法行为与作为法律创设行为的立法相对立。因为立法恰与法律行为一样无异,它既创设法律,也适用法律。

7. 国际法在层级构造中的位置

如果承认国内法秩序并不是唯一的法秩序,各国法律秩序并立,它们的效力范围是依据法律来划分的;而且承认,使上述各个法律秩序并立且划分它们效力范围的是实在的国际法,那么就不能不设想国际法居于各国国内法之上,并使后者构成普遍的法律秩序。唯有如此,才能在认识论上确保构成连续多层级构造的法律的统一性。

8. 不同位阶规范间的冲突

一旦下位规范的创设或内容不符确定上述因素的上位规范，也即出现"违反规范的规范"时，这一法律层级秩序的统一性就会成为问题。诸如违宪立法、违法命令及违反法律或命令之裁判与行政行为都属于这种情形。这里问题的实质在于：如果属于某一规范体系的不同位阶规范发生逻辑矛盾时，如果两个规范（比如宪法与违宪立法、法律与违法裁判）都是有效的，那么如何维系作为封闭逻辑体系之法律秩序的统一性？实在法中的确不乏上述情形。既然实在法不遗余力地杜绝、至少限制所谓"违法法律"现象的发生，当然表明它承认这类情形的存在，并试图通过剥夺它所不希望存在之法律规范的效力来消除其违法性。然而，假如真的有所谓"违反规范的规范"（诸如违宪法立法或违法裁判之类的），假如上位规范与下位规范间确实存在逻辑矛盾，那么法律秩序的统一确实将会荡然无存。所幸的是，绝无发生这类矛盾的可能。

如果有违宪立法的可能，换言之，也即程序或内容不符合现行宪法之立法有效，那么对此只能作如下解释：宪法不仅赋予合宪立法以效力，同时还承认违宪立法有效。否则，后者就根本无所谓"效力"。宪法当然承认违宪立法有效，因为它不仅载明了立法程序及其所应（或不应）具有的内容，甚至在立法违背其关于程序或内容的规定时，也并非将后者视为无物，而是在有权机关（如宪法法院）依据合乎宪法的程序宣告其无效前始终承认其有效。此外，宪法有时也会规定有效立法的最低要件，诸如登载于政府公报等，立法一旦满足此要件，就成为法院应予适用的有效法律，直至遭废止为止。更为关键的是，甚至有不少宪法并没有规定要废止违宪的立法，相反却会维持其效力，而只满足于追究特定机关（元首或首脑）对违宪立法所负的个人责任。如此一来，立法的"违宪"就绝不是立法与宪法在内容上有什么逻辑矛盾，而毋宁是特殊宪法程序——废止立法或追究个人——的启动条件。宪法中关于立法程序与内容的规定唯有结合关于"违宪"的规定方能正确地领会其意。就此而言，上述两类规定构成了一个整体，宪法关于立法的规定具有一种选择性：即使两个选项的地位未必相当。主选项优先于次选项，原因在于立法一旦不符合主选项，则要么立法因符合次选项而失效，要么某个机关因该立法而遭受处罚。而这一"规范规范的规范"之所以会发生废止立法或追究个人责任的效果,并非因为它“违反规范”(“违宪”或“违法”),而是出于缺陷或瑕疵。

至于违法命令与违反立法或命令之裁判也大同小异。命令或裁判创设合法有效的个别规范,可以依据立法规定的程序确认违法并加以撤销。(所谓自始无效者,仅仅是表见法律规范,它等同于并无规范存在,这是上述情形的例外。)立法不仅涉及司法裁判与行政行为的程序与内容,还规定了这一选项,即不符合上述程序与内容的个别规范非依法定程序撤销将持续有效。如果程序终止甚或根本就没有此类程序,则必须引入终结学说,使这一规范发生法律拘束力,也即它虽然不符合上位规范的内容却仍旧有效,而其效力根据仍然来自上位规范,即终结原则。上位规范中对下位规范的创设与内容的规定,唯有结合关于其违反上述规定的进一步规定,才能正确领会其意义。如此一来,就立法的一般规范与司法裁判或行政行为的个别规范而言,上位规范对下位规范的确定也就具有选择性,如果个别规范符合主选项,那么它就完整、充分、切题;如符合次选项,那么它可能因缺陷而被撤销。除此之外,别无其他可能:规范若非失效,就只能自始无效,而如果无效力就相当于不存在规范,那就规范就只是在表面上存在而已。上位规范的选择性,使其绝不可能与下位规范发生真正的逻辑矛盾,后者即便与主选项相矛盾也不意味着与上位规范整体上矛盾;非但如此,非经有权机关依法定法定程序审查,下位规范与上位规范之主选项间的矛盾就丝毫不会损及前者的效力。就法律而言,“矛盾”在规范被废止之前毫无意义。如果不考虑规范创设者的个人责任,那么矛盾对规范就全无影响。所谓“违反规范的”规范,要么在被另一法律行为废止前只能预设其有效,要么为法律认知确定为自始无效而仅具有法律规范的外观;或者是废止前始终有效的可废止规范,或者因为自始无效所以不是规范。一言以蔽之,规范认知不允许同一体系的两个规范间存在矛盾,然而不同位阶的两个规范间的冲突完全可以由法律自身来解决。所以逻辑矛盾无损于法律秩序层级构造的统一性。

(本文原为[奥]汉斯·凯尔森:《纯粹法理论》,张书友译,中国法制出版社 2008 年版,第 50 ~ 64 页第三章、第 80 ~ 95 页第五章。收录时章节标题、序号和个别表述有调整。)

〖辅读文献〗

1. [奥]汉斯·凯尔森:《法与国家的一般理论》,沈宗灵译,商务印书馆2013年版,第一、十、十一章。

2. Stanley Paulson, "Four Phases in Hans Kelsen's Legal Theory? Reflections on a Periodization", *Oxford Journal of Legal Studies* 18, 1998, pp. 153 - 166.

3. Stanley Paulson, " The Purity Thesis ", *Ratio Juris* 31, 2018, pp. 276 - 306.

4. [英]约瑟夫·拉兹:《纯粹法学的纯粹性》,李诚宇译,载葛洪义主编:《法律方法与法律思维》,法律出版社2016年版,第281~295页。

5. 张书友:《动静之间——凯尔森论法律的结构》,载《东方法学》2012年第3期。

〖问题讨论〗

1. 凯尔森是如何来理解"应然"的?

2. 法律与自然如何区分?因果律与归属律的区别是什么?

3. 法律与道德都是规范,两者如何区分?

4. 有人认为,基础规范是实在法体系中的最高层级,也就是宪法规范,你如何看?

5. 有人认为,凯尔森意图将道德与法律区别开来的主要论据是其价值相对主义立场,他对法律秩序的刻画,即视其为一个以基础规范为原点的规范的层级体系,也可以很完美地用来描绘道德秩序(只要能证明价值相对主义立场是不成立的)。你赞同这一观点吗?为什么?

文献四 [德]古斯塔夫·拉德布鲁赫:《法律的不法与超法律的法》

【引 言】

1946 年 8 月,当纽伦堡审判已接近尾声、而德国各地对纳粹 12 年统治期间涌现的诸多“合法恐怖”事件的审判正进行得如火如荼的时候,当时德国最重要的法学家之一、前魏玛时期司法部长古斯塔夫·拉德布鲁赫(Gustav Radbruch)在《南德意志法学家报》上发表了一篇名为《法律的不法与超法律的法》的短文。这篇短文虽然没有对纽伦堡审判产生直接影响,但在后来德国法院追诉纳粹罪行以及两德统一后追诉东柏林边境士兵射杀逃亡者的行为时,都发挥了不可小觑的作用。这篇文章中的核心论点被德国学者汉斯-乌尔里希·艾弗斯(Hans-Ulrich Evers)命名为“拉德布鲁赫公式”(die Radbruchsche Formel),并得到了广泛的流传。拉德布鲁赫公式不仅在德国宪法法院与联邦最高法院的判决中一再被或明或暗地援引,而且在德语学界引起了广泛的讨论。它远远超出了司法裁判理论的范畴,被认为是战后自然法复兴的理论代表。在英美学界,对纽伦堡审判和拉德布鲁赫公式的态度同样构成了划分法理论阵营——自然法 vs. 法律实证主义——的试金石,并促成了著名的“哈特-富勒之争”。后者影响之大,直到今天依然在某些方面决定着英美法理学的讨论框架。最近数年仍有为数不少讨论拉德布鲁赫公式以及重新审视这场争论的论文在国际顶级期刊上发表。这说明,拉德布鲁赫公式虽然起源于“特定的历史情境”,但对它的解读具有法理论上的普遍意义。

对拉德布鲁赫公式的既有研究大体在三个层面上展开,即描述的层面、规范—分析的层面与适用的层面。描述的层面涉及对拉德布鲁赫公式产生的因果说明,它属于法社会学研究的对象。层面争议的核心的是,拉德布鲁赫公式所针对的对象或者说提出的背景,即法实证主义与纳粹统治在思想上的关联,是否成立的问题。规范—分析的层面涉及对拉德布鲁赫公式的内涵及其背后的理论来源的考察,属于法哲学层面的研究。它主要围绕短文第三部分的那段著名表述来展开研究。一般认为,这段话由两部分组成,一部分被称为“不能容忍公式”,另一部分被称为“否认公式”。研究的要点在于这两个子公式的内涵、界分及其关系问题。这种研究需要联系拉德布鲁赫的法哲学立场,也即相对主义法律观与法理念学说来进行。适用的层面涉及拉德布鲁赫公式的司法适用,大体属于教义学层面的问题。而讨论地最为频繁、被用作试金石的是这样两个司法案件:一个是“告密者案”,另一个是“柏林墙射手案”。这一层面的争议点围绕的是公式能否适用于真实的案件及其在(刑法)教义学的层面上如何适用的问题。

《法律的不法与超法律的法》的发表也引发了关于拉德布鲁赫个人学术生涯中的一段公案,也就是他在第二次世界大战前的思想与第二次世界大战后的思想之间是否存在着断裂,他是否存在“大马士革心路转向”的问题。从 1932 年《法哲学》一书中较为明显的实证主义倾向到 1947 年《法哲学入门》中明确提出法哲学就是自然法,《法律的不法与超法律的法》恰好处于这一发展过程(如果不说是“转向”的话)的中点。但无论如何,理解拉德布鲁赫整个法哲学思想的背景,尤其是法理念学说是透彻把握拉德布鲁赫公式及其法概念论立场的关键。

【正　文】

法律的不法与超法律的法

[德]古斯塔夫·拉德布鲁赫

一

纳粹主义(民族社会主义)只知道用两条原则使顺从它的人(其一是军

人,其二是法律职业人)来束缚自己,即:“命令就是命令”;“法律就是法律”。“命令就是命令”这条原则从没有无限度地适用过。在命令被发命令者用于犯罪目的时,服从义务终止(《军事刑法》第47条)。而据悉,“法律就是法律”这条原则,对此是没有任何限制规定的。它是实证主义法律思想的表达,该思想几乎无可争议地统治了德国法学界达数十年之久。因此,法律的不法,恰同超法律的法一样,本身就是一个矛盾。现在可以看到,(司法)实践一再地把这两方面的问题提到面前。在《南德意志法律家报》公布了威斯巴登州的初级法院的一项判决,并配发论证,照此说法,“那些由国家宣告犹太人的财产终止的法律,与自然法是矛盾的,现在它们的宣告无效”。

二

在刑法领域,同样的问题在苏俄占领区被特别地提出来交由论证和决定。

1. 设在诺德豪森(Nordhausen)的图林根刑事陪审庭进行的一项主审过程中,前初级司法官普特法尔肯(Puttfarken)被判处终身监禁,因为此前根据他的告发而导致判决并处死商人戈逊希(Goettig)①。普特法尔肯在一个厕所的墙上发现有戈逊希留下的字迹:“希特勒是一个杀人狂,应对战争负罪。”判决的作出不仅是因为这个留言,而且也是因为戈逊希听信了外国广播的宣传。图林根总检察官库什尼茨基博士(Dr. Kuschnitzki)(对普特法尔肯)的指控是通过报纸详细复述的。总检察官首先论证的问题是:(普特法尔肯的)行为是违法的吗?“初级司法官辩解说,他告发戈逊希是出于对民族社会主义的信仰,这在法律上是不受追究的。但人没有任何法律义务去告密,也包括出于政治信仰。即使在希特勒统治时期,这一法律义务也是不存在的。关键的问题是:他所做的是否属执法行为。这里的前提是:司法人员是有权作出法律判决的。符合法律、追求正义和法律的安定性是对司法人员的要求。所有这三项前提条件在希特勒时期的政治性刑事司法过程中都是缺乏的。”“在这些年里谁要是告发另一个人,他必定考虑得很清楚——

① 另一项类似的庭审过程发生在慕尼黑盟军特别法庭上,告密者索尔姐妹由于告密而受指控。

而且实际上也是这样来做的：他扭送被告人（到法庭）不具有合法性的庭审程序，不是根据法律上的界限，不是为了查明（事实）真相，寻求公正的判决，而是任意专断的。”

“在这方面，我尽可能广泛地征集法律专家的咨询意见，耶拿大学法学院院长朗格教授（Professor Dr. Lange）对这一问题作出了答复。在第三帝国中，各种法律关系是人们所熟知的，人们清楚地知道：有人在第三期战役年代因为一张写有‘希特勒是一个杀人狂，应对战争负罪’的纸条而被追究责任的，而且这个人很可能难逃性命。正如司法人员会歪曲法律一样，一个像普特法尔肯这样的人的确不可能坐视不理，但他能够明白这一点：这样的事情，司法人员怎能忍心做得出来。”

“根据《刑法典》第139条，告密的法律义务也是不存在的。尽管在这一条规定中对那些确实了解谋反的意图的知情者施与刑罚的威胁，但它对是否应及时向官府告发，则语焉不详；尽管可以肯定：戈逖希由于准备谋反而可能被卡塞尔的州最高法院判处死刑，但在法律意义上，准备谋反还根本没有明示。戈逖希大胆表达的这句话‘希特勒是一个杀人狂，应对战争负罪’，充其量不过是空白事实。谁散布和传播这句话，既不会对帝国，也不会对其安全构成威胁。他所想做的仅仅是为清除祸国殃民者作出贡献，试图拯救国家，故与谋反完全相反。任何通过形式法学的思考，使这一清楚的事实变得模糊不清，都是应当否定的。此外，所谓的元首和帝国总理是否在任何时候都被看作合法的国家首脑，他是否由此而受到谋反罪条款规定的保护，可能都还是很有疑问的。因此，初级司法官在其告发过程中对其行为进行涵摄是根本没有思虑的，而可能只是根据自己的主观想象的标准来作出行为的。他从来也说不清楚：他之所以告发戈逖希，是因为他看到了戈逖希具有谋反的意图，并认为自己负有告发的责任。”

总检察官接下来转向另一个问题：该行为是有罪的吗？

“普特法尔肯彻底地承认，他有意要把戈逖希送上断头台。一系列证据也证明了这一点。这是符合《刑法典》第211条关于谋杀罪的故意的含义的。第三帝国法院判决处死戈逖希，并不阻却普特法尔肯的罪行。他是一个间接的犯罪人。而且必须承认，帝国法院在判决中引申出来的间接犯罪人概念，一般而言所考虑的是另外一些（犯罪）事实构成，其关键在于：间接犯罪人利用了意想不到的或不可预料的工具。面对这种情况,即一个德国法院可能成为犯罪人利用的一个工具,这是任何人事先都没有想到的。不过我们现在面临的就是这样的事实构成。而且普特法尔肯一案不会是一个唯一的案件。法院在形式上行为合法,而实际上作出了非法的判决,这并不能够阻却间接犯罪人的罪行。另外,在此方面,1946 年 2 月 8 日的《图林根补充法》也多少为现下的考虑扫清了道路,它在第 2 条中用下面的注释文本对《刑法典》第 47 条第 1 款作了补充以消除疑问:'若行为人对从事的应受罚之行为本身负责,或因另一人行为而负责,即使另一人之行为是依照法律规定所为的,该行为人亦当受罚。'这里作出规定的,不是一种新的、并被赋予溯及力的实体法;它只不过是对自 1871 年以来一直生效的刑法的一种正式解释。"①

"我自己持这种观点:根据仔细斟酌正反两方面的意见,采纳间接犯罪中的谋杀,这些考量不可能存有异议。但是我们可以设想一下,而且我们也因此必须考虑到:法院也许会采取另外一种看法,那么到底如何是好?假如有人否定间接犯罪的推释,那么就难保不把违反法和法律将戈逖希判处死刑的法官视为谋杀犯。故此,假如被告是胁从谋杀的话,那么从法院的观点看他也是应受惩罚的。这也许是同占主导地位的考量存有矛盾的,——我没有搞错的话,它们就存在于 1946 年 1 月 30 日盟军(对德)管制委员会发布的第 10 号法令中;根据该项法令第 20 条的规定,某项犯罪的被告人很可能实施反人类(反人性)的行为而负罪。在这个法令的框架内,重要的问题不再是:一个国家的国内法是否被违反了。应受惩罚的,是那些反人类的行为,并且干脆根据政治的、种族的或宗教的理由来予以追究。按照第 2 条和第 3 条的规定,犯罪人应受被法院确定为正当的刑罚。其中也包括死刑。"

"不过,我作为搞法律的,习惯于把自己限定在纯粹的法律评价的范围内。超出事情本身,以健全的人类理智来考察它,这总是没有错的。法律学

① 在一附有《图林根注释文本》的刑法典版本(魏玛,1946 年)中,里查德·朗格教授指出(第 13 页),"在许多案件中有关间接犯罪人罪行的概念,看来是很有疑问的,因为在这里对犯罪行为人而言,司法已经被滥用来追究其犯罪意图(如诉讼欺诈、政治告密)。因此,1946 年 2 月 8 日的《图林根补充法》第 2 条清楚地规定:只有在利用者是执行公务或本身属依法行为时,间接犯罪行为才是应受惩罚的"。

术永远只是一种工具,有责任感的法律职业人利用它来获取某种在法律上站得住脚的判断。”

图林根刑事陪审庭判决普特法尔肯有罪,不是因其间接犯罪,而是因其胁从谋杀。接下来,那些违背法和法律判处戈逖希死刑的法官们,也必定要对谋杀承担责任。

2. 实际上,在报刊(《每日评论》,1946 年 3 月 14 日),萨克森州总检察官 J. U. 施罗德博士(Dr. J. U. Schroeder)发表观点,也涉及刑法上的“反人类的法官判决之归责性”,即使这样的法官判决是根据纳粹的法律发布的:

“纳粹的立法,连同据此作出并发布的死刑判决,均缺乏任何法律上的有效性。”

“它们均建立在所谓《授权法》基础上的,该法是不符合宪法规定的三分之二必要多数原则的。希特勒使用暴力阻挠议员参与议会会议,这些议员由于蔑视希特勒之豁免特权而遭逮捕。剩下的议员,在挺进队(SA*)的胁迫下不得不投票同意授权。”①

“任何法官都不能以一种不仅不公正而且甚至是犯罪的法律为基础,并以此作出法律判决。我们要以人权为依据,它高于一切实定的法律;我们要以不可撤销的、亘古自有的法为基础,它否定那些犯罪的、反人道暴政的命令具有效力。”

“从这种考量出发,我认为,那些抑制人性而作出前后不一的判决和清楚地知道由于弃绝法律而判死刑的法官,必须受到指控。”②

3. 来自哈勒(Halle)的报道说,助理行刑官克莱因(Klein)和罗泽(Rose)积极参与无数起已决死刑的非法行刑。克莱因于 1944 年 4 月至 1945 年 3 月共参与 931 起死刑判决的执行,为此他领取报酬 26, 433 马克(RM**)。对

---

* SA(挺进队),是德文 Sturmabteilung 的缩写。该组织别名称“冲锋队”“褐衫队”,1921 年希特勒在慕尼黑成立。其为德国纳粹党的准军事组织,任务在于保卫纳粹党召开会议,袭击政治上的敌人。——译者注

① 本来还需要讨论的是,到底有多少由于革命而兴起的制度是通过“事实的规范力”而变成有效的法律的。

② 关于不依法律的法官判决的刑法归责问题,也见布赫瓦尔德(Buchwald)所著的一本倍受关注的小册子:《公正之法》,魏玛,1946 年,第 5 页及以下。

** RM,是德文 Reichsmark 的缩写,指在 1924—1945 年流通的德国马克。——译者注

他们的判决显然是根据盟军(对德)管制委员会发布的第10号法令(《反人类的犯罪》)来作出的。"两被告完全自愿地执行其令人恐怖的职业,而对每一个行刑人而言,他是完全自由的,随时找到健康方面的或其他别的什么理由从其活动中退出来。"

4. 在萨克森州,还有下面这个案件也广为人知(据总检察官J. U. 施罗德博士1946年5月9日文):1943年,有一位在东部前线服役的萨克森士兵,他被命令看押战俘,但从其岗位脱逃,因为"讨厌看押战俘这种不人道的行为,也许还包括对希特勒军队服役感到厌倦"。他在逃亡时忍心不下而顺道看望了自己妻子的住处,在这里被发现,据说是被一位警官抓捕的。他冷不防夺下警官子弹上膛的公务用手枪,从背后一枪将警官射死在地。1945年,他从瑞士返回萨克森。他被逮捕,检察机关曾准备就其狠毒地杀死国家官员而向他提起控诉。但总检察官签发了释放和中止诉讼程序的命令。他把(《刑法典》)第54条看作既定的前提。据此他对紧急状态不负责任(原则)进行了论证:"凡过去从维护法律的立场而发布的法,现在不再有效。就我们的法律观点看,从希特勒和凯特尔*军队脱逃绝不含有任何过错,它们不能使脱逃者蒙羞,成为惩罚其人的辩护理由;它们也不会使脱逃者负有罪责。"

故此,有关法律的不法及与实证主义斗争的超法律的法这样的观点到处都被接受下来了。

三

事实上,实证主义由于相信"法律就是法律"已使德国法律界毫无自卫能力,来抵抗具有专横的、犯罪内容的法律。在此方面,实证主义根本不可能依靠自己的力量来证立法律的效力了。它相信自己已证明了法律的效力,其根据是:法律着魔似地拥有权力,就使自己得到贯彻执行。然而在权力基础上所建立的,或许只有必然,但从来不会是应然和效力。其实,法这种东西只建立在一种价值上,此价值内含于法律之身。当然,任何一种实在

---

* 凯特尔(Wilhelm Keitel,1882—1946),德国陆军元帅,第二次世界大战期间德国最高统帅部长官。1946年被纽伦堡国际战争罪犯审判法庭判处死刑。——译者注

法,若不考虑其内容,自身均拥有一种价值:有法总是还好于无法,因为它至少还产生了法的安定性。但法的安定性不是法必须实现的唯一的价值,也不是决定性的价值。除了法的安定性之外,还涉及另外两项价值:合目的性与正义。在这一价值序列中,我们把为公共利益的法的合目的性放在最后的位置上。绝对不是所有“对人民有利的东西”都是法,而是说凡属法的东西,凡是产生法的安定性和追求正义的东西,最终都是对人民有利的。法的安定性,是任何实在法由于其实在性而拥有的特性,它在合目的性与正义之间占有颇受注目的居中地位:它一方面是为公共利益所要求的,但另一方面也为正义所要求。或者说,法应是安定的,它不应此时此地这样,彼时彼地又那样被解释和应用,这同时也是一项正义的要求。在法的安定性与正义之间,在一个虽内容上尚可辩驳、但属实在的法律之间,在一个虽属公正、但尚未浇铸成法律形状的法之间,若还存有争议的话,那么事实上正义同它自身、表面的正义与实际的正义之间还存有冲突。新约福音书对这种冲突作了精彩的表达,一方面它命令:“应当顺从掌握你们权柄的人。”另一方面又要求:“顺从神,不顺从人,是应当的。”正义和法的安定性之间的冲突是可以得到解决的,只要实在的、通过命令和权力来保障的法也因而获得优先地位,即使其在内容上是不正义的、不合目的性的;除非实在法与正义之矛盾达到如此不能容忍的程度,以至于作为“非正确法”的法律必须向正义屈服。在法律的不法与虽内容不正当但仍属有效的法律这两种情况之间划出一条截然分明的界限,是不可能的,但最大限度明晰地作出另外一种划界还是有可能的:凡正义根本不被追求的地方,凡构成正义之核心的平等在实在法制定过程中有意地不被承认的地方,法律不仅仅是“非正确法”,它甚至根本上就缺乏法的性质。因为我们只能把法,也包括实在法,定义为不过是这样一种制度和规定,即依其本义,它们注定是要为正义服务的。按照这个标准衡量,纳粹法的所有部分都从来没有达到过有效法的庄严地步。希特勒人格中的突出个性,虽然由此出发铸造了全部纳粹“法”的性格特征,但完全缺乏真理感和法律感:因为他缺少任何真理感,所以他能够屡屡在雄辩的演讲中获得成功,毫无羞耻和顾忌,也就不可能使用真理的腔调;因为他缺乏任何法律感,所以他才有可能毫无顾虑地把最极端的专制上升为法律。他可以在其掌权之初对波登巴案谋杀凶犯(die Potempa-Moerder)发去同情电文,而在其统治将终时对 1944 年 7 月 20 日牺牲的烈士们进行残酷折磨。在纪念波登巴案判决时,阿尔弗雷德·罗森贝格*在《人民观察家报》撰文对此就已经提出这样的理论:人,各不相同;谋杀,也各不相同;在法国根据法律,暗杀和平主义者饶勒斯**,不会与试图暗杀民族主义者克列孟梭***相提并论;一个行为人若是出于爱国的冲动而犯罪,他就不可能同另一个行为动机旨在反对人民的人(按照民族社会主义的观点来看),遭受相同的惩罚。据此它一开始就表明:纳粹主义的"法"故意要取消同样的事情同样对待这一正义的本性规定的要求。所以,就此来说它根本就缺乏法的本性,它不仅压根儿也够不上是非正确法,而根本就不是什么法。特别是那些条款规定,即纳粹党用来打压任何其他党派的部分特性而攫取国家全权的规定,则更是如此。更进一步说,所有将人作为劣等人对待、否认人具有人权的法,都缺乏法的本性。而且,一切以刑罚相威胁、根本不考虑犯罪的不同严重程度而只图眼前威吓需要的法,一切对严重程度极不相同的犯罪采取同一种刑罚(通常采取死刑)的法,均不具有法的本性。所有这些,都只是法律的不法的(个别)例证。

在直接经历了那(希特勒统治)12 年之后,应当承认:"法律的不法"概念,由于自身带有对实在法之法本性的否定,它可能对法的安定性带来多么可怕的危害。我们一定希望:尽管这样的一种不法,仍然会使德意志人民一度出现的迷失和困惑继续存在着,但为了以防万一,我们必须通过在原则上克服实证主义,强化一切防卫能力,来对抗已经变得衰微的纳粹主义立法的滥用,防止这样的不法国家死灰复燃①。

---

* 阿尔弗雷德·罗森贝格(Alfred Rosenberg,1893—1946),纳粹主义理论家。曾担任《人民观察家报》主编。战后被纽伦堡国际战争罪犯审判法庭判处死刑。——译者注

** 饶勒斯(Jean Jaures,1859—1914),1914 年以前法国社会主义运动的主要领导人。曾提出"宁要起义,也不要战争"的和平口号。1914 年 7 月 31 日被德国的狂热分子暗杀。——译者注

*** 克列孟梭(Georges Clemenceau,1841—1929),法国政治家、新闻记者、第三共和国总理,为第一次世界大战协约国的胜利和凡尔赛和约的签订作出了重要贡献,被当时的欧洲人称为"胜利之父"。——译者注

① 有关法律的不法,也见布赫瓦尔德:上揭书,第 8 页及以下。还可以比较罗默(Roemer)发表在《南德意志法律家报》的文章(SJZ,第 5 页及以下)。

四

这对未来也是有效的。面对过去12年的法律不法(现象),我们必须以对法的安定性尽可能少的损害来致力实现正义的要求。并不是任何一个法官都应当自行其是,可以宣布法律无效,这个工作还是应当由更高一级的法院或立法机关[克莱内(Kleine)也表达了相同的看法,见《南德意志法律家报》第36页]来承担。在美军占领区,这样的法律根据在多国委员会上达成的协议已经事先发布了:此即《关于纳粹在刑事司法上不法之赔偿法》*。根据它的规定,"政治犯罪,由此而抵抗民族社会主义或军国主义,不受惩罚",通过这种方式,那些诸如逃兵案件(见上述案件之四)所遇难点将得到解决。相比较而言,另一相配套的法,即《关于纳粹时期刑事犯罪处罚法》**,对这里的其他已处理的案件,则只能在此类犯罪之罚责按照案发当时的法律来看业已存在的情况下,方可适用。因此,我们不应根据这个法律(按:《关于纳粹时期刑事犯罪处罚法》)而必须依照《帝国刑法典》(RStGB)之规则来审查上述其他三个案件的罚责。

在上已讨论的告密者案件中,假如告密者的犯罪意图已经存在,他成功地利用刑事法院作为犯罪工具,利用刑事诉讼的法律职业人的流程作为犯罪手段,那么采纳告密者之谋杀犯罪构成间接罪行的观点本无可厚非。这样的犯意尤其表现在此类案件中:"在这里,犯罪行为人有意要铲除受他怀疑之人,好像该人要与自己的妻子结婚,要么就是侵占自己的住宅或职位,或是要寻求报仇,诸如此类。"(此为上已提及的耶拿大学里查德·郎格教授的专家意见)假如说一个人滥用自己的指挥权让服从命令者服务于犯罪目的,构成一个间接犯罪人的话,那么为了达到犯罪目的,通过告密而启动司法机器的人,也构成一个间接犯罪人。利用法院作为纯粹工具的情况在有些案件里特别明显:在这些案件中,间接犯罪人可能考虑到和已经考虑到法官们,要么出于政治狂热,要么出于当时掌权者的压力,会作出带有政治倾向性的执法。假如告密者没有这种犯意,而只是想为法院提供证据,任由法

---

* 该法律德文名称为:Gesetz zur Wiedergutmachung nationalsozialistischen Unrechts in der Strafrechtpflege。——译者注

** 该法律德文名称为:Gesetz zur Ahndung nationalsozialistischer Straftaten。——译者注

院作出进一步的判决,那么他只能作为此类判决的原始证人,间接地由于自己的协助而对死刑判决的执行承受刑事处罚,当然此时法院就它那方面讲由于判决及其执行而已经承担了谋杀犯罪的罪责。事实上,诺德豪森的图林根刑事陪审庭走的就是这条路。

法官因为谋杀而承担罚责,是以同时就其所犯枉法之事实作出的论断为前提的(《刑法典》第336、334条)。因为,独立审判法官之判决,只有当法官直接违反了按规定其应服务的独立审判原则,违反了只服从法律,亦即只服从法的原则时,才构成被惩罚的对象。假如根据我们引申的原则可以作出论断说,过去已经应用的法律不是法,过去已经应用的刑罚标准以及根据自由裁量宣告的死刑判决,都是对任何趋向正义的意图的嘲讽,那么在客观上枉法的事实就是明摆着的。但是,假如法官都是一些深受占主导地位的实证主义教育毒害的人,他们只熟悉制定法,在应用实在法的过程中,他们可能具有枉法的犯意吗?即使他们具有这种犯意,但对他们而言,援引生命危险条款(通过作为法律之不法的纳粹法观点,他们本人可能已经把生命危险召来降临到自己的头上了),援引《刑法典》第54条关于紧急状态的规定,也许是最后的、当然属令人尴尬的法律救济手段,——说令人尴尬,是因为法官的品行应该是不惜一切代价,甚至包括牺牲生命,以正义为本。

两位助理行刑官由于执行死刑判决而产生的罚责问题,最容易处理。人们大可不必受人影响,通过杀人来牟利;也不必图当时的家境富贵和财源丰盈而从事这个营生。行刑这个行当过去是一种世袭的手工活,从事这个行当的人总是因此推托说:他们只是执行者,而法官老爷们的任务才是作出判决。“法官大人掌管着吉凶祸福,我执行他们的最终判决”——这句1698年的名言总是一再地回响在刽子手们的耳边。如果说法官的死刑判决在以枉法为基础作出的情况下,能够表明是一种应受惩罚的谋杀,那么行刑人,只要其行为表明是属于《刑法典》第345条规定的事实构成:即故意地执行某种不得执行的刑罚,他就可能因为其行刑而受到惩罚。卡尔·宾丁曾谈及这种事实构成:行刑官同可执行之判决的关系类似于法官同法律的关系;其全部和唯一的义务在于精确地执行判决。判决限定了他的全部活动:“只要他遵行了判决,他就是正当的;只要他偏离了判决,他就是不正当的。因为否定执行判决的唯一义务具有绝对的权威性是构成罪责的关键点,所以有人也可以把此一违法称为违反判决。”行刑人无疑要审核判决的合法性。所以,判决不合法性的观点不能使他遭受损害,其不完成自己的(行刑)工作也不能作为违法的渎职被归罪。

五

我们不同意有人在诺德豪森所发表的下述看法:“形式法学的考量”惯于使“清楚的事实构成变得模糊不清”。我们更愿意坚持这种观点:在12年弃绝法的安定性之后,更应该强化“形式法学的”考量,来对抗这样一种诱惑:可以想见,这种诱惑在经历了12年危害和压迫的任何人身上都可能会轻易地产生的。我们必须追求正义,但同时也必须重视法的安定性,因为它本身就是正义的一部分,而要重建法治国,就必须尽可能考量这两种思想。民主的确是一种值得赞赏之善,而法治国则更像是每日之食、渴饮之水和呼吸之气,最好是建立在民主之上:因为只有民主才适合保证法治国。

(本文为舒国滢译,原载于雷磊编:《拉德布鲁赫公式》,中国政法大学出版社2015年版,第3~14页,收录时个别表述有调整。)

【辅读文献】

1. 雷磊编:《拉德布鲁赫公式》,中国政法大学出版社2015年版。

2. 黄忠正:《论Radbruch公式》,载《政大法律评论》2013年第132期。

3. 雷磊:《再访拉德布鲁赫公式》,载《法制与社会发展》2015年第1期。

4. 柯岚:《拉德布鲁赫公式与告密者困境——重思拉德布鲁赫-哈特之争》,载《政法论坛》2009年第5期。

5. [德]罗伯特·阿列克西:《论法的概念与本质》,载[德]罗伯特·阿列克西:《法:作为理性的制度化》,雷磊编译,中国法制出版社2012年版,第235~263页。

6. [德]罗伯特·阿列克西:《法与道德:告别演讲》,雷磊译,载《华东政法大学学报》2015年第5期。

【问题讨论】

1. 拉德布鲁赫在《法律的不法与超法律的法》第三部分一开始就指出,“实证主义由于相信‘法律就是法律’已使德国法律界毫无自卫能力,来抵抗具有专横的、犯罪内容的制定法”。因此,拉德布鲁赫公式提出的背景在于这样一个观点,即法律实证主义要为纳粹的不法统治担负起思想上的责任,你如何看这个问题?

2. 联系拉德布鲁赫关于法概念与法效力的观点,来阐述不能容忍公式与否认公式之间的关系。

3. 在德国司法实践中相对运用较多的是不能容忍公式,为什么?不能容忍公式之运用的关键点在于“实在法与正义之矛盾达到如此不能容忍的程度”,你认为对此是否存在客观的判断?

4. 请将拉德布鲁赫公式运用于告密者案和柏林墙射手案,分析和比较在两个案件中运用的方式及其层次。

5. 当代德国法哲学家阿列克西将非实证主义的法概念论立场分为三类,即排他性法律非实证主义、超包容性法律非实证主义与包容性法律非实证主义,并将拉德布鲁赫公式归为第三类。这种归类是否得当?包容性法律非实证主义与前两类立场有何区别?

文献五　［美］朗·富勒：《法律的内在道德》

【引　言】

富勒是一个善于通过讲故事来阐发法理学理论的行家。他曾于1959年在《哈佛法律评论》上发表脍炙人口、迄今为止仍被当作法理学经典案例的“洞穴奇案”，用以检讨在当时流行于美国法理学界的法律理论。[①] 同样地，他在1961年出版的代表作《法律的道德性》中，也是以一则寓言故事开始了他对法律的内在道德的探讨：新王雷克斯登上宝座后试图对法律系统进行改革，他依次进行了八项改革，但最终都失败了。这八种失败的形式表现为：未能确立任何规则、未能将规则公之于众、滥用溯及既往性立法、不能用方便理解的方式来表述规则、制定相互矛盾的规则、颁布要求相关当事人做超出他们能力之事的规则、频繁地修改规则，以及无法使公布的规则与它们的实际执行情况相吻合。由此，他主义探讨了被称为法律的八项内在道德或者“合法性”（legality）愿望的要求：一般性、颁布、不溯及既往、清晰性、不矛盾、没有不可能的规定、稳定性、适用的一致性。富勒称法律的这八项内在道德要求为“程序自然法”。

事实上，富勒将法律界定为“使人们的行为服从于规则治理的事业”，而这八项要求都是“规则治理”的具体化。在法律之中去追求实现它们，就意味着法律是一种目的性的概念。富勒本人就是一位坚定的目的论者，他无论是在对法律解释理论还是在对法概念论的阐述中都贯彻了这一思想。与法律有关的目的体现为两组道德的区分：一组是内在道德与外在道德。顾

---

① 这个故事后来被彼得·萨伯（Peter Suber）所扩展，补充为十四份判决意见，成为专著出版，流传甚广。

名思义,内在道德是内在于法律体系本身的道德要求,不去追求这类道德的体系难以被称为法律体系,所以内在道德与法律具有概念上的联系。与此相反,外在道德本身并不属于法律体系,虽然它们是法律体系值得追求的目的,不去追求或没有实现它们的法律体系虽然可被批评(具有道德上的瑕疵),但并不影响它是法律体系这回事。很显然,上述八项道德都属于内在道德,因为富勒认为,这八个方向中任何一个方向上的全面失败都不仅仅会导致一套糟糕的法律体系,它所导致的是一种不能被恰当地称为一套法律体系的东西。也唯有如此,才能建立起道德与法律在概念上的联系,才能维系自然法学的立场。因为法律实证主义者同样可能并不否认对法律体系提出外在道德标准的努力。第二组区分是义务的道德与愿望的道德。义务的道德是这样的道德,人们将因为没有遵守它们而受谴责,却不会因遵守它们而受褒扬。相反,愿望的道德是这样的道德,人们会因为遵守它们而受嘉许,而没有遵守它们却顶多会导致怜悯。与我们的想象不同,富勒认为八项内在道德基本都属于愿望的道德,除了法律的颁布(使法律为人所知)这一项(属于义务的道德)外。因为在他看来,这些要求都具有"肯定性和创造性的品质",都体现表达了追求合法性之完美境界的愿望。[①] 当然,义务的道德与愿望的道德并非截然二分、非此即彼的。富勒毋宁将它们设想为一把标尺上的连续性要求,在一端是最明显和最基本的义务的道德,而在另一端则是人们所能实现的最高的愿望的道德,两者分界线始于义务的压力消失而追求卓越的挑战开始发挥作用,它并不是那么清晰的。

与任何伟大的理论一样,富勒的内在道德理论也面临着很多的批评,最主要的有两个:一种意见认为,八项法律的内在道德的要求很难被称为"道德"。它们无疑反映了某些"价值"(好),但价值(好)并不等于道德。就好比一把锋利的刀是好的,但它既可以用来切菜,也可以用来杀人,后者就很难被认为是道德的。另一种意见则倾向于否认内在道德与外在道德的区分,试图证明每一项所谓内在道德其实都是为了实现某种对应的外在道德,所以压根就不存在什么固有的内在道德,从而否认法律与道德的必然联系。

---

① 另外,除颁布之外的七项要求都有实现程度的问题,这或许也是将它们归为愿望的道德的理由,因为义务的道德属于最低限度的道德要求,具有必须被实现的规则的属性。

但无论如何,富勒的理论开启了当代自然法的一种可能的新方向,是在进行学说史研究时必定不可回避的。

【正　文】

法律的内在道德

[美]朗·富勒

本文将以一则相当长的寓言作为开端。这则语言涉及一位不快乐的君主,他有一个十分便于记忆但却缺乏想象力、甚至听起来缺乏帝王气派的名字——雷克斯。

一、造法失败的八种形式

雷克斯是怀着改革家的热诚登上王位的。他认为先王们的最大失败是在法律领域。数代以来法律系统一直未曾经历过根本性的改革。审判程序十分烦琐,法律规则用另一个时代的古老语调来言说,法官懒散懈怠,有时甚至腐败。雷克斯决心矫正所有这些弊端,并且作为一位伟大的立法者而名垂史册。这一野心的落空是他的不幸命运。实际上,他失败得十分惨烈,因为他不仅未能成功地引进所需要的改革,而且甚至未能成功地创造出任何法律,无论是好的还是坏的。

不过,他的第一项正式举措是大刀阔斧和锐气十足的。因为他需要一块白板,好在上面书写自己的新篇章,所以他向自己的臣民宣布立即废除所有的现行法律,无论这些法律属于什么类型。然后他开始着手起草一部新的法典。不幸的是,由于他过去是作为一位孤独的王子而接受特殊的训练,他所受的教育是很有缺陷的。尤其是他发现自己没有能力进行最简单的概括。虽然在裁断具体争议方面他并不缺乏自信,但为任何结论给出明确理由的努力都会令他的能力接受严峻的考验。

由于逐渐意识到自身的局限,雷克斯放弃了起草一部法律的计划,并且向他的臣民们宣布:从此以后他将亲自裁断臣民们之间发生的任何纠纷。

他希望通过这种方式,在各种具体案件的刺激下,他作出概括总结的潜在能力能够被开发出来,他可以借此逐渐提炼出一套规则体系,并且最终将它们整合到一部法典之中。不幸的是,他的教育背景的缺陷远比他自己所认识到的情况还要严重。这项冒险也以失败而告终。但他的的确确亲自作出了上百项裁决之后,无论是他自己还是他的臣民都无法在这些裁决中辨识出任何范式。在他的意见中所体现出来的这种进行概括总结的尝试只是加重了混淆,因为它们往往背离他的主旨,并且使他本来就很贫乏的判断能力在此后的案件中无法得到平衡发挥。

经历这次惨败之后,雷克斯认识到有必要重新开始。他的第一步是接受一系列概括总结方面的训练。随着他的智识能力得到加强,他重新恢复了起草一部法典的工作,并且在经过了长期的独自劳作之后,成功地起草出一份相当冗长的文件。不过,他仍然不敢确信自己已经完全克服了先前的缺陷。因此,他向臣民们宣布:他已经拟定了一部新的法典,从此之后将根据它来裁断案件,不过,在未来不确定的一段时期之内,这部法典的内容将作为一项正式的国家机密,只有他和他的代笔大臣才知道它的内容。令雷克斯甚感惊讶的是,这一通情达理的安排引起臣民们的深切反感。他们宣称任由某人的案件依凭某项人们无从知道其内容的规则来处理是一件十分令人不快的事。

受到臣民们的强烈反对的惊吓,雷克斯开始认真反省自己的强项和弱点。他认识到,生活已经给他上了清楚明了的一课,那就是:与其试图预见和控制未来,不如借助事后聪明来决断事务。后见之明不仅使对案件的裁断变得更加容易,而且使得为判决给出理由的工作也变得更加容易——这一点对于雷克斯来说是无比重要的。雷克斯决定好好利用一下这一洞见,于是想出了这样一个计划。在每一年度开始的时候,他将着手裁断上一年度中臣民们之间发生的所有争议。他会详细阐述自己做出每一项判决的理由。当然,这里所给出的理由应当被理解为不能左右来年的判决,因为,如果允许它们对来年的判决发生控制作用的话,这项新安排的整个目的就会落空,因为这项新安排旨在利用后见之明的好处。雷克斯信心十足地向臣民们宣布了这项新计划,表示自己将公布判词的全文,并在其中列明自己所适用的规则,从而平息对上一个计划的最主要抱怨。雷克斯的臣民们默默地领受了这一公告,然后平静地通过他们的领袖们向雷克斯解释:当他们说他们需要规则的时候，他们的意思是需要事先知道规则，以便按照这些规则来调整自己的行为。雷克斯含含糊糊地嘟囔了些什么，大概意思是说："你们早该把这点说清楚"，但同时他也表示会看看能做些什么。

雷克斯现在认识到颁布一部法典来宣告适用于未来纠纷的规则已经成为一项无可逃避的任务。在继续接受概括能力方面的培训的同时，雷克斯勤勉地致力于草拟修订版的法典，并且最终宣布这部法典很快就会公诸于世。臣民们普遍地怀着满意的心情接受了这一宣告。因此，当他的法典终于出台，而臣民们发现它的确可以称得上是晦涩难懂的"极品"的时候，他们的沮丧感倍增深重。法律专家们在研究之后宣布，这部法典中没有任何一个句子是普通公民或者专业法律人所能够理解的。愤慨之情很快在臣民之间散布，一众示威者聚集在王宫前面，高举着这样一幅标语："规则如果无人懂，守法如何行得通？"

这部法典很快就被撤回了。雷克斯第一次认识到自己需要协助，于是任命了一个专家小组来负责修改法典。他指示专家们不得更改任何实质性的内容，只能从头到尾澄清其中的表述。经过这样处理的法典成了表达清晰的典范，但稍加研究就会发现：它新近获得的清晰性只是使其中所充斥的矛盾变得显而易见而已。据可靠报道，这部法典中没有任何一项条文没有被另一项与之相矛盾的条文抵消掉。示威群众再次出现在王宫前面，他们所举的标语上写着："国王终于说清楚，忽而指西忽指东。"

这部法典再次被撤回来进行重新修订。不过，这时的雷克斯对他的臣民们失去了耐心，他再也难以容忍他们对自己试图为他们做的所有事情表现出来的否定态度。他决定给他们一个教训，并且令他们的吹毛求疵到此为止。他指示他的专家们清除法典中的矛盾之处，但与此同时大幅度地收紧其中所包含的每一项要求，并且增加一系列新的罪名。于是，以往应召面圣的公民有十天的时间来报到，而修改后的法典将报到时间缩减为十秒。在国王面前咳嗽、打喷嚏、打嗝、晕倒或跌倒构成犯罪，处以十年监禁。不理解、不相信或不能正确表述进化论的、民主的救赎学说构成叛国罪。

当新的法典颁布的时候，它差点儿引发一场革命。公民领袖们公开宣布了嘲弄法典条文的意图。有人在一部古书中找出了这样一个看起来很切题的段落："令人行不可能之事者不是在立法，而是在毁法，因为无法遵循的命令唯有导致困惑、恐惧和混乱。”这段话很快就被引用到提交给国王的上百份请愿书中。

这部法典再一次被撤回,并且由一个专家小组来进行修订。雷克斯给专家们的指示是:每当他们遇到一项要求不可能之事的规则时,就应该对之进行修改,从而使对它的服从成为可能。随后发生的情况表明,为了实现这一结果,法典中的每一项条款都不得不在很大程度上重新拟定。不过,最后出来的成品还是代表着高超的法律起草技艺的胜利。它清楚明了、内部逻辑一致、并且没有要求臣民为不可能之事。它被印制出来,并且在街头巷尾免费发放。

不过,在这部新法典的生效日来临之前,人们发现对雷克斯的原始草案进行的持续不断的修改已经耗费了太多的时间,其间的发生的许多事件已经使这部法典的内容严重滞后。自从雷克斯登基以来,普通的法律程序就一直处在暂停适用的状态,这导致这个国家在经济和制度方面发生了重大的改变。要适应这些改变后的情况,就要求对法律进行大量实体上的修改。因此,新法典从正式生效的那一天起就必须天天得到修正。民众的不满再次高涨起来;一份匿名的小册子流传于坊间,其中有恶意取笑国王的漫画,还有一篇主打文章,题目是:“一部天天更改的法律比无法状态还要糟糕。”

在较短的时间内,这种引发不满的根源开始随着法典修正步伐的逐渐放慢而进入自我疗伤的阶段。不过,在这一过程尚未发展到任何引人注目的程度之前,雷克斯又宣布了一项重要的决定。在反思了自己统治期间的种种不幸之后,他总结出:有许多麻烦是由于自己从专家那里接受了糟糕的建议所致。于是他宣布自己将重新亲自行使司法权。通过这种方式,他可以直接控制新法典的适用,并确保他的国家不致陷入另一场危机。他开始将几乎所有的时间都用来审理和裁断根据新法典下所发生的案件。

随着国王着手履行这项任务,他的未能得到充分开发的概括能力似乎终于像迟开的花朵一般成熟起来了。实际上,当他巧妙地区分自己先前的判决、展示他赖以行动的原则并且为处理将来的争议确立准则的时候,他的司法意见开始展示出一种自信的,甚至可以说是非凡的鉴别力。对于雷克斯的臣民们来说,一个新的日子似乎即将来临,他们似乎终将可以按照一套一以贯之的规则体系来安排自己的行为。

但这个希望很快就破碎了。随着雷克斯判决汇编的公布以及对它们所作的细致研究的发表,他的臣民们惊讶地发现,在这些判决与它们声称适用的法律之间不存在任何可以辨识出来的关联。就其在对争议的实际处理方式中所起的作用而言,新法典就好像根本不曾存在过。然后,在几乎每一份判词中,雷克斯都会再三宣布这部法典是他的王国的基本法。

公民领袖们开始召集秘密会议来讨论除了公开造反之外有什么办法可以使国王离开审判席而专心去处理他的朝政。在这些讨论正在进行之中的时候,由于过分操劳而早衰、同时又对自己的臣民们深感失望的雷克斯突然驾崩。

新君雷克斯二世继位后所做的第一件事情就是宣布他要将政府权力从法律人手中收回,而交给精神病医生和公关专家们去行使。他解释说,通过这种方式,人民就可以在没有规则的状态下幸福地生活。

二、造法失败的后果

雷克斯作为立法者和法官的不幸生涯生动地说明:创造和维系一套法律规则体系的努力至少会在八种情况下流产;或者说,就这项事业而言,有八条通向灾难的独特道路。第一种也是最明显的一种情况就是完全未能确立任何规则,以至于每一项问题都不得不以就事论事的方式来得到处理。其他的道路包括:(2)未能将规则公之于众,或者至少令受影响的当事人知道他们所应当遵循的规则;(3)滥用溯及既往性立法,这种立法不仅自身不能引导行动,而且还会有效破坏前瞻性立法的诚信,因为它使这些立法处在溯及既往式变更的威胁之下;(4)不能用方便理解的方式来表述规则;(5)制定相互矛盾的规则,或者(6)颁布要求相关当事人做超出他们能力之事的规则;(7)频繁地修改规则,以至于人们无法根据这些规则来调适自己的行为;以及最后一种(8)无法使公布的规则与它们的实际执行情况相吻合。

这八个方向中任何一个方向上的全面失败都不仅仅会导致一套糟糕的法律体系;它所导致的是一种不能被恰当地称为一套法律体系的东西,除非我们是在匹克威克式的意义上来使用"法律体系"这个词,就好像说一份无效的合同仍然可以称得上是某种合同一样。可以肯定的是,我们找不到任何理性的根据来主张一个人负有道德义务去遵守一项不存在的法律规则,或者一项对他保密的规则,或者一项在他已经行动完之后才颁布的规则,或者一项难以理解的规则,或者一项被同一体系中的其他规则相抵触的规则,或者一项要求不可能之事的规则,或者一项每分钟都在改变的规则。一个人或许并不是没有可能去遵循一项为负责执行该规则的人所无视的规则,但这样的守法在某一刻必定会变得徒劳无益——实际上,这就像投出一张不会被计算在内的选票一样徒劳无益。正像社会学家齐美尔所指出的那样,政府与公民之间在遵循规则方面存在一种互惠互利的关系。① 政府实际上向公民保障:"这些是我们期待你遵守的规则。如果你遵守它们,我们就会保证它们就是将适用于你们的行为的规则。"当这根互惠互利的纽带被政府彻底地、完全地割断的时候,公民们遵循规则的义务就成了无源之水、无本之木。

如果在任何方向上都不曾发生总体性的失败,但合法性本身总发生了全面的、严重的败坏,就像在希特勒治下的德国所发生的情况那样,公民们的困境就会进一步恶化。② 例如,让我们设想这样一些情况,在其中,有些法律得到公布,而其他的法律——包括最重要的法律——却不予公布。虽然大多数法律从效果上看都是前瞻性的,但是对溯及既往性立法的利用是如此的随便,以至于任何法律都不能避免事后的更改,这样这样做能够满足当权者的便利。为了审判涉及对政权是否忠心的案件,特殊的军事法庭成立起来,而这些军事法庭可以为了方便而无视本应控制他们的决策的规则。政府的主要目标似乎越来越变成不是为公民制定引导其行为的规则,而是通过恐吓而使公民无所作为。当这样一些情况发展起来的时候,公民们所

---

① 参见[德]G. 齐美尔:《格奥尔格·齐美尔的社会学》(*The Sociology of Georg Simmel*),伍尔夫(Wolff)译,1950, §4,"'法律'观念中的互动(Interaction in the Idea of 'Law')",pp. 250 – 67;也可参见第四章,"依循原则的服从"(Subordination under a Principle),pp. 250 – 67。齐美尔的讨论值得那些关注于界定"法治"理想赖以实现之条件的人们去研究。

② 我在我的一篇文章中已经讨论过这种恶化状态的一些特征。[美]朗·富勒:《实证主义与忠实于法律》(Positivism and Fidelity to Law),载《哈佛法律评论》第71卷,第630页起(71 *Harvard Law Review* 630),pp. 648 – 657。这篇文章并没有尝试全面考察战后德国司法判决中与希特勒政权下发生的事件相关的部分。后期的有些判决并未以所适用的制定法无效为由来宣告希特勒时代的法院判决无效,而是以纳粹法官错误地解释了他们自己的政府所制定的法律作为理由。参见帕普(Pappe):《论纳粹时代司法判决的效力》(On the Validity of Judicial Decisions in the Nazi Era),载《现代法律评论》(*Modern Law Review*)第23卷,1960,第260~274页。在我看来,帕普博士过分强调了这种区别的重要性。难道我们可以说,当战后德国法院用它们自己的标准而不是通行于纳粹政权下的完全不同的标准来解释纳粹法律的时候,他们使纳粹法律的效力得到充分实现?进一步说,对于像这样的其间充斥着模糊表达和无限制的授权的制定法而言,煞费苦心地钻研它们的解释问题好像有点儿不合时宜。

面对的问题就不是像一位选民确定地知道自己的选票不会被计算在内那么简单了。这更像是一位投票者知道成败得失全系于自己的选票是否被计算在内,而如果这张选票被纳入了计算,它很可能被算到他实际上投票反对的那一方名下。一位处在这种困境之中的公民不得不自行决定是否继续留在这种制度之中,并且继续投票,以此作为一种表达对好日子的希冀的象征性行动。这正是希特勒政权下的德国公民所面临的情况,他们不得不考虑自己是否有义务遵守纳粹恐怖的魔爪尚未横加蹂躏的那一部分法律。

在这样的情况下,我们无法找到任何简单明了的原则来检验公民忠实于法律的义务,也找不到任何这样的原则来检验他们参与总体性革命的权利。不过,有一件事情是清楚的。一项单纯的对当政权威的尊重不能被混同于忠实于法律。例如,雷克斯的臣民们在他漫长而失败的统治时期内一直保持着对作为国王的他的忠心。他们并非忠实于他的法律,因为他没有创设出任何法律。

三、追求合法性之完美境界的愿望

到这里为止我们所关注的是追踪出造法事业中的八条失败之路。与这八条道路相对应的是一套规则系统可以致力于追求的八种法律上的卓越品质。随着我们在成就的阶梯上向上攀登,在最低层次上作为法律赖以存续的不可或缺之条件的那些因素逐渐变成对人类能力的严格挑战。我们禁不住会想象,在这段阶梯的顶端存在一个合法性的乌托邦,在那里,所有的规则都是绝对清晰明了的,它们彼此协调,为每一位公民所知,并且从不溯及既往。在这个乌托邦中,规则在时间之流中保持恒定,只要求可能的事情,并且为法院、警察以及其他每一位执法者所谨守。由于我马上就会说明的一些原因,这种合法性的八项原则在其中都得到完美实现的乌托邦实际上并不是指引我们追求合法性之冲动的有用目标;完美的目标[远比现实的目标]更为复杂。不过,它的确为我们指出了八项独特的标准,我们可以藉此来检验合法性的完善状态。

在第一章里,[1]当我试图说明义务的道德与愿望的道德之间的差异的时

① 指《法律的道德》第一章,下同。

候,我提到过一把想象中的标尺,它始于最明显和最基本的道德义务,而延伸向人所可能取得的最高成就。我还提到过一枚看不见的指针,它标示着一条分界线,在那里,义务的压力消失而追求卓越的挑战开始发挥作用。现在这一点应该是清楚的了,法律的内在道德也呈现出所有这些面向。它也包含着一种义务的道德和一种愿望的道德。它同样使我们面对这样一个问题:要知道在哪里画出一条分界线,在其下,人们将因失败而受谴责,却不会因成功而受褒扬;在其上,人们会因成功而受嘉许,而失败却顶多会导致怜悯。

在将第一章的分析应用到我们目前这个主题上的时候,对法律的内在道德的某些独特品质作一番考察就显得十分必要了。在称得上是社会生活的基本道德的领域,一般性地针对其他人的义务(与那些对具体个人所负有的义务相对)通常只要求自我克制,或者像我们常说的那样,这些义务是否定性的:不得杀人、不得伤人、不得欺瞒、不得诽谤,等等。对于这样的义务,我们是不难给出正式定义的。也就是说,无论我们所关注的是法律义务还是道德义务,我们都能够提出一些标准,在一定程度上准确地——尽管永远不可能是全面地——指出哪些行为是应当避免的。

不过,就法律的内在道德的要求而言,虽然它们涉及同不特定的其他人之间的关系,但却不仅仅要求自我克制;正像我们的一个不甚严格的说法所表明的那样,它们是肯定性的:使法律为众人所知,使其内部逻辑一致并且清晰明了,确保你作为一位官员作出的决策符合它的要求,等等。要满足这些要求,人的能量必须被投入特定类型的成就上去,而不仅仅是在警告之下不做某些有害的行为。

由于其要求的肯定性和创造性的品质,法律的内在道德很难通过义务来实现,无论是道德义务还是法律义务。无论某一人类努力方向看起来是多么可欲,只要我们宣称有义务去追求它,我们就会面对这样一项责任:界定在哪一点上这种义务遭到了违反。提出这样一个主张是很容易的:立法者有道德义务使自己制定的法律清楚易懂。但这顶多只能算是一项劝告,除非我们准备界定他必须达到的清晰度,否则便无法将这作为一项义务分派给他。以量化尺度来衡量清晰与否的设想显然是很难行得通的。当然,我们可以满足于说立法者至少有一种道德义务来尽力作出清晰的表述。但这仅仅延缓了遭遇困难的时间,因为在某些情况下,再也没有比试图衡量一个人到底是否曾经尽力去做实际上未能做到之事更加令人头疼的了。无论如何,就法律的道德性而言,良好的意图往往无补于事,就像雷克斯国王像我们证明的那样。所有这些都导向一个结论:法律的内在道德注定基本上只能是一种愿望的道德。它主要诉诸于一种托管人责任感和精湛技艺所带来的自豪感。

就上面这些观察结果而言,有一项十分重要的例外。这项例外所涉及的是使法律为人所知,或者至少为受其影响的人们所知的迫切需要。在这里,我们拥有一项非常容易形式化的要求。一部成文宪法可以规定任何制定法都必须经由某种特定形式的公布之后才能正式成为法律。如果法院有权保障这一条款的实施,我们就可以说存在一项立法的法律要求。但我们也很容易想象一项同法律之公布有关的道德义务。例如,一种习惯可能界定出何种类型的法律公布是人们所期待的,与此同时却未清楚表明对人们所认可的公布方式的偏离会导致什么样的后果。对法律公开性之迫切需要的形式化表述显然优于未经形式化表达的努力,哪怕后者也被人们明智而认真地从事着。一项正式的法律颁布标准不仅告诉立法者到哪里去公布他的法律;它也告诉受法律影响的主体——或者代表其利益的律师——到哪里去了解这部法律的内容。

有人或许会猜想:谴责溯及既往型法律的原则是否也可以很容易地形式化为一项简单的规则,即这样的法律不应当获得通过,或者即使获得通过也不应当生效。不过,这样一项规则可能有损于合法性的目标。令人惊讶的是,合法性的一项看似最明显的要求——一项今天通过的规则应当约束明天发生的事情,而不是昨天发生的事情——结果却向整个法律的内在道德提出了一些最棘手的问题。

因此,对于除公布以外的其他合法性要求,我们只能指望宪法和法院使我们不至于坠入深渊;我们不能指望它们确立起迈向真正重大之成就的诸多强制性步骤。

四、法律内在道德的八项要求

(一)法律的一般性

一套使人类行为服从于规则之治的系统所必须具备的首要素质是显而

易见的:必须有规则存在。我们可以将此表述为一般性要求。

在最近的历史上,实现一般性规则方面的最显著失败便是我们的行政规制机构(尤其是其中那些负责履行分配职能者)的失败。像雷克斯国王一样,它们在开始履行其职能的时候便相信:通过一开始的个别案件个别处理式办事方法,其办事人员会逐渐获得某种洞见,这种洞见最终可以帮助他们发展出一般性的决策标准。在某些情况中,这种希望几乎完全落空了;显著的例子包括民航局和联邦通讯委员会。我相信,这种失败的原因在于分派给这些机构的任务之性质;它们试图借助某种审判形式来处理那些不适合用这种形式来处理的事务。* 但是不管出于什么原因,如果将其视为创造融贯的法律体系的尝试的话,这些机构显然是极不成功的。

针对这些机构而提出的抱怨大多不是说它们的规则有什么不公正,而是说它们没有能够发展出任何有意义的规则。这一区分是十分重要的,因为一般性要求有时被解释成意味着法律必须客观地运作,它的规则必须适用于一般性的阶层并且不能包含专门针对某些人的内容。宣布"私人性法律"和"特殊立法"无效的宪法条文就表达了这一原则。[①] 但这些条款所保护

---

* 我曾经在两篇文章中分析过审判式程序的局限性:《审判与法治》(Adjudication and the Rule of Law),载《美国国际法学会会刊》(*Proceedings of the American Society of International Law*),1960, pp. 1 – 8;《集体谈判与仲裁员》(Collective Bargaining and the Arbitrator),载《威斯康星法律评论》(*Wisconsin Law Review*),1963, pp. 3 – 46。我计划以后出版一本更一般性地分析这个问题的专著,书名会叫作《审判的形式与限度》(*The Forms and Limits of Adjudication*)。另请参见本书第 170 至 177 页。

富勒生前并没有完成这部著作。他的确写了一篇同名文章,最早于 1957 年在哈佛法学院的法哲学讨论组上作为阅读材料,后来的一个修改和扩充后的版本又在富勒的法理学课程上使用,并且在美国法学院协会 1959 年年会的法理学圆桌会议上讨论。进一步的修改和润色最终导致了 1961 年在课堂上使用的第三个版本。这个版本于富勒去世后在《哈佛法律评论》上刊出。参见 Lon Fuller, "The Forms and Limits of Adjudication", 92 *Harvard Law Review*, 1978, p. 353。——译者注

① 参见哥伦比亚大学立法起草研究基金项目所出版的《州宪法索引摘编》(*Index Digest of State Constitutions*)第二版,1959 年。这种条文给法院和立法机构造成了许多困难。有时,它们的要求通过一种明显不真诚的策略得到满足,比如借助这样一个条款,它规定一部特定的制定法将适用"于根据最近一次人口普查居民人数多于十六万五千而少于十六万六千的本州城市"。在谴责这种明显的规避行为的之前,我们应该想到:只有一个成员的类别或集合是逻辑学和集合论中常见的和基本的概念。对特殊立法的禁止有时所针对的是立法权力的相当明显的滥用。例如,加利福尼亚州的宪法禁止通过特殊法律来"惩罚犯罪……规制法院的实践……准予离婚……宣布任何达到法定年龄"(第 6 条第 25 节,我所根据的是到 1952 年 11 月 4 日为止的修订版本)。不过,同一条中又包含着"在一般性立法可以适用的场合"对特殊法律或地方法律的一般性禁止。这导致了一场真正的激烈讼争。

的是一种公平原则，根据我在这里所提出的分析，它属于法律的外在道德。

这项原则在这一点上有别于法律的内在道德的要求：从最低限度上讲，必须存在某种类型的规则，无论它们是公正的还是不公正的。我们可以想象一套特定个人的法律体系，它规制着他同其他特定个人之间的关系。像这样的一种东西可能存在于雇主和雇员之间。如果雇主想要避免监督雇员以及指导其每一部行动的需要，他可能会发现很有必要向雇员确定并传达一些一般性的行为准则。在进行这项工作的时候，雇主可能会面对雷克斯国王曾经走过的各种失败之路。他可能无法成功地表述出一般性的规则；如果他做到了这一点，他又可能无法成功地将这些规则传达给雇员，等等。如果这位雇主成功地创造出这样一套运转正常的规则体系，他将会发现这种成功令他自己付出了一定的代价。他不仅必须投入精力和智慧来完成这项工作，而且这项工作的成功本身还会限制他自己的行动自由。如果他在分配奖惩的时候总是习惯性地无视他自己的规则，他就会发现自己精心建构出来的规则体系逐渐解体，而且，不需要任何的公开造反，这套规则就会停止产生他本来指望通过它来获致的结果。

在控制和指引人类行为的实际规则系统中，像这样在获得任何类似于规则的东西方面的总体性失败是十分罕见的。即使是像表达一个单一意愿这样的行为中也包含一定程度的一般化。向一只狗发出的"握手"命令要求主人和狗都拥有某种一般化能力。在这只狗开始执行这个命令之前，它必须理解在一系列只具有微小差异的行为之中究竟有哪些可以被认可为"握手"。进而，一只训练有素的狗可能最终能够学会了解在什么样的情境中它可能被要求握手，并且在命令尚未发出之前便先把前爪伸出来。显然，类似这样的事情可能而且的确也发生在人类事务中，甚至也发生在掌握命令权的那些人无意于确立一般性规则的情况下。但是，如果说实现一般化方面的一场总体性失败需要雷克斯国王的那种特殊的无能天分的话，在现实世界中，有许多大大小小的法律系统都痛苦地患有一般性原则缺乏症。①

---

① 赫伯特·维希勒(Herbert Wechsler)抱怨说，最高法院最近做出的某些涉及宪法问题的判决欠缺足以保障该法院之"中立性"的合理一般性(reasoned generality)水准。这是自从有法律以来便反复有人提出的一种哀叹的最近表述。参见维希勒：《原则、政治与根本法》(*Principles, Politics, and Fundamental Law*)，1961。

一般性的难题在法理学文献中并没有得到充分的讨论。奥斯丁正确地看到,法律系统不只是一系列无模式可循的权力行使活动的组合。但他区分一般性命令和特殊命令的尝试是如此的武断并且同他的整个体系缺乏关联,以至于自他以后的英美文献中都很少有能够从这一最初的误导中摆脱出来的。①

奥斯丁的分析中的基本缺陷可能在于他未能区分两个问题:(1)对于一套法律规则体系的效力而言,什么是最紧要的?以及(2)我们会把什么称为"一部法律"?我在这些讲座*所提出的分析里将一般性要求建立在这样一个命题的真实性之上:为了使人类行为服从于规则的控制,首先必须要有规则。这并不等于主张每一种拥有"法律效力"的政府行为——比如针对某一特定被告而发出的司法命令——本身都必须采取确立一项一般性规则的形式。另外,我在这里也不打算对某些涉及语言便利的问题作出判断,比如我们是否应当将一项规定在森特威尔(Centerville)设立一个税务局的法令称为法律。

(二)颁布

现在让我们转向法律的颁布问题,这是一个历久而常新的问题,其历史至少可以追溯到古罗马的平民分离运动。② 尽管这项要求看起来十分明显和迫切,但我们应当看到它实际上服从于边际效用原则。试图通过教育使每一位公民都能够充分理解可能会适用到他头上的每一部法律的全部含义

① 参见[英]奥斯丁(Austin):《法理学讲义》(*Lectures on Jurisprudence*),1879 年,第一讲,pp. 94 – 98;[美]格雷(Gray):《法律的性质和渊源》(*The Nature and Sources of the Law*),第二版,1921 年,pp. 161 – 62;[美]布朗(Brown):《奥斯丁式的法律理论》(*The Austinian Theory of Law*),1906 年,第 17 ~ 20 页的注释;另请对照:[奥]凯尔森(Kelsen)的《法和国家的一般理论》(*General Theory of Law and State*),1945 年,pp. 37 – 39;索姆洛(Somló):《法学基础理论》(*Juristische Grundlehre*),第二版,1927 年,§ 20,pp. 64 – 65。我见到过的最好的英文论述是:帕特森(Patterson):《法理学——法律人与法律思想》(*Jurisprudence—Men and Ideas of the Law*),1953 年,第五章。

* 富勒在这里所称的"讲座"便是《法律的道德性》一书中除第五章"对批评者的回应"和附录之外的其他章节,因为这些章节最早是作为耶鲁大学法学院 1963 年度斯托尔斯讲座(Storrs Lecture)的内容而出现的。

② 相关的讨论可以在下列文献中找到:[英]奥斯丁:《法理学讲义》,1879 年,pp. 542 – 44;[美]格雷:《法律的性质和渊源》,第二版,1921 年,pp. 162 – 70。奥斯丁毫无保留地接受了英国的一种传统观点,即国会的法案即使未经颁布也应被视为有效。

实际上是十分愚蠢的，尽管边沁一度在这个方向上走得很远。[①]

当然，这种教育的必要性取决于法律的要求离公认的是非观念有多远。在其历史上的大部分时间，普通法基本上都致力于发掘出当时社会上得到普遍接受的观念的含义。法律与道德要求之间的这种大幅度吻合大大减弱了这样一种反对意见的力度：与一部法典中所列明的规则相比，普通法的规则很难为普通人所了解。

颁布的难题被这样一个问题搞得更加复杂："就这项要求的目的而言，究竟什么算是法律？"作出决策的行政机构、尤其是行政裁判机构，常常采取这样一种观点：虽然它们适用于纠纷解决的规则应当被公布，但同样的要求不能延伸到约束它们的内部办事程序的规则和惯例上面。然而，每一位有经验的律师都知道，要预测案件的结果，有时不仅必须知道相关的正式规则，而且也需要知道使这些规则实际上得到适用的内部议事和协商规则。只有认识到这一点，在瑞士和墨西哥发展起来的那种看似奇怪的要求才会变得可以理解：在这些国家，某些法院被要求公开进行议事。

有时被瑟曼·阿诺德（Thurman Wesley Arnold）称为"纯粹的现实主义者"（当他不把这一角色留给自己的时候）[②]的那种人在谈到颁布的要求时可能会忍不住说这样一番话："毕竟，我们有成千上万部法律，而其中只有极少一部分直接或间接地为普通公民所知。为什么这么无事生非地要求公布它们？即使不去读刑法典，公民们也知道不应该杀人或盗窃。至于更深奥一些的法律，即使把它们的全文在街头巷尾广为散发，一百个人里面也不会有一个去读它。"对此，我们可以作出一系列回应。比如，我们可以说：即使一百个人里面只有一个人愿意费心思去了解同他的职业有关的法律，这也足

---

① 例如，可以参见他在《司法证据的理据》（*Rationale of Judicial Evidence*）第四章"论先定证据（Of Preappointed Evidences）"中所推荐的教育尝试，收录于他的《全集》（*Works*），约翰·博林（John Bowring）编辑版，第四卷，第 508～585 页。

② 阿诺德法官有时似乎能够同时扮演好几个不同的角色。在"哈特教授的神学"（"Professor Hart's Theology"，73 *Harvard Law Review* 1298，1960，p. 1311）一文中，他超出"纯粹现实主义者"的立场而雄辩地宣称："如果没有对法治而不是人治、'理性'之治而不是'个人偏好'之治等光辉灿烂但却从未得到完全实现的理想之不懈而又真诚的追求，我们就不可能拥有一个文明的政府。"但在同一篇文章里，他又严厉批评亨利·M. 哈特（Henry M. Hart）教授向最高法院提出的这样一项建议：最高法院应该花更多的时间来"成熟酝酿集体思想。"阿诺德宣称："不可能存在这样的程序，也从未存在过这样的程序；拥有明确想法的人……在参加了会议之后只会更加固执地坚持这些想法。"（p. 1312）

以说明我们有充分的理由去不怕麻烦地将这些法律公之于众。这位公民至少享有了解这些法律的权利,而我们无法事先将他辨认出来。进一步说,在许多活动中,人们遵守法律不是因为他们直接知道这些法律的内容,而是因为他们会效仿那些据其所知更加了解法律的人的行为模式。通过这种方式,少数人对法律的了解往往会间接地影响许多人的行为。法律应当被充分公布的另一个原因是这样才能将它们至于公众评论之下,包括接受这样的批评:它们是这样的一种法律,以至于除非它们的内容能够被有效地传达给那些直接受影响的人们,否则它们便根本不应该被制定出来。同样十分明显的是,如果法律不向民众公布,人们便无法监督负责适用和执行这些法律的人是否无视其规定。最后,现代法律中有很大一部分关系到特定形式的活动,比如从事特定的职业或业务;因此它们能否为普通公民所理解其实并不重要。法律必须被公布这一要求并不取决于像期待安分的公民坐下来阅读所有的法律这样的荒谬预期。

(三)溯及既往型法律

在我们这个国家,溯及既往型法律的问题在《美利坚合众国宪法》的特定条款①以及某些州宪法的零散规定②中得到明确应对。在这些条款的覆盖范围之外,溯及既往型立法的效力大致上被认为属于一个正当程序问题。

---

① 《宪法》第1条第9款的第3段规定:国会"不得通过剥夺公民权利的法案或者有溯及既往效力的法律。"尽管涉及有溯及力的法律的规定在用语上十分宽泛,但它却被解释为仅仅适用于刑事法律。(参见下面的注释12中引用的文章。)至于"剥夺公民权利的法律(bills of attainder)",宪法的意思主要是指针对个人的惩罚性立法。对这样的法案的禁止不仅受到"法律的效力应当指向将来"这样的信念的支持,而且(可能更主要地)还受到这样一种信念的支持:惩罚性的措施应当由一般性适用的规则来确定。对剥夺公民权利的法案和有溯及力的法律的禁止通过《宪法》第1条第10款而适用于各州。这一款增加了这样一项规定:"各州不得……通过……任何妨害契约义务的法律。"这最后一项规定一般被认为使某一特定类型的"溯及既往型"法律无效。不过,正像我在下文中将会表明的那样,要为"溯及既往型法律"给出一个精确的定义是非常困难的。尤其是在在与"妨害契约条款"相关的问题上,这种困难会变得尤其棘手。

② 参见《各州宪法索引摘编》(*Index Digest of State Constitutions*, 2nd ed. 1959)中的"有溯及力的法律(Ex Post Facto Laws)和溯及既往型法律(Retrospective Laws)"条目。这一类规定的精神在1784年《新罕布什尔州宪法》第一部分第23节中得到了最强烈的表达:"溯及既往型法律是高度有害的、压迫性的和不公正的。因此,这样的法律不得被制定出来,无论是针对民事案件,还是关于刑事处罚。"

我不打算深入探讨这一宪法领域中所包含的复杂性和不确定性。[①] 反之，我将集中精力讨论涉及回溯性与合法性的其他要素之间关系的基础性问题。[②]

就其自身而言，并且将其从它在一个基本上带有前瞻性的法律系统中可能发挥的功能中抽象出来看，溯及既往型法律真的是一种怪胎。法律关系到用规则来规范人的行为。说用明天将会制定出来的规则来规范或指引今天的行为等于是在说胡话。问我们应当如何来评价一个完全并纯粹由溯及既往型法律组成的想象中的法律体系就好像是在问在完全真空中气压是多少一样。

因此，如果我们想要对溯及既往型法律作出有见地的评价，就必须将其放回到一个总体而言带有前瞻性的规则系统的背景当中。令人惊讶的是，在这种背景当中，有时会出现这样的情况：在其中，赋予法律规则以回溯性的效力不仅变得可以容忍，而且实际上还可能为促进合法性事业所必需。

正像每一种其他类型的人类活动一样，满足通常十分复杂的法律的内在道德之要求的努力可能会惨遭各种各样的事故。当情况已经变得十分糟糕的时候，溯及既往型的制定法有时会作为一种矫治手段而变得不可或缺；

---

① 参见黑尔（Hale）：《最高法院与契约条款》（The Supreme Court and the Contract Clause），载《哈佛大学法律评论》（*Harvard Law Review*），第 57 卷，1944 年，pp. 57 – 512，74 – 612，92 – 852；霍克曼（Hochman）：《最高法院与溯及既往型立法的合宪性》（The Supreme Court and the Constitutionality of Retroactive Legislation），载《哈佛法律评论》，第 73 卷，1960 年，pp. 692 – 727；《联邦法院中的前瞻性否决与回溯性适用》（Prospective Overruling and Retroactive Application in the Federal Courts），载《耶鲁法律杂志》（*Yale Law Journal*），第 71 卷，1962 年，pp. 51 – 907，（未署名评论）。

② 法理学文献对溯及既往型法律只给与过零星的关注。格雷曾经详细讨论过司法判决的回溯效力（《法律的性质和渊源》，第二版，1921 年，pp. 89 – 101，33 – 218），但对于制定法则只简单地说："立法机构……甚至可以在宪法没有禁止的情况下令新的制定法具有回溯效力。"（同上，p. 187）凯尔森似乎受到溯及既往型法律的轻微困扰，但他指出：由于人们普遍承认对法律的无知不能构成辩解理由，而一部法律也因此可以被恰当地适用于一个不了解这部法律的人，溯及既往型法律不过是将这一点往前推进了一点儿而已；它只不过是将一部法律适用于不可能知道它的人而已。《法律和国家的一般理论》（*General Theory of Law and State*，1945），pp. 43 – 44，73，146，149。在索姆落看来，回溯性法律的问题其实是一个是否公正的问题；在法律本身的性质当中找不出法律为什么不能溯及既往的原因。《法学基础理论》，第 2 版，1927 年，第 302 ~ 303 页。只有奥斯丁好像认为溯及既往型法律向法律分析提出了一个严肃问题。由于将法律视为一种以强制措施作后盾的命令，他认为"损害或过错以某种非法意图或一种可以被认定为疏忽、不审慎或轻率的非法懈怠为前提。因为除非当事人知道他正在违背其义务，或者除非他理应知道自己正在违背自己的义务，在其犯下过错的那一刻，强制措施便无法达到驱使他"遵从命令"的目的"。《法理学讲义》，第 4 版，1879 年，第 485 页。

尽管法律在时间维度上的正确运动方向是向前的,但我们有时也不得不停顿下来,并回过头去做一些拾遗补缺的工作。假设一部制定法宣布在其生效日之后除非主持婚礼之人在结婚证书上加盖国家提供的特殊印章,否则婚姻无效。而国家印章局的停止办公又导致这部法律生效时无印可盖。虽然这部法律已经履行了法定的颁布程序,但公众对之并不了解,通过主持婚礼的人士之间的口耳相传而使之为公众所知的方式,又因为印章没有能够发行而失效。许多婚姻都是在不知道这部法律的人士之间缔结的,而且通常都是由不知道这部法律的牧师主持的。而这些情况都发生在立法机构休会期间。当立法机构再次集会的时候,它制定了一部法律宣布根据前一部法律被宣布无效的婚姻有效。虽然就其本身而言这第二部制定法的回溯性效力损害了合法性原则,但它减轻了此前践行合法性的另外两项基本要求——法律应然受其影响的人们所知以及它们应当能够被遵守——方面的失败所造成的不利影响。①

从这个例子中,有人可能会急不可待地得出这样一个教训:当溯及既往型法律的意图在于矫正形式上的不规则性时,它们总是有正当理由的,或者至少是没有过错的。在匆忙得出这个结论之前,我们不妨回想一下 1934 年“罗姆清洗”*。希特勒判断纳粹党中围绕罗姆而发展起来的一些因素对他的政权构成一种妨碍。一个独裁者在面临这样一件事情时的惯常伎俩本来应该是命令展开一系列装模做样的审判,然后定罪,然后处决。但是,时间是如此的紧迫,因此希特勒和他的随从匆忙巡游到南方,并且在其间枪毙了将近一百个人。返回到柏林之后,希特勒立即安排通过了一部溯及既往的法律,将这些谋杀转变成合法的处决。随后,希特勒宣称在这起事件中“德国人民的最高法院由我本人组成”,并因此表明:在他看来,这些杀戮所代表

① 由于它们的起草者们通常忽视了对于“矫治性”法律的偶尔需要,对溯及既往型法律的干脆的宪法性禁止有时不得不由法院进行实体性的改写。例如,1870 年《田纳西州宪法》第 1 条第 20 款规定:“不得制定溯及既往的法律,或妨害契约义务的法律。”这一条款很早就被解释成应该这样来读:“不得制定溯及既往的法律,或妨害契约义务的其他法律。”早期的案例在韦恩的租户诉韦恩(*Wynne's Lessee v. Wynne*,32 Tenn,1852,p. 405)一案中得到了讨论。

* Roehm Purge,又称“长刀之夜”,发生在 1934 年 6 月 30 日,使希特勒对党内异己进行的一次屠杀和清晰。先锋队头目欧内斯特 · 罗姆(Ernest Roehm)拥兵自重,多次违抗希特勒的命令,希特勒便利用党卫队对冲锋队进行了清洗,在未经正式审判的情况下将冲锋队的重要干部一一杀戮。——译者注

的仅仅是一种形式上的不规则，这种不规则性在于事实上他手中握着手枪而不是司法人员。* 而且，就关于该事件的这一观点而言，他甚至可以援引我们的最高法院来支持一项法律时所说的话，它称这部法律是“妥帖地设计出来以补救……政府行政管理中的缺陷的一部矫治性法律”。①

溯及既往型法律的第二个面向同它偶尔会对法律的内在道德作出的任何积极贡献都没有太大关系，不过却同它不可避免地会在某种程度上附加到法官职务上的某种情况有关。值得注意的是，一套通过正式制定的规则来管理人类行为的系统并不必然会要求通过法院或其他制度性程序来裁断关于规则之含义的纠纷。在一个规模较小、人际关系和睦并且依据一些相对简单的规则来进行治理的社会，这样的纠纷可能根本就不会发生。如果它们发生了，也可以通过自愿的利益妥协来解决。即使它们未能以此种方式获得解决，一定数量的这种持续性纠纷的边缘性存在也不会严重损害这个系统作为一个整体的有效性。

我之所以强调这一点，是因为人们经常想当然地认为法院只是法律之根本目的的一个反映，而这个根本目的则被假定为是解决纠纷。因此人们似乎认为，对规则的需要完全源自人的自私、好争吵以及爱议论的天性。在一个由天使组成的社会中，法律就没有必要存在了。

但这取决于天使是什么样子。如果天使们可以在没有任何规则的情况下共同生活并且完成他们的慈善工作，他们当然不需要任何法律。如果他们所依循的规则是默会的、非正式的和凭直觉来领会的，他们也不需要任何法律。但是如果他们为了有效履行他们在天堂里的职能而需要“制定”规则，也就是通过某种明示的决策来创造规则，他们就会需要本书的讨论中所展示的那种法律。一位奉召管理他们并且为他们的行为确立规则的雷克斯国王不会因为自己的臣民是天使便放弃搞砸自己的工作的机会。有人或许会反对说：至少维持官方行动与法定规则之间的一致性的问题不会出现吧？但这种说法也不

---

* 相关的参考文献可以在我发表于《哈佛法律评论》第 71 卷（1958）的那篇文章里（第 650 页）找到。

富勒的这篇文章是指：《实证主义与忠实于法律——答哈特教授》（Positivism and Fidelity to Law—A Reply to Professor Hart），载《哈佛法律评论》，第 71 卷，1958 年，第 630 ~ 672 页。——译者注

① 格雷厄姆诉古德瑟尔（*Graham v. Goodcell*，282 U. S，1930，p. 409，429）。

对,因为雷克斯可能很容易落入这样的误区,即向其天使臣民提出与其为他们的行为确立的一般性规则相矛盾的特殊要求。这种做法可能会导致一种困惑状态,在其中,一般性规则可能会失去它们的指导力量。

在一个复杂而又人口众多的社会中,法律履行着一种不可缺少的职能。没有任何法律制度——无论它是法官创制的还是立法机构制定的——可以被起草得如此完美,以至于没有留下争论的空间。当一起涉及一项特定规则之含义的纠纷发生的时候,为这一纠纷寻求一项解决方案的设置便成为必要。获取这种解决方案的最合适途径莫过于某种形式的司法程序。

那么,让我们假设 A 和 B 之间就一项确定其各自权利的制定法规则之含义发生了争议。他们的纠纷被提交到一个法院。在仔细权衡了所有的论点之后,法官可能认为支持 A 的立场的理由同支持 B 的立场的理由是旗鼓相当的。从这个意义上讲,这部制定法实际上无法为他审理这个案件提供任何明确的标准。但是,与这个案件的判决相关的原则的确存在于这部法律当中,而它的要求在十分之九的案件中都不会引发任何问题。如果这位法官不能给出一项判决,他就无法履行解决发端于一套既有法律体系的纠纷的义务。如果他对这个案件作出了判决,他又不可避免地从事了一项回溯性立法活动。

显然,这位法官必须对这个案件作出判决。如果每当一项规则的含义引发了疑惑的时候,法官都来宣布存在一片法律上的真空,整个前瞻性规则系统的有效性便会受到严重的损害。要想充满信心地依照规则办事,人们不仅必须有机会了解这些规则是什么,还必须得到这样一项保证:一旦就这些规则的含义发生了争议,总会有某种办法来解决这种争议。

在我们刚才所假设的这个案例中,作出一项溯及既往型判决的理由当然是十分充分的。不过,让我们重新假设:法院需要做的并不是澄清关于法律的一项疑惑,而是推翻它自己的一项先例。例如,在 A 诉 B 案之后,C 和 D 之间发生了同样的纠纷。C 拒绝根据法院在 A 诉 B 案中做出的判决来解决这一纠纷,并且将这个案子起诉到法院。C 说服法院相信它在 A 诉 B 案中做出的判决是错误的,并且应该被推翻。如果这一推翻具有溯及既往的效力,那么 D 就会败诉,尽管他所依赖的是一份明显对他有利的司法判决。从另一方面讲,如果法院对 A 诉 B 案的判决是错误的并且理应被推翻,那么 C

之拒绝接受它并且将它带回法院来接受再次检验便相当于是履行了一项公共服务。显然,如果C因为履行这项公共服务而获得的唯一报酬便是令一项现在已经被承认有误的规则针对他而继续适用,这显然是十分具有讽刺意味的。如果法院只能前瞻性地推翻这一先例,从而使新的规则仅仅适用于这项推翻性判决做出之后发生的案件,我们就很难看到一位私人诉讼当事人有什么动力却寻求推翻一项错误的判决或者一项因为情势的变迁而失去其正当性基础的判决。(有人已经指出:这一论断不能适用于所谓的“体制化诉讼当事人”——比如工会或行业协会,它们对超越于具体纠纷之上的法律发展有着持续的兴趣——所提起的诉讼。)①

方才所讨论的情形涉及民事纠纷。适用于刑事案件的考虑因素则有相当的不同。这一点在涉及推翻先例的案件中逐渐为人们所认识,比如一个法院本来将一项刑事法规解释为不适用于某种形式的活动,而在稍后的一个案子中又改变了看法并且推翻了自己先前的解释。② 如果这一推翻先例的判决可以溯及既往,那么,某些因信赖法院对法律的解释而采取相应行动的人便可能被标示为罪犯。

有人认为,法院解决先前未曾解决的适用一部刑事法规过程中的不确定因素的案件不属于上述情况,而对待这一类案件应该像对待上面讨论过的A诉B这样的民事案件一样。我认为这种观点是错误的。的确,这里有某种安全保障,可以缓解溯及既往性地将以前并未明确规定为犯罪的行为确定为犯罪所表现出来的严重不公。如果这部刑事法规从总体上看具有适用上的不确定性,它便可能被宣布为具有不合乎宪法的模糊性。此外,一项公认的解释原则便是:对一项刑事法规必须做严格解释,从而使那些不在其通常含义覆盖范围之内的行为不至于仅仅因为表现出与该法规的语言所描述的哪些行为具有相同类型的危险性便被认为是犯罪。但是,一项刑事法规也可能被起草成这样:虽然它的含义在十分之九的案件中都表现出合理

---

① 参见《联邦法院中的前瞻性否决与回溯性适用》(Prospective Overruling and Retroactive Application in the Federal Courts),载《耶鲁法律杂志》(*Yale Law Journal*),第71卷,1962年,pp. 51－907,(未署名评论)。

② 参见《联邦法院中的前瞻性否决与回溯性适用》(Prospective Overruling and Retroactive Application in the Federal Courts),载《耶鲁法律杂志》(*Yale Law Journal*),第71卷,1962年,pp. 51－907,(未署名评论)。

的清晰性,但在第十个案件中,由于出现了某种特殊的事实情况,它会变得如此的模糊,以至于无法对特定的被告起到真正的警示作用,使他知道自己当时正在做的事情是一种犯罪。这种情况在涉及经济规则的场合尤其常见。法院通常假定自己在这一类的案件中除了解决疑惑、并因此创造出回溯性刑法之外便别无选择。换句话说,这个问题被处理得好像它是一种民事案件一样。但是,在一个像这样的刑事案件中,如果被告被宣判无罪,这个判决便不会留下任何未解决的纠纷;它简单明了地意味着被告自由了。

我认为应该承认这样一项原则:一位被告不应被判有罪,如果适用于他的特殊情况的法规是如此的不清楚,以至于如果在其所有的适用中都同样不清楚的话,它便应当被认定因不确定而无效。这项原则可以消除同民事案件的错误类比,也可以使对所谓的具体不确定性问题的处理吻合于一般性规则,也就是那些针对作为一个整体表现出不确定性的刑事法规的规则。

我们迄今为止还没有考察所有问题中最难的一个,即如何知道什么时候可以将一部法规正确地认定为是溯及既往型的。最简单的情况是那种旨在将一种在作出时本来完全合法的行为规定为犯罪的法规。禁止回溯性立法的宪法条款主要便是针对这样的法规。"无法律则无刑罚"的原则受到文明国家的普遍尊重。溯及既往型法律之所以受到如此普遍的谴责,不只是因为刑事诉讼所涉及的"赌注"很高,还因为——而且主要是因为——在所有的部门法中,刑法最明显而且最直接地涉及塑造和约束人们的行为。回溯性的刑事法规会令人们直接联想到这样一种荒唐之极的情况:今天命令一个人昨天做某事。

与回溯性的刑事法规相对照,让我们假设有这样一部 1963 年制定的税法,它规定人们必须为他们在 1960 年获得的经济收入纳税,而这些收入在 1960 年的时候本来是不用纳税的。这样一部法律可能是非常不公平的,但是严格说来,我们不能说它是回溯性的。的确,它将纳税的额度建立在过去发生的某些事情的基础之上。但它只要求受它约束的人们去做一件简单的事情,那就是交付它所要求的税款。这项要求的效力是前瞻性的。换句话说,我们并没有今天制定一部税法来命令一个人昨天交税,虽然我们可能今天通过一部税法来征税,而所征的税额则根据过去发生的事件来确定。

对于普通公民来说,我刚才所提出的这些论证可能看起来纯属诡辩。

他很可能说:正如一个人因为知道根据现行刑法某种行为是合法的而作出这种行为一样,他也可能因为知道根据现行税法从某种交易中获得的收入不用纳税而进行这样一项交易。如果说回溯性的刑法是可憎的,因为它对一项在作出时本来不应受罚的行为规定了刑罚,按照同样的道理,这样的一部税法也是非正义的,因为它向一个人征税,而这个人是因为某种活动在当时是免税的才去从事这种活动的。

要对这种说法作出回应,就必须注意如果它的含义得到充分认可所可能带来的后果。所有类型的法律——而不仅仅是税法——都会进入人们的计算和决策。一个可能决定为了从事某种特定职业而学习、结婚、控制或扩大家庭规模、对自己的财产作出最后的处置——所有这些决策都需要参照某种既定的法律,这不仅包括税法,也包括财产法和契约法,甚至可能包括选举法,因为它会导致某种特定的政治权力分配。如果每次一个人依赖既定的法律来对自己的事务作出了安排,他便可以获得相关法律规则不变的保障,我们的整个法律机体便会永远陷入僵化。

对于这种论辩,一项可能的回答是这样的:税法不同于其他任何法律。一方面,它更直接地进入人们对自己事务的规划过程当中。另一方面,而且更加重要的是,它们的主要目标通常不只是增加公共财政收入,而且还包括按照立法者们认为可欲的方式来引导人们的行为。从这个面向上看,它们是刑法的表亲。财产法和契约法既不规定也不推荐任何特定的行为方式;它们的目标仅仅在于保护人们通过不特定的活动而取得之物。相反,税法诱导去从事某些活动或者劝阻人们去从事某些活动,这往往正是它们的目标。当它们因此而变成刑法的某种替代品的时候,它们便好像失去了自己原始的纯真。就我们借以启动这场讨论的那个案件(也就是法律起初未曾规定对某些类型的收入征税)而言,法律的目的本来可能是诱导人们去从事会产生这些收益的那种交易。如果此后法律又规定对来自这种的交易的收入征税,人们实际上便因为做了法律本身起初诱导他们去做的事情而遭到了惩罚。

我们可以将同样的论点扩展到以下这个程度。每一种类型的法律都是在诱导或阻遏人们作出某种特定类型的行为。例如,整个契约法便可以被说成是有意诱导人们通过“私人筹划”来组织他们的活动。如果商业活动在一定程度上是在考虑到现有的合同法规则的情况下来进行规划的,这部分法律是不是就永远不能改变了?假设一位不能读或写的人在口头经纪合同可以被执行的时期成为一名不动产经纪人。他是否应当得到保护,以免受到此后要求这种合同必须有带签名的书面文本作为证明的法律之不利影响?至于说税法通常具有吸引或阻碍人们从事某些活动的明确目的,谁能说出一项税目的准确功能除了增加公共财政收入以外还有什么?一位立法者可能出于一种原因而赞成一项税目,另外一位立法者则可能基于完全不同的另一项原因而赞成同一税目。我们怎样来评论对含酒精饮料征收的税目?它的目的到底是阻遏饮酒还是通过向那些从其生活习惯来看最有能力帮助支付政府开支的人们收钱来增加财政收入?对这一类问题不可能作出明确的回答。

在这一点上,我们必须中断对话并且为这些问题留下继续讨论的空间。提出这些问题的目的仅仅在于指出:围绕着溯及既往型法律存在一些难以解决的问题,这些难题绝不仅仅关系到税法。在遇到这些难题的时候,法院往往会求助于政府与公民之间的契约这一概念。于是,如果某些活动本来享有免税优待,而后这种优待又被取消,通常适用的检验标准是看国家能否被公允地认定为已经签订了维持这种免税安排的契约。应当看到的是,国家与公民之间的契约这一概念可以无限延伸。正像格奥尔格·齐美尔所指出的那样,国家所占据的享有超级权力的地位最终有赖于一种隐含的互惠。① 这种互惠,一旦被明确表达出来,便可以延伸到全部八项合法性原则之中。如果雷克斯国王不是一位世袭君主,而是基于一项改革法律制度的承诺而被选举担任终身职务,他的臣民们便完全有理由觉得自己有权罢黜他。政府违约可以成为革命的理由,这种观念可以说是由来已久。它是一个被普遍认为完全超越于法律推理的通常前提之上的概念。不过,当溯及既往型立法的有效性被理解为取决于国家是否忠诚于自己与公民之间的一份合同的时候,这一概念的一位更加温和的表亲便会出现在法律系统之内。

在这段对溯及既往型法律的讨论中,我们十分强调分析上的困难。为此,我理应在离开这个论题的时候提醒大家:并非它的每一个面向都笼罩在

---

① 参见《联邦法院中的前瞻性否决与回溯性适用》(Prospective Overruling and Retroactive Application in the Federal Courts),载《耶鲁法律杂志》(*Yale Law Journal*),第 71 卷,1962, pp. 51 - 907,(未署名评论)。

雾霭之中。正如适用于构成法律之内在道德的其他基本要求的情况一样，难题和微妙辨析不应当使我们忽略这样一个事实：虽然完美是一个难以捉摸的目标，但识别出明显不妥之处却并不困难。在为明显不妥的情况寻找例证的时候，我们也不必将自己的目光局限于希特勒统治的德国或者斯大林统治的俄国。我们自己也有这样的立法者，他们以一种较为温和的方式证明他们相信目的可以正当化手段。例如，我们可以举出1938年颁布的一部联邦法律。这部法律规定："任何曾因暴力罪行而被定罪的人……接受任何通过州际或国际贸易运送或传输的枪支或弹药都是非法的。"这部法律的起草者们很有理由地认为落入这部法律之语言覆盖范围的人作为一个整体不构成我们的最值得信赖的公民。他们也相当可以理解地抱有使这部法律具有溯及力的愿望。于是他们在这部法律中写入了一项规则，即如果一个符合本法案之描述的人在州际贸易中接受了任何武器，那么其收货时间应该被推定为是在本法案的生效日之后。这项体现立法者之过分聪明的杰作在托特诉美国[①]一案中被最高法院宣布为无效。

（四）法律的清晰性

清晰性要求是合法性的一项最基本的要素。[②] 虽然很少有人质疑这个

---

① *Tot v. United States*, 319 U. S, 1942, p. 463. 最高法院还废除了包含在这部法案中的另外一项推定。这项推定的内容是：与本法案所描述之情况相吻合的人如果拥有枪支或弹药，则应当推定这些枪支或弹药是通过州际或国际贸易渠道中的货运方式而取得的。

② 法理学文献中关于这项要求的讨论非常之少。边沁去世后出版的《法理学之限度的确定》(Bentham, *The Limits of Jurisprudence Defined*, Everett, ed, 1945)中对这个问题的简短论述完全致力于煞费苦心地提出一套可以用来区分各种不确定情况的术语。奥斯丁本来应该在他的"不恰当地被称为法律的法律(laws improperly so-called)"(《法理学讲义》，第100～101页)中加上完全不可理解的法律，但他根本没有提到过这样的法律。不过，实证主义者们对这个课题的忽视是很可以理解的。如果承认法律可能在清晰程度上有所不同，就意味着要进一步承认法律在有效性方面也各不相同，而不清晰的法律就实际意义而言比起清晰的法律来缺少一些法律的属性。但是，这样就等于接受了一个与实证主义的基本假定相悖的命题。在美国，曾经有人在根本没有援引宪法所暗示的任何标准的情况下指出，法律应当拒绝适用严重缺乏清晰性的法律。参见埃格勒(Aigler)：《用含糊或宽泛的语言表述的立法》(Legislation in Vague or General Terms)，载《密执安法律评论》第21卷(21 *Michigan Law Review*), 1922, pp. 51－831。不过，随着法律的发展，对清晰性的要求已经被整合到一项"不合宪的模糊性(unconstitutional vagueness)"原则当中，对这项原则的适用几乎完全集中在刑事案件中。参见一篇详尽的评论：《最高法院的避免含糊原则》(The Void-for-Vagueness Doctrine in the Supreme Court)，载《宾西法尼亚大学法律评论》第109卷(109 *University of Pennsylvania Law Review*), 1960, pp. 67－116。

说法,但我不敢肯定满足这项要求所涉及的责任是不是总是为人们所理解。

如今存在这样一种强烈的倾向,即不是把法律等同于行为规则,而是把它等同一套权力或命令的等级系统。这种将对法律的忠诚与对既定权威的服从混淆起来的观点很容易导致这样一个结论:虽然法官、警察和检察官可能违反合法性原则,但立法者却不可能,除非是当其僭越宪法为其权力所设定的明确限度的时候。不过,十分明显的是,含糊和语无伦次的法律会使合法成为任何人都无法企及的目标,或者至少是任何人在不对法律进行未经授权的修正的情况下都无法企及的目标,而这种修正本身便损害了合法性。从污浊之泉中喷出的水流有时可以被净化,但这样做的成本是使之成为它本来不是的东西。处在命令链条的顶端不能使立法机构免除尊重法律的内在道德之命令的责任;相反,它强化了这种责任。

重视立法的清晰性并不意味着忽视依靠像“诚信”和“适当注意”这样的标准来产生法律后果的那些规则。在某些时候,获得清晰性的最佳办法便是利用并在法律中注入常识性的判断标准,这些标准是在立法会堂之外的普通生活中生长起来的。毕竟,这是我们在用普通语言本身来表达立法意图的时候免不了会做的事情。此外,正像亚里士多德很早之前就已经指出的那样,我们所能达到的清晰程度不可能超过我们所处理的问题所容许的程度。一种徒有其表的清晰可能比一种诚实的、开放性的模糊更有害。

另一种严重的错误——而且是一项经常有人犯的严重错误——是推定:虽然忙碌的立法起草者们没有办法将他们的目的转化成清楚表述的规则,但他们总是可以放心地将这项任务委托给法院或者特殊的行政裁判所。实际上,这取决于这种委托所欲解决的问题的性质。例如,在商法中,“公平”的要求可以从一系列商业惯例和某一商贸人士共同体所分享的行为原则中获得确定含义。但是,我们不能由此得出结论说:所有的人际纠纷都可以借助从公平标准中逐步派生出来的规则而获得完满解决。

因此,当我们面对哈耶克对要求“公平”或“合理”的法律条文的一概而论的谴责时,有必要作出进一步的辨析:

我们可以写一部法治衰落的历史……,因为这些含糊的表达越来越多地被引入立法和司法(jurisdiction)[①]当中,也因为法律与司法的随意性和不确定性不断增强,以及由此导致的人们对法律和司法的不尊重。[②]

法理学中的确有一章仍有待完成。这一章应当致力于分析:在什么样的情况下,政府规制的问题可以被放心地交付给司法决策去处理,而人们还可以合理地期待相当清晰的决策标准可以在就事论事处理不断发生的纠纷的过程中发展起来。在处理这种基础性问题的时候,一种"走着瞧"或"社会试验"式的政策是不值得推荐的。

(五)法律中的矛盾

相当明显的是,为了避免法律中的不经意的矛盾,立法者需要十分小心谨慎。不过,并非显而易见的是,人们很难知道什么时候会出现这样的矛盾或者如何用抽象的语言来界定这种矛盾。

人们普遍假定这仅仅是一个逻辑问题。矛盾是指违背同一律(A 不可能同时又是非 A)的某种东西。不过,这项形式原则对于处理矛盾的法律这一问题可以说是毫无帮助,无论它在别的方面有何价值。[③]

让我们选择一种"逻辑意义上"的矛盾在其中呈现得最为明显的情形作为例子。假设在一部单一的制定法中存在两个条文:一条要求汽车车主们在 1 月 1 日安装新的车牌;另一条规定在 1 月 1 日从事任何劳动都是犯罪。这似乎是一种违反同一律的情形;一种行为不能同时既被禁止又被要求。但是,如果令某人做一件事情,然后又因此而惩罚他,我们能说这样就违反了逻辑吗?当然,我们可以说这种做法毫无意义,但是,在作出这种判断的时候,我们已经默默地预设了这样一个目标:为人类活动找到一个有意义的方向。一个人如果经常性地做了被命令去做的事情而遭受惩罚,人们便不能指望他将来能够对命令作出恰当的反应。如果我们那样对待他是试图为规范他的行为确立起一套规则系统,我们的这种企图就会失败。不过,如果

① 哈耶克在这里想说的肯定是"审判"(adjudication),而不是"司法管辖权"(jurisdiction)。

② [英]哈耶克(Hayek):《通往奴役之路》(*The Road to Serfdom*),1944,第 78 页。

③ 我认为,凯尔森对矛盾的规范这一难题所作的高度形式化的分析既无助于立法者去避免矛盾,也无助于法官来解决矛盾。《法和国家的一般理论》(*General Theory of Law and State*),1945,第 374 ~ 375 页以及全书各处;参见索引中的"无矛盾原则"项。边沁对"不一致"(repugnancies)问题的讨论也提供不了多少帮助。参见埃弗瑞特(Everett)的《边沁的法律学限度之界定》(Bentham's Limits of Jurisprudence Defined),1945,第 195 ~ 198 页。

我们的目标是导致他精神崩溃,我们便可能会成功。无论在哪种情况下,我们都僭越了逻辑的领地。

处理法律中的显著矛盾的公认原则之一便是看能不能找到办法来协调看起来相互矛盾的条款。根据这项原则,法院可能会想出这样一个办法:先判定在元旦那天安装车牌的人有罪,然后免除他的刑罚,因为他是在一部成文法的强制性要求下这么做的。这看起来是一种相当累赘的解决方案,不过法律史上曾经存在过更加奇怪的程序。有一段时间,在教会法中,一项原则规定任何经起誓保证的承诺都具有约束力,而另一项原则又规定某些类型的承诺(比如涉及敲诈或高利贷的承诺)不能导致任何义务。那么,在面对涉及宣誓保证下的高利贷承诺的案件时,法院应该怎么办呢?当时的解决办法是:先判令承诺人向受承诺人履行偿付义务,然后立即命令受承诺人返还其刚刚得到的东西。[①] 在这种奇怪的程序中甚至可能包含着某种象征性的价值。通过首先强制实施这种合同,法院戏剧性地凸显了这样一项规则:人必须受其誓证承诺的约束。随后,通过撤销自己的判决,法院又提醒受承诺人:你的狡诈行径需要付出代价。

假设面对"元旦法规"的法院认为先判决被告有罪、然后免除其刑法的做法没有价值,它可能会在以下两种法律解释中选择一种:(1)规定在元旦工作是一种犯罪的那个条款推翻了涉及车牌的那个条款,因此车主可以合法地将安装车牌的工作延后到1月2日来进行;或者(2)涉及车牌的那个条款推翻了禁止工作的条款,因此车主必须在元旦那天安装车牌,而他这样做并不构成犯罪。一种不太容易想到、但却好得多的解决方案是将两种解释结合起来,于是在元旦那天安装车牌的车主没有违法,而将安装车牌的工作推迟到1月2日来进行的车主也没有违法。这种解决方案承认该法规所呈现出来的基本问题在于它为公民指出的行动方向是难以辨识的,因此公民应当被允许自己选择一个方向来消除这种困惑,他不应然此受到伤害。

我们最好再来考察一部"自相矛盾的"法规——这一次是一项真正的判决中所涉及到的一部法规。在美利坚合众国诉卡迪夫(*United States v.*

---

① [德]鲁道夫·冯·耶林(Rudolph von Jhering):《罗马法的精神》(*Geist des römischen Rechts*),Ⅱ2(第6版和第7版),1923,§45,p.491。

Cardiff)一案中,一家食品加工公司的总裁因为拒不允许一位联邦视察员进入他的工厂去考察它是否遵守了《联邦食品、药物和化妆品法案》而被定罪。① 该法案中的第704节界定了一位视察员进入一家工厂的条件;这些条件中的一项是他首先要获得业主的许可。而该法案的第331节则规定工厂所有者拒不"允许第704节所授权的进入或视察"的行为是一种犯罪。这样看来,这部法案似乎是在告诉人们:视察员有权进入工厂,但业主也有权通过不允许进入而将他拒之门外。不过,有一个非常简单的办法可以消除这一明显的矛盾。这种办法就是,将该法案的意思解释为:如果工厂所有权人在表示同意视察员进入之后又拒绝让其进入,这位所有权人便违反了法律。这样就把他的责任建立在他的自愿行为之上,因而不算是反常;一个人不一定必须作出某项承诺,不过一旦他做出了这项承诺,他就可能因此而承担起一项责任。

最高法院考虑了这种解释,但却拒绝采纳之。这种解释的问题不在于它不符合逻辑,而在于它不能吻合于任何可理解的立法目的。如果国会希望确保视察员在业主的反对下仍然能够进入工厂,这是可以理解的。但如果说国会希望将视察员的权利限定在这样一种不可能出现的情况下——一位古怪的业主先是表示允许,然后又关上大门,则是很难理解的。为了使这部法案显得不是不可理喻,我们可以将这项要求解释为:视察员之所以需要先获得允许,是基于涉及方便的时间和日期的通常礼貌,但相关条文的语言却又不支持这种解释。最高法院因此裁定,这两项条文之间的冲突导致了一种非常含混的局面,以至于无法针对这种犯罪的性质发出充分的警告;法院因此撤销有罪判决。

到这里为止,我们的讨论只涉及在一部单一制定法的框架中出现自相矛盾的情况。更复杂的问题可能出现在这样一种情况中:一部1963年制定的法律被发现同1953年通过的一部法律中的一项相当明确的条文发生了冲突。在这种情况下,被习惯赋予了权威性的解决方案是,较晚颁布的制定法中的条文如果与较早颁布的制定法中的相关条文发生矛盾,则较早的条文应被视为被晚近的条文不言而喻地推翻,正如因历史悠久而被奉为神圣的

---

① 344 U. S. 174 (1952).

法谚所云:新法废旧法。[①] 但是,在某些情况下,处理这一问题的更恰当方式可能是遵循一项现在被用来处理单一法规框架中产生之矛盾的原则,也就是通过彼此参照式的解释来达致两部法规之间的互惠性调整。不过,这种方案也有自身的难题。人们需要知道到哪里应该止步,因为法院可能很容易发觉自己踏上了这样一条危险的旅程:重制我们的整个制定法体系,以便使之成为一个更加融贯的整体。根据新法来对旧法作出重新解释也可能引发溯及既往型立法这一难堪问题。我不拟对这些问题进行进一步的探讨。不过,到这里为止所说的已经足够表明这样一个教训:立法部门对法规之间相互抵触现象的不在意会对法制造成很严重的伤害,而且这种损害很难通过简单的规则得到消解。

有学者曾经指出,在法律和道德论证中,我们应当说“不相容”,而不是“矛盾”[②]——也就是事物之间不协调或协调不好。另外一个在普通法的历史上颇受欢迎的术语用在这里也很贴切。这就是“不一致”。这个词之所以特别妥帖,是因为我们所称的矛盾的法律其实是指相互打架的法律,虽然它们不一定会像逻辑上相互矛盾的陈述那样杀死对方。另外一个已经停止使用的好词是本来意义上的“不协调”。不协调的法律是不能吻合于其他法律或者与其他法律相牴牾的法律。(比较现代法语中的 *convenir*,一致或协调。)

从这里的分析中,我们很容易看到,要确定两项人类行为规则之间是否不协调,我们往往必须考虑一系列规则本身的语言之外的因素。在历史上的某段时间,“跨过这条河,但不能把自己弄湿”这条命名中包含着矛盾。不过,自从人类发明了桥和船之后,情况就并非如此了。如果今天我让一个人跳到空中并且保持双脚同地面接触,我的命令似乎是自相矛盾的,这只是因为我们认为他没有办法在跳起的时候将地面带着一起升空。在确定不一致

① 在一部关于法律解释的早期论著中,Ellesmere 爵士提出了这样一项规则:如果在一部单一的制定法中出现了前后矛盾的条文,那么首先出现的条文——也就是按照对文本的阅读顺序先出现的那个条文——应当获得优先考虑。参见索恩(Thorne)的《论制定法》(*A Discourse upon the Statutes*),1942,pp. 33 - 132。这种奇怪观点的依据很是令人困惑。难道它是依据于这样一项假定:法律起草者们在接近于完成任务的时候会变得越来越疲惫,注意力越来越涣散?

② 佩雷尔曼(Perelman)和奥尔布雷西 - 提特卡(Olbrechts-Tyteca):《新修辞学——关于论证的一个导论》(*La Nouvelle Rhétorique—Traité de l'Argumentation*,1958),第 76 ~ 262 页。

因素时必须纳入考虑的背景当然不仅仅是，甚至不主要是技术方面的，因为它包括这一问题周遭的整个制度环境——无论是法律的、道德的、政治的、经济的还是社会的。为了检验这一命题，我们可以设想：前面提到过的那部元旦法规要求在新年的第一天安装车牌，但同一法规中的另一条文却又规定向在那一天工作的人征收一元钱的劳动税。让我们试着做这样一项富有教育意义的思考：一个人该如何着手去证明这些条款是“不一致”的，将它们纳入同一部法规中必定是立法者粗心大意的结果。

（六）要求不可能之事的法律

从表面上看，一部要求人们做不可能之事的法律是如此的荒诞不经，以至于人们倾向于认为：没有任何神志健全的立法者，甚至包括最邪恶的独裁者会出于某种理由制定这样一部法律。[①] 不幸的是，生活的现实推翻了这种假设。这样一种法律可能会借助于它自身的荒谬性来服务于利尔伯恩（John Lilburne）所称的“不受法律约束的无限权力”；它的蛮不讲理的无意义性可以令臣民们知道：没有什么事情是不可能向他们要求的；他们应当随时准备好奔往任何方向。

要求不可能之事的技术也可能得到聪明的、有时甚至是善意的利用。良师常常对自己的学生提出他知道他们不可能达到的要求。他这样做的时候是怀着逼出学生的潜力这一值得赞扬的动机。不幸的是，在人类社会的许多场景当中，积极的敦促与强加的义务之间的界限会变得十分模糊。因此立法者很容易误入歧途，相信自己的角色就像是教师的角色。他忘记了这一点：对于未能做到他所要求之事的学生，老师照样可以为他们实际上做到的事情而表扬他们，而不会因此便显得虚伪或自相矛盾。在类似的情况

① 在这个环节上我们还需要问这样一个问题：构成法律之内在道德的其他必要条件最终不也是涉及服从之可能性吗？从这个角度来考虑这个问题当然是无可指摘的。正像人们不可能遵守一部要求一个人长成10英尺高的法律一样，人们也不可能遵守一部不为人所知的法律、难以理解的法律或者是还没有制定出来的法律等。为了证明我自己在文中将这一项单列出来是有理由的，我需要提醒读者们注意：我的目的并不是要进行一项逻辑限定练习，而是要推导出一些原则来指导有目的的人类活动。如果他愿意，一位逻辑学家可以将一部自相矛盾的法律看成是不可能遵守之法律中的一种特殊情况，虽然，正像我曾经指出的那样，在采纳这种观点时他可能会发现自己很难界定“矛盾”的含义。无论如何，从立法者的角度来看，一方面，他必须小心谨慎地使自己制定的规则相互协调；另一方面，他也必须确保法律的要求没有超出受其约束的人们的能力，这两个事项之间存在根本性的差异。那种将所有事项都压缩到“服从之不可能性”这一标题下的尝试必定会混淆这种根本差异。

中,政府官员面临的则是这样一种选择:要么作出严重不义之事,要么对偏离法律要求的情况视而不见,从而导致人们不再尊重法律。

法律不可要求公民为不可能之事这一原则有可能被推向一个不切实际的极端,以至于最终变成要求立法者为不可能之事。人们有时推定,除非存在以下两项因素之一,否则便没有理由确立任何形式的法律责任:(1)一种做有害行为的意图,或者(2)某种过错或疏忽。如果一个人由于某种不能责备于他——责备于他,要么是因为他故意使某种行为发生,要么是因为他疏忽大意而导致事情发生——的事态而被判定应当承担责任,那么这就等于是让他为某种超出其能力之外的事件负责。当法律被解释成这样的时候,它实际上便是判定一个人违反了这样一项命令:“这件事不能发生,”而这个命令是他所不可能遵守的。

围绕在这一结论周围的合理性因素掩盖了它的实际要求的确切范围。例如,就过错之证明而言,法律面临着一道无解的难题。如果我们将一项客观标准——也就是传统的“理性人”标准——适用于某一特定被告,我们就显然有可能向他强加了他不可能达到的要求,因为他的教育和禀赋可能使这种标准超出了他所能企及的范围。如果我们换个方向来思考,并且提出这样一个问题:我们面前的这个人,由于他所具有的各种个人局限和怪癖,是否根本达不到本来应该达到的要求,我们就会陷入一种危险的探寻,在其中,所有作出客观判断的能力都将丧失。这种探寻要求同情地体会他人的生活。非常明显的是,阶级、种族、宗教、年龄和文化上的差异会阻碍或扭曲这种体会。其结果是,虽然一种超然的正义标准注定有时会显得过于严苛,但一种试图探测和把握私人世界之疆域的体贴的正义标准却在情在理都无法做到不偏不倚。法律不知道任何可以帮助它超越这种矛盾处境的魔法。因此,它不得不踏上一条不确定的中间道路,在处理某些涉及明显能力不足的案件时放宽适用理性人标准,并且即使在这种情况下也尽力用一般化的语言来为这些特例给出定义。

有人或许会说,适才所描述的这些困难,其之所以会发生的原因乃是:对过错的确定从根本上看涉及一项道德判断。相反,确定某一行为的意图则似乎只要求进行一种事实考察。不过,现实在这里又一次呈现更为复杂的面向。如果说意图是一种事实,那么它是一种只能从外在表现推导出来的私人事实。这种推导有时候会显得比较容易。霍姆斯又一次说道:即使一条狗也知道被绊倒和被踢倒之间的区别。不过,法律要求确定的意图有时是一种非常具体的意图,因为刑罚之确定可能有赖于对被告是否故意违反法律的证明。这种类型的条款有时见于复杂的经济法规当中,其目的在于避免这样一种非正义:惩罚一个作出表面上看非常无辜之行为的人。就我自己的观察而言,这往往是一个问题:在这种情况中,治疗的方式是不是比疾病更加糟糕?法律所要求确定的意图是如此的不易获得明确的证实或证伪,以至于事实的裁断者几乎不可避免地会被迫提出这样的问题:“他看起来像是循规蹈矩的那种人还是一有机会就钻规则空子的那种人?”不幸的是,这个问题很容易导致另外一个问题:“他看起来像不像我这种人?”①

为了使法律保持在公民守法的能力范围之内,我们将公民的责任限定在过错或错误意图可以得到证明的个案中,而在这样做的时候,我们便会遭遇到上述的困难。不过,在涉及法定责任的法律中,也有许多例子表明责任的确定有时无须依赖过错或意图方面的证据。

属于这种类型的一种相当常见的责任形式并没有对法律的内在道德提出严重的问题。让我们假设一个疯子偷了我的钱包。他的精神状况可能使他不可能理解或遵守保护私人财产权的法律。这种情况提供了不把他关进监狱的良好理由,但却并没有提供任何理由让他保留我的钱包。根据法律,我有权收回我的钱包,而他在这种意义上有法律上的责任把它返还给我,即使在取走它时他并没有主观上的过错或者具有任何做坏事的意图。另一种例示了同一原则的情况是:在处理一笔账目时,一位债务人向其债权人支付了超出应付数额的现金,双方都没有过错并且错误地相应所付款就是应付款。在这种情况下,这位债权人有义务返还多付的部分,虽然他接受这笔款项的行为无论如何也不能算是一项有过错的行为。

---

① 就这个问题而言,有一篇文章值得推荐,这就是:《现时代的意图概念》(Modern Conception of Animus),载《绿袋》杂志第 19 卷,1906, pp. 12 – 33。这篇文章的作者是亨利·亚当斯(Henry Adams)的弟弟和约翰·昆西·亚当斯(John Quincy Adams)的孙子布鲁克斯·亚当斯(Brooks Adams)。在这篇文章里,亚当斯提出了一种独创的和新奇的马克思主义论点,即统治阶级总是为着自己的利益而操纵确定某些犯罪或侵权所要求的意图。亚当斯还试图证明:类似的操纵也一直作用于确定什么足以证明或证伪所要求之意图的证据规则。虽然其中提出的论点更见新奇而不是可信,这篇文章还是很值得一读,因为它表明了在使责任依赖于意图的场合存在的证明困难。

有相当一部分法律涉及防止或矫正不当得利,这种不当得利可能是由于行为不慎、认知错误或缺乏理解自己所作行为之性质的能力等原因所致。这种法律中有一部分明显属于准契约的范畴;其余的部分则通过在契约法和侵权法中的影响——通常是一种默默发生的影响——而呈现着自身。这方面的分析无论在普通法还是罗马法中都因为这样一项事实而表现得混乱不清:被正式归类为“不法行为之诉”和“以侵权法为根据之诉”的那些救济方式一直被用来矫正不当得利,而这些救济方式是在被告的过错并不明显的情况下牺牲其利益来弥补另一方的损失。

与矫正疏忽大意相关的法律类型的存在似乎对本书中所提出的分析构成了一项挑战。在这里,我们一直把法律视为“使人的行为服从于规则之治的事业”。但是,当人们在认知错误或漫不经心的情况下行为的时候,他们显然没有、而且也不可能有意识地使自己的行为符合法律;没有人会通过学习准契约法来了解在不清楚自己正在做什么的时候应该怎么办。这个难题的答案其实是显而易见的。为了保持一套由于不经意行为而导致的法律关系的完整性,我们需要一套辅助性的规则系统来补救疏忽大意所造成的后果。这里存在一个非常类似于溯及既往型法律之难题的问题。一套完全由溯及既往型规则组成的法律体系只能作为值得刘易斯 · 卡罗尔或弗朗兹 · 卡夫卡用其辛辣笔法来加以讽刺的奇思妙想而存在。但是,一部溯及既往型的“治疗性”法律却可能在处理发生在一套总体上具有前瞻性的规则体系中的灾难方面发挥有益的作用。矫正不经意行为之后果的那些规则便属于这种类型。如果所有的事情都是在漫不经心的状态下发生,就连对矫正不经意行为这一问题进行思考都是不可能的。为矫正不经意行为之后果而设计出来的规则是作为一套更大的、旨在指导人类行为的规则体系的补充而存在的,这种功能不仅说明了这种规则的存在理由,而且决定着这种规则的意义。

不过,矫正来自不经意行为的不当得利的原则并不能解释法律责任在无过错或无犯意的情况下发生的所有情形。实际上,有相当一部分法律涉及对导源于某些特定活动形式的损害设定严格责任或绝对责任。于是,爆破活动可能需要面对为其对他人造成的所有损害负责的可能性,即使没有任何伤害他人的意图或疏于提出适当警告的过失可以得到证明。[1] 在这一类案件中,法律用庄严的语言宣布:“人要承担自己行为的危险。”

这种类型的严格责任很容易从经济学原理中找到理由:一项事业的可预见的社会成本应当体现到从事该事业的私人成本当中。从这个角度来看,隐含在一次爆破操作中的危险是无法通过小心从事或未卜先知来完全避免的,这种操作的性质决定了它总有可能导致偶然的、非预谋的人身或财物损失。如果试图在山腰上炸出一条捷径的高速路承包商只需对可证明的过错负责,他采用更安全的办法来完成其开路工作的积极性就会降低。换句话说,他的经济计算就会因此发生扭曲,而这种扭曲的代价则由公众来承担。为了矫正这种情形,我们对他的爆破作业征收一种税,这种税采取的是一用种规则的形式,即他必须对任何由这种作业所导致的损害负责,无论这些损害能否归咎于他的过失。

以税作比方有助于澄清这种类型的严格责任同法律的内在道德之间的关系。我们不会把一项一般销售税看作在命令人们不准卖东西;我们认为它只是对销售行为所征收的一项附加费用。所以我们也不应该认为针对爆破作业的特殊规则是在命令使用炸药的人永远不得造成任何损害,无论他自己是多么无辜。相反,我们是将这种规则看作对进入某一特定行业所附加的一项特殊责任。法律的内在道德对严格责任规则提出的要求并不是让它停止强求不可能之事,而是让它尽可能将承担着特殊的额外法律责任的活动类型界定清楚。

“引发特殊危险的企业应当承担其经营活动所致损害”的成本这一原则有可能得到非常广泛的应用。例如,在某些国家,这项原则被扩展适用于汽车驾驶活动,包括娱乐性的或为了私人便利而进行的驾车活动。有一种陈词滥调指出:如今存在一种迈向严格责任的“总体趋势”。实际上,人们似乎时常猜测:这种趋势正无怨无悔地将我们带往这样一种未来,在其中,过错和意图这样的概念在法律中将不再起任何作用。

我认为我们有充分的理由确信,我们所面对的不是这样的未来。如果

---

① 美国法律协会(American Law Institute):《侵权法重述》(*Restatement of Torts*),1938, §519,“小心进行的高危活动的失败”(Miscarriage of Ultrahazardous Activities Carefully Carried On)。

严格责任不是仅仅适用于某些特定形式的活动,而是适用于所有的活动,行为与所致损害之间的因果关系这一概念就会迷失。一位诗人写下一篇哀怨之诗。一位被抛弃的情种读了这首诗,感到绝望,并且自杀。是谁“导致”了他的生命损失?是那位诗人?那位抛弃了逝者的女子?抑或是那位培养起这位情种对诗歌之兴趣的老师?一个人在酒后狂乱中枪杀了自己的妻子。那些与此事件相关的人们中,哪些人应当对这一不幸承担责任?杀人凶手自己、把枪借给他的那个人、把杜松子酒卖给他的那个商家、抑或是那个劝他不要离婚以至于令他未能及早结束这一不幸结合的朋友?

我们可以从操作已有的那些严格责任形式所遭遇的困难中窥见这一类难题的性质。《工伤赔偿法》便规定了这样的一种责任。显而易见的是,雇员的工作与需要得到赔偿的伤害或疾病之间的关系必须得到确立。这种制定法中所采用的表述方式是:伤害或疾病必须是“由工作所导致,并且在工作过程中发生”。对这一条款的解释导致了一系列最令人失望、并且常常令人感到莫名其妙的判例法。要了解严格责任的普遍适用意味着什么,我们只需要设问:应当如何适用一条只要求原告所遭受的损失或伤害是由被告的行为“所导致”的规则?

我们方才对严格民事责任所涉及之难题的说明远远未能穷尽其中的所有问题。有些形式的严格责任不能根据我们这里所提供的理据而获得充分解释。还有许多不确定或混合型的立法动机的例子,例如,严格责任规则的一项补充性正当化理据便是:这种规则比明确将责任建立在缺乏妥当注意之证据的基础上的规则更有助于有效地确保妥当注意。有些严格责任的实例很可能被看作导源于分析上的混淆或历史偶然的反常情况。因此,严格责任与过错责任之间的界线也常常被过错推定弄得模糊不清,有些情况中的过错推定表现得相当强硬,以至于它们为那些试图反驳这种推定的人们添加了很重的负担。最后,值得提醒读者们注意的是,契约责任总是“严格”的;虽然某些特定的灾难和不曾料到的干扰可能构成免责事由,但是,一般而言,不履行责任的缔约方不得以“已经尽力而为”作为辩护。这最后一种严格责任形式没有对法律的内在道德提出任何问题,这一点几乎是无须证明的;法律本身不应当给一个人添加不可能承载的负担,但这并不意味着它应当保护他不受一项根据自愿缔结的契约而承担的责任之累,哪怕其间有超出他的控制能力的事件发生。

我们现在来看看违背"法律不能要求不可能之事"这一原则的最严重情形。这种情形存在于创制严格刑事责任的法律之中——根据这种法律,一个人哪怕在行为时尽到了妥当注意并且毫无犯罪意图,也可能被判定有罪。在如今这个时代,这种法律最广泛地应用于经济、医疗卫生和安全规制等领域,虽然在诸如持有毒品、赌博器械和禁酒等情况下,规定严格刑事责任的情形也绝不鲜见。

严格刑事责任在我们的法律中从未赢得过赞许。每当规定这样一种责任的法律获得通过的时候,总会有抗议发生,而政府的托词永远不外乎是某种假定的紧迫需要。不过,这种法律在现代立法中继续出现并且可能还有扩张趋势的原因并不神秘:它们极大地方便了检察官。检察官们可能会向我们保证,这种法律的明显不义可以通过"有选择的执行"来消除。虽然从理论上看这种法律是无辜人士的陷阱,但在实践中,只有真正的恶棍才会受到追究。从这个方面来看,这种法律大大便利了将这种恶棍绳之于法的过程,因为政府在提出检控的时候不再需要证明意图或过错——在涉及复杂的行政规制措施的场合,这是一项十分艰难的任务。当绝对责任与严苛的刑罚结合到一起的时候——这是一种常见的情况——检察官的处境就会得到进一步改善。通常他根本不必将案子带入庭审程序,坐牢或高额罚金的威胁已经足以诱致一项服罪声明,或者,在允许的情况下,一项庭外和解。严格的刑罚还有助于强化执法机构的公共关系。知道自己本来可能被判有罪的无辜失足者在获得宽恕并且免于被社会标示为"犯罪分子"之后定会心存感念。他会真诚允诺将来同执法机构保持更明智的合作关系。

所谓的"诱导性执法"——或者不太友善地被称为"敲诈性执法"——在"二战"的白热化时期变得盛行一时,那时,复杂的经济规制措施的执行者们感到不堪重负,急于寻找某种办法来简化自己的任务。这种办法的持续应用已然成为所有那些认为对法律的忠诚意味着忠实于通过正当程序制定的规则、而不是意味着乐于悄悄解决掉执法机构所提出的任何主张。幸运的是,最近已经有一些颇有影响力和说服力的声音出现,批评这种罪恶以及同严格刑事责任相关联的其他弊端。①

在离开要求不可能之事的法律这一主题之前,有两项进一步的评论需要作出。一项是非常简单的,其大致意思是说:在极端困难与不可能之间并不存在稳定而清晰的界限。一项提出过高要求的规则可能是苛刻和不公平的,但它不一定会像要求明显不可能之事的规则那样违背一种法律秩序的根本目的。在两者之间是一个中间地带,法律的内在道德和外在道德在那里相会。

我的最后一项评论是,我们关于哪些事情实际上不可能的理解可能是由我们关于人性和宇宙之性质的前见所决定的,这些前见会随着历史的行进而改变。如今对于旨在强迫人们接受某种宗教或政治信念的法律乃是建立在这样的理据之上:这种法律构成了对个人自由的无端侵扰。而托马斯·杰弗逊的观点则不同。在《弗吉尼亚宗教自由法·序言》的初稿中,他谴责这种法律是在试图要求不可能之事:

[我们]清楚知道人的观念和信仰并不取决于他们自己的意志,而是不自主地追随着他们的心智所面对的证据……②

人们可能因此提出这样一个问题:在这种观念中,我们是不是可以看到一位通达世情的智者既尊重真理、也尊重人的能力的态度,而这种态度正是我们所缺乏的?

(七)法律在时间之流中的连续性

在构成法律的内在道德的那些原则中,要求法律不应当频繁改动的原则似乎最不适合于正式表述为一项宪法上的限制。例如,我们很难想象一项宪法常会不明智地要求法律一旦颁布之后至少要等1年才能修改。与此相反,限制溯及既往型立法的规定则是宪法制定者们的最爱。③ 然而,在溯及既往型立法和法律的频繁变动所造成的损害之间存在紧密的相似性。两

---

① 参见霍尔(Hall):《刑法的一般原则》(*General Principles of Criminal Law*),第二版,1960,第十章,第59~325页;哈特(Hart):《刑法的目标》(The Aims of Criminal Law),载《法律与当代问题》(*Law and Contemporary Problems*),第23卷,1958,第401~441页;美国法律协会:《模范刑法典之正式提议稿》(*Model Penal Code, Proposed Official Draft*),1962,1.04(5)和2.01-2.13等节。

② 参见博依德(Boyd)编:《托马斯·杰弗逊文集》(*The Papers of Thomas Jefferson*),第二卷,第545页。

③ 参见本书第51~52页,注释10和11。

种损害都来自一种可以称为立法上的反复无常的现象。值得注意的是，在试图为宪法中禁止溯及既往型法律以及妨害契约义务之法律的条文作辩护的时候，麦迪逊所使用的语言似乎更适宜于描述法律经常变动的恶果而不是导源于溯及既往型法律的罪恶：

明智的美国人民十分厌倦指引政府部门的变动不居的政策。他们遗憾和义愤地发现突然的变化和立法干预……变成……为社会中勤勉行事但信息不太灵通的百姓设置的陷阱。他们也看到，一项立法干预只是一连串重复当中的第一环。①

过于频繁或突然的法律变动所造成的问题与溯及既往型立法所导致的问题之间的相似性也在最高法院的判决中得到了承认。溯及既往型立法之所以会造成恶果，是因为人们可能已经根据以前的法律状态作出了某种行为，而对这种行为之法律后果的回溯性改变可能会使当事人的愿望落空或给他们增添无法预料的负担。但是，基于先前法律而作出的行为有时不见得会受到这样的不利影响，只要有关部门事先提醒人们注意将要发生的法律变动，而且这种变化本身不会如此之快地生效，以便为人们适应新的法律状态留下充分的时间。为此，最高法院曾经宣布：

一项公认的原则是，[关于诉讼时效的法律规定]可以得到修改，以缩短法定时效，但前提是这样做的时候仍有时间，从而为在新的时限生效之前提起诉讼留有余地。②

(八)官方行动与公布的规则之间的一致性

我们现在终于抵达了构成法律的内在道德的全部要素之中最复杂的一项：官方行动与法律之间的一致性。这种一致性可能以多种方式遭到破坏或损害：错误解释、法律的不易理解、缺乏对于维持一套法律体系的完整性来说最必要之因素的正确认识、腐败、偏见、漠不关心、愚蠢，以及对个人权力的渴求。

正因为针对这种一致性的威胁是多样化的，所以旨在维持这种一致性

---

① 《联邦党人文集》(*The Federalist*)，第 44 篇。

② 奥乔阿诉赫尔南德兹·伊·莫拉尔(*Ochoa v. Hernandez y Morales*)，230 U. S. 139，1913，pp. 62 – 161。

的程序措施也必然会采取多种形式。属于这种类型的措施包括"过程性正当程序"中的大部分要素,比如获得律师代理的权利以及交叉质询反方证人的权利等。我们还可以将人身保护令和向上级审判机关提出上诉的权利也算作部分为同样目标的措施。甚至提出宪法问题的"资格"问题也与此有关;在这个问题上的随意性和变动不居的原则会导致宪法与其实行之间的断续和任意的对应模式。

在这个国家,防止宣布的法律与实际执行的法律之间的差异主要是法院的任务。这种职能分配具有如下优点:它将责任交给实践者,将这种职责的履行置于公众的监督之下,并且将法律的诚实品性以生动的方式凸显出来。不过,任何仅仅依靠法院作为防止不法司法的唯一屏障的制度都有严重的缺陷。这使得对问题的纠正完全取决于受影响的当事人是否有意愿和经济能力提起诉讼。这种制度在控制警方不法行为方面显得尤为缺乏效率,实际上,这种罪恶中混合着基层法院将自己的任务界定为维护警方士气的倾向。要想有效地控制警察的不法行为,更有效的安排恐怕是斯堪的纳维亚式的廉政专员这样的监督机构,它能够针对非正式的诉愿采取迅捷而灵活的行动。

在法官造法的那些领域,我们可以这样认为:尽管法律和官方行动之间的一致性可能被基层法院破坏,但创制法律的最高法院同样可能损害这种一致性。一个法域中的最高法院似乎不可能跟不上拍子,因为基调便是由它确定的。但它所确定的基调可能不适合于任何人的舞步,包括它自身。当法院自己创制法律的时候,所有那些可能导致司法行动和制定法之间缺乏一致性的因素同样可能导致对其他合法性原则的破坏性偏离:不能明确表述出具有合理清晰性的一般性规则,在相互矛盾的判决中清楚体现出来的决策上的不一致,经常改变的风向,以及法律的溯及既往性变更。

当然,维持法律与官方行动之一致性的任务中所包含的最为复杂精细的因素体现在解释问题上。合法性要求法官和其他官员在适用制定法时不是根据他们的奇思妙想或捉摸不定的字面含义,而是根据适应于它们在整个法律秩序中的位置的解释原则。这些原则是什么呢?我所知道的最好的简洁答案可以追溯到1584年,当财政专员聚集到一起讨论海登案中的一个困难的法律解释问题的时候:

他们最后得出这样一个结论,要切实准确地解释各种制定法(无论是涉及刑罚的还是涉及利益的,也无论它是对普通法的限制还是扩充),有四样事情是必须被辨明和得到考虑的:

第一,这部制定法出台之前的普通法是什么;

第二,这种普通法未能加以救济的损害和错误是什么;

第三,议会为救济社会的伤病而决定采纳和适用的措施是什么;

以及第四,这种救济的真正道理是什么;[在考虑完所有这些因素]之后,法官的职责在于作出最有利于制止损害并促进救济的解释。①

如果说我们可以对这一分析提出任何批评的话,那就是其中应当包含第五点必须得到"辨识和考虑"的因素,这一因素可以表述为:"那些必须根据这部制定法来安排自己行为的人们是如何合乎理性地理解其含义的?因为法律不应当变成那些不可能像法官一样充分了解立法理由的人们设置的陷阱。"

只要准确把握了海登案决议中的关键道理,即要理解一部法律,你就必须理解它旨在对治的"社会的伤病"为何,我们就能够澄清阐释常常环绕在法律周围的混淆时面临的问题。其中有些问题由于表面上契合于常识而享有了不应得的持久性。对于格雷的下面这番话中所包含的思想而言,这一点尤其正确:

解释通常被说成好像其主要功能在于揭示立法者的原意何在。但是,即使立法者有某种真实的意图,通过这样或那样的方式,在某一点上,人们总会怀疑这种意图到底是什么……实际上,所谓解释的困难在于立法者可能根本没有任何原意,而针对法律所提出的问题可能同立法者原意毫无关系。……[在这样的情况下,]当法官自我宣布立法者的意图是什么的时候,

---

① Heydon's case,3 Co. Rep. 7a. 显然,在我所摘引的这个段落中,"损害"这个词的用法不同于现在通行的用法。在海登案中,它的含义实际上非常接近于当时非常流行的另外两个词汇的含义:"不协调"和"不便"。所有这些属于所描述的都是一种事物之间相互搭配不当的状态,在其中,混乱尚未借助人类追求理性秩序的努力而得到消除。

另外,可能需要加以指出的是,由于关于这项决议的报道是由柯克提供的,他很可能报道的是大臣们应当作出的决议,而不是他们实际上的所思所言。

他们实际上是在自行立法以填补遗漏之处。①

当然,在起草一部制定法的时候偶尔的确可能有某种情形被完全忽视了,以至于人们可以想象,当有人提醒起草者注意到这一遗漏的时候,他会说"天哪!"但这种类型的情况绝不是法律解释的典型问题。更常见的情况是,制定法显得迟钝和不完整,而不是如此盲目地错失掉一个明显的目标。

潜藏在格雷的观点背后的是一种原子论的意图概念,搭配着一种指针式的意义理论。这种观点将心智想象为只能面向个别的事物,而不是面向一般性的观念,只能面向独特的事实情境,而不是面向这些情境可能分享的在人类事务中的意义。如果这种观点得到认真采纳,那么我们就不得不认为一部针对"危险武器"的法律的起草者意在针对一系列数不清的个别目标:左轮手枪、自动手枪、匕首、猎刀等。如果一个法院将该法适用于一种它的起草者未曾想到的武器,那么这个法院就是在"立法",而不是"解释"。如果这个法院将该法适用于一种它获得通过时尚未发明的武器,"立法"而非"解释"便体现得更为明显。②

这种原子论的意图观直接或间接地对解释理论产生如此巨大的影响,以至于我们有必要争锋相对地提出一种关于这个问题的更正确观点。为着这一目的,请允许我提出一个比喻。一位钻研有用的家庭设备的发明家去世了,留下了一幅铅笔草图,上面记录着关于他生命中最后一段时间一直在从事的一项发明的一些构想。在临终之际,他要求自己的儿子继续从事这项发明,但却没能来得及告诉儿子这项发明所为之服务的目的是什么以及他自己本打算如何去完成它。在执行其父之遗愿的时候,儿子的第一步是确定这项未竟发明的目的何在,它打算矫正或弥补现有设备中的何种缺陷或不足。然后他着手去把握这项未竟发明的潜在原理,用海登案中的语言来说,也就是"这项救济的真正道理"。在解决了这些问题之后,他才着手去

---

① [美]格雷(Gray):《法律的性质和渊源》(*The Nature and Sources of the Law*),第二版,1921,第73~172页。

② 这里所说的"原子论的"意图观同哲学上的唯名论(philosophic nominalism)有一定关系,甚至可以被看成是唯名论的一种表达。我曾经在一篇文章里讨论过这种观念对以"法律现实主义"而闻名的那场运动的影响。参见[美]富勒:《美国法律现实主义》(American Legal Realism),载《宾西法尼亚大学法律评论》(*University of Pennsylvania Law Review*)第82卷,1934,第429页起,第443~447页。

解决完成这项未竟发明之设计的基本问题。

现在,让我们针对这位儿子的行动来提出人们经常针对法律解释而提出的那一类问题。这位儿子是否忠实于其父的意图?如果我们的意思是:“他是否执行了其父关于如何完成这项设计的已经成形的意图?”那么,这个问题便是无法回答的,因为我们无从知道这位父亲是否形成了这样的意图,以及,如果他有这样的意图,那么它是什么。如果我们的意思是:“他是否保持在其父所设定的框架之内,接受其父关于这项打算发明的设备之必要性的认识以及其父对于如何满足这种社会需求的总体构思?”那么,根据我们假设的情节,答案是肯定的。如果这位儿子能够召唤其父的灵魂前来助阵,这种帮助也很可能会采取与儿子合作解决父亲生前未能解决之问题的形式。同样的道理也适用于法律解释中的难题。如果直接向一部法律的起草者请教如何解释,他通常会采取与法官一样的推进方式,也就是提出并尝试回答这样一些问题:本案是否涉及这部制定法所试图救济的损害?它是否符合这部法律所指明的救济的真正道理,也就是说,这部法律中所规定的救济方式是否适宜于处理该法所针对的一般损害的这一特殊表现?

未竟发明的比方也有助于澄清渗透在法律解释语汇中的一项混淆。我们倾向于将意图想象为一种个人心理现象,虽然我们所解释的一项集体行为。因此,我们不断追问“立法者”的意图,虽然我们知道并不存在这样的个体。另一些时候我们会说到“立法机构”的意图,虽然我们知道投票支持一部法案的那些人往往是抱着对其含义的不同理解而这样做的,而且往往对其中的条文缺乏真正的理解。为了更接近于个人心理,我们会提到“法律起草者”的意图。但此时我们又一次陷入麻烦。一部法律的起草者往往是许多个人,他们不一定同时行动,而且对于所追求的准确目的也没有任何共同理解。况且,起草者们关于一部制定法的任何私人的、未经交流的意图被正确地认为同法律的正确解释之间并无法律上的相关性。[①] 让我们回到未竟

---

① 诺丁汉爵士在艾什诉艾布迪(*Ash v. Abdy*,3 Swanston 664,1678)案中提到《反欺诈法》时说:“我有理由知道这部法律的含义;因为是我促使了它的诞生。”请对照:“如果是诺丁汉爵士起草了它,他就最没有资格解释它,一部法案的起草者考虑得更多的是自己的私下意图,而不是自己所表达出来的含义。”坎贝尔(Campbell)的《英格兰大法官列传》(*Lives of the Lord Chancellors of England*),3(3rd ed. 1848),423n。

发明的比方来看看它是否有助于打破这种僵局。显然,在解决其问题的时候,这位儿子可能发现设身处地想象自己处在其父的思维框架之中、回忆他的思维模式以及他独具特色的解决问题方式是很有用的。但同样明显的是,这种方法可能既无必要也无效果。实际上,如果这项未完成设计出自某位完全不知名的发明家之手,这位儿子的任务也不一定会有本质上的改变。他会着眼于草图本身,悟出这项发明所服务的目的以及潜藏在未完成设计背后的原则或原理。在这种情况下,我们可以说“设计意图”。这里面可能包含着一项隐喻,但它至少是一项不会错误描述这位儿子的任务之性质的有用隐喻。因此,在提到立法意图的场合,我认为更好的说法是“法律的意图”,正像曼斯菲尔德(Mansfield)在谈及缔约意图时曾经说到“此项交易之意图”。①

对已颁布的法律的忠诚往往被认为是法官所扮演的一种被动的、纯粹接受性的角色所必然要求的。如果他“创造性地”行动,这便说明他僭越了自己作为解释者的职责。那些偏好法官造法而不是议会立法的人士当然倾向于欢迎这种僭越并且很乐意看到法官明显地从很少的信息中得出了很多结论。反之,那些不信任司法权的人士则倾向于在法官的创造性角色中辨认出对原则的放弃和对个人权力的追求。当这样的争论盛行起来的时候,整个问题就遭到了误解。在未竟发明的例子中,当儿子扮演起创造性的角色时,他不应然这一举动本身而遭致表扬或责备。他只是在竭尽所能来执行父亲的遗愿,从而满足他的任务之要求。只有当我们高明评审了他在扮演这一不可避免地具有创造性的角色时所取得的成就之后,我们才能提出表扬或批评。同样的道理也适用于法官。

有人或许会反对说,这里所采用的类比是误导性的。他们会指出,一部制定法所服务的目的并不像一部吸尘器所服务的目的那么简单和容易界定。它所试图救济的社会损害往往是微妙而复杂的,这种损害的存在本身往往只能为那些持有特定价值判断的人们所觉察。而且,一部制定法借以矫治“一种社会疾病”的方式也不同于将一部机器同另一部机器结合起来的轴承。立法机构通常不得不在许多种可能的救济手段之间做出选择,其中

① 金斯顿诉普雷斯顿(*Kingston v. Preston*),2 Douglas 689 (1773)。

有些手段对准备矫治的缺陷有非常有限的疗效。

我不会反对所有这些说法,但我想指出:正是在这个明显的默认点上,未竟发明的比方变得最为有用。对一部制定法所试图救济的损害认识不清是可以容忍的。但是,如果这种含糊性超过了一定的限度,那么,没有任何高明的立法技艺或解释技巧可以使带有这种朦胧色彩的法律变得有意义。此外,对于救济与所欲救济的缺陷之间关系的认识上的不明晰不一定会损害一部制定法。但是,如果这种关系被彻底理解错了,那么,作出条理分明的解释之可能性便完全丧失了。设想不同的结局就好像是想象一项在构思上完全错误的发明可以通过被整合到一份精巧的蓝图之中而获得挽救。

让我来提供一个关于一项法律条款被其设计中的一个根本缺陷所损害的历史实例。我指的是 1677 年通过的《反欺诈法案》第 4 节第 5 段。这部法案的第 4 节乃是建立在这样一个假定的基础之上:某些类型的合同应当被推定为不是依法可强制执行的,除非有签名的文件来证明它的存在。另外,起草者们似乎又认为将如此严格的一项要求扩展适用于所有的合同是不明智的,其中有些哪怕是口头表达的也应当具有法律效力。于是,起草者们面临这样一项紧迫决策:究竟哪些类型的合同应当被要求采取书面形式,而哪些则可以放心地交给口头表达?一项这样的决策体现在下面这段文字中:"不能针对[以下几种合同]提起诉讼:……(5)任何不会在缔约之日起一年之内履行的合同;除非起诉所针对的合同……是书面的,并且上面有将被起诉一方的签名。"

我们或许可以放心地说:很少有哪项制定法条文像我们刚才所引用的这段话那样导致了如此不一致的、千奇百怪的解释。到底是哪里不对劲了?这一条文是用简单的、直接了当的英文来表达的。它所欲救济的损害看起来是显而易见的。起草者们选择计划在相当长的一段时间之后履行的合同作为特别需要书面证据之保障的对象,这也是非常容易理解的;用霍尔特(Holt)的话来说:"这部法律的设计宗旨在于:不要相信证人的记忆在长过一年的时间后仍能保持准确。"[①]

之所以会发生困难,原因其实很简单,法律起草者们没有想明白损害与

---

① 史密斯诉维斯特弗(*Smith v. Westfall*),1 Lord Raymond 317 (1697)。

他们所采用的救济方法之间的关系。首先,非常明显的是,证人被传召作证的时间同要求履行合同的时间并没有直接的关联;一份合同可能被安排在1个月之内履行,但第一次针对它而作的法庭取证却可能在2年之后发生。其次,法律起草者们未能考虑清楚法院在处理一类常见合同案件时应该怎么办:这种案件中涉及的合同具有这样的性质,以至于人们不可能预先知道履行它们需要多长时间,比如终身雇用一个人的合同或者按月向一个人支付一笔钱、直到他痊愈的合同。只要想象一下加速或耽搁履行的各种突发事件,就会发现这一类合同的数量还有很大的扩展空间。在一个该法颁布之后不久诉至法院的案件中,法院指出合同的有效性取决于实际发生的事实情况。① 如果事后证明合同的履行在1年内到了期,口头合同就是有效的;如果没有在1年内到期,口头合同就是不能依法强制执行的。但这一解决方案从来没有、也不可能获得普遍接受。当事人需要从一开始、或者至少是麻烦刚刚发生的时候就知道他们有没有合同。令一份有约束力的合同之存在取决于后续的事件会导致抢占有利地位的尔虞我诈,并导致可以想象的最大混乱。简言之,法院面对着一部它们不能通过执行懵懵懂懂的立法者意图来加以适用的法律。英国人终于在1954年找到了对付这一困境的唯一办法:直截了当地废除这一发生问题的条文。而我们仍在为无解之谜寻找答案。

我的第二个根本设想错误的立法实例比上一个晚近大约3个世纪。它涉及的是一部有这样一种缺陷的制定法:人们不可能以任何清楚的语言来界定出它所打算救济的损害。在禁酒令被废除之后,美国人民决心"防止老式沙龙的回归"。这是什么意思?老式沙龙是一件复杂的事物,结合着建筑、气氛、艺术、商业、法律和社会学意义上的特征。在销声匿迹了15年之后,其间又发生了根本性的社会变迁,它根本不会,甚至不可能以旧有的形式复归。尽管如此,为了使保证具有双倍的确定性,许多州认为"应该有这么一部法律"。

你会如何立法来对付一种像"老式沙龙"这样的东西?好,老式沙龙有摇摆门;因此让我们规定在可以合乎情理地被称为摇摆门的东西后面供应

---

① 参见史密斯诉维斯特弗(*Smith v. Westfall*),1 Lord Raymond 317(1697)。

饮品是非法的。在老式沙龙里,顾客都是站着喝饮品的;因此让我们规定他们现在必须坐下——虽然作为一项原创性的提议,站着饮酒是由许多道理在其中的,因为我们有理由推定要求饮酒者们在畅饮之际保持站立有助于促进温良的态度。你不能在老式沙龙里购买正餐,虽然你可能获得一份免费赠送的膳食。因此让我们通过一项要求供应正餐的法律要求在新式沙龙里营造出一种类似于家庭餐厅的氛围。但这一点不能做得太过分。要求口渴的顾客必须先购买食品才能叫饮料是显失公允的。因此,让我们将这项法律要求表述为:新式沙龙应当随时准备为任何点食品的顾客提供食品,无论他们在顾客群中只占多小一部分。

执行这一套混杂的对抗疗法式规则的主要责任当然不是落到检察官头上,而是被委托给了发放酒牌的机构。我们能够想象出服务于这样一种机构可以使人感到自己正在履行有益的社会职能吗？这一管制领域因效率低下和腐败而臭名昭著会令我们感到奇怪吗？即使一位尽职尽责的官僚只要被允许执行规则就会觉得生命充满了使命感,问题仍然无法得到解决。这里仍然存在难以解决的解释问题,比如在确定什么才构成充分准备好去为一位永远不会到来的就餐者提供正餐的时候。

我们关于解释问题的讨论在这一点上必须停止了。这是一个内容异常丰富的主题,以至于任何一个比方或隐喻都无法穷尽其寓意。解释的要求是如此的取决于语境,以至于典型案例只能起到揭示一般性原则的作用,而无法表达出将这些原则适用于特定法律部门所涉及的细微变化。带着它全部的复杂精微内涵,解释问题在法律的内在道德中占据着一个敏感的核心位置。它比任何其他问题都更能体现出维持合法性这一任务的合作性质。如果要使解释者保持自己正在履行有益使命的感觉,立法机构便不应该将无意义的任务强加给他。反对来看,如果立法起草者们要想履行自己的职责,他们就必须能够预见到理性并且相对稳定的解释模式。这种相互依赖的关系以不太直接的方式渗透于整个法律秩序之中。没有任何单一的智识、洞见和良好意愿集中点,无论它占据何种战略上最佳位置,可以独力确保使人类行为服从于规则之治这一事业的成功。

五、合法性作为一项实践技艺

对于前面所展开的这些长篇分析,我们需要加上几点最后的评论,以说明合法性原则的实践应用。

第一,对"法律"一词的用法提出一项警告是有必要的。在1941年,《马萨诸塞州注释版法规汇编》(第2章第9节)中增加了一项条款,将山雀确定为本州的州鸟。显然,如果这项法律向公众保密并且被赋予了溯及到五月花号登陆之时的效力,公共福祉并不会因此遭受任何严重的损害。实际上,如果我们把立法机构的任何官方行为都冠之以法律之名的话,那么,便可能会出现这样一些情况:在其中,某部法律的细节必须保密。这样一种情况可能出现在国会拨款来资助研发某些新型武器的情况中。无论在什么情况下,一旦政府的某种行为必须向公众隐瞒,并且因此躲开公众的批评,这总是十分不幸的。但是,在某些时候,我们的确不得不屈从于严峻的现实需要。就连《宪法》本身也在第1条第5款*中规定,国会两院中的"每院应当有自己的议事记录,并不时予以公布,但它认为应当予以保密的部分除外"。不过,所有这些与作为本书讨论主题的法律都没有太大关系。[①] 例如,我想象不出任何一种紧急状态可以正当化以下情况:不让公众知道一部创设了一项新罪名的法律或者一部改变了设立有效遗嘱之要求的法律。

第二,违反法律之道德性的情形可能会产生累加效应。对清晰性、内在逻辑一致性或公开性的忽视可能会使回溯性的法律变得必要。过于频繁的法律变动可能会抵消使法律为公众所知的正式而缓慢的程序所带来的好处。在保持法律的可能遵守性方面的疏忽可能会导致对自由裁量性执法的需要,而这反过来又会破坏官方行动与公布的规则之间的一致性。

第三,倘若法律仅仅是将共同体中广泛分享的对错观念明确表达出来,"制定法必须被公布并且必须得到明确表述"这一要求的重要性便会减弱。重要性同样减弱的还包括溯及既往的问题;如果法律基本上是外在于法律

---

* 原文为"Article V",有误。应为"Article I,Section 5"。——译者注

① 关于除了通过通常意义上的法律之外的其他政府行动中所涉及的公开性问题,请参见拙作:《政府机密与社会秩序的形式》(Governmental Secrecy and the Forms of Social Order),载《规范》之第二辑《共同体》(2 *Nomos*:"Community"),1959,第256~268页。

的道德的一种体现，那么，在形式上表现为溯及既往型立法的东西实质上可能仅仅代表对已经获得广泛接受的观点的肯定，或者是对正处在向最终制定的规则发展的过程之中的观念的确认。当历史迈向16世纪末期的时候，英国法院最终赋予待履行双边合同以法律上的强制力，此时，它们只是通过允许当事人直接去做以前不得不间接为之的事而追赶上了商业惯例的发展步伐而已。

第四，这八项必要条件作为一个整体得到严格适用的程度以及它们之间的优先性排序都取决于所涉及的是哪一个法律部门以及何种法律规则。因此，一般来说，使一个人明确知道他的法律义务是什么比令他准确地了解某种违法行为会导致何种惩罚更加重要；一部创设一项新罪的溯及既往型法律是完全不能接受的，而一部延长一种已有罪名之刑期的类似法律则不一定完全不能接受。类似的区别也存在于设定法律义务的规则与赋予法定能力的规则之间。两种类型的规则在某种程度上都受到法律之道德性的全部八项要求的影响。与此同时，授予和界定法律效力的规则在日常生活实践中很难找到对应物——在一项交易中握手从未被认可为一项充分的法定手续。因此，对于界定法律效力的规则，公开性和明晰性的要求理应特别严格。反之，赋予某种在现行法律下形同虚设的法定权力行使方式以溯及既往的效力则往往被视为是在通过防止某种法定权利的混淆而促进合法性事业。

第五以及最后一点，我们应当还能够回想起，在我们详细地分析法律之道德性的每一项要求，我们所采纳的视角是一位尽职尽责地立法者的视角，他非常迫切地想要理解自己的职责的性质并且愿意面对其困难。这种对细微差别和困难问题的强调不应当使我们忘记：并非所有的个案都是困难的。合法性的每一项要求都可能非常明显无疑地遭到藐视。例如，据说卡利古拉（Caligula）尊重将法律张贴于公共场所的罗马传统，但却故意将自己的法律用蝇头小字写下，并且贴在如此之高的地方，以确保没有人能够看清楚其内容。

一个课题可能同时如此容易和如此困难，这种悖论可以用亚里士多德的一个比方来说明。在他的《伦理学》中，亚里士多德提出了公正地对待他人是否容易做到的问题。他首先指出，这看起来是很容易做到的，因为存在一些公允待人的既定规则,而可以毫无困难地学会这些规则。对一项简单规则的应用本身也是简单的。但亚里士多德认为事实并非如此。在这里,他提出了一项取自医学的著名比方:“知道蜂蜜、葡萄酒、藜芦、烧灼和切除的功效是很容易的事情。但是,要知道如何、对谁以及何时适用这些疗法,却丝毫也不比做一位医生容易。”①

因此我们回过头来可以说:知道法律应当被清晰明了地表述为在效力上具有前瞻性并且为公民所周知的一般性规则是很容易的事情。但是,要知道如何、在何种情况下以及按照什么样的优先顺序来实现它们,却丝毫也不比做一位立法者容易。

(本文原为[美]朗·富勒:《法律的道德性》,郑戈译,商务印书馆2005年版,第40~111页第二章。收录时内容所有删减,章节标题有调整,并对文内标题编排了序号。)

【辅读文献】

1. [英]哈特:《实证主义与法律和道德的分离》,翟小波译,载强世功:《法律的现代性剧场:哈特与富勒论战》,法律出版社2006年版,第93~143页。

2. [美]朗·富勒:《实证主义与忠于法律》,合作译,载强世功:《法律的现代性剧场:哈特与富勒论战》,法律出版社2006年版,第144~201页。

3. Lon L. Fuller, “Human Purpose and Natural Law”, *Natural Law Forum* 3, 1956, pp. 68–76.

4. [英]哈特:《朗·富勒:〈法律的道德之维(法律的道德性)〉》,载[英]哈特:《法理学与哲学论文集》,支振锋译,法律出版社2005年版,第357~378页。

5. [美]斯坦利·鲍尔森:《朗·富勒、古斯塔夫·拉德布鲁赫与“实证主义者”命题》,王志勇译,载雷磊编:《拉德布鲁赫公式》,中国政法大学出版社2015年版,第59~100页。

---

① [古希腊]亚里士多德:《尼各马可伦理学》(*Nichomachean Ethics*),第五卷,1137a。

6. 王志勇:《法律的“内在道德”的两个维度——再访富勒自然法思想中的一个核心概念》,载《华东政法大学学报》2015 年第 4 期。

【问题讨论】

1. 内在道德与外在道德如何区分？富勒区分两者的目的何在？

2. 富勒的法律的内在道德理论的主张是什么？为什么说八项内在道德的要求基本上是一种愿望的道德？

3. 富勒将自己的理论称为“程序自然法”理论,这里的程序基本等同“形式”。形式自然法理论与传统的(实质)自然法理论的区别何在？你认为所谓的形式性的道德要求依然属于自然法的范畴吗？

4. 一个有意思的对比是,哈特曾在《法律的概念》中论及“最低限度的自然法”,认为法律在内容上必定要包含这些特定的要求。它与富勒的八项法律的内在道德有何不同？假如最低限度的自然法与法律的内在道德都是法律所必须具备的,那么为什么哈特被称为是实证主义者,而富勒则被归为自然法学者？

5. 八项内在道德的要求也被称为“合法性”理论,这种理论被普遍认为是法治理论(形式法治理论)的一个版本。那么,在以富勒为代表的自然法学家那里,法理论与法治理论的关系为何？你认为如此处理两者间的关系是对的吗？

第二部分

法学方法论

导　言

法学作为一种知识体系对人类社会最重要的作用无非是在一个特定历史时期的既有秩序基础上，帮人们找到法律问题的解决方案。当社会中的冲突与纠纷寻求法律的解决时，随即产生的两个问题就是“去哪里寻找法律”和“如何解释法律”。如今人们更承认，无论既存的法律如何周全完备，总不可能为所有待裁判的案件提供令人满意的解决方案。也就是说，法律中可能存在漏洞，法学必须考虑如何以不破坏整体秩序的方式弥补这些漏洞。为了解决这些内生于法律实践的问题，法学方法论应运而生。法学方法论主要包括关于法律渊源的理论、法律解释方法、法的续造等方面。法律渊源首先研究一个法秩序中法律存在的各种形式和不同形式的法律之间的位阶关系。这种立场也意味着在现代国家也存在不同的法律渊源，所以法律渊源理论也需要为法律的不同存在形式寻找共同的正当性基础。法律解释方法研究在确定了一个具体的争议中可以适用的规范后，如何解释以文字形式呈现的规范，从而获得人们认为正确的解答。如果穷尽所有可能的解释方法，都无法获得令人满意的结果，可能就要采取扩张解释、目的性限缩，或在一些部门法中使用类推的方法，从而实现法律的续造。法治国家的理念要求法官依法裁判。如果我们不希望以法律解决社会争议的活动变成法官的主观恣意，就有必要不仅掌握每一个部门法的具体规范解释方法，更要从整体上研究法学方法论。

从经验上看，每个时代的法学方法论的内容与其所植根的法律实践都有密切的关系。换言之,在不同的历史时期,根据社会和政治的组织方式不同、各种社会与经济活动所肇致之主要矛盾与冲突不同,乃至文本编纂与传播技术的不同,总会有不同的法学方法产生。鉴于此,本部分试图回到确立今天法学与法律实践之底色的 19 世纪,揭示我们现在所知的种种法学方法论立场的历史根源,从而展现法学家如何以理论探讨回应历史发展所提出的挑战。第一篇节选自《起草委员会对〈民法典草案〉的说明》。在本文中,在《法国民法典》编纂过程中起了重要作用的法学家波塔利斯(Jean-Étienne-Marie Portalis)解释了为何在成文法成为主要法律渊源的时代,仍然需要不断探索除了成文法以外其他法律的存在形式。他所提出关于成文法不完备之必然性的论断也奠定了整个"法典化时代"法律解释的基调。第二篇则节选自德国法学巨擘萨维尼(Karl von Savigny)的《当代罗马法体系》。萨维尼高度概括了存在于罗马法中关于法律解释的规则和他同时代人的主张,并去芜存菁,总结了主要的法律解释和漏洞填补的方法。第三篇是美国最重要的法学家霍姆斯(Wendel Holmes)在波士顿法学院的演讲。他提出具体的实践分配后果而非文义或历史才是法律解释与适用的决定性因素。这种后果考量的方法论补充了传统更关注文本的解释方法,让法学适应了工业化时代高速发展的社会。最后一篇是德国 20 世纪民法大师拉伦茨(Karl Larenz)1966 年的演讲。他回应了关于法学之科学性的质疑,指出良好的法律实践离不开法学对法律续造的参与。

文献六　[法]埃蒂安·波塔利斯:《论法源的地位》

【引　言】

在现代国家,无论是谈到法律的制定、法律争议的解决还是争议结果的最终执行,国家始终处于法律活动的中心。于是,无论在大陆法系还是在普通法系,法律实践和法学教育以国家的法律和成文的法律为核心。这种在现代法律人眼中司空见惯的现象,恰恰是让我们所处之时代区别于此前历史的重要特点。尽管每一位在阶梯教室讲台上的教授喜欢把他们的职业追溯到11世纪因为罗马法文献出土而建立的博洛尼亚大学,并以此"罗马法复兴"勾连起公元前5世纪罗马人的法律和中世纪欧洲人的"罗马法",他们所热衷的两千多年文脉不绝之学者传统更多是一种幻想而非历史真实。法律和法学的历史并非自罗马法至今平稳发展、不曾断裂的历史。以国家制定的成文法为核心的法律实践和法学教育和现代民族国家一样,不仅是启蒙运动理性化的产物,也是法国大革命所标志的政治动荡的产物。此前封建君主所颁布的成文法、地方的习惯法、教会法和学者所保留的罗马法以一种相对平等的方式并存的状态,在知识和政治的双重变革中,逐渐转变成一种主要的法律存在形式支配其他辅助规范的新状态。在大陆法系国家,我们称这段历史为"法典化"。言下之意,此前的法律多元主义开始让位于围绕几部重要法典所建立的规范体系。纵观整个西欧的历史,这个漫长的进程从15世纪的习惯法编纂开始,在绝对君主制下为"全国"而发布的几部敕令中初现端倪,于1804年的《法国民法典》达到第一个高潮,在随后热那亚、黑山等一系列法典中留下余波,并象征性地终结于德国和瑞士那两部反射了20世纪曙光的民法典。可以说,始于1793年的法国民法典编纂开启了19世纪这个属于法典化的时代。

所以,1801 年波塔利斯代表《法国民法典》起草委员会面对资政院(Conseil d'État)就法典草案所作的说明不仅如其中文版译者所说是"《法国民法典》的开端",更是法典化时代的开端。演讲中阐释了法典各编的主要立法思想,特别是说明了"序编"和当时看来最重要家庭法与财产法领域。其中对于我们来说最重要的是对序编的说明。他集中而简练地处理了"法典到底是什么"这个在此后二百多年时间里不断浮现的问题。他意识到,法国大革命对于法律的意义是如今要用一个统一的法律适用于整个国家所有领土上的所有人民,无论他们所居住的地方有什么风俗,也无论他们信仰何种宗教。而且,这部统一的法律是人类的创造。在此前的时代,这两种观念是不同寻常的。此前,特别是在民事领域,一个社会纠纷到底依据什么法律来裁判,很大程度上取决于当事人前往哪个机构寻求正义。不同机构的管辖权也并不一定与行政区划的地理边界吻合,它们互相重合、彼此竞争。而且无论是国王的敕令、地方的习惯、大学中研究的罗马法还是寺院所执行的教会法,大部分规范的内容并不是由人有意创造的——它们或许来自悠久的传统,或许来自上帝的意志,人的精神工作不过赋予了这些规范一种语言的形式。在旧制度支离破碎的法律与其犬牙交错的管辖权所织就的规范之网中,似乎很难谈论法律的漏洞和错误,因为在人们有所疑惑的时候,最重要的是继续从所有可以利用的资源中"发现"规范。

问题恰恰出现在主权者希望为想象成均质的领土上所有个人寻找统一的法律时。所有人适用同样的法律,那么这样的法律以何种形式呈现?法典是唯一的法律渊源吗?法典中应该包括所有可以在民事纠纷中适用的规范吗?如果法律是公意的体现,那么它有可能因为起草者本身的智力限制出现错误吗?它有可能预见此后可能出现的所有争议吗?既然主权者所"创造"的规范是法律的主要形式,那在法律出现漏洞和错误的时候,法官应该如何作为?这些我们今天看来并不困难的问题,在法典化时代伊始曾经引发巨大的争议。波塔利斯的主张是既然法律的起草者无法预见一切可能发生的具体争议,那么立法就应该尽量只作一般性的规定,留给法官足够的余地在具体案件中解释规范。但法官在解释时又必须受制于除了立法以外其他的法律渊源。于是我们一方面看到了法律渊源理论的重要性,另一方面则相当清晰地意识到法典化时代实际上开端于或多或少保留了法律渊源之多元性的理念。

【正 文】

论法源的地位

[法]埃蒂安·波塔利斯

去年(1799年)热月24日,执政府命令司法部长召集我们到部长家里开会,目的是"比较迄今为止出版的所有民法典立法方案,找出最适合我国采纳的方案,然后讨论民事法律立法原则",这个命令体现了议会和执政府全体成员的一致决心。

"今天,我们的会议结束了……我们不辱祖国和政府交给我们的重要使命"。

和其他欧洲大国一样,法国也是因为征服以及人民的自由联合取得成功并不断地壮大起来的。在与被征服人民签订的条约或者受降书中,总是规定允许他们保留自己的民事立法,因为经验告诉我们,统治人要比统治法律来的容易。

在这个庞大的殖民帝国中,各种各样的奇风异俗共存着,所以我们说法兰西(本土)只能算个国中之国,国家变成了市镇,而各个不同的国家又组成了一个共同的帝国。

法官们不止一次打算要把帝国各部分的习惯法成文法等总结起来,立一个统一的法,就像一位名作家所说:统一,是一种完美。

但怎样才可以把同样的法律实施到生活在完全不同风俗习惯、不同地理气候而仅仅被同一个帝国政府统治的人群中去呢?

有些被人们视为应优先遵循的习惯,某种程度上已经成了集权统治的壁垒,如何才能根除这些习惯?如果用统治者和被统治者之间一贯的沟通方式——暴力镇压,结局就是:革命马上爆发,政权受攻击,政府被审判,只要有一个雄辩的演说家,人们就会被煽动来摧毁一切,道德观不复存在,什么都将被允许,国将不国。于是我们回到立法上的统一主义上来,因为它看来好像有那么一点现实性。

可一部好的民法典,能在动荡的政局下诞生吗?

革命就是征服。难道我们能在新旧政权交接的时候来立法吗?满怀革命的怒火,这个法肯定会立得偏颇、不公正,充满敌意。我们会被破旧立新的感觉错误地引导,破坏一切习俗,打碎一切传统,扫除一切不快。我们再也不管人们之间的关系:我们只看到政治大局;我们关心政治同盟甚于关心普通公民。我们立的法全变成了公法。

如果我们仔细看看这样立出来的民法,就会发现她不是为至贤至公而设,而是为开创新政体的人而设:父权被剥夺,因为孩子们更能接受新事物;夫权不再受尊重,因为男女平等了。我们在日常生活和商业活动中引入新规则,我们让所有旧秩序震惊,因为他们过时了;新秩序随着新的财产所有权而来,每分每秒都有新动向、新情况,各级政府根本无法预料。而革命精神正在摧毁一切,我们所谓的革命精神,是指为了一个政治目的而牺牲所有自由的狂热欲望,他不再理会所有其他的考量而只为那神秘的变幻莫测的所谓"国家利益"而奋斗。这种时候我们无法承诺规范有永久住所的人、物之间的关系。因为依照自然衡平之法则,立法者只能充当一个毕恭毕敬的解释者的角色而不是改变世界。今天,法兰西总算从革命风暴中停下来,喘了口气;宪法也保证了这个休养生息的机会,大家总算能为自己的财产所有权考虑一下了。

好的民法是人们能给予和接受的最宝贵财富;她是道德的源泉,财产的保护者,所有公共与个人和平的保证:即便不是她创造了政府,她也将维持政府,调整权力,使政府获得尊重,她简直就是正义的化身。她关怀到每一个个体,融入生活中每一个主要行为;她无所不在;她常是人们所遵从的唯一的道德规范,她总是自由的一部分,她安慰每一个因政治法牺牲了个人自由为城邦作贡献的人,在他们需要的时候保护他们的人身和财产。同样,民法典的编纂者首先要满足对英雄人物的关怀,国家的第一法官正在天才地工作着,他相信总得为了荣誉,为了人民的幸福,做点什么。但对于大众来说,民事立法是一项怎样的任务?如果立法是要给人民一个全新的制度,又如果忘记我们是站在文明国家前列,忘记前人的宝贵经验和优良传统,那么这项工程将超越了我们的能力所及。

法律并不纯粹是权力使然,而更多的是智慧的作为,是正义和理性使然。立法者除了代表政权行事,他更多的身份是个祭司。他应谨记法律为人而立,而不是让人来适合法律。法律应当符合适用她的人们身处的时代特征、社会习惯。对新的立法题材应该审慎,因为一个新政权建立后,所有新事务的弊端只有在实践中才会被发现。

既然对“更好”有所怀疑,不妨就把“好”留下来,以免矫枉过正。过分的完美等于荒谬,对于那些仅是感觉“相对好”的法律规定,与其改变她,还不如为公民们找到热爱和接受她的理由。在几个世纪的历史中,我们其实也只立出了几部尚可算是“好”的法律。

(1799 年)雾月 18 日之后,成立了一个委员会,人员来自不同的政府机关,委员会的目的是要达成一项以前总是被讨论又旋即被抛弃的工作。委员会的工作卓有成效地给我们提供了指导和建议。在我们的会议开始之时,我们就批评过这样一种观点:广义来说,民法典的编纂,只需要在每个重点上详细分析就够了,伟大作品通常是简单明了而能涵盖预见一切的。

简单明了的基础是大家都已经透彻理解了,至于预见一切则根本是不可能之任务。无效的法律,会减弱其他必需的法律的有效性,会有损立法的确定性和威严。可是法国是一个先进国家,农业、工商业发达,门类齐全,我们不能草草了事立一个落后国家的法。

《十二铜表法》理所当然是榜样;但是古代立法是否适应我们所处的拥有更多社会财富的现代国家呢?罗马,生就伟大,生就永恒,她有没有因为自己的强盛而忘记立法的工作?道德层面上突如其来的转变,不也在立法中体现吗?在罗马法中,我们不是经常地见到层出不穷的元老院决议、民众大会决议、诏书、执政官裁定、市政条例、法律顾问决定和答问、惩戒通告、国王敕令、皇帝通谕?历史上罗马的立法差不多就是全民的立法。

在全部土地都属于君主,或者全国的工商业活动是以君主的名义和为了君主的利益进行的专制国家中,没有任何个人权利、个人意志、私有财产;在那里,法官和刽子手的数量比法律条文来得多。

但是在每个公民拥有私产并努力保护他们的地方,在每个公民具有政治权力和民事权利的地方,在每个看重荣誉的地方,必须要有法律来保障一切,但不同的财产、不同的行业、不同的社会地位所要求的法律保障的程度是不一样的。立法者必须关注这些不同的需要,努力平衡立法客体的多样性和重要性。在文明国家里,这种谨慎认真的预见增加了个案的多样性,看起来也成了一种理性的艺术。

所以我们不相信精简法律可以使公民们的最大利益得到保障。

当然,我们也要避免企图规定一切预见一切的危险。这样会制造出一个庞大的不可收拾的法律文卷,也会专横地剥夺法官的裁量权而由立法者说了算。

无论如何,人为法绝不会完全取代生活中的自然法则。社会需求是如此多样,人类的沟通是如此活跃,人们的利益是如此多变,他们之间联系是如此广泛,立法者不可能穷尽所有这一切。

哪怕是只就单独一个问题进行讨论的题材中,后面也会跟着一大堆的细枝末节,它们是如此的庞大和灵活,以至于根本无法将之作为立法的客体。

其次,立法者如何摆脱时间的作用?如何抵挡人事的变化与道德的滑坡?如何知晓并计算出只有经验才能告诉我们的一切?不怕做不到就怕想不到行得通吗?

几部已经完成的法典,看起来并不完美,法官在适用的时候总会遇到无数的意外问题。因为法律一旦制定出来,无论过了多久,总是与刚刚写就的时候一模一样,但人总是随着时间的改变而改变,现在的人总是与以前的不一样。这样的变化永无休止,每时每刻都不一样,一点儿新手段,一点儿新事实,一点儿新结果,造成的影响就全然不同了。情况一变,我们就必须抛弃一大堆的法律条文、一大堆的学术讨论和一大堆的法官判例。立法工作应该是固定地从大的方面和角度考量法律问题,从而建立丰富的法律原则,而不是到日常生活的细枝末节中去找解决方法。具体的问题我们应该留给法官和法律顾问去解决,让他们去体会法律精神,去理解法律原则,然后加以适用。

在所有的文明国家里,我们看到在法律的圣殿旁,耸立着一个准则、裁决和法理的仓库。在立法者的监督下,实践和司法辩论的冲突日复一日地从中提炼出新的知识。它经常被看作立法的有力补充。尽管对于那些因为判例倍增了烦琐而抱怨的人,他们的抱怨有相当的理由,但是无论在哪一种技艺、科学里,我们不是热爱着这些实践带来的烦恼?难道我们应该指责同一阶层的人们只不过是得了一种共同的精神病吗？在这个社会里有的人被指责愚昧因为他们缺书，而另一些人则是因为书太多了未能很好地去整理而被指责。

所有的法律关系要是都能被法律所调整那就非常完美了。

在古代，判例通过一个不连续的相似决定、一个观点或者一个准则，长期地取代了法律。而当我们被已熟知的东西引导却面对一个全新事物的时候，我们则不得不回头从自然法则中寻求解决方法。因为立法者的预见是有限的，自然法则是无限的；它可以适用于一切人类感兴趣的地方。所有这些意味着要进行大量地编纂、整理，大量的研究和论证。

在法律的迷宫里，人们无法清楚地知晓他应该如何去保有他的财产权和其他权利，如何去避免对他的权利的侵犯。在此，即便立法再简单，也不见得会被社会所有阶层接受。他们对新法的热情也不会永远都有，总会有离开正确方向的时候。

智慧地适用法律难道不需要一定的经验吗？有哪一个国家仅用简单小巧的法律就渡过漫长年代？在所有事情发生之前就有相应法律存在，这是个错误的想法。令人高兴的是，我们的社会让法律成了一门唤醒竞争的科学。整整一个阶层的人们为之倾倒，这个阶层，为致力于法律研究，为无法保护自己的公民们提供建议和辩护，为日后成为法官而努力。同样令人高兴的是，我们既有成文法规范也有习惯法准则的传统，我们今天的审判与昨天我们的审判相去不远，在公众判决中也没有变动，这是才智进步和时势的作用使然。

我们应当明白，法官需要受教育，做研究，深入探讨面临的问题，绝不允许在其个人的推断里有武断的东西，绝不能让他以任性和私人意愿来断案。

在土耳其，审判不是一门技巧，法官可以仅凭个人意愿断案，上层的秩序也无法影响他，被审判者无不战战兢兢祈求公正的降临。试想，为什么被审判者在我们的法官面前不会有这样的忧虑？因为我们可能懂得了以科学推理来削弱和规范权力的道理。

审判权是可怕的，人命关天。在对法律未做具体规定地方作出裁决的时候，我们祈求法律：所有的公民不被审判，除非有一个先前存在的和稳定的法律规定（法不溯及既往）。这个法应是众所周知的，并且，为了她的实施,必须把民事和刑事分开。

刑事规范仅对某些行为发挥作用,她必须非常谨慎;而民事规范则不然,她管辖着所有可能引发诉讼的行为和错综复杂又多变的利益。因此,刑事规范可以更有预见性,民事规范则很难。

第二个理由,在民事案件中,争讼总是在两个以上的公民之间产生。无论是一个产权问题还是所有其他问题,在当事人之间不能总是没有定论。我们必须要宣判,无论用什么方式,总要解决争议。如果当事人不能取得一致,那么国家该如何去做?

在刑事领域里,正义总是发生在公民和国家之间。除了法律,没有别的可以体现公意。公民的行为不违法,就不必担心被公权力指控。在此,并非是我们没有义务去作出裁决,而是根本没有裁决需要作出。

用于指控某行为之法律必须在行为本身存在之前就已存在。立法者不能没有警告就给予惩罚:如果违背了这一点,法律就会违背其固有目的,从而无法给人们提供幸福,相反地,只会导致人们的不幸。

同样,在刑事案件审判中,在没有任何正式法律条文可以依据的时候,必须严格从法律里寻找详细的条文而不能参照案例。在民法里不是这样:我们要参照案例,因为用法律条文来规范所有的民事行为是不可能的,没有条文的话我们难道要让当事人无休止地争执下去直至他们自己成为自己的法官为止吗?不要忘记:公正是也应当是主权为人民提供的第一保障。

就法官遵循法律之原则,最近这几年,法院在缺乏法律条文或法律条文晦涩的时候,总是依赖紧急审判程序把受审者打发到立法机关。最高法院一直认为这是不公正的行为而加以制止。

法律的解释方式有两种:法理的和政治的。法理解释被认为是抓住法律真谛的方法,它用批判的眼光看待法律,补充法律的缺漏。如果没有这一解释方法,我们无法想象法官平时该忙些什么。政治的解释旨在通过总体规则和条文解决问题和怀疑。法官不得仅仅使用政治解释。

法律清楚时,要依据之;法律晦涩时,应深入理解条文。缺少法律规定时,应依靠习惯法或衡平法。当人为法沉默、存在异议或者晦涩难懂时,应当运用公平的原则,这是自然法的回归。

强迫法官向立法者求助,会导致对最为有害的原则的承认;因为,当立法者开始介入私人之间的争议,他的作为就会带有偏向,就不再会对专横的条文产生怀疑,法官的含蓄和审慎就会被改变,于是就会渎职,成为不负责任的绝对专制。

当事人之间发生的争议找不到法律依据时,应当寻求习惯法解决,在完全没有习惯法可遵循时,应当寻求公平的解决方式。然而,运用习惯法解决争议是司法行为,而非立法行为。对于此种公平和正义的运用,决不能由立法者支配。因为这种公平正义的使者,不代表任何一方,她包容任何人任何事。

介入私人争议的法律,经常会被怀疑偏袒,溯及既往和不公正,永远在事后才出现。再者,对于被审判者来说,向立法者求助致命地延长了审判时间,连累了法律的睿智与圣洁。

事实上,法律应当是这样的:她考虑到人的整体而不是个别;她不去掺和公民相互对立的个别事实和争议。否则每天都得立新法;数量上的膨胀会扼杀她的庄重和严谨。律师将不再有用,因为被枝节问题缠绕着的法官,最后却会变成律师。个人利益一旦纠缠住立法的权威;每时每刻它都会影响到社会的集体利益。

正如法官有法官的科学,立法者也有立法者的门道,二者不可等同。立法者的科学旨在找到在每个案件中最有利于公众利益的原则;而法官的门道就是把这些原则智慧地运用于私人争讼中并借助于推理将之发扬光大,研究法之精神而不把自己暴露在一次又一次的奴役与反抗中,不被奴性所驱使。

立法者要注意案例,案例可以给他们启发,他们也可以修正案例的错误,当然是业已存在的案例。民事案件判决,在大多数情况下是依据具体法律条文而不是案例,具体法律条文包含几个不同的条款,他们导致决定但不限制决定,我们不能像援引法条那样来援引案例。这就是说那些罕见的和特别的案例我们必须抛弃,因为他们不适合合理的立法。

变化多端和数量众多的枝节不应该占据立法者的时间,所有我们力求预料而无法预料的东西,都有危险。所以,唯一的解决办法是让经验填补我们留下的空白。人之法典当是由时间铸成;正确地说,不是我们——人——所完成的。

总的看来,我们可以从序言开始:《法与成文法的一般规定》。

法是普遍理性,建立在万物之上的最高理性。而律只能是法经人为缩减而成的具体规范,特别是规则。法必然具有道德性;然而它本身并不具备强制性;法指引,律则评判;法是罗盘,而律则是罗盘上的指针。所有人都生活在法的帝国;每个城邦的成员都被律调整规范,被法调整的是人,而被律规范的,是公民。自然法和人为法本质上并无区别,区别在于如何适用。当理性统治所有人时,被称为自然法;当它规范人与人之间关系时,就是人法。

如果我们说自然法和人为法,那是为了区别永恒的非人为的公正原则和不同国家间人为签订的条约等。看看绝大多数法律顾问给法律下的定义,我们会觉得这样的定义有很大缺陷,它让我们无法分清道德原则和国家成文法之间的区别。

在每个城邦中,成文法是一个主权意志对某一公共利益的庄严宣告。所有的成文法适用于个人或者财产,以及人对财产之用益。

在民法领域,我们应当注意到这样一种普遍性:不同的成文法可以为同样的人民使用;任何成文法相互之间都会有联系。为了理解成文法的不同秩序,我们必须考察社会中人们之间的不同关系。首先要明确的是,统治者和被统治者、个体公民和全体公民,这是宪法和政治法律的规范对象。民事法律规范着自然或者协议的关系——强迫的或是自愿的,正式契约或者简单契约——通过这些规范,他们把一个或者多个个体联系起来。通常认为,民法被置于政治法律监督控制之下,所以应当与之相符。如果民法与统治原则之间存在矛盾,这对人民来说将会造成一个大麻烦。至于刑法或犯罪法,与其说是一种特别法,倒不如说是对其他法律而言的惩罚性条款。恰当地说,她不规范人们之间的关系,但她监控每个人和法律之间的关系。若是涉及军事、贸易、税务,以及其他许多客体,需要规范的是不在上述关系之中的特别关系。

总而言之,成文法和简单法规是有区别的。成文法把根本原则落实在案件中,决定必需的程序、实施的具体步骤、临时预防措施、即时或多变的客体;而法规的根本动力是政权机构对各项事宜进行监控管理,创立权力的介入。所以,也可以从他们的本质上这样理解:法规是法官的行为,成文法是主权的行为。

一般看来,成文法一旦公布即产生相应的法律效力。这里应该考虑到我们所说的公布,它并非对每个公民都宣讲一遍,令每个公民都清楚了解他们应当遵守的成文法条文,这在实际操作上不可能。我们只能满足于相对程度的广而告之,也就是让大家至少知道在必须执行时成文法的强制力。

由此,我们已经了解了成文法的不同作用——允许或者禁止,建立一种秩序,纠正错误,惩罚或者奖赏。对王国之下的臣民一视同仁;即便是外国人,(在某国)居留期间也要被某国成文法所规范。正所谓,"率土之滨,莫非王臣"。

不与成文法相对立的即是合法的,但并非所有合法的事物都是合乎正义的;因为成文法并不规范社会政治和人类道德。

总的来说,法不溯及既往。这个原则是无可争辩的。然而我们常把这个原则用在新法上;并不将之用于修改或解释既往的法律。错误和滥用不是法,他们位于在成文法与成文法之间的鸿沟中,通常是由过去武断的判决所造成。

法律往往会持续其效力,直到被另一个法律废止或者出现时效消灭之情势为止。我们没有正式规定法律的废止废除方式,是因为这样有可能会造成一定的风险。当然,不可否认,事实上存在某些方法对这一带有风险的影响加以掩饰。或许在波澜不惊之时,人们已经终止了不义的成文法,既使社会免受立法者带来的"惊喜"之伤害,又避免令立法者自身陷入两难的尴尬境地。

司法权,乃为适用成文法而存在的,在适用中,司法权又需要由某些规则加以引导。这些规则的基本描述是——任何人不得凌驾于法律和公众理性之上。

在编写了前言《法与成文法的一般规定》之后,我们接下来关注民事法律所定义和规范的事项——民法的基本内容。

法兰西在以前曾经被习惯法和成文法政权分别管制,所以被分割为习惯法区和成文法区,不过也存在一些全国通用的皇家敕令。大革命后,法国立法机关在这一重要问题上作了深思熟虑的改进。根本性的问题被提了出来:难道新事物都要被排斥?是否旧事物都应被蔑视?

来自罗马法的成文法,推动了欧洲的文明进程。先辈制订的查士丁尼法典实为一个启示录,代表了当时的人们祈求一个公正法律的寄托——希望专断的法官裁判可以受着法律的约束。事实上,即便是今天,我们的风俗习惯仍然不可避免的包含了人类最初的野蛮的影子,不过其中也蕴涵了先辈的智慧,这些形成了一种可贵的民族性格,值得后人珍惜和保留。我们不认为这些精神,在另一种精神出现前就必须消失。喋喋不休的争论,会使人对理性和习俗同样反感。

我们从最后一批的皇家敕令中保存了所有与基本社会秩序相关的方面,维持公共礼节、保证财产不受侵犯以及保证总体的繁荣昌盛。在国会业已出版的民事法律条文中,我们尊重所有政治生活中的重大改变,尊重那些即便已经显得严重落伍或有重大缺陷的政府部门。当致命的变化来到之时,必须改变,但是同时也要说,不能变。我们不能任由盲目偏见占据头脑。我们已经促成了一个成文法与习惯法的妥协,在不至于改变总体精神的情况下,我们应能调和它们之间的布局,或者对其中一个作出零星的修改。保留所有不是必须被毁灭的东西是有用的,只要相关习惯不是错误荒谬的,就应以法律的形式保留下来。

人类结束一件事或开始一件事的时候总是想的太多了,在一代人与取代他们的另一代人之间没有任何交流,继往的一代混淆掺和,使上一辈的经验支离破碎。如果立法者总是把他的思想与地球上最自然的东西隔离起来,不去关注或多或少的自然联系,不明白现在之于过去,未来之于现在的含义,他只会陷人类于毁灭或者更糟糕的状况,永无止境,直到某一时刻,找到最初的自己。在现代,我们太喜欢那些改变和革新:对于教育和成文法,如果蒙昧年代是一出滥用权利的悲剧,那么激进年代也只不过是一出放纵的丑剧。

……

最近,我们多次攻击遗嘱的自主决定权;在法国法中,这个自主决定权很受限制,几乎就不存在。我们觉得没有人通过天赋自然法给予他死后有控制权,和继续生存的权利用遗嘱对自己说话。我们觉得应当由法律来确立秩序和继承的方式,让个人无限自治来推翻法律权威是对法律的危险嘲弄。法律只能用恒定绝对的普遍原则来管辖,但是在纷繁复杂的社会生活中是否应该留一些空间给公民自己判断呢?由法律得到的利益,不是法律本身的力量吗？对于一个生命之火将熄的人，难道我们应该剥夺他行善的权利吗？老人们，没有经济来源和照顾，周围的亲人置之不理，难道不会日渐衰弱吗？远亲的血缘关系，如果不是有其他关系加强的话，不就等于没有吗？利益，常使人与人割裂，难道我们不该好好利用它来造福人们，加强团结与亲近吗？难道家庭里不该有个道德权威吗？如果我们害怕家里有的是不正义的父亲，难道我们不害怕家里出了逆子吗？家里子女平等拥有财产的原则本身，难道就不会变成最大的不平等？在劳工阶级里，和别人优越的生活比较一下自己的悲惨工作，不但看不到希望，而且自己的工作还有可能失去的情况下，会导致什么结果？工匠或农民临老的时候被自己曾给予生命的子女抛弃的，会是怎样的感觉？更糟的是没有一家之主可以支配的财富。在自由流通和农业生产工具方面，无疑我们做得很好，剥夺不合理的继承从而使活人的利益依赖于死人的利益。依照已逝的一辈的意愿，这一辈常为下一辈奉献。谨慎对待遗嘱自由，给他一定的限度，但也应给他一定的自由：因为法律不能医治人的劣根，如果遗嘱法不留给人自由，人就跟法律玩游戏，变相的捐赠，伪造文件，想尽办法改变遗嘱，这样就给哪怕是最诚实的家庭也难免会发生最可怕的欺诈。

在财产继承中，过分强调旁系远亲的利益也是不对的，因为它可能会招致陌生人来损害身边人的利益。它会搞出一大堆复杂关系，就人品展开绵绵不绝的诉讼，财产会被可笑地分割成无数份，它会伤害所有的正义和理性。

婚姻的特性，道德的要求，社会的利益需要我们不能把婚生和非婚生子女平等对待。非婚生子女除了不符合继承法，同样也不符合现实秩序，在所有文明国家，继承法是作为家庭法而不是城邦法存在，非婚生子女理所当然是城邦的一份子，受所有城邦法保护，但是家庭法例外，他们不可能是家庭成员。在人人平等前提下我们理应保证他们其他社会权利，但是家庭权，没有。人们无须拿自然法权来替他们申辩，因为继承权不是自然法赋予的权利，而是政治法或民事法规范下的社会权利，它绝不可以跟其他的社会秩序相对立。

以上这些就是我们编制民法典的根本原则，我们的目标是把道德与法律相联，传播符合社会整体理念的家庭的精神。

最后我们冷静地总结出这样一点:需要一个自然的能够构成协约的联系。私道德只能保证公道德;而这是靠家庭这样的最小单元;好父亲好丈夫好儿子,他们就是社会的好公民。他归于国民教育,赞同与保护自然的美好正直情感。我们研究的方案能不能回应到我们的目标呢?我们请大家宽恕我们的尚不完美的作品,看在我们虔诚投入的份上给她一点鼓励和支持。无疑我们还在大家的期望水准之下,但令人宽慰的是,我们的错误并非不可修复,只要一次正式的有建设性的讨论,这些错误就可望被修正;而法兰西民族在武装斗争中用鲜血赢得的自由,将由法律保留和巩固下去。

(本文原名为《法典起草委员会在国会面前的关于民法典草案的演讲》殷喆、袁菁译,载《全国外国法制史研究会学术丛书——20 世纪外国民商法的变革》,法律出版社 2004 年版。)

【辅读文献】

1. [法]让-路易·安贝翰:《民法典的制定历史:民法典,拿破仑的?》,石佳友译,载《法学家》2004 年第 2 期。

2. [法]西尔万·布洛凯:《〈法国民法典〉解释的起源——二元主义及其渊源》,刘泽宁译,载卢建平主编:《京师法律评论》(第十一卷),中国法制出版社 2018 年版,第 169 ~200 页。

3. [德]罗尔夫·克尼佩尔:《法律与历史——论〈德国民法典〉的形成与变迁》,朱岩译,法律出版社 2003 年版。

【问题讨论】

1. 波塔利斯如何理解和证明民法与政治的关系?同样的论断也适用于其他的部门法吗?

2.《法国民法典》的草案中原有关于法律与成文法的一般规定,内容是法与法律的定义,后来在正式通过的文本中删除。法典中是否应该保留此类规定?为什么?

3. 成文法、习惯法、自然法在波塔利斯的文本中表现为何种关系?他为何这样论述?

4. 波塔利斯所重视的那些家庭法上的规则,如今几乎不在留存于各国主要的民法之中了。如何理解这种变迁?

5. 波塔利斯是如何阐述法与法律的关系的?他的说法对我们当代民法典编纂有何启发意义?

文献七 [德]卡尔·冯·萨维尼:《制定法解释》

【引 言】

“我真正的光荣并非打了四十多次胜仗,滑铁卢之战抹去了关于一切的记忆。但是有一样东西是不会被人忘记的,那就是我的《民法典》。”人们常用拿破仑在回忆录中写的这句话来佐证《法国民法典》和拿破仑本人的伟大。其实拿破仑本人最多陪伴了法典诞生的过程,而法典得以影响欧洲大陆许多国家、甚至其能够最终在法国存续,都与拿破仑麾下法国军队的战功不无关系。以“解放”的名义,拿破仑的军队以不可阻挡的姿态发动了对欧洲其他国家的军事行动。其结果之一,便是在包括普鲁士在内的德国封建领主(无论是否自愿的)支持下,于1806年建立的“莱茵邦联”。于是,在1806年以后,《法国民法典》开始适用于如今德国境内的许多地方。与此同时,法国的统治也激发了德意志民族意识的觉醒,谢林、费希特等哲学家都是其中的先驱。在拿破仑的军事霸权终于结束后,许多人开始呼吁为新生的德意志编纂一部属于自己的民法典。正是在这一背景下,萨维尼和蒂堡在1814年展开了关于德意志法典编纂的辩论。蒂堡认为一部统一的民法典已经是紧迫的政治需要,但萨维尼则主张德国法学的发达程度还远不足以承担编纂法典这样高深的任务,必须继续深入研究罗马法以建构一个完整的体系。看上去,萨维尼的观点取得了胜利,德国民法典的编纂工作也因此推迟到了19世纪末。

萨维尼本人言出必行,继续在他所擅长的罗马私法领域耕耘,并于1840年出版了《当代罗马法体系》的第一卷。我们所选取的文献即本书的第四章“制定法的解释”。正如我们在上一部分所看到的那样,恰恰是在法典化的时代,既因为制定法成了最主要的法律渊源,又因为制定法本身必然是不完善的,所以解释制定法成了法学方法论的核心问题。在本章中,萨维尼把罗马法学中关于制定法解释的认识置于法典编纂的时代考虑之中，再把当时关于解释的观点置于罗马法学的原则之下检讨，从而去芜存菁，既论证了任何制定法都需要解释的重要观点，又界定了各种解释方法的适用范围。萨维尼区分了不明确或不正确的表述、存在矛盾或漏洞等各种制定法之不完善的类型，并提出每种类型应该使用何种解释方法加以弥补。在阅读材料中，我们可以看到萨维尼已经提出了现在人们所津津乐道的文义、逻辑、历史、体系等解释方法，和扩大解释、限缩解释、类推等漏洞填补方法。可以说这是法学方法论历史上继往开来的一个章节。

【正　文】

制定法解释

[德]卡尔·冯·萨维尼

一、解释的概念，法定解释和学理解释的区分

迄今为止，法律渊源的内容被视为法的独立规则，因此被视为既定之物。这些规则应当转入生活之中，因此在我们这方面，我们有必要有所作为，以特定的方式来接受这些规则。此种接受可能导致极为不同的应用：在学者之中，导致不同形式的科学发展；在法官之中，导致裁决及其实施；在个人之中，导致个人特定形式的生活关系之设立。这些特别发展的独特性并非我们论述的任务；但所有这些发展都具有一个共同的基础，即接受法律渊源内容的特定方式，当前这一章就来描述此共同基础。

我们所要做的工作是一种精神工作，因此，无论它通常看起来如何简单，它仍然是科学行为，是法学的开端和基础。这在上文中作为共同作用于法产生的一个原则而已经被论述过了；但在这里，它以相反的方式而出现，即它着眼于独立于它而产生出来的法，并且将此种法带入明确的意识之中。

在所有形式的法律渊源中，此种对法的接受都是可能且必要的。但是，在习惯法和科学法之中，此工作的本质更为简单。关于此种法产生的本质，

存在上文已经论述过的具有极大影响的错误。但如果这些错误已经被认识和避免,那么此工作本身就不需要细节方面的说明。制定法则与此不同,在制定法中,此工作通常具有非常复杂的本质。根据此理由,当前这一章就被特别命名为“制定法的解释”。

在此之中所包含的自由精神行为可以被界定为,我们真正地认识制定法,即其真实通过通常处理方式的应用可以被我们所认识到。对每一个制定法而言,如果制定法要转入生活之中,此精神行为都是必要的,同时,此精神行为的证成存在于这种普遍的必要性之中,——此精神行为的可适用性并非如同许多人所认为的那样,以制定法的模糊这个完全偶然的情形作为条件。当然,此精神行为在制定法的模糊情形中特别重要和卓有成效。但制定法的上述模糊性是一种不完善,而为了对瑕疵状况找到可靠的建议,有必要以对于健全情形的考察作为出发点。——但是在另一方面,上述精神行为并没有因为模糊性程度很高而成为不可能。① 毋宁说,我们必须主张以下观点,即尤其是对于法官而言,根据其职责的一般性质,制定法的模糊性并不能妨碍他们形成关于制定法内容的明确观点,并据此作出裁决。尽管在一个法争议之中,事实可能非常有疑问,但法官并不能因此拒绝作出裁决。但在这方面,裁决的两个要素(法规则和事实)之间并没有本质性的区别。因此,法国法明确作出规定,法官不得因为制定法不存在、模糊或不完备而拒绝作出裁决,* 这完全符合法官职责的一般性质。

但在一个情形中,上述自由行为被完全排除,这种情形就是,一个制定法的解释本身再次成为一个新的法规则的内容。因此,如果一个较早的制定法应当如何被理解,已经通过一个新的制定法,或者通过一个真正的习惯法而被确定下来,那么上述自由行为就由此而被完全排除,并且较早的制定法必须在现在被规定的意义上被解释和应用,甚至确信此种解释是不正确的人也必须如此。近来的学者根据进行解释的是制定法还是习惯法②,称为

---

① 这种观点与优士丁尼法规定之间的关联在下文中才能被更清晰地论述,Vgl. §48。

* Code civil art. 4. 法国民法典第4条规定:“法官借口法律无规定、规定不明确或不完备而拒绝审判者,得以拒绝审判罪追诉之。”——译者注

② 解释性的习惯法同时具有科学法的性质(§14. 20)。因为以个别制定法的解释作为内容的普遍民族意识只在极其罕见的情形中才是可以想象的。

正式(authentische)解释和习惯(usuelle)解释(Interpretation),两者合起来被称为法定(legale)解释,此种解释与学理(doctrinellen)解释相对,学理解释即上述的自由行为或科学行为。——上述术语所依据的思考方式在以下范围内是正确的,即人们仅仅注重认识制定法的内容这个最终目标。此时,解释就是达致上述目标的手段,并且解释这个概念就进一步地具有上述区分。与之相反,如果人们思考处理方式的本质,那么人们必须有必要以上文所确立的作为自由行为的解释概念为出发点,因为通过任何一个制定法本身的界定,这种自由行为被认为是普遍的和必要的。任何制定法都应当转入到生活之中,这首先只有通过精神性解释才是可能的,同时,以下情形无疑不能被认为是自然的状况,即任何一个制定法都伴有一个确定其含义的另外一个制定法;即使这种情形是自然的状况,在新制定法出现之前,上述自由行为也首先是必不可少的。如果人们以这个作为自由行为的解释基本概念为出发点,那么所谓的法定解释就根本不是与上述解释同等类型,而是与此纯粹相对的类型,法定解释是对于上述自由行为的排除和禁止。这种理解也通过以下情形而被证明是正确的,即在这种理解中,规则和例外的真正和明显的关系表现得最为清晰。因此,从现在开始,解释(Auslegung)仅仅被理解为所谓的学理解释(doctrinelle Interpretation)。——无疑,近来的学者恰恰颠倒了规则和例外之间的关系。他们认为,所有的解释根据其本质其实都是一种立法,并且解释只能通过最高权力机关的委托(Delegation)而由具体的机构或个人进行。① 但此种观点与近来学者的以下其他观点存在关联,即根据这种观点,解释并非停留在纯粹的、真正的理解范围之内,而在事实上成为制定法的一种变革;但在下文中才对此观点进行详细论述。

解释是一种技艺,此种技艺的养成通过我们所掌握的古代和现代的大量优秀典范而被促成。但迄今为止的解释理论却缺陷甚多。迄今理论的不完备是偶然的;但重要的是,对这些理论的价值,即使是其中最为优秀的理论的价值,人们不要自欺欺人。因为此种技艺同任何其他技艺一样,很难通过规则而被传授和取得。我们只能通过对优秀典范的观察而探索这些典范的卓越之处在哪里;但由此,我们的意识就会变得敏锐起来,知悉每个解释

---

① Zachariä, Hermeneutik des Rechts, Meissen, 1805, SS. 161 - 165.

之中的关键之处,并且我们的努力就学会指向正确的要点。在这里,如同在任何技艺中一样,这一点以及对许多可能歧途的避免,就是我们通过理论所希望获得的。

在这里,我们同样也必须再次研究以下这个重要的问题,即在罗马法有效之处,罗马法关于解释的规定是否具有约束力。此问题在上文关于法本身的发展之论述中已经被提出,并作出了否定的回答;在此处,这个问题涉及到对法律渊源的具体态度,因此,这两个问题尽管非常相似,但却有不同的回答。但是,对于上述问题的详尽回答在这里还是不可能的。因此,在这个理论的阐述之中,罗马法中的观点虽然被暂时使用,但同时,以下问题仍悬而未决,即这些观点应作为有约束力的制定法,还是仅仅作为一个重要的权威。

本章有两个任务:首先是考察具体制定法的解释,其次是考察整体法律渊源的解释。法的完全支配是最终目的,因此,法不仅要具有统一性,还要没有遗漏。前者要求消除所有矛盾,后者要求填补所有漏洞。

二、具体制定法的解释,解释的基本规则

任何制定法都要确定法律关系的性质,也就是要表达出某一种意图(此种意图可能是单一的,也可能是复合的),根据此种意图(Gedanken),上述法律关系的存在没有错误和任意。如果要达成此种目的,那么与法律关系存在关联的人就必须真正和完全理解上述意图。这就要求他们站在立法者的立场之上思考上述意图,并人为重复立法者的工作,也就是在他们的思考之中重现制定法。这就是解释行为,我们可以将它确定为重建内在于制定法之中的意图。[①] 只有通过这种方式,才有可能获得对于制定法内容的可靠和完整的理解,并达成制定法的目的。

到现在为止,制定法的解释与其他任何表达出来的意图(如哲学中表达出来的意图)的解释并没有不同。但如果我们分析制定法解释的组成部分,

---

① 我使用了Gedanke(意图)这个表述,因为我认为通过这个表述可以最为清晰地指明制定法的精神内容。其他人使用Sinn这个表述,这并非不正确。与此相对,应避免使用Absicht这个表述,因为这个表述具有歧义:它可能涉及外在于制定法内容的目的,制定法间接地作用于此目的。罗马人互换使用mens和sententia这两个表述。

那么制定法解释的独特性就会显示出来。因此，我们必须在制定法解释之中区分出四个要素：文法要素、逻辑要素、历史要素和体系要素。

解释的文法要素以文辞为对象，文辞在立法者的思考与我们的思考之间起到了中介作用。因此，文法要素存在于对立法者所使用的语言法则的描述之中。

逻辑要素涉及意图的划分，也就是涉及意图的具体组成部分相互之间的逻辑关系。

历史要素的对象是以通过法规则确定存在的法律关系为目的的既存制定法在制定之时的情势。制定法通过特定的方式影响到此情势，此种影响通过此制定法而被新嵌入法之中，而历史要素应使得此种影响的性质清晰可见。

最后，体系要素涉及将所有法律制度和法规则连接成一个大统一体的内在关联。此种内在关联和历史要素一样都呈现于立法者眼前，因此，我们要非常清楚制定法与整个法体系之间是什么关系，此制定法又是如何有效影响到法体系，只要这样，我们才能完全认识到立法者的意图。[①]

对于制定法内容的理解通过这四个要素而得以实现。这四个要素并非是人们可以根据其趣味和偏好而任意选择的四种解释方式，毋宁说，如果解释能够成功达成，这四个要素必须是协调作用的不同活动。无疑，或者是此要素或者是彼要素可能更为重要和明显，但必不可少的是考量要始终取向所有这四个方面，尽管在许多具体的案件中，对这四个要素的其中之一的明确考虑可能被认为是不必要的和不方便的从而被省略，同时这对于解释的缜密性而言并无危险。但是，每个解释的成功取决于两个条件，在此之中，上述四个要素被简短概括起来：第一，我们生动地回想起以下这种精神活动，即根据此种精神活动产生出了呈现于我们面前的意图的具体表述；第二，我们以历史—教义整体的直观（Anschauung des historisch-dogmatischen Ganzen）作为充分的准备，具体细节根据此整体的直观得以阐明，以便整体在当前文本中的关联能够直接被认识到。如果我们考虑了这两个条件，那

① 因此，体系要素是解释之中的重要的、必不可少的组成部分。但是，在现存的关于优士丁尼法典籍的大量评注之中（在这些评注之中，人们尤其期待此组成部分），无疑只有极少一部分才能被视为真正的解释。大多数论文是教义式的，偶尔也是历史式的，这些论文只是通过被评注的文本而取得机会来详细论述这些文本所涉及的法规定。

么许多容易导致我们对判断的正确性产生迷惑的明显现象就会被减少。在许多博学的著名著作者的解释中,我们并非罕见地发现几乎难以理解的错误,然而如果我们将相同的文本提供给一些很有才智的学生,他们也许会达致正确。这样一种体验特别出现在大量的下述法情形中,即这些法情形构成了学说汇纂中的具有教益的大部分内容。

在任何一个制定法中,解释的目标正在于从解释之中获得尽可能多的实际法知识;因此,解释一方面应具有个别性,另一方面从结果上而言应具有多样性。① 此种解释的成功可在不同程度上实现,而这种程度上的不同部分取决于解释者的技艺,但也部分取决于立法者在制定法中记录可靠法知识的技艺,也就是立法者从这一点出发尽可能地控制法的技艺。因此,在优秀立法和优秀解释之中存在一种相互影响,其中任何一者的成功以另一者为条件,并通过另一者而得到保证。

三、制定法的基础

如果解释的任务在于,使我们认识到制定法的内容,那么,那些并非制定法内容部分的所有事物,无论它们可能与制定法的内容多么类似,严格而言,它们都并非上述任务的范围。对于制定法基础[ratio legis(立法理由)]的认识就属于此。此种基础的概念可以通过非常不同的方式而被解释,人们有时将之用于过往,有时将之用于将来。根据第一种观点,基础是既存的层级更高的法规则,这些法规则的合乎逻辑的贯彻产生了当前的制定法。根据第二种观点,基础是通过制定法所应当发生的作用(Wirkung),从这个立场出发,也就被称为制定法的目的(Zweck)或意图(Absicht)。如果认为这两种观点是绝对对立的,那么这种认识就是错误的。毋宁说,应认为立法者意图的这两个方面都始终呈现于立法者眼前。但这两种观点相对意义上的不同事实上在于,在具体的制定法之中,有时是这种观点占据支配地位,有时是另一种观点占据支配地位。在此,上文中所阐明的常规法与个别法的区别具有特别的影响。在常规法(Jus commune)中,与既存的法规则之关联

---

① Auslegen(explicatio,解释)这个名称特别适合于表达此种行为的目标,因为这个名称涉及的是,将包含于文辞中的内容清晰化并由此显而易见。与此相反,Erklärung 这个名称更多地指向,消除(偶然的)不清晰的情形并使之转变为清晰,因此较少指明此行为的一般性质。

大多占据支配地位,此法规则在这里应当得以更为完整地发展;制定法的目的仅仅是一般性的,即法得到更为明确的认识和更为确定的应用。与此相反,在个别法(Jus singulare)中,与制定法在将来应达致的目的之关联占据支配地位;例如,通过高利贷法防止对于穷困债务人的压迫,层级更高的法规则仅仅是以下这种一般性的原则,即如果全部阶层的整体福利因为某一法律行为而遭致危险,那么就应通过一种保护者看管的方式(eine Art vormundschaftlicher Aufsicht)而进行介入。

制定法基础的认识或多或少是可以确定的。它通过以下方式而获得了最高的确定性,即此基础在制定法本身之中被表明出来。但即使在这种情形中,制定法基础仍然与制定法之中确定法的内容分隔开,而不能被视为后者的组成部分。同样在另一方面,完全没有规定我们所认识到的制定法基础也并不会使制定法没有效力;甚至在我们明确确定制定法根本不曾拥有真正的基础时,制定法的约束力也并不会因此而被削弱。——其中一种特别的不确定产生于多个并列基础的存在,这些基础相互之间的关系是有疑问的;此外,在基础本身确定的(也许在制定法之中被表述出来)情形中,不确定性产生于一种居于制定法基础和内容之间的未被表述出来的中间环节的存在可能性,通过此中间环节,制定法基础和内容两者之间的显著差别可能被表明出来和被证成。*

同样,制定法基础与制定法内容之间的亲和关系存在不同的程度。它们相互之间可能是一种简单的、原因和结果之间的单纯逻辑关系;此时,制定法基础似乎与制定法内容是同一的。① 与之相反,在其他情形中,它们相

---

* 《马切多尼安元老院决议》(Sc. Macedonianum)具有以下目的,即防止暴利的、使家庭关系陷于危险之中的与处于父权之下的家子之间的交易。但此禁令的文本表述要宽泛得多,以至于甚至将完全无害的情形也包含在内,因为除此之外根本不可能确定地得到其实际所想指涉的情形。《马切多尼安元老院决议》可能发布于公元1世纪维斯帕西安皇帝统治时期,它禁止以消费借贷名义向家子出借钱款,除非预先获得家父的同意或者家子在成为自权人后对有关的借贷关系予以认可。——译者注

① L. 13 §1 *de pign. act.* (13. 7.)确定了担保契约中的过失的程度,此界定是包含于L. 5 §2 *commodati* (13. 6.)中的更为一般化的法规则的结果。在更多于此被提及的其他契约——例如,寄托契约中也同样如此。与在寄托中同样的应用在监护中本是可以想象的,因为监护人并没有从其管理中获得任何利益。但这里,单纯的逻辑关系由于其他基础的影响而被破坏,以至于这里出现了前文所提及的并存基础(concurrirender Gründe)之间的关系;进言之,不同基础相互之间处于一种相互抵消的状况之中。

互之间差距很远。[①] 在此,这两种情形应当通过“特别(specieller)基础”和“一般(genereller)基础”的名称而被区分开。但这两个概念的区分是相对的,在它们之间并不存在清晰的界限,毋宁应认为它们之间是逐渐转变的。

首先,如果关键的问题在于确定包含于制定法中的法规则的性质,那么制定法基础的运用是毫无疑问和重要的;也即此法规则是绝对法(absolute)还是任意法(vermittelnde),同样,它是常规法还是个别法。——对于制定法的解释而言,制定法基础的运用却有疑虑得多,并且应当谨慎从事;尤其是,这种运用取决于制定法基础明确性和亲和性的不同程度,这种不同程度在上文中已被详尽解释。关于此的详细界定在下文中才能被进一步论述。

在制定法基础之中,应注意到以下许多方面的差异:与制定法内容的关联方式、明确性,与制定法内容的亲和关系,以及可应用性。但除了这些差异之外,这些制定法基础还存在共同点,即它们始终与制定法内容的本质之间存在关联。换言之,它们具有一种产生于立法者意图的客观性质。根据此种性质,它们本身能够被所有人认识到,如果它们在具体情形中无法被认识,那么我们只能将此视为偶然情形。因此,它们与以下事实处于明显的对立之中,即这些事实与立法者的意图之间仅存在主观关系,其他人只能偶然地认识到这些事实,而对于制定法基础的认识是自然的,它们仅能在偶然情形下无法被认识到。以下这些事实就属于此种主观事实,即这些事实对于制定法起到了推动作用,但却同样可能导致完全不同的规则。[②] 以下完全个人化的、暂时的偶然结果也属于此种主观事实,即为了产生这些偶然结果,立法者设立了永久的、具有普遍效力的规则。[*] ——我们允许制定法基础的有限运用,但我们必须完全拒绝主观关联的这种有限运用。这种主观关联仅能被消极性的运用,以阐明真正的制定法基础由于这种主观关联而不存

① 关于过失的更为一般化的法规则(L. 5 §2 *comm.*)涉及公正(aequitas)的原则,此原则的承认和界限是可变的,且与具体应用差距较远。

② 例如,对于《马切多尼安元老院决议》起到了推动作用的过咎行为。L. 1 *pr. de. Sc. Maced.* (14. 6.).

* 例如,Claudius 皇帝颁布制定法,对于与兄弟的女儿结婚这种行为给予普遍允许,但这只是为了让皇帝本人能够与 Germanicus 的女儿 Agrippina 结婚。Germanicus 与 Claudius 为同胞兄弟,Agrippina 是 Germanicus 的女儿。公元49年,Claudius 与自己的侄女 Agrippina 结婚。——译者注

在;这样,它们能够防止我们对于此种制定法基础的错误采用。[①]

四、不完善制定法的解释

(一)不完善制定法解释的种类和补救方式

对于制定法的健全状态而言,上述解释的原则已经足够了,因为表述描述了本身很完备的意图,同时并不存在以下情形,即这些情形妨碍我们将此意图承认为真正的制定法内容。但是,仍然要对于不完善的制定法这种困难情形进行描述,同时要对于补救方式进行说明,由此能够消除此种困难性。这种不完善制定法的可以想象的情形如下:

1. 不明确的表述,它通常没有导致完备的意图。

2. 不正确的表述,其所直接指明的意图不同于制定法的真实意图。

在这些情形中,必要性的不同程度是很明显的。因为,如果存在第一种瑕疵,那么对它的消除是毫无疑义且绝对必要的。第二种瑕疵则产生了更多的疑虑,它至少使特别的谨慎非常必要。

但在具体描述这些情形之前,有必要考虑在处理这些情形中可被应用的补救方式。

第一种补救方式在于立法的内在关联;第二种补救方式在于制定法与制定法基础之间的关联;第三种补救方式在于根据解释产生出来的内容的内在价值。

1. 立法的内在关联。在不完善的制定法中,这可以通过两种方式而被作为解释的补救方式。首先,制定法的不完善部分根据此制定法的其他部分而得以阐明,这在所有阐明方式中是最为确定的;[②]其次,不完善的制定法

---

① 通常,此种主观关联并没有与制定法基础完全区分开,制定法的 Beweggrund、Veranlassung、Absicht 等模糊表述对此具有很大的责任。至少,以下著作在这方面似乎是不准确的,Hufeland, Geist des Römischen Rechts, Th. 1, Giessen, 1813, SS. 13-19。

② L. 24 *de legibus* (1. 3.):“没有考察法律的全部内容,而只引用了该法律的细微部分就进行评价和解答,这种做法在法律上看是不正确的。”(Incivile est, nisi tota lege perspecta, una aliqua particular ejus proposita, judicare vel respondere.)

根据其他制定法而得以阐明。[①] 这两个制定法之间的关系越紧密,后一种解释方式就越确定,因此,如果这两个制定法出自同一个立法者之手,那么后一种解释方式就最为确定。但是,(用于解释)的其他制定法可能比根据此制定法而被解释的制定法更早,因此,在此就以以下这个正确的假定作为基础,即待解释的制定法的起草者已将较早的制定法纳入考虑之中,故后者是此起草者意图的补充部分。[②] 最后,用于解释的制定法也可能更新;只是这种情形较少属于纯粹的解释领域。因为,在大多数情形中,此较新的制定法改变了不完善的制定法,至少是对于不完善的制定法的正式解释,此正式解释不再是真正的解释。如果这种处理方式是一种纯粹解释,那么这取决于以下前提,即较早立法者的思考已经被包含于较新的立法之中。

2. 同样,制定法基础可能也是对不完善制定法进行解释的一种补救方式,但是它却不像立法的关联那样毫无限制。毋宁说,制定法基础的可应用性依赖于我们认识此基础的明确程度,也依赖于制定法基础与制定法内容的亲和性程度。如果上述考虑中的其中之一有所阻碍,那么制定法基础就总是能够用于第一种瑕疵(不明确的表述)的消除,但却较少能用于第二种瑕疵(不正确的表述)的消除。

3. 最后,结论的内在价值在所有补救方式中是最为危险的,因为此时,解释者最为容易逾越其职责的界限,而延伸到立法者的领域。因此,这种补救方式仅能在不明确的表述(第一种瑕疵)情形中而被应用,而不能用于使得表述与意图一致。

因此,在所有这些解释方式之中,再次明显存在一种类似于瑕疵本身中的等级顺序。第一种补救方式的应用在各处都是毫无疑虑的;第二种补救方式的应用有必要更为谨慎;第三种补救方式只能在最为狭窄的范围内被应用。

---

① 对于个别不完善的制定法通过其他制定法的辅助这种解释方式不能与以下这种矛盾协调相混淆,此种矛盾协调是将渊源范围(Quellenkreises)作为一个整体而加以处理。对此将在下文中(§42-45)予以详细论述。

② L. 26. 27 *de leg.* (1. 3.):"协调先法和后法这种做法并非创新。——因此,既然先法经常被后法引用,那么就应该总是认为在法律中已包含了就像它们所针对的是在任何时候都相似的人和事。"(Non est novum, ut priores leges ad posteriores trahantur. —Ideo, quia antiquiores leges ad posteriores trahi usitatum est, et semper quasi hoc legibus inesse credi oportet, ut ad eas quoque personas et ad eas res pertinerent, quae quandoque similes erunt.)

(二)不明确的表述

表述的不明确使仅根据它对完备的意图进行认识成为不可能,此种不明确具有两种方式:第一种是不完整(Unvollständigkeit),第二种是模糊(Vieldeutigkeit)。

制定法表述的不完整在性质上与一句话开始后被打断相类似,因此,完备意图的外在表示是不完整的。属于这种情形的例如,制定法对于一个行为要求要有证人,但却没有规定证人的人数。①

模糊的情形则更为常见和重要,它又表现为不同的形态:具体表述的模糊或者构造的模糊。

具体表述可能涉及不同的对象,所使用的词语却适合于多个对象;此种情形在法律行为中比在制定法中更为经常地出现。② 但具体表述也可能以抽象的概念作为对象,在此也可能出现歧义,即所选择的表述具有完全不同的含义,③或者具有更为狭窄和更为宽泛的含义。④

构造的模糊也可能会使制定法的含义存在疑问,虽然此种情形在法律行为中比在制定法中更为常见,但它在制定法中并非毫无实例。⑤

这里所描述的瑕疵形态可能非常不同,但它们相互之间确实拥有共同

---

① Nov. 107. C. 1. 正是如此。——同样属于此的还包括,一笔钱应被确定下来,但却没有表明数目或者货币种类。这种情形(不是在制定法中,而是在遗嘱中)在 L. 21 §1 *qui test.* (28. 1.)中被提及。

② 例如,L. 21 §1 *qui test.* (28. 1.):奴隶 Stichus 被遗赠,Titius 是受赠人,但具有这些名字的有多个人。L. 39 §6 *de leg.* 1 (30 un.):名称为 Fundus Cornelianus 的土地被遗赠,但在遗赠人的财产中,具有这个名称的土地却有多个。

③ 因此,familia、puer、potestas 这些表述具有完全不同的含义。L. 195. 204. 215 *de V. S.* (50. 16.)——这种多重含义的值得注意的应用存在于 L. 5 C. *fin. reg.* (3. 39.)以及 L. 30 C. *de j. dot.* (5. 12.)之中。在前者中,praescriptio 具有抗辩(Einrede)或者规定(Vorschrift)的含义,根据很多人的观点也具有时效(Verjährung)的含义。在后者中,si tamen extant 这个表述意味着"如果它没有被毁灭"或者"如果它没有被让与"(extant apud maritum)。

④ 此种更为狭窄和更为宽泛的含义可见于以下表述:cognatio、pignus、hypotheca、adoptio (L. 1 §1 *de adopt.* 1. 7.)、familia (L. 195 *de V. S.* 50. 16.)。——同样,一个规定了"光线不被阻碍(ne luminibus officiatur)"的契约可能不仅只会涉及当前的状态,而且也会同时涉及当前和未来的状态,L. 23 *pr. de S. P. U.* (8. 2.)——根据更为狭窄或更为宽泛的含义所进行的解释,人们通常将它们称为"扩张解释"(lata)或"限缩解释"(stricta);任何一个消除歧义的解释都被称为"说明性解释"(declarativa)。Thibaut, Pandekten, §48. 50. 53.

⑤ 对于 L. 2 *de div. temp. praescr.* (44. 3.)这个困难篇章的阐明仅仅取决于,结论性表述"我的观点相反"(mihi contra videtur)是与整个篇章相联系起来,还是只与此篇章的一部分相联系起来。——在法律行为中的构造模糊的例子参见 Mühlenbruch, I, §59, not. 1。

之处,即它们都会妨碍我们在具有此种形态的制定法中非常确定地认识到完备的意图。——这种瑕疵的产生可能源于不清晰的意图,或者源于对表述的不完全掌握,或者同时源于两者。对解释者而言,这种产生原因是无关紧要的,因为补救的要求对解释者而言始终是同样迫切和不容拒绝的,具有此种形态的制定法不适合确定法规则。对于这种要求的认识也是完全确定的,因为它是通过纯粹逻辑的程序而被获得。出于同样的原因,它随着对于当前疑问性质的清晰洞察而结束,但并没有同时提出解决方案。毋宁说,解决方案必须要另外寻找,这里要运用到已被确立的三种补救方式。这三种补救方式在此都能够被应用,且它们之间的不同价值应仅仅在以下范围内被考察,即一种补救方式应优先于其他补救方式而被运用。

首先,如果有可能应根据立法的关联而消除不明确的表述,如果此种补救方式已敷其用,那么任何其他补救方式就作为不那么可靠的同时也是多余的方式而被排除。

其次,制定法基础要应用于此目的,并且如果可能,要运用与制定法内容直接关联的特别基础,如果我们能够指明此种基础。如果我们不能指明此种基础,那么更为一般化的基础也是可以允许的。例如,如果制定法的内容仅仅以“公正”(aequitas)作为根据,这在近代的常规法中必然是绝对会被接受的,那么在两种本身都是可能的阐释之中,要优先选择被此种“公正”所证成的那种阐释。①

---

① 以下篇章就被如此理解,公元 314 年的 L. 8. C. *de jud.* (3. 1.):“在所有事务中确定的是,应遵守公正原则而非严格法。”[Placuit, in omnibus rebus praecipuam esse justitiae aequitatisque (scriptae), quam stricti juris rationem.]它的意思是:如果在一个有歧义的制定法之中,其中一种阐释符合严格法,另一种阐释符合公正法,那么后一种阐释应当优先(*praecipuam esse rationem*)。公元 316 年的 L. 1. C. de leg. (1. 14.)似乎与此相矛盾:“只有我们才应当并且可以考察介入公正和法之间的解释”(Inter aequitatem jusque interpositam interpretationem nobis solis et oportet et licet inspicere.)如果认为,上面所引用的 L. 8 是先法,L. 1 是后法,因此前者因为后者而已经过时,那么此观点是极其不真实的,因为两者都出现于 Constantin 的统治时期,而且两者只相隔 2 年。为了消除矛盾,有人在上面所应用的 L. 8 中采纳了 scriptae 这个措辞(制定法中所承认的公正),此措辞包含于 Chevallon(Paris. 1526. 8.)和 Haloander 等一些早先的版本之中,但却根据内在的基础而被完全抛弃。Donellus(I. 13.)将 L. 8 解释为单纯的限制,而 L. 1 是通过公正完全取消严格法;但此种区分在篇章本身之中完全没有被提及。——此种矛盾可通过以下方式而被消除,即上面所引用的 L. 1 被认为仅涉及通过意图而修正表述(§37),此种修正不能仅仅因公正而被法官实施。但我更愿意认为,L. 1 并不涉及解释,而只涉及法的发展(§47),由此 L. 1 与 L. 8 之间的所有矛盾就完全不存在了;interpretationem(解释)这个表述在此并没有阻碍此种理解。

最后,不明确的表述最后可以根据以下内容的内在价值的比较而被消除,即此内容根据此阐释或彼阐释而被认为包含于制定法之中,此阐释或彼阐释本身都是可能的。例如,一种阐释导致了空洞的、毫无目的的内容,而另一种解释却并非如此。[①] 同样情形还包括,对于当前的目标而言,一种阐释所导致的结果比另一种阐释所导致的结果更为恰当。[②] 最后,此种情形还包括,一种阐释较之另一种阐释会达致更为宽容仁慈的目标。[③]

(三)不正确的表述

制定法可能具有的第二个瑕疵在于表述的不正确,此表述虽然直接指出了一个明确的、可应用的意图,但此意图却不同于制定法的真实意图。在这个制定法组成要素的内在矛盾之中,产生了以下问题,即何种要素应占据优先地位。此时,表述仅仅是手段,而意图是目的,因此,毫无疑问,意图应占据优先地位,而表述应当根据意图而被修改。[④] 此规则的接受并没有任何困难,但相反,此规则的应用却非常困难,因为所有一切都取决于,这里所假定的事实已非常确定。

此种情形的种类比不明确表述的种类要少得多。其种类仅仅涉及到表

---

① L. 19 *de leg.* (1. 3.):“当法律的字义出现模糊时,应尽可能地采纳没有缺陷的含义……”(In ambigua voce legis ea potius accipienda est signification, quae vitio caret, . . .)

② L. 67 *de R. J.* (50. 17.):“如果一个表述包含两种含义,应采纳更适合于事务处理的含义。”(Quotiens idem sermo duas sententias exprimit, ea potissimum excipiatur, quae rei gerendae aptior est.)此规则的一个应用包含于以下篇章之中,L. 3 *de constit.* (1. 4.):“我们应该尽量用最宽泛的方式解释皇帝的恩惠,因为人们认为它来自皇帝神圣的宽容。”(Beneficium Imperatoris, quod a divina scilicet ejus indulgentia proficiscitur, quam plenissime interpretari debemus.)

③ L. 192 §1 *de R. J.* (50. 17.):“在不确定的情形中,采纳更为仁慈的解释恰恰是可靠的。”(In re dubia benigniorem interpretationem sequi non minus justum est quam tutius.)L. 56. 168 *pr. eod.*—L. 18 *de leg.* (1. 3.):“应该以适当宽容的方式解释法律,以遵循法律的意志。”(Benignius leges interpretandae sunt, quo voluntas earum conservetur.)结论性言辞可能意味着“因为这是立法者的普遍意志”。但在我看来,更为正确的可能是以下这种阐明方式:“只要没有违背立法者明确表述出来的内容。”(因此,quo 相当于 quaetenus)——此规则的具体应用包括下述情形。如果对于惩罚的规定不明确,应优先采纳更为宽和的惩罚(L. 42 de poenis. 48. 19.)。在遗嘱的情形中,应通过解释有助于指定继承,而非有助于剥夺继承权(L. 19 de lib. et posth. 28. 2.)。——这些应用表明,此规则包含与以下观点不同的含义,即此观点给予“公正”(aequitas)以优先地位,人们通常如此认为,但此种观点却是错误的。

④ L. 17 *de leg.* (1. 3.):“认识法律并非固守它们的文辞,而要掌握它们的效力和意向。”(Scire leges non est verba earum tenere, sed vim ac potestatem.)L. 6 §1 *de V. S.* (50. 16.). L. 13 §2 *de excus.* (27. 1.). L. 19 *ad exhib.* (10. 4.).

述与意图之间的逻辑关系,表述所包含的内容或者少于意图所包含的内容,或者多于意图所包含的内容。在第一种情形中,表述要通过扩张解释(ausdehnende Auslegung)而被修正;在第二种情形中,表述要通过限缩(einschränkende)解释而被修正。[①] 两种方式的目的都仅仅在于使表述与真实意图相一致。

对不正确表述的处理在最为重要的方面不同于对不明确表述的处理。——作为其基础的是以下假定,即一个确定的意图是存在的,它与一个不完善的表述联系起来。对于此种关系,我们无法像在不明确表述的情形中那样通过逻辑途径而认识到,而只能通过历史途径认识到,因此对其的认识往往在本身上就是较为不确定的,同时存在确定的不同程度。而且,此种困难通过以下情况而被加强,即最为明显和最为自然的认识意图的手段不能被我们所使用,因为这种手段恰恰存在于表述,而表述又恰恰是我们在这里所无法信赖的。——并且,在不明确表述的情形中,人为补救的需求是必不可少的,否则我们能够将其作为制定法而予以考察和使用的东西便完全不存在。但不正确的表述完全不同,因为未被修正的表述已经为我们提供了一个可理解的和可适用的意图。——最后,在不明确表述的情形中,对瑕疵的认识完全不同于对瑕疵的补救,而在不正确表述的情形中,两者是重合的。因为,只有将表述与真正的意图予以比较,我们才能认识到表述的不正确;但如果真正的意图被我们所认识到,那么对表述瑕疵的补救也就同时被找到。

现在,我们要具体审查上文所述的三种补救方式对这里所描述的不正确表述这种瑕疵的可适用性。

再一次地,立法的内在关联在这里作为补救方式是最没有疑问的。一个例子是详细界定要求继承之诉(hereditatis petitio)* 的元老院决议(Senatusconsult)。根据此决议,已经将属于遗产的财产予以出卖的诚实善意的占有人应返还

① 对这两种方式,近来的学者使用非罗马法的表述 interpretatio extensive,restrictiva(扩张解释,限缩解释)来指代它们,并且将这两种解释方式与 declarativa(说明性解释)相对立起来,declarativa 既非扩张性的也非限缩性的,因为它根本不涉及此种不完善的制定法(§36,第 226 页注)。

* 要求继承之诉(hereditatis petitio),是对物之诉(actio in rem)的一种,享有合法继承人资格的继承人可根据此诉讼要求非法占有遗产的人向自己返还该遗产,从而实际获得被继承人的财产。——译者注

其所获得的价金(pretia quae *pervenissent*)。此表述也包含了此占有人又将价金遗失的情形,因为他毕竟曾经获得过价金。但根据此元老院决议随后的语词,可以得出此情形应被排除在外的结论。因此,这个被使用的表述应被进行以下方式的限缩解释,即这里所涉及的并非任何已获得的价金,而仅是已获得的且没有被再次遗失的价金。① ——另外一个例子可见于刑法。如果此刑法最后为某犯罪行为规定了一个普遍的刑罚,而之前又为此犯罪行为的一个具体情形规定了另外一种刑罚,那么此种普遍的结果就应通过此特别情形的例外而被限缩解释。②

更为重要但也更为令人疑虑的是第二种补救方式的应用,此种补救方式是根据制定法基础而认识制定法的真实意图,表述据此而被修正。在这方面,特别基础和一般基础的区分尤为重要。

特别基础事实上可被应用于上述目标。如果表述的字面解释会导致其与被认识到的基础之间的矛盾,那么这种应用是最无疑义的。例如,如果一个法规定基于对某人进行优待而被规定下来,那么任何会导致此人损害的具体应用就与此基础存在矛盾,这种情形就必须通过对过于一般化的表述进行限缩解释而被防止。③ 如果一个由于欺诈而订立的合同偶然地有利于受欺诈人,那么此合同应有效,尽管告示的表述认为所有这种合同都是无效的。④ 如果一个未成年人在无保佐人(Curator)的情形下进行某诉讼并获胜,那么此程序应有效。⑤ 同样,如果关于扶养(Alimente)的调解协议(Vergleich)没有得到裁判官的批准,且权利人的境况根据此协议绝对会得到改善,那么此协议是有效的。* ——但更为常见同时也更为困难的是以下情形,即我们修正表述并非为了防止其与基础之间的矛盾,而仅仅是为了发现应用的真正范围,由此不会在不充分的或不必要的情形中而被应用。我们必须特别在以下情形中寻找此种修正的证成依据,即我们要阐明不准确的

---

① L. 20 §6. L. 23 *de her. pet.* (5. 3.)

② L. 41 de poenis (48. 19.)

③ L. 25 *de leg.* (1. 3.). L. 6 C. *eod.* (1. 14.)

④ L. 7 §7 *de pactis* (2. 14.). L. 30 C. *de transact.* (2. 4.)

⑤ L. 2 C. *qui legit. pers.* (3. 6.). L. 14 C. *de proc.* (2. 13.)

* L. 8 §6 *de transact.* (2. 15.)根据罗马法,关于扶养的调解协议必须要获得司法批准才可具有效力。——译者注

表述得以发生的可能诱因:可能是具体的表述被使用,因为缺少相应的抽象表述,或者因为此种具体表述会导致表述的更为清晰易懂。由此,以下疑问就会被确定地消除,即根据我们的解释而产生的意图事实上是立法者的真实意图,抑或仅仅是立法者本应合乎逻辑地应当拥有的意图。在后一种情形中,我们通过解释不再是修正表述,而是修正意图本身,这并非解释者的权限,这一点将在下文中详细阐明。——下面一些例子会使这里所表述的观点清晰化。告示规定,如果一个寡妇仍在丧期(Trauerzeit)内而再婚的,那么她可能要面临不名誉(Infamie)。此规定的目的仅仅在于防止关于对之后出生的子女的父权事项(Paternität)的所有疑问。如果人们要直接表明这一点,并且同时想要对于这一点进行精确界定,那么一个详尽的、抽象的规定就是必要的,同时对(关于孕期的可能持续期间)这个困难问题的决定也是必要的。但所有这些通过对丧期的极其清晰的规定而被回避,此对丧期的规定对于绝大多数情形而言是完全合适的,同时它通过很长的期间而消除了上述关于孕期的困难问题。但现在出现了一种情形,在此情形中,寡妇在其丈夫死后不久就生下了孩子;由此,关于将来子女的所有疑问就被绝对消除,那么,通过对于告示的限制解释,婚姻被允许。在另一方面出现了另一种情形,在此情形中,根本不存在对死者的服丧,因此不存在丧期;尽管如此,婚姻仍然被禁止,告示在此被进行了扩张解释。① ——所有出示情形中的利害关系人(cujus interest)享有出示诉讼(actio ad exhibendum)*,此在告示中可能也是如此。这个表述适用于所有因看到物而可能具有利益的人。但此诉讼被承认的目的是消除权利请求(Rechtsanspruch)所具有的障碍,此障碍可能产生于与物之间的偶然的和空间的关系。由此,上述表述通过解释被限缩于以下利害关系人,即他们与权利请求之间存在联系。② ——对于时效取得,《十二铜表法》在土地(fundus)的情形中要求 2 年的占有,而在所有其他物的情形中要求 1 年的占有。房屋应属于哪一种呢? 从语词看来看,

① L. 1. L. 11 §1. 2. 3. *de his qui not.* (3. 2.)

* 出示诉讼(actio ad exhibendum),是要求被告向法庭出示某一可动物的诉讼,通常在原告提起返还所有物之诉之前提起,从而为实现对物的返还创造条件。在被告将诉争物隐藏起来以及在诉争物被添附于被告之物的情形中,出示之诉具有尤为重要的意义。在后一种情形中,原告可以通过出示诉讼而将诉争物与被告之物予以分离,从而使返还成为可能。——译者注

② L. 19 *ad exhib.* (10. 4.)

它无疑并不能为 fundus 这个表述所包含。但时效取得一般而言适用于所有的物，基于此目的，所有的物应被区分为两大类，无疑，制定法所采纳的意见是将所有的不动产因为其完全的相似性而概括为一类，fundus 这个具体的表述之所以被制定法所采用，仅仅是因为缺乏相应的抽象表述。因此，上述语词应被扩张涉及所有的不动产，因此，也涉及房屋，且这种解释似乎也从没有什么争议。① ——无疑，在许多处理具体情形的制定法中，有一点被明确补充，即此种制定法不应被视为更为抽象的规则的单纯表述；由于此种规定，这种扩张解释就被明确排除。② ——最后，被人们称为“反面论证”（argumentum a contrario）的间接表述的采纳也属于此种扩张解释。也就是说，一个规则可能被如此描述至一个明确的范围，以至于在此表述之中包含了一个明确的意图，即在此范围之外应适用相反的规则。例如，如果裁判官通过以下这个通常的表述而引入了一个诉：intra annum judicium dabo（在 1 年内提供审判），那么在此表述之中同时包含了以下含义：post annum non dabo（在 1 年后不提供审判），此表述在这方面的含义就是一个毫无疑问的扩张解释。③《关于暴力的尤利法》（L. Julia de vi）* 认为，为此犯罪行为而指定的裁判官“在其离开的情形下”（si proficiscatur）可将审判权予以委托；在此之中包含了相反的规定，即除此之外他不能将审判权予以委托。④ 同样，任何制定法的例外都暗含了一个规则的存在，如果没有此规则，那么这种例外就不具有意义，因此，它是此规则的间接表述。例如，《关于惩治通奸

---

① Cicero，top. §4.

② 例如，L. 10 C. *de revoc. don.* (8. 56.). 以及 Nov. 115. C. 3 *pr.*。

③ L. 22 *de leg.* (1. 3.)：“当法律对过去的事情予以宽恕时，它同时暗含了对将来的禁止。”（Cum lex in praeteritum quid indulget，in futurum vetat.）Donellus（I. 14.）极有可能是将这个困难的篇章解释为这里所描述的情形，以至于 praeteritum（过去）以及 futurum（将来）不是涉及颁布制定法的时点（因为此制定法不能对已经过去的行为进行规定），而是涉及将来的时点，这里也就涉及诉权产生后 1 年届满。在届满之前，诉应被允许（in praeteritum indulget），因此在届满之后，诉应被禁止（in futurum vetat）。

* “《关于暴力的尤利法》（L. Julia de vi）”全称为“《关于公共暴力和私人暴力的尤利法》（Lex Julia de vi publica et privata）”，此法颁布于公元前 17 年，它将暴力罪区分为妨碍正常履行公务的公共暴力和侵犯私人自由的私人暴力，并分别规定了不同的刑罚。——译者注

④ L. 1 *pr. de off. ejus. cui mand.* (1. 21.)

罪的尤利法》(L. Julia de adulteriis)*剥夺了被判决有罪的女性在法庭上作证的能力,据此非常清晰的结论是,其他女性具有此种能力。①

与之相反,制定法的一般基础[例如,作为其依据的“公正”(aequitas)]不能被应用于以下解释,即通过此解释,表述应被认为是不正确的,且表述应被进行修正。因为,此种处理方式已完全包含了不同于法解释的法发展所具有的特征,我们所探寻的不是制定法的意图包含了什么,而是以下问题,即如果立法者搞清楚了的话,那么制定法的意图合乎逻辑地应包含什么。但后一种主张始终具有一种不确定性,因为在制定法与其一般基础之间可能存在许多对立的中间环节,因此,即使立法者对整个关系具有清晰的认识,他们可能也无法按照我们所期望的那样修改制定法。如果我们并非罕见地在罗马法学家那里看到了此种解释,那么在此方面而言,他们并不能作为我们的典范,因为,如同下文中所指出的那样,罗马人并没有清晰区分法解释和法发展。② 其中,以下规则就属于此,即在任何单纯禁止性的制定法中,其所禁止的法律行为始终必须被认为是无效的。③ 如果我们将此规则视为对我们的解释有效的规则,那么这就与刚刚所论述的观点相互矛盾,因为根据合目的性(Zweckmäßigkeit)和效力(Wirksamkeit)这两个一般基础,单纯禁令的表述就具有了很大的范围。事实上,上述规定是一个完全实在性的制定法,并且,将其与我们法典籍(Rechtsbücher)中表达了一个单纯禁令的其他一些篇章联系起来思考,上述规定就是对于这些篇章本身的正式解释(eine authentische Auslegung);因此,它并非是对我们自己解释的指示和典范。

如果对于表述的修正而言,制定法的特别基础是允许使用的,而一般基础不允许使用,那么我们同时必须想到,在这两种基础之间并没有清晰的界限。通过两者之间各种各样逐渐的过渡,真正解释的可能性常常是有疑问的,并且法解释与法发展之间的区分就非常困难。

---

* 《关于惩治通奸罪的尤利法》(L. Julia de adulteriis)颁布于公元前18年,它明确规定了各种通奸类犯罪,并为此设立了专门的常设刑事法庭。——译者注

① L. 18 *de testibus* (22. 5.).

② 我在以下篇章中发现了这方面的例子:L. 40 *pr. de her. pet.* (5. 3.),L. 2 §1. 3 *ad Sc. Vell.* (16. 1.),L. 1 §6 *de aedil. ed.* (21. 1.),L. 15. L. 6 §2 *de j. patr.* (37. 14.),L. 2 *pr.* §1 *de cust.* (48. 3.)——参见下文§47和§50结尾。

③ L. 5 *C. de leg.* (1. 14.)

与之相反,没有任何疑问的是,上文所论述的第三种补救方式,即结论的内在价值,不能被应用于不正确表述的认识和修正。因为,非常明显的是,在此种补救方式之中,并不存在表述与意图的一致化,而是试图对于意图本身进行修正。它作为法发展是有用的,而只在名义上是法解释。

五、法律渊源的整体解释(矛盾)

(一)

迄今,我们论述了对于具体制定法的解释。但上文所论述的全部法律渊源构成了一个整体,对于任何在法领域中出现的任务的解决而言,此整体是已经确定的。为了适合此目标,我们必须对此提出两个要求:统一性(Einheit)和完备性(Vollständigkeit)。——但在这里,我们不能仅仅限定于制定法之上,毋宁说,所有种类的法律渊源都必须被考虑到。——在另一方面,在这里(同在具体制定法的解释中一样),首先论述通常程序的原则,之后论述对于不完善状况的补救方式。

通常程序是根据全部渊源构建一个法体系。根据其本质,这类似于具体法律关系和法律制度的构建,只是此种构建在这里更多地是在大的方面上贯彻。在这个大的关联之中,在上文涉及具体制定法时已经考察过的制定法基础取得了更为重要的意义和作用,并且法学的有机形成力量(die organisch bildende Kraft)似乎在这里具有最大的应用范围。全部的法律渊源,尤其是其中我们称为优士丁尼民法大全(Corpus Juris)的那部分法律渊源,可以从这个立场上被视为一个制定法,这样,具体制定法解释的规则在一定程度上也是可以应用的。因此在这里,具体篇章的对应关系(Parallelismus)具有特别的重要性,而对其的完整掌握由于上述渊源的范围和多样性而具有特别的困难。①

上述整体中的不完善状况可与具体制定法的不完善进行对照,前者涉及上文所提出的两个要求。如果缺少统一性,那么我们就必须消除矛盾,如果缺少完备性,我们就必须填补漏洞。其实,两者都要溯归于一个共同的基

---

① 注释法学家为对应篇章(Parallelstellen)的收集提供了一个非常有用且有益的基础。在刚开始时,D. Gothofredus 的笔记可被利用,它是注释的一个摘录,在这方面具有价值。

础概念。因为,在所有情形中都是我们所寻求的统一性的建立:消极方面,我们要消除矛盾;积极方面,我们要填补漏洞。

法律渊源具体部分之间的内在矛盾这种情形类似于具体制定法中的不明确表述。两种瑕疵都可以通过纯粹逻辑的方式而被认识到,对它们的补救都是绝对必要的,并且都要通过逻辑方式以外的其他方式(在这里是通过历史途径)而被寻求。最为普遍的原则导致要尽可能地化解矛盾,使矛盾仅仅成为一个表象,也就是要寻求表面上的矛盾的协调一致。只有在此种协调一致不能被达成的情形下,才能应用下面的规则。

矛盾或者出现于我们一般的渊源之中,或者仅涉及有条件地成为渊源范围一部分的渊源。

在德意志,一般渊源的组成部分包括优士丁尼制定法、教会法、帝国制定法以及科学化产生的习惯法或者法院惯例(Gerichtsgebrauch)。如果在此存在无法化解的矛盾,以下规则就是有效的,即较新的渊源优先于较早的渊源。此规则的基础在于,这里所描述的此种矛盾属于法的持续发展,因此与较新法规则的确立相联系起来的就是较早法规则的实际失效。如果我们试图为当前的法状况寻求规则,那么此规则只能根据依然存在的规则而被取得,而不能从已经失效的规则中取得。① 但因为这个基础,同时就存在对上述规则的自然限制。也即如果在较早规则之外,存在此规则的例外,那么此较早规则的废除并不必然涉及此例外;毋宁说,如果此例外没有被特别废除,此例外在较新规则之外仍然继续存在。②

---

① 因此,人们只能在以下范围内认为此种矛盾是一种不完善的状况,即人们仍将较早的制定法视为法律渊源的组成部分(准确而言,有必要将其视为是法律渊源的已经消亡的组成部分);现在仍有效的法律渊源的状况因此就不能被认为是不完善的。在主张存在此种矛盾时,并没有对法状况进行指责,而在主张存在不完善制定法时,则始终包含了对法状况的指责。

② L. 80 *de R. J.* (50. 17.):“在法整体中,特殊情形优先于一般情形,且任何涉及前者的事物被认为是最为重要的。”(In toto jure generi per speciem derogatur, et illud potissimum habetur quod ad speciem directum est.)L. 41 de poenis (48. 19.):“……并且,在法律中,通常是特殊情形废弃了一般情形……”(... nec ambigitur, in cetero omni jure speciem generi derogare...)(此篇章的其余部分已经在上文 § 37 第 233 页的注中被使用)——废除是否也应涉及例外,这个问题只能根据较新新制定法的内容而被回答。——这个原则在这里是作为主要规则的限制而被确立的,人们不能将此原则应用于较早法中的所有特别规定,而只能将其应用于本身具有例外性质的特别规定;也即不能将此原则应用于本身只是较早规则的结论的特别规定。——Vgl. überhaupt Thibaut, civilist. Abhandlungen, Num. 7,这里令人满意地阐述了上述原则。

主要规则的应用方式如下。真正的法院惯例是对早期存在的法律渊源的最新发展,它最为优先。其次是帝国制定法的应用。接着是教会法。最后是罗马法。——只有后两者的顺位需要更为详细的阐述。

教会法(在私法问题上)是否优先于罗马法,这个问题争议很大。毋庸置疑的是,即使在这里也必须要首先寻求统一性。但在以下情形中,即此种统一性没有被成功达成,因为变更的意图也许清晰地呈现出来,则对此存在以下观点。人们认为,两种法都并非因为自身的力量而具有效力,而是借助于继受而具有效力;在我们这里,这两种法的继受是同时发生的,也即对于我们而言是同时的,没有哪种法通常优先于另一种法,并且在任何具体矛盾中,只能通过特别的法院惯例而确定优先的问题。[①] ——但在私法事项中,教会法对于罗马法而言完全是新法的(Novellen)关系;尤其是教令(Decretalen),在教令之中,冲突具有特别的位置。在博洛尼亚,两种法就在这种关系中而被实际继受,并且,当教令出现时,它们最初是个别出现,之后则出现于汇集中,这时继受就已经发生了,且上述教令事实上已经是变更性的新制定法。无疑,在德意志,一开始就是全部的和完整的教会法的继受与罗马法的继受同时发生;但这种继受确实是在与博洛尼亚那里的意义相同的意义上发生的,如同人们从博洛尼亚那里取得了罗马法律渊源的范围一样。这样一个完整的事件发生过程在以下情形受到了最大的质疑,即在此情形中,虽然教会法在意大利作为制定法而进入,但它在德意志根本没有被接受;但在德意志继受之时,对于教皇和其颁布的法的尊重,德意志和意大利是完全一样的,这样,两种法的上述基础关系在德意志也被承认,这并非仅仅因为博洛尼亚的权威,而是因为与博洛尼亚那里相同的原因。——根据此种考察可以得出,在私法事项上,教会法通常优先于罗马法。此规则的一个例外只可能因为以下原因而被证成,即或者是因为特殊的法院习惯,或者[在新教邦国(evangelischen Ländern)中]是因为与教会法的私法规定相矛盾的新教教廷法(des evangelischen Kirchenrechts)原则。另外,与此种例外所产生的效力相同的这种效力也因为以下事实而出现,即帝国制定法通常

---

① (Hübner) Berichtigungen und Zusätze zu Höpfner, SS. 14 – 22. Mühlenbruch, I, § 70. ——较为正确的观点参见 Böhmer, Jus eccl. prot. Lib. 1. Tit. 2 § 70 – 73,它非常详细地阐述了这个问题,但却没有达成一个清晰明确的结论。Vgl. auch Hofacker, I, § 53.

优先于教会法,这一点在上文已经阐述过;也即如果帝国制定法不赞同教会法的某具体规定,那么与此教会法规定相对的罗马法规则就由此而再次发生效力。①

(二)

但更为重要也更难处理的是优士丁尼立法的具体部分之间的矛盾。这出现于非常大的范围内,并且近来的著作者在此事项上的观点差异很大。②

首先,有必要将新律(Novellen)与其他三部法典籍(Rechtsbücher)区分开来。新律应被界定为逐渐变动和发展法的具体制定法;它从来没有被立法者在一部汇编中被统一化。因此,在矛盾的情形中,每个新律必然绝对优先于其他三部法典籍,而且也必然绝对优先于其他任何较早的新律。③ 在这里,较之在其他三部法典籍中,存在矛盾这个前提更加确定无疑,而统一化的努力则更少严格的必要性,因为新律的目的就是改变法。——虽然在我们这里,所有新律和其他法典籍是同时被继受的,人们可能认为,前者作为较新的制定法所享有的自然优先地位由此而被再次否定。④ 但上述继受确实是在优士丁尼的意义上发生的,所继受的是他所遗留的制定法遗产的一部分,因此完全遵从了以下方式,即依据此方式,这些制定法的有效性在优士丁尼长期执政的最后而自动得到确立。那时,新律已经废弃了与它相矛盾的较早的法,因此,以下事实对于我们而言是完全无关紧要的,即我们同时继受了新律和其他较早的法。

对于三部法典籍(Rechtsbücher)而言,应首先确定一个一般的视角,从

---

① 例如,利息的理论就是如此,在此理论中,至少一般原则已经被承认,即教会法中的对于利息的强烈禁止已经被帝国制定法所消除,因此,如同在罗马法中一样,一般而言,利息是被允许的。无疑,在此事项上的详细规定争议很大。

② 在此事项上的许多好的观点参见 Thibaut, civilist. Abhandlungen, Num. 6.; Löhr, Justinians Compilation, in: Grolman und Löhr, Magazin, B. 3, Num. 7。——非常详细的著作者索引参见 Haubold, Inst. jur. Rom. Hist. dogm. ed., 1826, § 300。

③ 因此,基于这个目的,Biener 的著作 Geschichte der Novellen 中的附录 Num. Ⅳ(Biener, Geschichte der Novellen, Anhang Num. Ⅳ.)所列明的年代顺序索引对于实践而言就是非常重要甚至不可缺少的。人们对以下事实不会提出反对,即注释法学家并不拥有这样的索引。他们也承认上述原则,并且根据他们的观点对之加以应用,但他们并没有确立一个不同的、错误的年代顺序;因此,他们在这方面很少阻碍更好观点的产生,如同在文本评论方面一样(§ 17. 38.)。

④ Hübner, Berichtigungen und Zusätze zu Höpfner, SS. 8 – 14 过多地阐述了此种反对意见。最后,他虽然容许了这里所采纳的回答,但却只将其作为一个权宜之计,这是完全错误的。

此视角出发,能够发现关于矛盾情形的特别规则。优士丁尼本人想要无可置疑地将它们视为一个相互关联的整体,准确而言,将它们视为一部真正的法典(Gesetzbuch),即这样一部作品,根据此作品,所有法情形的决定都被排他地包含在内,且此作品对于此目的而言也是完全足够的。[①] 这个目标可以通过对大量现存法资料的选择而被达成,此选择的方式是,被选择的部分具有未被破坏的历史形态,且能够被相互结合为一个新的整体。——在这个新的法结构(Rechtsgebäude)中,学说汇纂是主要组成部分,此组成部分单独而言是可以理解的,同时对于应用而言并非是不充分的,其他两个组成部分就仅仅是作为摘要或补充完善而被附加于学说汇纂之上。但在学说汇纂的此种地位之中,并不存在任何理由使其内容优先于其他组成部分的内容。——对于法学阶梯而言,许多人主张,作为特别来源于优士丁尼的作品,它必然优先于其他组成部分;另一种观点认为,它作为学说汇纂的单纯摘录,必然处于最后等的地位;这两种观点都是不正确的。在这里没有被考虑的是,法学阶梯的任务是在法律学校中作为教科书。作为立法的一部分,法学阶梯构成了优士丁尼法的一个具体组成部分,[②]并且它在这方面既不优先于也不劣于内容更多的其他法典籍。关于冲突情形的一些特殊考虑将仍被认为具有效力。——最后,对于法典而言,许多人并非无任何证据地认为其一般优先于其他组成部分,这种优先类似于新律的优先,其理由是,当前的法典获得制定法效力的时间要晚于法学阶梯和学说汇纂大约 1 年。因此,在具体篇章有冲突的情形中,法典始终是优先的。但根据此种观点会产生以下奇怪的结论。较早的法典(其绝大多数内容与新的法典一致)出现于公元 529 年。法学阶梯和学说汇纂公布于之后的公元 533 年,在所有矛盾的篇章中,它们废弃了法典的规定。最后,新的法典出现于公元 534 年,它又必然废弃了法学阶梯和学说汇纂的规定,由此又重新确立了第一部法典的篇章,这些篇章在 1 年前已经被废止。这样一个如此轻率的法变化,不可能是优士

① Constit. Omnem §7. Const. Summa §3. L. 2 §12. 23 C. *de vet. j. enucl.* (1. 17.)—Hufeland, Geist des R. R. ,I,SS. 143 – 145 否定了法典的这个特征,因为法典籍仅包含了单纯科学的事项。但这仅仅涉及其产生方式和形式;关于其作为法典的这个目的方面,所引用的篇章并没有对此提出任何疑问,而我们所关心的仅仅是这一点。因此,完全可能存在以下情形,即许多具体篇章并非制定法,而仅仅是历史资料,对此观点的使用很快就要作出。

② Prooem. Inst. §6. L. 2 §11 *C. de vet. j. enucl.* (1. 17.)

丁尼所希望的。[①] 事实上,他可能根本没有设想此种方式的废弃,因为他认为法典籍之间不存在矛盾,而只是完全一致。在新法典中存在一些特别的篇章,我们可以将其视为废弃性的篇章,同时,没有必要采纳上述荒谬的轮替这种观点,也不会与优士丁尼所认为的协调一致形成矛盾,这种篇章非常少,仅仅出现于学说汇纂取得制定法效力(公元533年12月30日)和法典颁布(公元534年12月17日)之间的一段时期,这段时期不足1年。[②] 这种法必然优先于学说汇纂,这一点没有疑问,但这种优先是根据其他更有力的理由而得出的,此理由的广泛使用很快就要被做出;并且,没有必要基于此目的而在之后有效颁布包含它们在内的新法典。——如果我们再一次简短总结关于处理三部法典籍的一般原则,那么此原则就是:这三部法典籍应作为一个相互关联的大作品而具有效力,它们不是完全同时公布这一事实并没有任何影响,我们可以没有错误危险地将它们作为同时公布的而加以处理。[③] 根据这个原则,现在就来推导关于处理具体矛盾的特殊规则,这些具体矛盾可能出现于三部法典籍之中。

(三)

在此情形中,首先,以下一般规则获得了一个完全特殊的力量和含义,即要尽可能地通过统一而化解矛盾,从而使矛盾仅仅成为一个表象。首先是因为,三部法典籍展现了一个独立的作品,在此作品中,意图的统一应被视为一种自然的状况;其次是因为,优士丁尼明确地确信,矛盾在这里是不存在的,在我们认为存在矛盾之时,我们仅应当相当精细地(subtili animo)仔细审查,这样我们就会发现统一的隐含根据。[④] 这一指示特别重要,因为有些人为化的进行统一的程序由此就被完全证成;但是,此程序无疑并非完全任意的,在这里我们引入了完全外部的区分,对此,无论是在相

---

① 这个理由在以下著作中被正确提出:Thibaut,a. a. O. ,S. 83。

② Reland(fasti,p. 710)列举了11个这种篇章。但在其中一些篇章中,根据其宗教化或政治化的内容,根本就不能与学说汇纂形成矛盾。因此,这种篇章只剩下了以下6个,它们涉及私法,并且引入了新法:L. 2 *C de jur. propt. cal.* (2. 59.). L. 29 *C. de nupt.* (5. 4.). L. 31. *C. de test.* (6. 23.). L. *un. C. de cad. toll.* (6. 51.). L. 15 *C. de leg. her.* (6. 58.). L. *un. C. de lat. lib. toll.* (7. 6.)。

③ Löhr,a. a. O. ,S. 201.

④ L. 2 §15. L. 3 §15 C. de vet. j. enucl. (1. 17.)

互矛盾的篇章本身之中,还是在立法的其他部分之中,都不存在任何一种诱因。[①]

但这种统一通过以下两种不同的方式而成为可能:体系方式和历史方式。两种方式在本质上都是允许的,但第二种方式只在第一种方式无法达致目标的情形下才被应用。

体系的统一可以通过以下方式而实现,即相互矛盾的篇章中的任何一个篇章都取得其适用的特别条件,从而取得一个特别的支配范围:或者我们将规则的范围根据不同的条件而拆分成两个并列的部分,或者我们将一个篇章作为规则,而将另一个篇章仅仅作为此规则的例外。但此种体系统一也可通过以下方式而实现,即将两个篇章作为一个整体而加以考虑,这样,其中一个篇章通过另一个篇章而被补充,由此一个篇章的表面普遍性通过另一个篇章而被更为详细地确定和限制。[②] 以下这些应用会使得此种程序清晰化。如果一个正当名义(Titel)* 虽然不存在,但却被占有人误认为存在,在此情形下,许多篇章认为时效取得是可能的;[③]而其他一些篇章认为时效取得在此种情形下是不可能的。[④] 协调方式在于,如果上述错误认识的可能理由能够被证实,那么时效取得是可能的,反之则不可能。[⑤] ——同样,对于配偶双方之间的买卖,如果所规定的买卖价格较之真实价格有意更高或更低,那么许多篇章就认为此种买卖是绝对无效的;[⑥]其他一些篇章则将此

---

① L. 2 §15 cit.:"但是一些区分确实存在,如果仔细审查,此种区分常常一方面清晰地表明表面上的不一致,但事实上在另一方面却涉及完全不同的事项。"(... sed est aliquid novum inventum vel occulte positum, quod dissonantiae querelam dissolvit, et aliam naturam inducit discordiae fines effugientem.)

② 因此,对于以下规定,即此规定已出现于法典之中,但却没有作为一个规则而出现于学说汇纂的篇章中,L. 1 §9 C. de vet. j. en. (1. 17)这样认为:"除非(已在法典中规定的——译者注)事项基于以下目的而应当(在学说汇纂中——译者注)被规定,即作出区分、提供更为完善的规定或取得更高程度的精确性。"(nisi forte vel propter divisionem, vel propter repletionem, vel propter pleniorem indaginem hoc contigerit.)这一点也可被应用于矛盾的体系性化解。——优士丁尼本人在 Nov. 158 中提供了对于法典中的两个篇章进行体系统一的一个例子。

* 时效取得的正当名义,指占有合格物的人可据以对该物实现时效取得的正当理由,如"因购买""因赠与"等。——译者注

③ L. 3 L. 4 §2 *pro suo* (41. 10.).

④ L. 27 *de usurp.* (41. 3.), §11 J. *de usuc*(2. 6.)

⑤ L. 11 *pro emt.* (41. 4.), L. 4 *pro. leg.* (41. 8.), L. 5 §1 *pro suo* (41. 10.)

⑥ L. 38 *de contr. emt.* (18. 1.), L. 17 *pr. ad Sc. Vell*(16. 1.)

种完全无效限制于以下情形,即在此情形中,此种买卖仅仅是为了实现赠与而被进行,与之相反,如果此买卖独立于这种附带目的也要被进行,那么买卖有效,而仅仅是价格条款中所包含的金钱赠与无效。① ——在这种处理方式中,其基础是以下正确的观点,即一个规则没有单纯因为其表述的不明确的普遍性而排除通过更为详细的界定或例外对之进行的限制,而只能因为对于此种限制的明确否定而排除上述限制。在这里所引用的协调性篇章中,早期法学家已经暗示了此种处理方式。——尤其是,在这里要考虑到以下这种规则或规定的特殊性质,即此种规则或规定是由法学家通过科学方式而被构造形成的。因此,如果两个相互矛盾的篇章表现出了此种规定与具体界定之间的矛盾,那么我们几乎总要优先适用后者。Afrikanus 完全是在这个意义上行事的;此原则更为重要和更为清晰的运用将在其他地方被作出。

历史的统一通过以下观点而实现,即相互矛盾篇章中的其中一个篇章包含了真正的、持续性的立法观点,而另一个篇章则仅仅包含了历史资料。此种处理方式因为许多人而享有不好的声誉,因为此种处理方式被这些人以一种不合适的方式所理解和应用。他们只是单纯地认为时间顺序是决定性的,并且在所有情形中,都认为较新的(皇帝的或者法学家的)篇章优先于较早的篇章。这种处理方式当然很简单且方便,但却不能根据法典籍的一般计划而被证成;并且,优士丁尼本人非常明确地表示反对这种处理方式,他特别对学说汇纂阐释道,每个被采纳的篇章都应被视为从他那里所产生的帝国制定法。② ——与之相反,只要对于较早篇章的采纳而言,历史目的能够被认为是可能存在的,那么历史的统一就完全能够被证成;较早篇章就劣后于较新篇章,这并非因为前者年代较早,而是因为其目的并非是被直接

① L. 5 §5 L. 32 §26 de don. int. vir. (24. 1.). —Vgl. unten §154 note b. c.

② L. 1 §5. 6. L. 2 §10. 20. C. de vet. j. en. (1. 17.). —L. 1. §6 cit. 认为:“事实上,我们合理地将这些著作视为是我们自己创造的。”(omnia enim merito nostra facimus)其他篇章也表明了类似的观点。——当然,这种意见首先与至那时仍具有效力的皇帝 Valentinian 三世的制定法(§26)处于清晰的对立之中,因此,学说汇纂中的 Julian 的篇章所应受到的重视不能比 Ulpian 的篇章所受到的重视更少;但此规则本身是具有普遍性的,因此它同样排除了较新篇章仅仅因为年代的不同而相对于较早篇章所具有的优先地位。

应用。[①] 这样一个历史目的可通过两种方式而出现。首先是由于在汇编时已经存在的法律关系,因为此种法律关系仍必须根据较早的制定法而被决定。[②] 其次,这一点更为重要并且容许被更为广泛地应用,是由于较新的单独有效的篇章通过采纳较早法的篇章而更为清晰。因此在这里可以假定,较早篇章是基于表明一部分法律史的目的而被采纳,此法律史对于最新篇章的阐释而言是必要的。

最后这个假定的正确性可以通过以下这些事实情况而被完全证实。第一,法典籍是对数个世纪以来逐渐产生的历史资料的汇集整合,法规定的发展在此就必然非常清晰,而没有在一部新写就的作品中被遮蔽。第二,所有篇章的历史名称标记被细致地保留下来,可以想象在此只存在一个目的,即使有效篇章有可能根据较早的篇章而被阐明。第三,存在非常多的变更性的新谕令(Constitutionen),如果人们不将这些谕令与其所变更的较早的法进行比较,那么这些谕令几乎根本无法被理解。第四,法学阶梯具有特别的性质,它不应当包含过时的法,[③]尽管如此,它仍然阐述了历史发展,[④]在一些理论中,它也非常完整地提供了这种历史发展;[⑤]由此,所有一切就非常清晰了:已经消亡的制度,例如要式买卖(Mancipation)和严格婚(die strenge Ehe),不应再被涉及,但仍然存在的制度的历史发展不应缺少,因为如果没有这种历史发展,此种制度最新的形式也无法被理解;我们如何能够怀疑,这些在法学阶梯中非常清晰地呈现于我们眼前的东西,事实上这些其本身也是非常自然的东西,也能被应用于学说汇纂和法典之上,以及三部法典籍相互之间的关系之上?——从这个立场出发,所有的以下这种异议同时就消失了,即这种异议并非没有任何表象地试图反驳我们的假定。人们认为,

---

① 对这一点的非常令人满意的阐述,参见 Löhr,a. a. O. ,SS. 180,189 – 197。

② 本质上而言,基于此目的,将在未来案件中不应再被应用的较早的制定法部分采纳入法典籍就并非绝对必要,因为早期的内容组成部分和书籍事实上并没有被破坏。但此种做法事实上已经被实施了,这一点已经被优士丁尼本人清晰地表明出来,Nov. 89. C. 7。

③ Prooem. Inst. §3:不再被灌输任何无用或错误之事,而只接受在案件中实际有效的论据(ut. . . nihil inutile,nihil perperam positum,sed quod in ipsis rerum obtinet argumentis,accipiant.)

④ Prooem. Inst. §5:其中简要地阐述了从前有效的法律,以及后来因脱离使用被蒙上阴影,尔后由于皇帝的补救而重新被照亮的法律(In quibus breviter expositum est et quod antea obtinebat,et quod postea desuetudine inumbratum ab Imperiali remedio illuminatum est.)。

⑤ 例如,§4 – 7 *J. de fid. hered*(2. 23.)。

优士丁尼已经表明了,所有篇章都应被视为从他那里产生的;但由此可能存在的情形是,一些篇章并不是被用来直接应用的,而是被用来进行历史阐明的。此外,过时的法不应被采纳;①如何理解这些过时的法,这些刚刚在法学阶梯那里已经被阐明了。第五,在三部法典籍中不应认为存在矛盾;②如果具有不一致内容的两个篇章因为以下原因而都被采纳,即其中一个篇章根据另一个篇章而得到了历史性的阐明,那么这里事实上就不存在矛盾。——根据这些理由,历史的统一是无可置疑的,尽管如此,它只能被应用于不能应用体系统一的情形。③ 体系统一的这种优先地位可从以下事实中被自然地推导出来,即这些法典籍是基于实践目的而被汇编出来的,因此,法典籍的所有组成内容也必须被认为是被用来进行直接应用的,除非此观点因为以下特殊的理由而被驳倒,即在这里会产生与其他篇章之间的无法避免的矛盾。

但最为重要同时也是最为困难的问题是确定历史统一的条件。以下情形是极为罕见的,即存在关联的法律史部分已经被直接提供给我们,如同上文法学阶梯中的例子所指出的那样。毋宁说,上述这种统一几乎总要首先通过人为程序而被实现。我们如何才能确定地认识到这种情形实际存在?在此存在下述规则。如果不同时间的篇章存在矛盾,那么内容的不同恰恰可以因为年代的不同而被证实产生,因为事实上发生了法的变化,这种变化或者发生在两个篇章之间的时期,④或者更为常见得正是因为较新篇章本

---

① Const. *Haec quae necess.* §2 L. 1 §10 C. *de vet. j. enucl.* (1. 17.)

② Const. *Haec quae necess.* §2 Const. *Summa* §1. L. 1 §4. 8 *C. de vet. j. enucl*(1. 17.). L.2 *pr.* §15 *eod.* Nov. 158.

③ 这一点可以通过以下事实而被证实,即优士丁尼本人只详细指明了体系统一,很显然,这是因为,他将体系统一视为通常方式和自然方式,它应得到最优先的应用。L. 2 §15 C. de vet. j. enucl(1. 17.). Nov. 158.

④ 这一点可以通过以下事实而被认为是可能的,即新制定法在中间时期公布;但(更为常见的)通过一个法规则的持续科学发展这个事实。例如,在借贷理论中,首先适用以下严格的规则,即只有通过借款的直接交付,才能取得对于接受人的诉。但当占有取得理论取得了更为自由的发展时,这就会影响到借贷所允许的形式。在Africanus时代,如同所表明的那样,此种发展还没有完成(L. 34. *pr. mand.* 17. 1.),在Ulpian时代,此种发展已经完成(L. 15 *de R. C.* 12. 1.)。因此在这里,Africanus的篇章仅仅是历史资料,此种法规定的逐渐发展借此可以被认识到。——一个与此相似的情形出现于附录(Beilage)X。另外一个情形(L. 23 *de don. int. vir.* 24. 1.)在§161中被论述。

身，如果此篇章本身具有变更性制定法的性质。在这些情形中可以实际确定历史的统一，因为我们可以确定地主张，如果两个篇章的作者同时进行写作，那么他们会取得一致意见。因此，我们这时可以将较早的篇章视为单纯的资料，它可以用来对较新的篇章进行法律史的阐明。[①] 因此，汇编者是否是有意这样安排（这一点无疑无法被严格证实），或者较早的篇章是否只是因为疏忽而被采纳，这些都是完全无关紧要的。因为，即使是在后一种情形中，此种历史的统一也完全是在汇编的意义上实现的，我们的处理方式也因为汇编的性质和目的而被完全证成。[②] ——与这里所描述的情形相对的是，在下面一些情形中，历史统一不被采纳。首先，两个篇章就我们所知是同时出现的，如果两个学说汇纂篇章起源于同一个作者，或者源于两个同时代的作者，那么我们就必须几乎始终可以这样认为，因为我们对具体著作的产生年代所知甚少。其次，虽然两个篇章并非同时产生，但时间关系并非内容不一致的理由，因为即使它们同时被写作，它们的内容仍然会同样不同。例如，在以下争议问题中就可以这样认为，此争议问题数个世纪以来在罗马法学家中一直存在；如果这样一个问题在学说汇纂中仍然误入迷途，那么以下事实就是完全无关紧要的，即也许一个篇章源于 Julian，另外一个篇章源于 Modestin，因为即使两个篇章是同时产生的，它们的内容同样仍然会相互不同。在此种情形中，较早的篇章并非较早的法的证明，因此对此篇章的采纳并不具有历史目的，由此就必然不发生历史统一，因

---

① 一个很显著的例子是制止暴力剥夺令状（Int. de vi）（此令状针对以下这种人提起，即此人以暴力但未使用武器剥夺他人对物的占有。——译者注）。在这一事项上，学说汇纂中详细地描述了相关的早期法，即此令状被限制适用于土地之上（L. 1 §3－8 *de vi*）。法典和法学阶梯则认为此令状可适用于所有的物。在此，无疑我假定了以下观点的正确性，此观点出现于我的关于占有的著作§40之中，当然这个问题的争议很大。——另外一个例子是军营特有产（castrense peculium）（军营特有产，主要来源家子在服役期间所取得的财产，此种财产由该家子直接占有和经营，如果该家子未立遗嘱而死亡。则该财产成为家父的财产。——译者注），如果占有该特有产的家子（filius familias）死亡，且对此特有产未立遗嘱，则该特有产成为家父的财产，但该特有产却没有成为遗产，而是仍以之前的权利（jure pristino）形式存在。此法规定在学说汇纂中被详细描述，且还出现于法典之中（L. 1. 2. 9. 19 §3 *de castra. pec.* 49. 17.，L. 5. *C. eod.* 12. 37.）。但当所谓的外来特有产（Adventitien）发展之后，此原则就不再合适，因此法学阶梯认为，且无疑仅仅是附带地认为，仅在家子无子女和兄弟姐妹的情形下，家父的上述权利才能有效适用（*pr. J. quib. non est permissum.* 2. 12.）。（外来特有产，即家子因赠与或自己劳动等原因而取得的特有产。——译者注）

② Löhr，a. a. O.，SS. 212.

为此种历史统一一般而言并不能通过不同的年代而被确立,而只能通过历史目的而被确立,而历史目的又只能根据可被证明的法的发展而被得出。同样,如果两个篇章并非同时产生,并且只有以下问题无法被确定,即不同年代和历史目的这两种关系中的哪一种关系才是原因,则历史统一同样必然并不发生,因为只有可被证实的历史目的才能证成上述历史统一方式。

(四)

如果我们将这些规则应用于具体的法典籍之上,那么可以认为,首先对于法典而言,历史统一可以在很大的范围内被容许。因此,如果较新的篇章是一个告示(Edict),那么以下结论就是最为无可置疑的,即此告示恰恰是被用来引入新法的;这在此种告示源于优士丁尼这种情形中尤其如此,在以下情形中就更是这样,即此告示属于在学说汇纂取得制定法效力之后才初次出现的这种数量很少的告示。[①] 事实上,在很大一部分后期的批复(Rescripte)之中也要采纳类似的关系,尤其是在戴克里先皇帝(Diocletianischen)的大量批复之中,因为这些批复至少非常常见地给出了法实际发展的证明。但是却不能因此而主张法典享有相对于学说汇纂的一般优先地位,因为法典中的许多早期批复与学说汇纂的篇章处于以下关系之中,即在此关系中,根据上文所建立的规则,历史统一不被允许。[②] ——如果学说汇纂的两个篇章并非同时产生,那么在这种情形中,历史统一更少能够被证成;但此种历史统一在这里也能够出现,这已经在一个例子中指明了。——最后,如果法学阶梯与其他内容更多的法典籍之间存在矛盾,那么以下这些情形大多能够以足够的确定性而被确定。在法学阶梯的编写中偶尔非常明显地存在仓促情况,这是因为以下原因而产生的,即人们在盖尤斯的法学阶梯中很不熟练地插入其他法学家的篇章;无疑,此时

---

① 参见第 272 页注。——因此,这些篇章实际享有优先地位,但却并非依据新法典之后的颁布这个原因,而是因为其他原因,前者在上文中被认为是并非决定性的原因。

② 认为法典相对于学说汇纂享有绝对优先地位的有,Thibaut,S. 93,Löhr,S. 213,我对此不能同意。

法学阶梯应处于一种劣后地位之中。* 相反,法学阶梯的许多其他篇章恰恰包含了立法者的审慎的特别解释;这种篇章被视为等同优士丁尼的告示,并优先于其他与之相矛盾的篇章。① 但大多数情形被认为是既非第一种情形也非第二种情形,毋宁是,法学阶梯和学说汇纂中的两个篇章应被视为相互补充的篇章;但这属于体系性统一,由此所有其他处理方式都是多余的。②

最后,尽管矛盾无论如何应当被消除,但两种方式的统一在此都无法被应用,那么在此情形中应做些什么呢?所能够做的仅仅是,在两个相互矛盾的篇章中,应优先采用以下篇章,即此篇章最为符合优士丁尼立法的其他毋庸置疑的原则。此规则的根据是罗马立法的有机统一性这个假定,此假定再一次地在实在法的一般本质那里发现了其深层次的根据。对此规则正确性的证实就在以下处理方式之中,即此处理方式完全类似于在具体制定法的模糊表述情形中所应用的处理方式,且无人可以质疑后一种处理方式的

---

* 此种情形的一个完全毋庸置疑的例子参见本卷第一个附录;但它并没有以实践法(des praktischen Rechts)的规定作为对象。——同样,§16 *J. de L. Aquilia* (4. 3.)是根据 Gajus,Ⅲ,219. 和 Ulpianus,ad ed. 这两个篇章拼合而成的,后面这个篇章我们是作为 L. 7 §7 *de dolo* (4. 3.)而享有的。但通过这种拼合产生了这样一种表象,即在最后这一类的情形中,阿奎利亚法的扩用诉讼(a. utilis L. Aquiliae)并不能适用。(扩用诉讼,即将适用于特定情形的法定诉讼形式扩张应用于类似情形的诉讼。——译者注),而它在 L. 27 §19. 20. 21 *ad L. Aquil.* (9. 2.)事实上是被允许的。——§3 J. de emt. (3. 24.)认为,对奴隶的看管(custodia)而言,出卖人只在存在特别允诺的情形下承担此种(在作为标的物的奴隶交付前对此奴隶的——译者注)看管义务,否则则不承担。这与以下情形相联系,即在其他法律行为中,奴隶不需要被看管。L. 5 §6. 13 *commod.* (13. 6.). 但在上述引用的法学阶梯的篇章中,在提及奴隶之后,还增加了以下内容:"朕认为上述规则也适用于其他动物和其他物。"(Idem et in ceteris animalibus ceterisque rebus intelligimus)通过此增加的内容,汇编者想表达以下观点,即在最初形式的规则之中(此规则无疑是从一个早期法学家那里逐字摘引出来的),奴隶只是偶然被提及,由此此规定就更具有实践意义;但汇编者忽视了,对奴隶的提及并非偶然,事实上,其他动产适用相反的规则,并具有很好的理由。L. 35 §4 *de contr. emt.* (18. 1.). L. 3 L. 4 §1. 2. *de peric.* (18. 6.). —— §39 *J. de action.* (4. 6.). 认为抵销(Compensation)只适用于以下情形:"原告根据同一原因在他这一方须履行的。"(quod invicem actorem *ex eadem causa* praestare oportet)此限制不符合所有其他优士丁尼法,尤其不符合 §30 *J. eod*。此限制在 Paulus 时代已经被废除,Paul,Ⅱ 5 §3。事实上,自从 Marc Aurel 将抵销适用于(始终是单务的)要式口约诉讼(Stipulationsklage)之后,此限制就不再继续存在,§30 *J. cit.* 。我们现在知道,上述不适合的文辞仅仅是从 Gajus,IV,§61 之中欠考虑地抄写下来的,在 Gajus 这个时代,此限制仍然具有效力。

① Thibaut,a. a. O. ,S. 96.

② 我将以下事例视为此种情形。§25 *J. de rer. div.* (2. 1.)和 L. 7 §7 *de a. rer. dom.* (41. 1.)就是相互补充的两个篇章。法学阶梯的篇章在关于添附所有权(des gemischten Eigenthums)的规则方面更为完整;与之相反,学说汇纂的篇章则涉及已经脱粒的谷粒情形中的更为精确的衡量和界定。因此,两个篇章必须在思想中被结合起来。——L. 2 §6 *mand.* (17. 1.)通过 §6 *J. de mand.* (3. 27.)的结尾部分同样只是被完善。

正确性。在后一种情形中,从具体制定法表述的两种含义中产生了疑问,与之相类似的是,在这里,从立法的两个相互矛盾的篇章之中产生了疑问。在彼处,语言上的疑问通过与同一个立法的其他部分或者其他立法之间的比较而被最为确定地消除,与之相类似的是,在这里,内容上的疑问通过与同一个立法的其他毋庸置疑的原则之间的比较而被最为确定的消除。此种相似性是完全的和无可置疑的。——此规则的一个单纯应用是以下情形,即我们注意到矛盾的存在,矛盾的其中一个方面是完全孤立的观点,而矛盾的另一个方面是许多相互一致的观点,且这些观点产生于不同的时代。我们就有理由假定立法真实含义的表述毋宁存在于这些相互一致的表达之中,而非那个孤立的表达之中。① ——同样,如果在两个相互矛盾的篇章中,其中一个篇章位于争议规则直接所属的位置,而另一个篇章所处的位置远离上述位置。那么,对于第一个篇章,我们可以认为,汇编者在采纳此篇章时对此篇章的意义和影响具有清晰的意识,与之相反,在第二个篇章中,产生矛盾的内容则更容易被忽视。因此,在整体上,第一个篇章比第二个篇章更为准确地表达了整体上的立法含义。②

虽然无法否认优士丁尼的明确确信,即矛盾是不存在的,但是,什么能够使此种确信对立于显而易见的现实(Wirklichkeit)和以下事实,即我们发现矛盾时,有必要消除此矛盾?事实上,人们可能怀疑,是否要如此认真严肃地对待上述确信。无疑,防止矛盾是计划的一部分,但计划同样也包含了防止重复和早期法重要篇章的遗漏[similia(重复)和 praetermissa(遗漏)]。以下情形得到了很清晰的阐明,即重复和遗漏这两种可能的疏忽事实上确实会发生,而此种疏忽会以人类性质上的弱点作为理由而被正确的谅解。③但此种相关的谅解和承认也同样完全适用于矛盾这种情形;而这一点没有以同样的方式而被表述出来,这似乎是完全偶然的。

迄今,我们论述了一般法律渊源范围之内的矛盾;现在还需要考虑应用

---

① 属于此情形的包括 L. 5 §3 *de praescr. verb.* (19. 5.),此篇章与不同时代的许多篇章都存在矛盾。还包括 L. 23 *de don. int. vir.* (24. 1.)这个情形,此篇章对立于许多完全清晰的、无可置疑的篇章(§164)。此种情形还同时属于 §44 的范围;因为根据相互矛盾的篇章,我们确信,上述篇章仅仅具有历史意义,而仅根据对此篇章本身的单独考察则无法观察到此历史意义。

② 基于这个理由,§3 *J. de usufr.* (2. 4.)必然优先于 L. 66 *de j. dot.* (23. 3.).

③ L. 2 §14. 16 *C. de vet. j. enucl.* (1. 17.).

于有条件地增加进来的法律渊源时的矛盾。

一般而言,有效适用于前者情形的规则和有效适用于后者情形的规则是相同的。尤其是,在这里,较新的制定法也必然优先于较早的制定法,由此,邦国法(Landesrecht)通常被确定为优先于共同法。在这里,此规则同样通过考虑到较早规则的以下这种例外而被限缩,即此例外并未必然被较新的变更性规则所触及。——但这里还另外出现了第二种特别的例外。如果较新的制定法的适用领域比较早的制定法更为广泛,那么,只有在较新的制定法具有一种绝对的性质时,较早的制定法通常才会被废除,除此之外,较早的制定法仍继续存在。① 对此存在以下古谚:意愿击破城市法(Stadtrecht),城市法击破邦国法,邦国法击破共同法。②

六、法律渊源的整体解释(漏洞,类推)

如果我们认为法律渊源对于一个法问题的决定而言是不足够的,那么我们就必须填补漏洞,因为完备性的要求如同统一性的要求一样包含了绝对的法。问题仅仅在于,我们从何处寻求这种完善。著作者们对此问题的表述多种多这样,但根据其本质事实上都可以溯归至两个观点。根据第一个观点,应采纳一个统一的标准法(自然法),此标准法应当是所有实在法的补充性法,如同在德意志罗马法与各个邦国法的关系一样。在上文中已经被抛弃之观点的特别应用在这里也不需要被进行新的反驳。——根据第二个观点,实在法应当根据自身而得到完善,因为我们认为在实在法中存在一种有机的形成力量(eine organisch bildende Kraft)。根据我们对于实在法的基本观点,我们必须将此种处理方式视为是正确的和必要的方式,并且此处理方式与以下处理方式是相同的,即在通过消除矛盾而确立统一性之中所

---

① L. 3 §5 *de sepulchro viol.* (47. 12.). 在一个城市中,在城墙内的安葬通过自治市法(lex municipalis)而被允许,但 Hadrian 之后对于予以了一般禁止,人们对哪个规定具有优先地位存在疑问;尽管如此,在此种情形中,之后的一般性的但却是绝对性的规定具有优先地位。——C. 1 de const. in Ⅵ. (1. 2.):"……罗马的祭司……可能不能很好地了解地方特殊的习惯及法令……通过更新的谕令,如果此谕令本身没有明确地规定,则不能认为它们(指习惯及法令——译者注)被废除。"(... Romanus pontifex... quia... locorum specialium... consuetudines et statute... potest probabiliter ignorare: ipsis... per constitutionem a se noviter editam, nisi expresse caveatur in ipsa, non intelligitur in aliquot derogare.)

② Eichhorn, deutsches Privatrecht, § 30.

应用的处理方式。通过这种处理方式而发现的法规定与既定的实在法之间的关系,我们称为类推(Analogie),①我们必须通过类推而填补任何已被发现的漏洞。

但此种通过类推进行的法发现(Rechtsfindung)存在两个等级。第一个等级是,出现了一个新的、迄今未知的法律关系,在迄今形成的实在法之中,并不存在作为此法律关系原型(Urbild)的法律制度。在此,根据与已知法律制度之间的内在相似性这个法则,此种原型性的法律制度被新构建出来。第二个等级更为常见,即在一个已知的法律制度中,产生了一个新的具体法问题。在此,必须根据属于此法律制度之法规定的内在相似性而对此作出回答,对此目标而言,关于具体制定法基础的正确观点是非常重要的。——在这两个等级中,这种类推式的法发现可能作为诸如通过立法而进行的法发展的动力,在此情形中,此种法发现的行使可能具有更大的自由度。但此种类推式的法发现也可能作为一种纯粹的解释方式(如同我们在这里所观察到的),因为在此之中,首先是新的法律关系或新的法问题被提交给法官进行决定。对于此种方式的类推应用而言,现在还应当进行一些更为详细的界定。

类推的任何应用都依赖于所假定的法的内在一致性;但此种一致性并非仅仅是类似于因果关系的这种单纯的逻辑一致性,而同时是一种有机的一致性,它产生于法律关系及其原型之实践性质的总体直观。因此,我们必须始终从既定之物出发,扩张此既定之物以解决当前的任务。此既定之物可能是一个明确的具体制定法,在此情形之中,此种决定通常被称为"基于法律的论证"(ex argumento legis);但更为常见的是,此既定之物存在于法理论的以下组成部分之中,即此组成部分本身已经通过一种人为的抽象方式而产生。但在所有情形中,此种处理方式在本质上都不同于上文所述的扩张解释,两者经常被混淆。后者并非是填补法的漏洞,而是根据制定法的真实意图修正此制定法所采取的不正确表述。而在根据类推而进行的前种处理方式中,我们认为,指导性制定法(eines leitenden Gesetzes)的真实意图无

---

① 罗马人在同一意义上采取了此种表述;Varro de lingua lat. Lib. 10(早期版本9)C. 3-6. Quinctilian. I. C. 6. Gellius Ⅱ. C. 25. Isidor. I. C. 27.——关于类推的真正本质的非常好的解释,Stahl,Philosophie des Rechts,Ⅱ,1,S. 166。

论如何是完全不存在的,我们试图通过法的有机统一性而消除此种瑕疵。

但是,如果被作为出发点的既定之物具有一个规则的例外这种性质,那么借助于类推的解释就根本不能被应用。在此种情形中,类推的应用大多因为以下原因而必须被拒绝,即缺少规则这个应用的基础条件根本不存在。例如,如果一个现存的制定法通过一个新的制定法而被部分废除,那么未被废除的部分就继续存在。[①] 如果我们在此想扩张此种废除,那么这就并非类推,因为规则根本并非不存在,而毋宁是扩张解释,并且是任意的、毫无根据的扩张解释。——一个真正特权(Privilegien)的类推式扩张也同样如此,在此事实上并未缺少真正的法规则。——如果个别法或 Jus singulare(个别法)要被扩张至其直接范围之外,那么情形也同样如此,因为规则事实上已经存在,此规则通过扩张只会被破坏。在所有情形中,此种情形是最为常见和重要的,它需要更为准确的阐述。人们也可能会试图使用此种个别法,但目的并非是扩张存在于此个别法中的例外,而是为了据此对与一个相似的、事实上未被解决的法问题作出决定。这样,类推情形似乎就是实际存在的,且上文认为有效的拒绝原因似乎就不再适合。但尽管如此,在此种情形中,也不能使用个别法规定根据类推作出决定,而要为此寻找常规法的一个类似规定。因为,根据类推而进行的整个处理方式事实上仅仅依赖于法体系的内在关联;但个别法规定却是根据不同的原则而产生并被置于法体系之中的,因此,个别法规定不具备常规法所享有的有机形成力量。

罗马人对于通过类推而进行的法完善具有非常正确的观点,但他们在类推的应用中却没有处处区分开法发展和法的单纯解释;下文中将详细阐述这种混淆的原因。根据罗马人的理论,在所有未决的法问题中,根据内在相似性和亲和性这个法则,既定的法被扩张至所寻求的决定之中。[②] 产生法

---

① 一个例子出现于以下篇章中,L. 32 §6 *C. de apell.* (7. 62.)。—Vgl. auch Thibaut, logische Auslegung, §20.

② L. 12 *de Leg.* (1. 3.):"根据类似情形的规定。"(ad similia procedere) L. 27 eod.:"在任何时候都相似的。"(quae quandoque similes erunt) L. 32 *pr. eod.*:"与其临近或合理产生的做法。"(quod proximum et consequens ei est) 在 L. 2 §18 *C. de vet. j. enucl.* (1. 17.) 这个篇章中,Hadrian 皇帝认为,诏谕(Edicts)的逐渐完善应"根据他自己的规则、观点和比照仿效"(ad ejus regulas, ejusque conjecturas et imitationes)而实现。——优士丁尼对此情形的提及并非在 §16 eod 的 praetermissum(省略)(涉及早期法学家的被省略的篇章)之中,而是在 §18 的新 negotia(事项)之中。他是如何处理此情形的,这个问题在下文中将被论述。

的这种有机扩张的形式主要是拟制(Fictionen)[①]和扩用诉讼(utiles actiones)。通过这种方式,也同时保证了新法和旧法之间的内在关联,全部法的体系统一性也由此得到保持。在遗产占有(Bonorum possessio)*这个例子中,此种处理方式会大体上清晰化,完整形态的遗产占有必然会被认为完全是遗产(hereditas)的拟制。[②] ——但是,早期法学家以最为明确的方式反对在任何Jus singulare(个别法)之中进行类推扩张。[③] 在具体情形中,此一般意义上的拒绝也通过许多值得注意的应用而被证实。例如,如果某人从一个精神病人那里购买了一个物,且此人认为此精神病人是一个具有正常理智的人,则此人就根据个别法而享有进行时效取得的权利;但是,如果人们在其他方面也将此购买行为作为有效行为而处理,那么这就是错误的。[④] 如果某人将某物作为出质物而予以转移,且他对此物正在进行时效取得,则尽管如此,时效取得根据个别法仍继续进行;但如果因为此结果而认为他也享有任何其他占有权利,则这就错了,因为上述占有权利毋宁由债权人享有。[⑤] 与之相反,如果在许多其他应用之中仍出现了个别法规定的类推扩张,则这是因为法解释与法发展之间的混淆,对于后者很快就要进行详细的论述。

附录Ⅰ 关于解释的现代观点[⑥]

除了我个人的阐述之外,现代著作者的不同观点也常常已经被论述。

---

① Vgl. besonders Gaius IV §10. §33 – 38.

* 遗产占有,是法官法所创设的一项制度,它允许市民法没有规定的新的种类的继承人对遗产实施继承,此种继承人是可以采取扩用的方式行使被继承人所享有的各项诉权。——译者注

② Ulpian. XXVIII. §12. L. 2 *de B. P.* (37. 1.). L. 117 *de R. J.* (50. 17.).

③ L. 14 *de Leg.* (1. 3.):"然而,对于那些违反法理性而已被接受的规则而言,这些规则不应进一步发展为结果。"(Quod vero contra rationem juris receptum est, non est producendum ad consequentias)(L. 141 *pr. de R. J.* 对此进行了重复)L. 162 *de R. J.* (50. 17.):"任何因为必要而被接受的规则不应被作为论据。"(Quae propter necessitatem recepta sunt, non debent in argumentum trahi)

④ L. 2 §16 *pro emtore* (41. 4.).

⑤ L. 16 *de usurp.* (41. 3.). L. 36 *de adqu. poss.* (41. 2.)——一个相似的处理方式位于L. 23 §1. L. 44 §1 *de adqu. poss.* (41. 2.). L. 43 §3 *de fid. lib.* (40. 5.)。

⑥ 在这里,我对于以下著作者进行了引用,这些著作者或者提供了特别丰富的材料,或者能够作为最为通行观点的代表:Chr. H. Eckhard, hermeneutica juris, ed. C. W. Walch Lips, 1802. 8.—Thibaut, Theorie der logischen Auslegung des R. R., 2te Ausg., Altona, 1806. 8.—Mühlenbruch, I., §53 – 67.——在这里,同其他地方一样,尤其不受支配性观点约束并且富于个人思想的是,Donellus, I., 13. 14. 15。

最后,这些观点的要点还应被简要论述,这些要点在整体上对此理论具有特别的影响。

首先属于这些要点的是几乎具有普遍支配性的解释概念,即解释是对于不清晰(dunkler)制定法的阐明。[①] 在这里,解释存在的条件是偶然的和不完善的制定法状况,解释本身具有以下这种偶然的性质,即对弊端的单纯补救,因此可明显得出以下结论,即当制定法更为完善之时,解释在这种关系中必然就更为不重要。[②] ——无人会否认,解释在不清晰制定法的情形中特别重要和必要,解释者的技艺在此也常常会特别璀璨;根据这个理由,这里所确立的较大部分的规则也会被应用于不完善的制定法。尽管如此,两方面的考虑会使我们认识到上述基本概念的表述过于狭隘,并且对于整个理论是不利的。第一个方面的考虑是,如果不以对病态情形所应溯归的健全情形的考察作为基础,那么对病态情形的细致详尽的处理就是不可能的。第二个方面的考虑是,通过上述概念表述,解释的最为崇高和最富有成效的应用对于我们而言就不再存在,此种应用的目的在于,在并非不完善因此并非不清晰的篇章之中,揭示其内容和关联的整体丰富性;此种处理方式特别在学说汇纂中具有很大的重要性。——另外,解释被任意限缩于不清晰的制定法之上,如果人们将此种限缩与上文所引用的以下观点予以结合观察,即根据此观点,非常不清晰的制定法通过优士丁尼而不应再被允许进行解释,那么从此之中就可以得出以下奇怪的结论,即如果制定法要有效作为解释的对象,那么它们就不能太清晰也不能太不清晰,毋宁说,它们必须要处于适度不清晰这种狭窄范围的状态之中。

其次属于这些要点的是支配整个领域的解释区分,即解释被区分为文法(grammatische)解释和逻辑(logische)解释。[③] 它们不被认为是所有解释

---

① Forster, de j. interpret., I, 1. Hellfeld, §29. Hofacker, I, §149, 151, 152. (Hübner) Berichtigungen und Zusätze zu Höpfner, S. 173. Hufeland, Lehrbuch des Civilrechts, I, §28. ——罗马人在此事项上并不如此认为。L. 1 §11 *de inspic ventre*. (25. 4.):"即使裁判官告示在这一点上非常清晰,解释仍不应被忽视。"(Quamvis sit manifestissimum Edictum Praetoris, attamen non est negligenda interpretatio ejus)

② 详细阐述这一点的是 Zachriä, Hermeneutik, S. 160。

③ Eckhard, §17. 23. Thibaut, Pandekten, 8te Ausg., §45. 4. 50 – 52. Thibaut, logische Auslegung, §3. 7. 17 – 29.

的要素,这些要素在所有地方都必须协同作用,仅仅是根据具体情况,或者是此要素或者彼要素更为有作用,而被认为是相互反对和排斥的。文法解释只应当依据语词含义而进行,逻辑解释只应当依据制定法的意图或基础而进行;文法解释应有效作为规则,而逻辑解释只应在例外情况下被允许。在这种对立中,只有一个事实能被清晰思考和普遍接受,即逻辑解释被滥用的可能性不小,因此必须对之予以控制;另外,许多极为不同的事物都被列于此表述之下。因此,根据制定法的实际意图而修正表述被有效作为逻辑解释;根据类推而完善也同样如此;最后,之后马上就要对其进行详细论述的第三点中的处理方式也是如此。——如果上文所作出的对出现于解释中的任务的描述是正确和详尽的,那么上述区分很明显就必须被放弃,此区分的确立和描述更多是遮蔽而非促进了此事项。

最后,也是最为重要的是,人们将以下制定法的处理也置于解释范围之中,即此种处理事实上必须被视为制定法的变更,尽管如此,它仍在逻辑解释这个名称之下而被理解。我们已经在上文中论述了通过溯归实际意图而修正表述;在这里,我们将要论述的是通过溯归制定法本应包含的意图而对实际意图本身所试图作出的修正。也即人们溯源制定法的基础,如果发现此基础在其逻辑发展中导致了比制定法所包含的事物更多或更少的事物,那么这就要通过新的扩张或限缩解释方式而得以改善。在此,以下事实就是无关紧要的,即立法者是有意识地犯下逻辑错误,抑或是他只是对制定法基础的逻辑一致的应用有所疏忽,人们现在据此而对之予以修正;因此,在后一种情形中,人们可以假定,如果人们使立法者能够周到地考虑此种逻辑一致,那么立法者本应能够绝对无误地作出规定。——至少,这种处理方式的完整实施形态似乎就是如此。同时,此处理方式的有效应用伴随一个修正,即虽然可以根据制定法基础而进行扩张,但限缩却从来不行;①但是,此种区分的令人信服的根据却很难被给出。

在此种处理方式中,解释者所要改善的并非是单纯的文字,即制定法的外观,而是制定法的实际内容,解释者的地位超越了立法者,因此对其自身

① Thibaut, Pandekten, §51. 52. 他允许了两种情形中的扩张,即根据制定法的基础和制定法的意图;而限缩却只能根据制定法的意图。——他所说的意图(absicht)就是我所说的制定法的实际意图(gedanken)。

任务的范围认识错误；解释者所实施的不再是解释，而是法的实际发展。[1]本质不同的工作之间的范围混淆是足以完全拒绝此种解释方式和否认法官根据其职责的纯粹概念而享有此种权限的形式理由。但对此，还有两个实质方面的异议。第一个异议在于经常出现的制定法基础的不确定性；在关于制定法基础之性质的错误容易出现之处，上述处理方式就必然退化为完全的任意，所有的法确定性就会被破坏，而制定法根据这种法的确定性能够令人感到舒适。[2] 第二个异议存在于思考序列中的中间环节的可能性之中，通过此中间环节，立法者可以逻辑一致地对制定法规定一个领域，这个领域可能比制定法基础所似乎要导致的领域更宽或更窄。因此，人们必须要细致谨慎地反对逻辑确定性的迷惑人的外观，此种处理方式常常因为此外观而被应用。[3] 只有在这两个实质性的异议通过细致的研究而被消除的情形之中，此种根据制定法基础而进行的扩张或限缩才能作为法的合乎逻辑的发展（不是作为法的解释）而被允许，并且被认为是妥当的。甚至个别法的性质也不会阻碍此种法发展，尽管类推的应用对于法官而言因此而必须被排除。

尽管如此，在现代著作者之中，此种处理方式仍被作为真正的解释，且常常被认为对于法官而言是允许的（附带或多或少的限制），这一点可以根据此种情形与以下表面类似的情形之间的非常常见的混淆而得以阐明，即在此情形中，更为自由的程序是被允许的并且也是必要的。属于后一种情形的首先是真正的扩张和限缩解释，通过这两种解释，制定法的实际内容并没有（像这里一样）被改善，而只是相对于文辞外观而被主张和维护。与上述不正确的程序相混淆的第二种类似情形是类推。但在类推情形中，法规则一般而言是不存在的，因此应当通过对现存法律渊源的人为扩张而被完善；与之相反，在上述不正确的程序之中，法规则是实际存在的，但此法规则

① 在一些人那里，对此种无权限的处理方式的反对转变为相反的片面观点，根据此观点，法官无权进行任何解释，而只有立法者有权进行解释，但立法者无疑能够将此解释工作委托他人进行。

② 这就是 L. 20. 21. *de leg.* (1. 3.) 的真正含义："我们并不是对我们祖先所制定的一切都能够说明其理由的。——因此不应追究已经制定的规定的理由，否则就会颠覆很多已经确定了的事情。"(Non omnium, quae a majoribus constituta sunt, ratio reddi potest. —Et ideo rationes eorum, quae constituuntur, inquiri non oportet: alioquin multa exhis, quae certa sunt, subvertuntur.) —inquiri non oportet（不应追究）这个表述不能被理解为对探求制定法基础的责难，而只应在以下范围内被理解，即此种探究在此范围内应被用于修正制定法的实际内容。

③ 对这一点的优秀评论，Stahl, Rechtsphilosophie, Ⅱ, S. 177。

却通过对其他制定法的人为扩张而被排除适用于既定情形。最后,常常产生此种混淆的第三种情形迄今还根本没有被提及。此种情形涉及到以下行为,即此行为虽然没有违反制定法的文辞,但却违背了制定法的精神[对法律的欺诈(in fraudem Legis)]。制定法必然要涉及此种行为,这一点是毋庸置疑的。① 人们常常认为,必须要通过解释而扩张被规避的制定法以达成目的。例如,如果在买卖契约或违约金的外观之下实际约定了暴利,那么人们会认为,立法者只是没有考虑到此种情形;如果立法者注意到这种情形,他本会在对暴利法的补充中禁止此种契约,而现在他实际上忽略了此种情形,因此我们必须通过扩张解释而对立法者的欠考虑进行补救。但事实上,此种情形是完全不同的。我们不是解释制定法,制定法是完全清晰和充分的,而是解释具体行为。② 如果我们将伪装的基本原则应用于此,则我们必须将外观上的卖卖或违约金作为实际上的利息契约,因此在此行为中,我们是通过判断根据实际意图修正文辞。此种处理方式与在其他情形中被应用于制定法的处理方式在本质上是同一处理方式。只是在法律行为中,此种处理方式经常具有更高的确定性程度。因为在制定法中,我们要处理的是使用表述的不合适,在当前情形的法律行为之中,我们要处理的是不诚实的意图;后者根据情势经常能够比前者更为确定地被认识到。——除了上述这些混淆之外,还有其他事实状况有利于促进赞成这里所描述的不正确的解释方式,即罗马法学家的事例,他们事实上应用了此种处理方式,且对此处理方式没有任何疑虑。但是在此之中并未包含任何有利于我们的证成。因为在罗马人那里,上述情形与法学家完全独特的地位联系在一起,此独特地

---

① L. 29 *de leg.* (1. 3.):“做法律所禁止之事就是违反法律,相反,如果遵守了法律的文辞但是却违背了法律的精神,那就是对法律实行了欺诈。”(Contra legem facit, qui id facit quod lex prohibet; in fraudem vero, qui salvis verbis legis sententiam ejus circumvenit.) L. 5 *C. de leg.* (1. 14.):“毫无疑问,遵守法律文辞却违背法律精神的人是在违反法律,违反法律意志而欺诈性的利用法律文辞的刻板特性的人,也逃不脱法律所规定的制裁。”(Non dubium est, in legem committere eum, qui verba legis amplexus contra legis nititur voluntatem. Nec poenas insertas legibus evitabit, qui se contra juris sententiam saeva praerogativa verborum fraudulenter excusat.)—L. 21 *de leg.* (1. 3.). L. 64. §1 *de condit.* (35. 1.).

② 人们可能提出以下反对意见,即罗马法学家将此种情形的处理实际视为制定法的解释,这是因为以下篇章,L. 64 §1 *de condit.* (35. 1.):“制定法……通过解释而得到帮助。”(Legem enim… adjuvandam *interpretatione*.)但此篇章是在延伸意义上使用 interpretatio 这个表述,即任何科学的程序。

位使法学家能够对法的发展具有直接的影响,但我们(无论是学者还是法官)却不被允许具备此种影响。[①]

附录Ⅱ 关于解释的现代法典观点

现代法典所包含的关于解释的规定比其所包含的关于法律渊源的规定更少。法国民法典对解释根本未置一辞;但对法官所作出的以下这种绝对规定,即尽管制定法不清晰,法官仍必须要对任何法争议作出裁决,以及上诉法庭(Cassationshofes)的特殊地位,使法国法考虑此事项的方式没有任何疑问。在法国法中,法官享有完全的解释自由,但同时,法的确定性和一致性要免于遭受任意解释所带来的危险,这通过居于所有法庭之上的上诉法庭而得到确保,甚至在以下这种情形中,即在此情形中,程序规则不再容许具体裁决的有效变更,上诉法庭也能够行使其教导性的和控制性的影响。如果上诉法庭有权宣告自己的裁决以取代被撤销的裁决,这种任务解决方式也就完全足够了。但是,在上诉法庭撤销裁决之后,它只能指示另一个法庭作出决定,这样,在同一个法事项之中,以错误的法规定为依据的裁决和对此种裁决的撤销可能会多次重复出现。这种拖泥带水和费用很大的程序是因为以下原因而产生的,即在旧制之中,上诉程序不是在法庭之前发生的,而是在一个高等行政机构[conseil du Roi(枢密院)]之前发生的,此机构只能防止对制定法的违反,而不能自己宣布法。这个原因自从大革命以来已经消失了,因为已经存在了特别的上诉法庭,此法庭是正式的法庭,并享有与所有其他法庭一样的自治。近年来,人们试图弥补上述缺陷。第一种对此的尝试是不足的。[②] 最新的制定法则有效得多,此制定法规定,在第二次上诉之后,此法事项现在所被移交的法庭有义务直接将上诉法庭所表明支持的法规定作为其裁决的依据。[③]

---

① Vgl. 上文 §19 以及 §37 第 239 页注。

② Loi du 16. Septembre 1807. —Loi du 30. Juillet 1828.

③ Loi du 1. Avril 1837. (Bulletin des lois IXe. Serie T. 14 p. 223) art. 2:“如果第二份判决基于与第一份相同的原因被撤销,皇室法庭或重审此案的法庭,应与上诉法庭就法所作出的决定保持一致。”(si le deuxième arrêt ou jugement est cassé pour les mêmes motifs que le prémier, la cour royale ou le tribunal auquel l’affaire est renvoyée se conformera à la décision de la cour de cassation sur le point de droit jugé par cette cour.)

《普鲁士邦法》规定,法官应当赋予制定法以下含义,即此含义产生于制定法的文辞及其相互关联,或者产生于最接近的无可置疑的制定法基础。[①]类似于优士丁尼制定法的以下规定更为重要,即在对解释出现疑问时,法官应将之呈报给制定法委员会(Gesetzcommission),并遵从此委员会的决定。但此规定之后被废除;法官现在能够进行独立的解释和裁决,而仅需要将其疑问上报给司法部主管,以便对立法能够有所助益。[②] 在制定法出现漏洞的情形中,法官应根据邦法的一般原则或者相似情形的规定而作出裁决;同时,法官应当将所发现的漏洞上报,以便通过新制定法而填补此漏洞。[③] ——在法国立法仍然存在的莱茵省,法国在此事项上的程序被改变,即如果上诉法庭撤销了裁决,那么它应同时自己宣布新的裁决。此外,即使对邦的所有其他地区而言,此种上诉程序在无效抗告(Nichtigkeitsbeschwerde)的名义下重新被引入,在这种程序中,如果具有审理权的法官[das Geheime Obertribunal(枢密高等法庭)]撤销了之前的裁决,那么他同时要自己宣布裁决。[④]

《奥地利法典》规定,法官应考虑制定法文辞在其相互关联中的特殊含义,并考虑立法者的清晰意图。如果制定法缺少规定,那么法官应根据相似情形的制定法规定和类似制定法的基础而作出裁决;如果这还不足够,那么法官应根据自然法原则作出裁决。在此,罗马对私人解释的禁止被变革为以下不令人生疑的规则,即只有立法者才能够以一种具有普遍约束力的方式解释制定法。[⑤]

最后,如果我们要探询,何种方式对于我们的境地和需求而言才是适当的,那么以下答案似乎就是无可置疑的,即任何法官都可以进行真正的解释,但只是因为误解而被认为是解释的那些方式通常应被拒绝。在具体情形中,纯粹的法解释和真正的法发展之间的界限经常存在疑问,那么以下方案就是值得追求的,即存在一个高等权力,通过此权力,法解释和法发展这两种权限能够被协调起来,同时它们的相关活动也不会因为对上述界限的

① Allg. Landrecht(普鲁士一般邦法) Einleitung §46.

② A. L. R. Einl. §47. 48. und Anhang §2.

③ A. L. R. Einl. §49. 50.

④ 1833年12月14日的法令, §17(Gesetzsammlung,1833,S. 306)。

⑤ Österreich. Gesetzbuch Einleit. §6. 7. 8.

疑问而被阻碍。如果存在一个被规定为主要进行法发展的机构,那么以下事实就是无可置疑的,即如果一个有疑问的制定法解释的存在促使了必要性的产生,那么此机构就必须执行它的职责。但是,如果此种机构并不存在,或此种机构存在时,对这种权利的自由解释也可以不令人生疑地被委托给一个此种机构之外的法院行使,此法院具有类似于法国最高法庭的地位。如同罗马早期的裁判官和法学家一样,此法院也可以发挥类似的影响,并对司法提供类似的好处,这样,以下这种扩张性和限制性的解释就可以被特别授予给此法院实施,即在上文中,此种扩张性和限制性的解释被认为是纯粹的法官职能所无权实施的,从而不被包含入真正解释的领域之中。

(本文选自[德]卡尔·冯·萨维尼:《当代罗马法体系》,朱虎译,中国法制出版社 2010 年版,第 161 ~253 页。收录时个别表述有所调整。)

【辅读文献】

1. [德]卡尔·拉伦茨:《法学方法论》,陈爱娥译,商务印书馆 2003 年版,第五、六章。

2. [德]弗朗茨·维亚克尔:《近代私法史》,陈爱娥、黄建辉译,上海三联书店 2006 年版,第二十二、二十三、二十四章。

【问题讨论】

1. 萨维尼提出了几种制定法解释方法?每种解释方法的适用条件和局限性都是什么?

2. 萨维尼如何理解制定法解释和法律发展的关系?

3. 萨维尼如何使用罗马法的材料?他如何看待罗马法和现代法典的关系?

4. 对比萨维尼和拉伦茨对于制定法解释的观点,他们之间有何异同?

5. 为何称萨维尼开创的传统为“历史法学”?如何在法学整体发展的历史中评价这一学派?

文献八 [美]奥利弗·霍姆斯:《法律的道路》

【引 言】

1897年1月,在新英格兰寒冷的冬日中,霍姆斯大法官在波士顿法学院新楼的奠基仪式上,对法学院的学生做了一次《关于法学教育》的演讲。三天后,他在给一名关系亲密的女士写信时谈道:“人们挤在密不透风的大厅里,冗长的财政报告和祷告已经让他们昏昏欲睡……我很满意自己在演讲一开始就让他们立刻打起精神,并一直持续到最后。”从今天的后见之明看,这些学生的反应并不意外,因为他们见证了美国现代法理学、乃至整个美国现代法学的出生证明第一次公之于众。次年,讲稿以《法律的道路》为题发表在《哈佛法律评论》。此后的一个世纪里,人们仍不断受这篇演讲稿的启发,一次又一次地回到文本之中,讨论霍姆斯一百年前的洞见是否还能为我们的时代提供启示,又是否有所偏颇。

人们有时会误以为美国作为普通法传统中的国家,并未卷入19世纪的法典化潮流中。其实,在美国19世纪中叶经济经历重大转型的时代,法典化无论在实践上还是在理论上都获得了不少的支持。其中最有影响的莫过于律师菲尔德在纽约州进行的一系列实验,他所主导起草的《民事诉讼法典》和《刑法典》不但在纽约州生效,也为其他州所效法。只不过他最重视《民法典》却因为与卡特的论战,最终未能通过。不同于试图用罗马法内核和启蒙主义的理性精神改造美国法的菲尔德,卡特坚守普通法的传统方法,认为只有让法官根据既存的习惯,才能保证法律自由地发展,而不至于让强力干预公正。尽管菲尔德的《民法典》在纽约州遭遇滑铁卢,他所倡导的法律的成文化还是在19世纪下半叶的美国获得了成功。毕竟此时的美国已经不同于那个建立在小型农场、地区性银行、市镇商业单位基础之上的时代了。跨州的大农场出现已经,卡特尔式的垄断企业逐渐增加,全国性的贸易网络也日渐发达。与此同时,得益于新的行政和管理技术,国家本身的能力也进一步提高,从而开始更积极地干预经济和其他传统上看来属于“私人”的事务。在这种新环境下,还指望那种回望历史、抱残守缺的普通法能够帮助人们合理地解决法律问题,显然不太现实。

在这一大背景下,霍姆斯以“学习法律到底是学什么”的疑问开始自己的演讲,并且马上提出了他著名的“预测论”:“我们要预测的是公权力会借助法院有所作为的概率。”随后,坏人视角、非道德的法律观等一系列在维多利亚时代的律师眼中离经叛道的观点一个接一个地出现,难怪那些昏昏欲睡的学生会在演讲一开始就打起精神!不仅如此,霍姆斯还与卡特等人所坚守的普通法传统彻底决裂,指出法官在裁判的时候不应该回顾历史、看看过去的习惯和规则到底是什么,而应该大胆地创造规则,去思考到底什么样的规则才能适应乃至推动社会的发展。在这篇演讲稿中,我们可以找到支持法律实证研究、实用主义法律观、进步主义等一系列成为20世纪美国法学鲜明特色的立场。在法学方法论方面,它鲜明地提出了一种以后果为导向的实用主义解释理论,值得我们多加借鉴。

【正 文】

法律的道路

[美]奥利弗·霍姆斯

在我们研究法律的时候,我们所研究的并不是一个秘密,而是一项众所周知的职业。我们所研究的是我们出现在法庭上应需要的东西,或者以某种方式劝说别人不要打官司。这之所以成了一项职业,人们之所以付费给律师为其提供辩护或法律咨询的原因,乃是因为在某些情形下,诸如我们这样的社会把公共权力的行使托付给法官,且如果必要,国家的全部权力都将被用来执行他们的判决。人们总想知道:在何种情形并在何种程度上,他们要冒风险去得罪于这种比他们自身强大得多的权力。因此,弄清楚这种风险在什么时候应使人望而却步便成了一种职业。我们研究法律的目的就是预测——预测借助于法院所实现的公共权力发生作用的概率。

在美国和英国,研究的手段是一整套判决、专著和立法;它们可追溯到六百年前,且现在每年仍成百地增长。它们像女巫们用的叶子,其上聚集着过去的零星的预言;凡是针对现在案情的,就被斧子采下。它们可被恰如其分地称为法律的神谕。就其最重要和美妙的部分而言,至今为止的每一次法律思维的新努力,其几乎全部意义就在于使这些预言更加准确,并将它们概括为一个彻底联系的体系。从律师对案件的陈述来看,这一过程是消除他的委托人叙事中夹杂的夸张成分,仅保留在法律上重要的事实,直至理论法学的最后分析和抽象概括。一位律师之所以不提及他的委托人在签订合同时戴了一顶白帽子——尽管魁克利夫人却注定要对它漫无边际地长篇大论下去,是因为他预见无论他的委托人头上戴了什么,公共权力都将以同样的方式运作。过去案例的教诲之所以被解说为普遍的命题,并被收集到课本里,或立法之所以采纳普遍的形式,乃是为了使这些预测更易于记忆和理解。法学所关注的基本权利、义务问题只是预测而已。混淆法律和道德观念——关于后者我过一会儿再谈——的许多恶果之一,就是理论总是倾向于"车马倒置",认为权利或义务是存在于违法行为的后果之外并独立的东西,然后再对这类行为加以制裁。但我将试图表明,这里所谓的法律义务不是别的,而仅是一种预测:一个人如果做了或忽略去做某件事,法院判决就将使他以这种或那种方式承受痛苦;法律权利也可如此说明。

在获得归纳并形成一个体系之后,我们的预言数目并非庞大得难以对付。它们表现为一个有限体系的教条,可在合理的时间内被人掌握。对与日俱增的判决报告的数量感到恐惧,乃是一个极大的错误。在一个既定管辖区内,一代人的判决报告基本上涉及法律体系的全部,并用现代观点加以重述。假如以前的一切统统被烧毁,我们仍可从它们重建一部法律大全。对先前判决报告的利用主要是史料性的,这我将在结束以前加以说明。

对于这些我们称为法律的教条或系统化预测的研究,对于那些要把法律用作为职业工具以便按其意愿进行预测的人,我希望能制定出某些第一性原则,并与这项研究有关,我希望提出一个我们的法律至今尚未达到的理想。

要把某件事情当作一项职业来理解，首先需要明了其局限性，且我因此认为有必要先指出并消除道德与法律之间的混淆；这种混淆有时上升到有意识的理论之高度，但更经常的是尚未到达意识的层次而不断在细节上制造困扰。你们能很清楚地看到，一个坏人和一个好人有同样多的理由，希望避免和公共权力相遭遇，因而你们能看到区分道德与法律的实际重要性。一个人可以无视其邻人深信并身体力行的伦理规则，却很可能会想方设法去避免罚款，并尽可能希望不进监狱。

我假设我的听众不会把我的话误解为一种犬儒主义语言。法律是我们道德生活的见证和外在表现。它的历史就是这个种族的道德发展史。法律的实践具有造就好人与良民之倾向，尽管民间喜欢拿它开玩笑。在我强调法律与道德之区别的时候，我只有一个目的，那就是学习并领会法律。为了这个目的，你们必须明确地掌握法律特定的标识，也为了同样的目的，我请你们暂时想象你们自己并不关心其他更重要的事情。

我并没有说不存在一个更宽泛的视角来看法律与道德的区分，从而使之变得次要或毫无意义，就像所有数学上的区分都将在无穷面前消失一样。但我确实要说，对于我们在此所考虑的对象——把法律作为一项职业的正确研习与掌握，加上明确理解的界限，或在界定明确的范围之内的教条体系，这种区分乃是最重要的。我刚才解释了这么说的实际理由。如果你们仅想知道法律而不是别的，那么你们就必须从一个坏人而不是好人的角度来看法律；坏人只关心法律知识允许他预测的物质后果，而好人却从更为模糊的良知命令去寻找其行为的理由——无论在法律之内或之外。如果你们能正确地思考你们的主题，这种区分在理论上的重要性一点也不小。法律中充满从道德中吸取的术语，后者通过语言的力量不断引导我们进入一个又一个领域，而对它[的存在]却浑然不觉——除非我们的脑海里不断呈现[法律与道德的]界限。法律谈论权利、义务、恶意、故意、疏忽等，而在法律推理中没有比这更容易——或我可以说更经常——在争论的某个阶段对这些词语采用其道德含义，从而陷入谬误。例如，当我们以道德含义谈论人的权利时，我们的意思是标明个人的自由不受干涉的范围；无论如何得到的结论，我们认为这种自由被良知或我们的理念所规定。但可确知的是，许多法律在过去被实施，且其中某些可能现在仍被实施，但它们却被当时最明智的见解所谴责,或许多人的良知会认为它们无论如何都超越了干预的界限。因此,显然的是,假定在道德意义上的人的权利也同样是宪法和法律意义上的权利,只能产生思想混乱。无疑,在简单与极端的例子中,我们可以想象立法机构在即使没有成文的宪法禁止时也不敢制定的法律,因为社团会起来造反抗争;且这为下列命题提供了一些合理性:如果说法律不是道德的一部分,那么它至少也受道德的限制。但这种权力约束并非与任何道德体系同样广泛。绝大部分的法律都远处于任何这类道德体系所界定的范围之内,而在有些情形又由于特定的人们在特定时期的习俗而超越了它们。我有一次听已故的阿嘉西(Agassiz)教授说,整个日尔曼民族会因一杯啤酒增加两分钱而揭竿而起。一项立法在这种情形下将成为一纸空文,并不因为它错了,而是因为它没法执行。没有人会否认错误的法律能够也确实获得执行,且我们对哪些法律是错误的也没有一致共识。

我所处理的混淆确定无疑地困扰着法律概念。试问一个基本问题:法律是由什么组成的?你会发现某些教科书的作者会告诉你,它是不同于马萨诸塞州或英国法院所决定的东西,它是一个理性体系,它是从伦理原则或受到承认的公理中演绎而来的推论,或其他什么可能和判决一致或不一致的东西。但如果我们采用我们这位坏人朋友的视角,我们将会发现他毫不在乎什么公理或推论,但他确实想知道马萨诸塞州或英国的法院实际上可能会做什么。我和他的想法很相近。我所指的法律,就是对法院实际会做什么的预测,而不是任何更为做作的东西。

再来谈一个据普遍理解是法律用得最广泛的概念——我已提到过的法律责任。我们使这个词充满了我们从道德中提取出来的全部内容。但它对一个坏人来说意味着什么?它主要并首先是一项预测:如果他做了某件事,他将受制于监禁或强制赔款等方式的不好后果。但在他看来,因为做了某件事而被罚钱或缴纳一定数额的税款之间有何区别呢?他的观点乃是法律原则的标准,这已被出现于法院的对下列问题的许多讨论所证明:一项既定的立法责任究竟是一种处罚还是一种税?对这个问题的回答取决于该行为在法律上是错还是对,以及此人当时是自由还是受到强迫。且把刑法放在一边,试问一项授权政府征用的工厂立法所产生的责任,和一次不可恢复的被我们称为错误的财产转移所应承担的责任之间有何区别?在这两种情形下,占有他人财产的当事人都必须支付由陪审团估计的公平价值,仅此而已。称一项行为正确而另一项行为错误,在法律上有什么意义?就特定的结果——强制付款——而言,和结果相连的行为究竟是被赞成还是责备的词语描绘,抑或是法律是试图禁止还是允许它,都没有关系。如果有任何关系的话,那么仍从一个坏人的角度来看,那一定是因为在一种而非另一种情形中,法律对行为附加了某些更多的损害或至少某些更多的后果。我所能想到的附加损害只有在两种不那么重要的法律理论中找到,两者都可被放弃而不产生太多麻烦:其一,为一项法律所禁止的行为而签约是非法的;其二,如果两人以上的共同违法者中的一人必须偿付所有的损失,他不能向其他合伙人追偿。我相信这就是全部。你们可看到,当我们用犬儒主义的酸液去清洗责任的概念,并清除所有和我们的研究对象——法律的运作——无关的东西,其模糊的轮廓是如何萎缩,而同时又增加了精确度。

没有什么比合同法更清楚地表明了法律与道德的混淆。除了其他的,这里所谓的首要权利和责任再次被赋予不能确定和解释的神秘意义。在普通法中,维持合同的责任意味着一项预见:如果你违约,就是赔偿损失,仅此而已。如果你的行为是民事侵权,你就有责任支付赔偿数额。如果你的行为是签定契约,那么除非所保证的事情已经实现,你就有责任支付赔偿数额。这就是全部区别。但对于那些喜欢尽可能将伦理融入法律的人而言,这种看待事物的方式刺激着他们的神经。但科克大法官(Lord Coke)已经对此满意,且就和许多其他情形一样,在这里我也乐于和他保持一致。在 Bromage v. Genning 案中,发生在威尔士(和英格兰)交界地区的诉讼要求特别履行一项租约;[被告]在王座法院寻求禁止这一诉讼。科克大法官指出,特别履行将篡改出租者(covenantor)的意愿,因为他当时的意愿是他可以选择究竟是出租还是赔偿损失。原告的高级律师哈里斯承认自己违背良心而发起诉讼,法院授权禁止诉讼。这比我们现在的讨论走得更远,但它证明了我所试图说的从一开始就是普通法观点,尽管愚以为哈里曼(Harriman)先生在他那本非常精到的《合同法》小书中被误导到一个不同的结论。

我至今仅谈及普通法,而在有些案件中能找到合乎逻辑的理由,在可被理解的意义上谈论民事责任作为所施加的义务。这些是相对少数情形,其中衡平(equity)将授权禁止,并将通过把被告关进监狱或其他惩罚方式来实施之——除非被告服从法院的命令。但我不认为用例外来形成一般理论是可取的,且我认为与其用首要权利及制裁来描述我们对法律通常施加的责任之预测,还不如使我们自己完全超越这些不适当词语的困扰。

作为法律借用道德词汇的其他例子,我曾提到过恶意、故意和过失。以民事责任法——我们律师称为民事侵权法——用来代表过错的恶意(malice)为例,就足以向你表明它在法律中的含义不同于它在道德中的含义,并同时表明差别是如何因赋予彼此毫不相关的原则以同样的名称而变得含混不清。三百年前,一位牧师在布道时讲了一个福克斯(Fox)的《烈士记》中的故事:有一个人曾帮助拷问一位圣徒,后来因受到内心痛苦的报应而死。福克斯正好搞错了。这个人不仅活着,且碰巧听到了牧师的布道,因此起诉牧师。首席大法官雷(C. J. Wray)指示陪审团被告无罪,因为故事的叙述是无心的,并没有恶意。他从道德意义上去理解恶意,因为他引入了恶毒的动机。但在今天,即使不存在任何恶毒动机,也没有人会怀疑一个人要为明确算计来造成现世伤害的错误陈述负责。在辩论中陈述案情时,我们仍应把被告的行为称作为恶意的;但至少在我看来,这个词决不是指动机,或甚至被告对未来的态度,而是仅表明被告行为在他明知的情形下很显然会给原告造成现世伤害。

正如我已部分——但仅是部分——表明的,合同法中对道德术语的使用导致了同样的混淆。道德所处理的是个人思想的实际内在状态,也就是他实际所想的。自从罗马时代直到现在,这种处理方式已影响到合同的法律用语,且所使用的语言已对思想产生了反应。我们说合同是当事人双方的合意(meeting of minds),并由此可推断在许多案件中,由于双方未形成合意,即由于双方想要的东西不同或一方不知道另一方的同意,因而合同并不存在。然而,再确定不过的是,即使双方当事人中没有任何人想到,或一方并不知道另一方的同意,却仍可能被合同中的事项所约束。设想一项合同按正当方式获得书面签订,要给一个讲座,但并未提到时间。合同的一方认为这项承诺将被解释为在一周内立即兑现,另一方则认为它的意思是在他准备就绪之时。法院说,它的意思是指一个合理的时间范围。双方当事人都受法院所解释的合同之约束,尽管双方都没有法院宣称他们所说的那种意思。我认为,只有理解了所有的合同都是一种形式,合同的成立并不取决于双方思想在某一个想法上达成一致,而仅取决于两套外在标记的一致,即不在于双方当事人想过同一件事,而在于他们说过同一件事,人们才能理解真正的合同理论,或甚至只是有意义地讨论一些基本问题。另外,由于标记可以传递给一种或另一种感觉,如视觉或听觉,标记的性质决定了合同签定的时刻。如果标记是有形的,例如一封信,合同成立于受约信涵被发出之时。倘若有必要双方形成合意的话,那么直到受约被阅读以前,合同就不存在;比如假使受约信涵被第三人从要约人手中抢走,契约就不存在。

现在并不是时候来详尽地阐述一种理论,或回答由这些普遍观点所引出的许多明显疑问。我不认为有什么难以回答的问题,但我现在要做的仅仅是通过一系列线索,来给法律理论的狭窄路径以及在我看来离它近得危险的两个陷阱提供一些启示。对于第一个陷阱,我已讲得足够多。我希望我的例证已显示了把道德与法律混为一谈无论对理论还是对实践所产生的危险,以及法律的语言在我们道路的这边所设下的陷阱。对我自己而言,我经常猜测如果每一个具有道德含义的词语都能被完全排除于法律之外,且被用来表达法律思想的其他词汇不带有法律之外的任何色彩,未尝不是一件好事。我们会因此而失去相当多的历史陈迹以及从伦理关联中获得的威严,但通过使自己摆脱不必要的混淆,我们应能极大地增加我们思想的清晰度。

法律的界限就谈到这里。我想考察的下一个问题,是决定法律的内容与发展的动力。你们可以和霍布斯、边沁与奥斯丁一样假定,所有法律均来自主权——即使第一位阐明法律的人是法官,或你们可以认为法律是时代精神(Zeitgeist)的声音或者你们喜欢的别的什么。这些对我现在的目的而言都一样。即使每一项决定都需要一个具有专制权力和反复无常的帝王之批准,我们仍然应该带着预测的视角去发掘某种秩序,某种理性解释,以及他所制定的规则所具有的成长原理。在每一个体系中,都存在这种有待发现的解释和原理。正是相对于这些,第二个谬误进来了;我想有必要解释之。

我所指的谬误是指这样一种观念,即在法律发展中唯一起作用的力量就是逻辑。确实,从最广义的意义上说,这种观念是对的。我们想象宇宙所用的假定是,每一种现象与其前因及后果之间都存在一种定量关系。如果有这么一个不存在这些定量关系的现象,那么它就是奇迹。它处于原因与结果的定律之外,因而超越了我们的思维能力,或至少是一种我们无法推理其因果的东西。我们思考宇宙的条件是它能以理性的方式被思考,或换言之,它的每一个部分都和其他部分一样在我们最熟悉的意义上作为原因与结果。因此在最广的意义上,法律就和每一件其他事物一样,确实是一种逻辑的发展。我所说的危险并不是指承认统治其他现象的原理也统治着法律,而是指这样一种观念,即诸如我们这样的体制能像数学那样从行为的普遍公理中推演出来。这是各学派的顺其自然的错误,但并非仅限于它们。我曾经听到一位杰出的法官说,他直到绝对肯定决定是正确的才会放手。因此,法院的不同意见常受指责,好像它仅意味着一方或另一方没有把数字算对,且如果他们不厌其烦再努力一下的话,一致意见就将不可避免地产生。

这种思考方式是完全自然的。律师的训练主要是逻辑的训练。类比、区别和推理的过程,乃是他们最熟悉的过程。司法判决的语言也主要是逻辑的语言。且逻辑的方法和形式使每一个心中对确定和安宁的那种渴望得到满足。但确定性一般只是一种幻觉,而安宁并不是人类的归属。在逻辑形式的背后,存在一个对彼此竞争的立法理由之相对价值及重要性的判断;确实,它经常是一种未经表达的无意识判断,但它却是整个过程的根基和神经。你们可以为任何结论赋予逻辑形式。你们总是可以在一项合同中隐含一个条件。但你们为何要隐含它?这是出于对社团或一个阶级之实践的某种信仰,或出于针对政策的某种见解,或简言之,出于你们对事物的某种不能被精密地定量测量——因而也不能作为确切逻辑结论之基础——的态度。这种判断真象是打仗,能在任何时候一成不变地实现决心的手段是不存在的,而一项决定只不过体现了一个特定团体在特定时间和地点的偏爱而已。我们不理解我们的法律有多大部分可因公众思维的习惯发生了微变而接受重新考虑。没有哪一项具体主张是不证自明的,无论我们可能如何愿意接受它;即便是赫伯特·斯宾塞(Herbert Spencer)先生的"每个人都有权做他想做的,只要他不干涉其邻居的同样权利"也不例外。

如果是诚意地提供有关仆人的信息,为什么陈述即使错误且有伤害却仍受到保护?这是因为人们认为,信息获得自由的提供,要比保护一个人免受在其他情形下将构成的可诉侵犯更为重要。为什么人有自由建立一个他知道会使他邻居破产的企业？这是因为自由竞争被认为能最好地促进公众利益。显然，这种关于相对重要性的判断会随不同时代和地域而变化。为什么一个法官指示陪审团，除非出于疏忽，否则雇主对雇员在雇佣过程中所受的伤害不负责任？为什么如果陪审团被允许接受案件时一般都会站到原告一边？这是因为我们法律的传统政策是把责任限于下列情形，即一个审慎的人可能预见到伤害或至少危险，而社团很大部分人的倾向是让特定阶级的人保证他们的雇员安全。在最后这段话被写下来之后，我已看到一个最著名的劳工组织把这种保险要求作为其纲领的一部分提了出来。关于立法政策的问题存在一个隐蔽的意识朦胧的战斗，且如果任何人认为这种战斗能获得演绎性或一劳永逸的解决，我只能说我认为他在理论上是错误的，并且我肯定他的结论不会被实践所接受。

确实，我想关于此事的理论至今仍有待重新思考，尽管我尚不准备说如果提出重新思考的话我会如何决定。我们的民事侵权法来自旧时代的孤立与未被归纳的过错、攻击、诽谤等类似的行为，赔偿就落到法律判决它们落下的地方。但我们的法院今天所忙乎的侵权案件，主要是一些众所周知的企业[中发生]的事故。它们是铁路、工厂及其同类所致的人身或财产损害。对其责任先加以衡量，且迟早会变成由公共支付的价格。公共机构才真正支付损害赔偿，且如果责任问题被追得足够远，它其实就是公共机构应在多大程度上保证那些服务提供者的安全才合理的问题。也许有人会说，陪审团在这些案件中站在被告一边的概率只是一种概率而已；它偶尔会相当任意地中断补偿的正常渠道，而这在原告极为自碍的情形下最可能发生，因而最好是排除这种概率。另外，甚至一个生命对社团的经济价值都是可以被估量的，且人们可以说补偿不应超过这个数额。可以想见，我们在某一天的某个案件中会发现自己在更高的层面上，模仿着我们在野蛮王国的法律(Leges Barbarorum)中看到对生命和肢体的收费价目。

我认为法官们自己也未能适当认识到他们对权衡考虑社会利益的责任。这种责任是无法避免的，且经常宣称法官应避免涉足这类考虑的结果，只是像我所说的那样为不清楚并经常是无意识的判决留下余地和基础。当社会主义一开始被谈论时，社团中的有闲阶级相当恐惧。我怀疑这种恐惧已影响到美国和英国的司法行为,但可以肯定的是,这并不是我所指的判决中的有意识因素。我想类似的事情使那些不再希望控制立法机构的人把法院当作宪法的阐释者,且有些法院在这些法律文件之外发现了新的原则;它们可被归纳为接受在50年前流行的经济理论,并全面禁止一个由律师组成的法庭认为是不对的东西。我不禁相信,如果对律师的训练使他们习惯于更为确定、鲜明地考虑社会利益问题,并必须以此为他们所制定的规则提供理由,那么他们有时会在他们目前颇为自信的地方感到犹疑,并且他们实际上对有争议且经常是激烈争论的问题采取了立场。

逻辑形式的谬误就且谈到这儿。现在让我们考虑法律作为研究主题的现时状况及其所趋向的理想状态。我们离我所期望到达的观点仍然很远,现在也没有人已经或能够到达。我们只是处于对理论的价值进行哲学反思和重新考虑的开端,而绝大部分理论仍然在没有对其基础经过任何审慎与有意识的系统质疑的状况下就被假设正确。我们法律的发展已经继续了近千年,就和植物的发展一样,每一代都采取了不可避免的下一步,就和物质一样,简单地服从自发成长的规律。它之所以应该如此,乃是完全自然与正当的。模仿是人性的必然,并被杰出的法国作家塔德(M. Tarde)在其令人羡慕的著作《模仿的法则》所描绘。我们之所以做我们所做的绝大多数事情,只不过是因为我们的父辈或我们的邻居已经做过而已,且我们的大部分思想(要比我们自己所猜想的更多)也是如此。这是一个良好的理由,因为我们短暂的生命不能给我们以足够时间来获得一个更好的理由,但它并不是最好的理由。就因为我们都被迫以第二手的方式信任绝大多数规则,且以此作为我们行动和思维的基础,并不表明我们每个人便不能尝试在他自己的世界里按照理性的秩序建立某个角落,或我们所有人便不应一起追求把理性带到它所能到达的全部领域。的确,对于法律而言,一个进化论者无疑会为肯定其社会理想的普遍有效性感到犹豫不决,对某项他认为应成为立法的原则也是如此。如果他能证明它们对此时此地是最好的,他就满足了。他随时都可能承认他对宇宙的至善一无所知,甚至对人间永恒不变的善也几乎一无所知。尽管如此,如果法律所包含的每一项规则都能清楚明确地和一个它所要促进的目标联系起来,且期望达到这一目标的理由能用语言表达出来,那么法律的体系就将变得更为理性与文明。

在目前许多案例中，如果我们想知道法律的一条规则为什么采取了它的特殊形式，且如果我们多少想知道它为什么首先会存在，我们向传统[要答案]。我们跟随它进入了编年史，并也许超越它们而来到撒利·法兰克人的习俗，在过去的某个地方——它可以是在日尔曼的丛林里，或诺曼国王们的需求，或统治阶级的假定，我们在没有普遍观念的指引下去发现[规则的]现实动机，而它的存在理由至多不过是它被接受且已被人们所习惯的事实。在很大程度上，对法律的理性研究仍然是历史研究。历史必须是研究的一部分，因为没有它我们就不能知道规则的精确范围，而这种知识正是我们的职业。它是理性研究的一部分，因为它是通往开明怀疑主义的第一步，也就是对这些规则的价值进行审慎重考的第一步。当你把一条龙从笼子里在光天化日下放到平原的时候，你就能数数他的牙齿和爪子，并看看他到底有多大劲儿。但把他放出来只是第一步。下一步是或者杀死他，或驯服他并把他变成一个有用的动物。对于法律的理性研究，懂得法条的人可能掌握着现在，但掌握未来的人则是统计学与经济学大师。除了它是在亨利四世的时代制订的，一项法律规则就没有更好的理由——这是令人难以忍受的。而如果制订这项规则的理由早已消失，且规则的继续存在只是来自对过去的盲目模仿，那就更难让人忍受了。我所想的是所谓的“初始非法侵入”(trespass ab initio)，我曾试图在一个最近的麻塞诸赛州案例中解释这项技术规则。

让我用寥寥数语举一个例子，来说明被法律规则作为目标的社会目的是如何变得模糊不明，并只获得部分实现，原因是这项规则的形式来自渐进的历史发展，而未能有意识并清楚地根据目的获得整体更新。我们认为防止一人的财产被另一人挪用是有益的，因此我们把盗窃定为犯罪。无论挪用是如何发生的——是受财产所有者委托的保管人，还是错误把它拿走的人，恶果都是一样的。但带有弱点的原始法律没有能超越防止暴力的努力，并很自然地把错拿——一种非法侵占——作为犯罪定义的一部分。现代法官们稍稍扩充了定义，判定如果做坏事的人通过诡计或伎俩占得财产，那么他就构成犯罪。这其实是放弃了非法侵占的要求，且对于法律的现时目标而言，更逻辑与正确的做法是完全放弃这项要求。然而，这看起来好象太大胆了一些，因而被留给了立法[去完成]。立法的通过使贪污变成了犯罪。

但传统的力量导致贪污罪被视为和盗窃如此不同,以至直到今天,至少某些辖区还为小偷保留了一个滑角,使他们如被控告为盗窃时就争辩说他们应被控告为贪污,而如果被控告为贪污就争辩说他们应被控告为盗窃,并据此逃脱。

比这更基本得多的问题仍然等待我们给一个比我们父辈们所给的更好的答案。除了盲目猜测之外,我们还有更好的理由来说明现今形式的刑法做的好事比坏事多么?我并不是要停下来去指刑法使囚犯堕落并使他们进一步投入犯罪深渊的效果,也不去提罚款和监禁落到罪犯的妻子与孩子身上的负担是否要比他本人更重的问题。我所思考的是更为深远的问题:惩罚真的能威慑[犯罪]吗?我们是否用了适合的原则来处理罪犯问题?一个现代大陆刑法学派用据说首先由高尔(Gall)建议的公式来打扮自身,宣称我们必须考虑罪犯而非犯罪。这个公式并不把我们带到很远,但由此开始的探询却第一次基于科学来回答我的问题。如果典型的罪犯是一个堕落者,就像响尾蛇要咬人那样具有死不悔改的生理需要去诈骗或谋杀,那么谈论用经典的监禁方法去威慑他就是徒然的。他必须被除掉;他不能被改造或出于其结构性反应而受到恐吓。另外,如果犯罪就像正常的人类行为那样主要是一个模仿问题,那么惩罚就可被合理预期能对保持这种行为不合时尚有所帮助。对罪犯的研究已被某些著名科学家认为支持了前一个假设。对[不同地区的]犯罪相对增长的统计证据,则被强有力地用来支持后一种观点;这些地区包括诸如大城市的拥挤地带,其中榜样有最大的机会发挥作用,以及人口不那么稠密的部分,其病毒的传播也要更慢些。但无论如何,下列观点具有重要权威的支持:“罪犯的危险性而非犯罪的性质,构成了唯一合理的法律标准以指导针对罪犯的不可避免的社会反应。”

我从有关盗窃的法律说明了对理性归纳的阻碍;这不仅表现于刑法,而且也表现于法律的其他分支。以民事侵权法——与合同及其他类似行为所产生的赔偿不同的民事责任——为例。这类责任是否存在任何普遍的理论,抑或是它所存在的情形只能被列举,且每种情形都只能根据其特殊理由而获得解释?后者因下列事实而容易为人们相信:针对某些为人熟知的过错类型——例如非法侵入或诽谤,诉讼权利对每一类都有其特殊的历史。

我认为需要发现一种普遍的理论,只是它基于[行为的]倾向,而不是什么已被确立与接受的东西。我认为如果符合下列条件,法律就把责任人所造成的现世(temporal)损害视为可诉的:在他所知道的情形下,根据普通经验或根据他自己的经验——如果后者超过普通的话,其行为的危险性是显然的;除非基于政策的特殊理由,法律拒绝保护原告或为被告提供了豁免权。还差一个星期。一个星期以后,他就将取得权利,但现在他只是一个非法侵入者。(豁免权的例子我已经给了。最好的例子就是职业竞争。——作者注)我认为恶意、故意或疏忽通常仅意味着危险在行为人知道的情形下在或大或小的程度上是显然的,尽管在某些豁免权的案例中,恶意可能意味着实际的恶毒动机,且这类动机[的存在]可能会取消对在知道的前提下中伤[对方]之许可,否则基于重要公共利益的这种或那种理由会授予这类许可。但当我在某天向一位非常杰出的英国法官表达这一观点时,他说:"你在讨论法律应该是什么;但就法律是什么而言,你必须证明一项权利[的存在]。除非受制于一项义务,一个人并不为他的疏忽负责。"如果我们的差别不只是文字上的差别,或不只是关于例外和规则之间的比例,那么在他看来,一种行为的责任不能基于该行为一般会造成现世损害的明显倾向作为充分理由,而必须基于损害的特殊性质,或必须来自在行为倾向之外的某种特殊情形,而对此普遍解释并不存在。我认为这种观点是错误的,它对人们非常熟悉,且我敢说它在英国被普遍接受。

原则的依据在每个地方都是传统,这已发展到如此程度,以至我们甚至处于扩大历史作用的危险之中。有一天艾姆斯(Ames)教授写了篇博学的文章,其中除了别的之外,还证明普通法在契据诉讼中不承认把欺诈作为辩护理由,且[这种观点的]道德说服力在于那种辩护的个人特性来自其衡平法渊源。但如果就如我所说的,所有契约都是形式的,那么区别就不仅是历史的,而且也是理论的:它是阻止合同成立的形式缺陷和错误动机之间的区别;后者显然不能在任何体系内被考虑为我们所说的理性动机,除了针对这个暗中具有那些动机的人。这并不局限于契据,而是具有普遍应用。我应再加一句,我并不认为艾姆斯先生会不同意我的建议。

然而,如果我们考虑合同法,我们发现它充满着历史。债务(debt)、契约(convenant)和违约赔偿诉讼(assumpsit)之间的区别,都只是历史[的产物]

而已。有关思虑(consideration)的理论也只是历史的产物。给予封印的效力只有历史才能解释。思虑只是一种形式而已。它是有用的形式吗?如果是,为什么它没有被要求出现在所有的合同中?封印也只是一种形式,且正在必须给予思虑的文件与约定中消失——有没有封印都一样。为什么任何只是出于历史原因的区别应被允许去影响商人的权利和义务?

自从我写了这篇论文之后,我遇到了一个很好的例子来说明传统不仅压倒理性的政策,而且在压倒之前传统[规则]先遭到误解,并被赋予一个新的比它原来有意义的时候更广的范围。这就是在英国已确立的法律,即如果当事人一方对书面合同进行了实质性改动,那么[法院]将以对他不利的方式回避合同。这项理论违背了法律的普遍倾向。我们并不对陪审团说,如果一个人对某一件具体的事情撒谎,那么他就被假定对所有的事情都撒谎。即使一个人试图欺诈,似乎也没有充分理由以阻止他去证明真实情况。类似性质的反对理由一般只影响到证据的分量大小,而不是它是否可被接受。另外,这项规则和欺诈无关,且并不仅局限于证据。不仅你不能再利用这份文件,而且合同就到此为止了。这意味着什么?书面合同的存在取决于要约人和受约人之间交流了书面表达之事实,而非那些表达的继续存在。但在债券案例中,初始观念与此不同。契约和凭证是不可分离的。如果一个陌生人摧毁了它,或撕掉了封印,或改动了它,那么债权人不论如何无错也不能获得补偿,因为被告的企业——经他盖印的现实有形的债券——不能被复制成可以约束他的形式。大约一百年前,肯扬(Kenyon)大法官尝试对传统施展他的理性,就像他有时对法律所造成的损害那样;既然不理解传统,他说他看不到任何理由为什么适用于债券的不应也适用于其他合同。他的那项决定碰巧是对的,因为它涉及期票(promissory note),对此普通法再次认为合同和它被写在上面的那张纸不可分离;但他的推理却是普遍的,并很快被扩展到其他书面合同,且形形色色的荒谬与虚假的政策理由被发明出来说明扩大化的规则。

我相信没有人会把我所说的理解为对法律的不恭,因为我如此自由地批评它。我崇拜法律,尤其是我们的法律体系,因为它是人类思想最庞大的产物之一。没有人比我更知道无数伟大的才识之士献身于某些补充或改进,其中最伟大的和巨大的整体相比也显得微不足道。它对[获得]尊重的最终权利在于它的存在，在于它不是一个黑格尔的梦，而是人们生活的一部分。但一个人甚至可以批评他尊敬的东西。法律是一项我为之献身的职业，且假如我没有按照我要改进它的谎言去做，假如当我察觉到在我看来是它的未来理想的时候，我因踌躇不决而未能指出它并全心向它推进，那么我所表现的就算不上献身了。

也许我已说得足够多，以表明历史研究在理智的法律研究中必然发挥的作用，就像它今天这样。在哈佛和剑桥的教学中，不存在它被低估的危险。这里的毕奇罗（Bigelow）先生和那里的艾姆斯与赛尔（Thayer）先生已做出不会被遗忘的重要贡献，且在英国，弗里德利克·波洛克（Frederick Pollock）爵士和梅特兰（Maitland）先生对早期英国法律史的近作，使这一主题带上了几乎欺人的魅力。我们必须警惕好古主义的陷阱，且必须记住，对我们的目的而言，我们对过去的兴趣只是它照耀现代的光芒。我盼望着有一天历史对于解释教条所发挥的作用变得很小，且我们应把我们的能量花在探索要寻求实现的目标以及期望［实现］它们的理由，而非别出心裁的研究。在我看来，作为向这个目标努力的一步，每个律师都必须知道些经济学。目前政治经济学和法律学派之间的分离，在我看来是多少哲学研究的进展尚待作出的证据。在政治经济学的目前状态，我们的确在一个更大的规模上再次回到历史，但在那里我们被要求考虑并权衡立法的目标、实现它们的手段及其成本。我们学到了我们必须放弃别的什么才能得到任何东西，且我们被教导去比较我们所赢得的利益和我们所失去的其他利益，并在我们作选择时知道我们究竟在做什么。

还有另一类研究，其价值有时被思想现实的人低估了；我想为这类研究说些好话，尽管我认为挺多相当蹩脚的东西也用了那个名词。我指的是被称为法理学（jurisprudence）的研究。按照我的观点，法理学就是法律中最普遍化的部分。把一个案例归结为一条规则的每一项努力都是法理学的努力，尽管在英语中使用的名字被限于最广泛的规则和最基本的概念。一个伟大律师的标志就是他能看到最广泛规则的应用。有一个关于弗芒特州治安法官（justice of peace）的故事；一个农民向他起诉另一个农民损坏了他的搅乳器。这位法官考虑了一阵子，然后说他查遍了所有的成文法，就是不能发现任何有关搅乳器的条文，因而判决被告胜诉。同样的思想状态也表现于我们所有平庸的摘要(digest)和教材之中。合同或民事侵权的基本规则之运用被隐藏在“铁路”或“电报”等条目之下,或进入诸如“运输”或“证券”(Equity)等历史分支的臃肿论著,或收集于一个像“商贸法”这样被认为可能对务实头脑有吸引力的任意标题。如果一个人进入法律领域,那么做这一领域的能手是有好处的,而做它的能手意味着能看透所有惹人注目的事件,并识别预测的真正基础。因此,对你的法律、权利、义务、恶意、故意、疏忽、所有权、占有等是什么意思有一个清楚的概念,乃是件好事。我想到了那些在我看来最高法院栽了跟头的案件,原因就在于它们对这些中的某些主题并没有一个清楚的概念。我已经说明了它们的重要性。如果希望得到更深入的例证,那就通过阅读詹姆斯·斯蒂芬(James Stephen)爵士的《刑法》后面对占有这一主题的附录去发现它,然后转到波洛克与怀特(Wright)的启人心智的合著。詹姆斯·斯蒂芬爵士并不是那些分析法律概念的企图受到了迷惑的唯一作者;迷惑的原因是他们力争获得那种无用的一切体系的精华,而不是准确剖析其中的一个。奥斯丁(Austin)的问题在于他不知道足够的英国法。但掌握奥斯丁和他的前辈——霍布斯与边沁——以及他杰出的后继者——霍兰德(Holland)与波洛克——的学说,仍有实际收益。弗里德利克·波洛克爵士最近的小书点染着标志他所有著述的精当,并完全没有罗马模式的使人误入歧途的影响。

年长的对年轻人的建议很容易就成为像一百本最佳书目那样不实在的东西。至少在我的年代,我也分担了部分这类建议,并在不现实的高处我设置了学习罗马法的建议。我假定这类建议要比收集几条拉丁文格言来装饰对话意味着更多——这是科克大法官对布莱克顿(Bracton)所提建议之目的。假如这就是全部所想要的,那么《古代法理综述》在一小时就能读完了。我假定,如果学习罗马法是有用的,那么只有把它作为一个运作的体系来学习才是有用的。这意味着掌握一套比我们自己的更为困难且被理解得更少的技术规则,并研究罗马法必须获得比我们自己的法律更需要解释的另一段历史进程。如果有人怀疑我,就让他读一读凯勒(Keller)有关执政官法令的论著《罗马民事程序及其诉讼》,缪尔海德(Muirhead)最有意思的《罗马私法的历史导论》,并为了给他尽可能好的机会,索姆(Sohm)令人羡慕的《法理概要》。不,对你的主题获得一个开明观点的方法,并不是去阅读别的什么,而是钻到这个主题本身的最底层。这么做的手段首先是通过法理学的帮助把现存的教条体系跟踪到最高程度的概括;然后从历史中发现它如何变成现在这样;最后,尽你的可能去考虑这些规则所寻求实现的目标、这些目标之所以被期望的理由、为实现它们必须放弃什么以及它们相对于代价而言是否值得。

尤其是对研究的最后这个分支,我们所有的法律理论是太少而不是太多了。当我在谈论历史的时候,我提到过盗窃这个例子,来证明法律如何因未能体现于一种能实现其明确目标的清楚形式而受损。在那个例子中,问题在于来自过去的形式继续存在,而当时所接受的是一个更有限的目的。让我现在举一个例子,通过一条就我所知从来没有以任何适当的方式被解释或推理的规则,来证明理解法律理由对决定实际案件的现实重要性。我指的是有关诉讼时效的立法和[因长期占用]而获权(prescription)的法律。这类规则的目标是显然的,但究竟有什么理由就因时间的流逝而剥夺人的权利——就其本身而言纯粹是一种恶?有时提到[的理由]是证据的丧失,但这是次要的事情。有时是因为对和平的向往,但为什么和平在20年以后就比在此以前更值得向往呢?它越来越可能在没有立法的帮助下来到。有时据说如果一个人忽略了其权利的实施,那么如果法律在一段时间后以其之道还治其身,他就不能抱怨。但如果这就是所有的理由,那么你可能会在我将要交给你们的案件中判决原告胜诉;如果你们采用了我所建议的观点,你则有可能会判决被告获胜。一个人因非法侵入他人的土地而被起诉,并根据他对道路的权利而提供理由。被告证明他以公开与敌对的方式使用道路20年,但结果发现原告曾给一个他合理认为是被告代理的人——尽管事实上他并不是——授予许可,因此原告一直假定被告对道路的使用是受允许的,因而被告不能获权。被告究竟有没有获得权利?如果他的获权是基于土地所有者在通常意义上的过错与疏忽——就像通常似乎是这么认为的,那么这类疏忽并不存在,因而[被告]对道路的权利未曾获得。但假如我是被告的律师,我将建议因时间流逝而获得权利的基础应当从获得者——而非失去者——那里去寻找。亨利·梅因爵士使财产的古代观念与获权发生联系成为一种时尚。但这种联系要比历史的首次记录更早。它存在于人类思维的本性之中。如果你已经在很长一段时间内享受一件东西并把它作为你自己的来用,那么无论它是财产还是一种见解,它都已在你的存在中生根,且对它的剥夺不可能不使你憎恨这种行为并试图保卫你自己,而无论你当初是怎么得到它的。和人的最深层的本能相比,法律不可能再要求更好的理由。对于你正在使先前的所有者感到失望这种说法,只是作为一种回应方式,你才提到原告的疏忽,使他自己和他所宣称的地产逐渐疏远,而它和被告逐渐建立起联系。如果他知道另一个人正在做的事情在表面上说明他正处于建立这类联系的过程中,我将争辩说:基于对他人的公正,他有责任自负其咎,去发现他人是否有他的许可在行动,去保证他受到警告并在必要时被终止。

我一直在谈论法律研究,且我几乎没有谈到通常谈论的与其相关的东西——教材和案例体系,以及和学生最直接接触的各种工具。我也不会去谈论它们。我的主题是理论,而不是实际细节。自从我的时代,教学方式已无疑获得改进,但能力和勤奋将以任何方式掌握原始材料。理论是法律教条中最重要的部分,就像建筑师是参与建造楼房中最重要的人一样。在最近 25 年里最重要的改进是理论的改进。我们不应认为它不现实而感到担忧,因为对于有能力的人而言,它简单意味着进入这个主题的基底。对无能的人而言,据说对普遍概念的兴趣意味着特殊知识的缺乏,这有时是对的。我记得在部队的时候曾读到一个年轻人,在最低等级的测试中被问到中队训练的问题时,他回答说他从来没有考虑过少于一万人的革命。但虚弱的和笨拙的只能让他们停留于自身的愚昧。危险在于能干和实干型的人对于和他们的职业关系遥远的观念无动于衷,或怀疑不信。有一天我听到一个故事,一个人对其侍从付很高的薪水,犯错则减薪。他的一项减薪是“缺乏想象,5 美元”。但想象力的缺乏并不仅限于侍从。野心的对象——权力——今天一般只表现为金钱一种形式。金钱是最直接的形式,也是欲望的固有对象。雷切尔(Rachel)曾说,“命运是智力的衡量”。那是把人们从愚人的乐园里唤醒的良言。但正如黑格尔所说,“最终所要满足的并不是欲望,而是见解”。对于任何范围的想象,权力最深远的形式不是金钱,而是观念的命令。如果你想要非凡的例证,读一读莱斯利·斯蒂芬先生的《18 世纪英国思想史》,并看看笛卡儿的抽象推测在他辞世百年后如何变成控制人类行为的实际力量。读一读伟大的德国法学家的著作,并看看世界今天受康德的统治如何远远超过了波拿巴。我们不可能全都成为笛卡儿或康德,但我们都想要幸福。而我从所知的许多成功者可以肯定,只是成为大公司的律师并有5万美元的收入,并不能就赢得幸福。除了成功之外,一个有充分才智去获奖的人还需要其他食粮。法律更为遥远和普遍的方面是赋予它宇宙兴趣的东西。正是通过它们,你不仅在你的职业里成为一名大师,而且能把你的主题和宇宙联系起来,捕获那发自无限苍穹的回音,透视深不可测的过程,并探询宇宙法则的线索。

(本文载于《南京大学法律评论》,2000年秋季号,第6~19页。)

【辅读文献】

1.[美]斯蒂文·伯顿主编:《法律的道路及其影响——小奥利弗·温德尔·霍姆斯的遗产》,张芝梅、陈绪刚译,北京大学出版社2005年版。

2.[美]布赖恩·塔玛纳哈:《法律工具主义》,陈虎、杨洁译,北京大学出版社2016年版。

3.Morton J. Horwitz, *The Transformation of American Law*, 1780 – 1860, Harvard University Press, 1979.

【问题讨论】

1.人们常常认为霍姆斯是一个经验论者,并把他的名言"法律的生命不是逻辑,而是经验"奉为圭臬。这种经验论可以在本文中找到端倪吗?霍姆斯到底如何理解经验和法律的关系?

2.霍姆斯在本文中提出了一种"坏人视角",他为何认为有必要从坏人的角度看待法律?

3.本次演讲象征着美国法学向工具主义和现实主义转型,有人认为这两种立场都与法治原则不相容,会破坏法律的安定性。这种批评成立吗?为什么?

4.《法律的道德》被认为开创了法律现实主义这一思潮,法律现实主义所反对的是立场是什么?对于这两种相对立的立场,你如何看待?

5.霍姆斯提倡在解释法律的时候考虑哪些因素?他反对的是什么样的法律解释方法?

文献九　[德]卡尔·拉伦茨:《论作为科学的法学的不可或缺性》

【引　言】

1847 年,柏林的检察官基尔希曼在一个柏林法学会发表了《作为科学的法学的无价值性》的演讲。在旨在刺激反省与自我批判的演讲中,他质疑了法教义学的科学性,认为法学只关心那些实在法中的漏洞和谬误,以至于一定也是短暂和偶然的——“立法者的三个更正词就可以使所有的文献成为废纸”。此后,德国经历了 1848 年革命、普鲁士统一德国各邦、帝国建立、两次世界大战、魏玛共和、纳粹政权的兴衰、沦为占领区等一系列动荡,终于在联邦德国的领土上建立起了民主法治的政权。德国法学也随着时代脉搏跳动,先后出现了历史法学、概念法学、利益法学、目的法学、自由法学,以及作为其中黑暗篇章的纳粹法学等思潮,并在第二次世界大战后经由对过去经验的反思与批判,涌现了自然法回归和评价法学等新主张。在基尔希曼演讲一个多世纪后的 1966 年,作为评价法学代表人物的慕尼黑大学民法教授拉伦茨也在柏林发表了回应性的演讲:《论作为科学的法学的不可或缺性》。

在演讲中,拉伦茨主张如今对于科学的认识和法学本身的内容早已不同于基尔希曼的年代。今天的法学不再以数学和物理学为蓝本,追求绝对的确定性和不变的真理。法学的核心任务在于应用,即解释法律、发展法律和整合法律的体系。其中,解释法律和发展法律是法学与司法共同的任务,只有尽量实现各种规则的内部统一与客观协调的体系建构才是法学独特的任务。在法律解释上,法学清晰地列出了各种可能的方案,并说明各种方案的适宜程度,从而高度接近将司法植根于理智的理想状态。在新的社会争议出现以至于司法必须以类推等方式在个案中发展法律的情况下,法学从法秩序整体着眼,评价这些发展的价值。于是,对法律体系的整理就变得不可或缺了。学说关心判例绝非只是为了了解司法机关的解释,而是为了把立法和判例提供的初级材料建构成雄伟的法律殿堂。拉伦茨相信自己回答了基尔希曼大部分的挑战。实际上,我们不该把他的回应视为一种反驳。相反,他明显接受了基尔希曼关于法律之变迁性与发展性的观念,认为在法学和其他任何学科中都一样,问题无处不在、不断更新。法学家绝无希望一劳永逸地解决所有关于秩序与公正的问题,只能在不停的追问中不断前进。

【正　文】

论作为科学的法学的不可或缺性

——1966 年 4 月 20 日在柏林法学会的演讲

[德]卡尔·拉伦茨

前　言

后面的文字所记录的是我于 1966 年 4 月 20 日在柏林法学会所作的演讲。对于我的论述,我没有做文字上的改动,只是为了付印而加上了一些注释,从而说明文献来源,并且在一些问题上使我的论述更为清晰。演讲题目的表述是摹仿基尔希曼(Julius von Kirchmann)将近 120 年前在同一个法学会所做的著名演讲。我的目的在于,就今日之法学自身对它与法律实践的关系的理解做一个小结。同基尔希曼针对他那个时代的法学提出的批评进行争辩,使人有机会对我们的法学从那时以来所走过的道路有所了解。基尔希曼的演讲为我国的法学如此令人遗憾地理论脱离实际的历史标示了一个高潮。与此相反,我所要做的是让理论工作者和实务工作者的对话继续下去,每个人越清楚自己的特殊任务,这样的对话就将越富有成果。我认为,主要由我们的各个最高级别法院的成员所组成的这些法学会,是进行这样的对话的适宜场所。因此,我感谢柏林法学会为我提供了作这个报告的机会。

一

1847 年,当时担任检察官的尤利乌斯·冯·基尔希曼[①]——他同时还由于几部哲学方面的作品而出名,但这些作品今天已被淡忘——在柏林法学会作了一个题为论作为科学的法学的无价值性的演讲。[②] 这个演讲引起了非同寻常的轰动,[③]喜欢法学的人和蔑视法学的人同样经常引用它。这个演讲中的几处尖刻字眼简直成了名言,其中最著名的就是那句立法者的三个更正词就可以使所有的文献成为废纸,[④]它道出:法学所付出的种种努力,其价值不过是昙花一现。然而,法学研究对象——实在法——的飘忽不定,以及由此衍生出来的法学在获得能够经受时间考验的认识方面的无能,并非让基尔希曼认为法学无价值的唯一原因。他至少是同样尖刻地批评了法学家拘泥于故纸堆的倾向以及一切法学和法律的保守特征。他认为法学以敌视的态度阻碍了法的进步,法学倾向于按照已经过时的条条框框来构建现今的制度。[⑤] 法学钟情于过去而忘却了现实。当法律的发展使人们确实需要法学的帮助时,法学却不能令人得到满足。[⑥] 最后,与实在法的纠缠不仅使法学为了那些短命的或者僵死的东西耗去主要精力,而且使法学将错误甚至荒唐当作有效的东西加以粉饰。因而,法学本来应该传播真理,可是实在法却使法学不得不服务于偶然、谬误、狂热和愚昧。法学的研究对象本应具有永恒性、绝对性,现在却充满了偶然和缺陷;可以说法是从苍穹掉进了

---

① 关于基尔希曼参见 Stintzing/Landsberg: Geschichte der deutschen Rechtswissenschaft(《德国法学史》)Ⅱ,2,第 737 页以下。其中的总体评价称:这就是那个在 1847 年宣称法学无价值的人,一个有点古怪、有点荒唐,但是受过良好教育的深邃的思想家,一个地位显赫、经验丰富的法律实务工作者,一个真正热爱科学和真理的人。他并不是想引起轰动,而只是在表达他的信念。

② 这个演讲稿被多次重印。本文引用时所依据的是达姆施塔特科学书社(Wissenschaftliche Buchgesellschaft Darmstadt)1956 年版。

③ 1848 年,法哲学家施塔尔(Friedrich Julius Stahl)即发表了针锋相对的文章《法学抑或民众意识》(Rechtswissen-schaft oder Volksbewusstsein)。关于对基尔希曼演讲的思想史定位,除了已经提到的 Stintzing 和 Landsberg 的论述外,还可参考 Wieacker: Privatrechtsgeschichte der Neuzeit(《近代私法史》),第 245 页;Erik Wolf: Groβe Rechts-denker(《伟大的法律思想家》),1963 年第 4 版,第 592 页、第 625 页以下。

④ 参见基尔希曼演讲稿,第 25 页。

⑤ 参见基尔希曼演讲稿,第 16 页。

⑥ 参见基尔希曼演讲稿,第 42 页。

泥沼。[①]

这个演讲的论战形式及其刻意采用的夸张措辞[②]清楚地表明,基尔希曼的根本意图在于唤起批评性的自我反思。仅就个别说法而言,比较容易证明它们不正确或者夸大其词。尽管如此,我们还是难以摆脱基尔希曼的演讲所带来的强烈震撼。反之,指出这样的事实是没有多大意义的,即总还是有一些法学著作,尽管它们所涉及的实在法早已不再有效,但我们今天仍然能够从中获得智慧。例如,萨维尼(Friedrich Carl von Savigny)的《当代罗马法的体系》,直到前不久,弗卢默(Werner Flume)还为了现今而运用这部著作。[③] 此外还有费尔巴哈(Paul Johann Anselm von Feuerbach)、格老秀斯(Hugo Grotius)或者普芬道夫(Samuel von Pufendorf)。《民法典》的生效绝对没有使所有普通法的文献成为废纸。人们也几乎不能再指责今天的法学不关注法的深入发展,因为没有法学的帮助,许多创新根本不可能实现——我在此只从我所熟悉的领域中举几个例子:例如,缔约过失制度,又如债权关系构架中对一系列保护义务和其他行为义务的采纳,再如形成权、期待权,例如将危险责任发展为独立的责任原则。至于说法学不研究具有永恒性、绝对性的事物而关注世俗的、谬误的东西,这样的批评在我们这个对绝对价值持有如此怀疑态度的时代,很难令人信服。尽管这样,无论基尔希曼的肤浅论据多么容易被驳倒,我们仍应面对一种激励,一种挑战。

细想一下,正如基尔希曼自己在他的演讲开头部分指出的那样,[④]法学作为科学的无价值性这个论题有着双重含义。它一方面可以解释为法学作为科学是无价值的,它不能满足人们对科学提出的严格要求,因而对增进人的知识甚少贡献或者无所贡献,也不能与诸如自然科学、数学、心理学、社会学、历史学等人们所公认的科学相比肩。另一方面,这个论题也可以理解为,法学无论是不是科学,它都对现实的法律生活无所作为;法学对于立法和司法的进步,以及最终对于实现法律人所追求的正义——这种正义是相

① 参见基尔希曼演讲稿,第 23 页。

② 基尔希曼自己在序言中也请读者原谅他的演说风格。

③ 在他的《民法总论》(Allgemeiner Teil des bürgerlichen Rechts)第 2 卷,1965 年版,参见该书第 5 页、第 30 页、第 49 页以下、第 129 页、第 130 页、第 174 页以下、第 294 页以下、第 402 页、第 440 页以下。

④ 参见基尔希曼演讲稿,第 7 页。

对的，并且注定是不完善的——不仅可有可无，而且还碍手碍脚。如果第一种主张成立，其结果无非是法学被剔除出科学的范围，而作为一门法律技艺，或者无论人们怎么定义它，它总还能保有其对于现实法律生活的价值和意义；而第二种主张则会使法学的废除成为必要，如果人们认真对待的话。基尔希曼明确指出，人们对于他提出的论题既应从第一种意义上，也应从第二种意义上去理解。然而他并没有明确地说他希望看到法学被废除的结果，而且尤为重要的是，除了含混地提到几次在民众中生存的自然法以外，①他没有说明应当用什么来代替法学。他的论述完全是在破，而没有立，这个缺陷比人们据以反驳他的其他问题都更重要。②

在我的演讲中，我将探讨基尔希曼的论题的第二重含义。至于法学将自己归入科学是否正确，我在这里不做进一步阐述。在另外的场合，我已经就这个问题表达过看法，③这里我只强调一点：如果一个人将科学的概念限定得如此狭窄，以至于它只包括独立于经验性前提的逻辑和数学，以及仅致力于量的研究并且其结果可以表示为数量关系的自然科学，那么他尽可以不把法学或者任何一门人文科学当作真正的科学。对科学的概念作如此限定，是科学发展的某个特定阶段的结果，我认为这种限定是没有道理的；我

---

① 在基尔希曼看来，自然法（natürliches Recht）才是法学学术追求的真正对象；反之，实在法则不应成为法学的研究对象。他的演讲稿第 8 页写道：这个研究对象就是法律，就是在一个民族中生存着并且由每个人在各自的范围内实现着的法律，我们也可以把它称为“自然法”。在第 21 页以下，基尔希曼将实在法与自然法对立起来，以表明实在法——就是那个被他称为强行挤到了法律和法学之间，并且对两者都产生了很坏的影响的存在和认识的混合体——带给自然法和法学的危害。基尔希曼所谓的自然法，并非人们通常所理解的自然法（Naturrecht）；毋宁说他的自然法和一般意义上的自然法正好相反，它不断地随着时代而变化，因而对于在现实后面跛脚跟进的法学而言，它总是一个难以企及的目标。基尔希曼的自然法也更不会是指习惯法，他认为习惯法的僵硬不亚于实在法。至于基尔希曼说法存在于人们的潜意识中，存在于人们日常的行为举止中（第 10 页），这毋宁表明，基尔希曼所理解的自然法不过是一种正义感，是这种正义感对每个具体个案的反应。基尔希曼提到他并不想否认从自然法向实在法的演变是一种必然（第 21 页），他认为这种必然的演变是由于文化向更高阶段的发展、社会的分工、各种社会关系的日益复杂以及人们对稳定性和确定性的要求，据此应当相信，基尔希曼也并不认为向纯朴的自然法的简单回归是可能的，他也不想停留在正义感的层面。问题在于，他并没有为只专注于实在法的法学学术提供其他方案。

② 这一缺陷验证了 Wieacker（见注 3 所引书）的评价，即基尔希曼的演讲几乎不能被定位为独立的思想立场，而只能说是着眼于现实的实务界对学术思辨的自以为是日益反感的表现。

③ 在 Legazy Lacambra 的庆贺文集［圣地亚哥（Santiago de Compostela）1960 年版］第 179 页以下；另参见我的《法学方法论》（Methodenlehre der Rechtswissenschaft），1960 年版，第 5 页、第 6 页、第 34 页以下、第 83 页以下。

更倾向于认为,科学是任何可以用理性加以检验的过程,这种过程借助于特定的、为其对象而发展出的思考方法,以求获得系统的知识。在这种意义上——请允许我做这样的设定,法学也是一门科学。①

我今天打算探讨的问题是,法学——也就是按照特定方法对实在法进行的思想的诠释和领悟,②即所谓的法律教义学(Rechtsdogmatik),包括比较法、法学方法论、法的一般理论——能够为现实的法律生活,为法官、公务员和立法者的活动做些什么,以及法学不能做什么。我提出的,与基尔希曼针锋相对的论题是:在当今法律生活的条件下,前述意义上的法学对于法律实务工作者是不可或缺的。但是它在多大程度上真正有价值,当然要取决于它在多大程度上完成它的任务。

然而,要论述法学对于法律实践的不可或缺性,会面临这样的风险,即对法学与法律实践的关系作出片面的判断。因此,我从一开始就强调,我的论题在相反的意义上也应该是正确的。不仅法律实践总需要法学,而且法学也需要法律实践。套用康德的一句名言,可以说:没有法学的法律实践是盲目的,而不与产生于实践的各种问题相交融的纯粹的法学,是空洞的。也就是说,法学和法律实践的关系是一种交互作用的关系。请大家记住这一点,即使我在后面不再明确提到它。

二

按照我们今天的理解,法学有三重任务:解释法律,按照内在的法律制度的价值标准和思想尽可能发展法律,以及不断寻求用统一的视角诠释大量的法律资料,不仅为了外部的整齐划一和条理清晰,也为了尽量实现各种规则的内部统一和客观的协调。简言之,法学的任务就是解释法律、发展法

① 参见 Binder:Philosophie des Rechts(《法哲学》),1925 年版,第 838 页以下;Emge:Philosophie der Rechtswissen-schaft(《法学哲学》),1961 年版,第 58 页以下。按照 Emge 的说法(第 59 页),客观精神的产物表现为关于问题的关联性、问题的解决方案、概念的影响、逻辑的权重关系的正确判断,而科学的标志即在于一种直接意图,它要将这种客观精神产物用一种与逻辑和概念的本质相适应、与对象相适应的形式表现出来。即使依据这一描述,那些配得上法学这个称谓的作品也是以一种这样的意图为基础,这是无可争辩的。

② 因此我在这里排除了法律史和纯粹的法哲学,它们对于现实法律生活的意义是更为间接的,但并非微弱的。

律以及——或许可以这样说——整合法律资料。前两项是法学和法律实践——尤其是司法——的共同任务,只有第三项是法学自己的任务。由此衍生出法学的三种工作方式,它们彼此有着不可切断的关联,必须从这种关联的角度加以考察。

首先,关于法律解释,或许可以认为,这里不需要什么科学方法,这项工作毋宁取决于直觉的领会和正确的判断。一个法官,或者任何一个要适用法律的人,当他对法律的内容存有疑问时,难道可以既不求助于公开出版的法律文献又不遵循先例,而按照他的正义感,按照他关于正当合理的标准作出判断吗？我不怀疑,许多判决是以这种方式出笼的。只是问题在于,是否在任何情况下都可能这样做,最重要的是,能否允许各个最高级别的法院这样做。从形式上看,我们并不承认法院有遵循先例的义务。因此,最高级别的法院如果要完成其保证司法统一的任务,就必须有令人信服的理由。但是,现今的生活关系远非一目了然,各种关联也被如此地掩盖,以至于某种理由如果仅局限于含糊的一般利益,局限于应当坚持某种观点的确信,那么它就不能令人信服。任何一部法律都是介入多姿多彩的生活关系中的规则的一部分,起到或直接或间接的作用。为了在一定程度上理解和正确估量这种作用,需要认真考察立法者所遇到的实际情况,考察他所追求的目标,以及隐藏在那目标之后的、立法者自己也许只是部分意识到、也许根本没有意识到的正义性原则。

认真分析规则所介入的客观情况是必要的,根据法律所包含的或者从法律制度整体中归纳出的评价标准对各种利益进行评价也是必要的,使我们认清这种必要性,是利益法学(Interessenjurisprudenz)以及由利益法学发展而来的评价法学(Wertungsjurisprudenz)的功绩,[①]这是毫无疑问的。正是从这里,发展出了对法律的目的解释方法,[②]以及按照规则在某项法律制度或者更大范围的生活关系的框架内的功能、按照法律制度整体的原则和评

---

① 关于早期的利益法学,参见我的《法学方法论》,第 47 页以下;关于利益法学向评价法学的发展,第 122 页以下。关于评价法学,值得参考的著述有 Henkel:《法哲学导论》(*Einführung in die Rechtsphilosophie*),第 229 页以下;Zippelius:《基本权利体系中的评价问题》(*Wertungsprobleme im System der Grundrechte*),1962 年版。

② 关于对法律的目的解释,尤可参见 Engisch:《法律思维导论》(*Einführung in das juristische Denken*),第 3 版,第 79 页以下。

价标准,特别是按照《基本法》(Grundgesetz,GG)的价值定位(合宪的解释)解释法律的方法,而我们的各个最高级别法院都或多或少自觉地在工作中运用了这些方法。基尔希曼对于这些解释方法一无所知,他也不可能知道这些方法,因为他那个时代的法学首先是着眼于历史的法学,实际上仅局限于法律解释的历史因素和逻辑体系因素,对于目的解释要么明确拒绝,要么予以忽视。① 耶林(Rudolf von Jhering)的《法的目的》(Zweck im Recht)第1卷直到1877年才出版——也就是在基尔希曼发表演讲近30年之后。与19世纪的法学相比,今天的法学在法律解释方面拥有广泛得多的方法上的辅助手段。当今的法学首先已经不再把探求历史上的立法者的意图看作它的唯一任务,而认为解释法律的任务与现时有关。② 同样,与当今的法律制度相联系并且着眼于现时的情形,对于一部法律如何解读才有意义,在回答这个问题时,历史上的立法者的意图仅是众多的辅助工具之一,无论法学将这种意图看得多么重要。③ 就此而言,基尔希曼的指责对于今天的情形肯定已不再适宜,这些指责是针对历史法学派做出的反应,该学派或多或少是仅关注过去的。

然而怀疑论者在此或许要问:这一整套更为丰富的解释方法对于我们有何裨益?我们的法院所作出的决定因此而变得更好——也就是说更公

---

① 萨维尼在他的由 Wesenberg 出版的关于法学方法论的讲义第 39 页、第 40 页明确拒绝了目的解释。在他的《当代罗马法的体系》中(第 1 卷,第 218 页以下),萨维尼虽然没有像在方法论讲义中那样完全拒绝考虑法律的目的或者根基,但是他也并没有在他所强调的四种解释因素——语法因素、逻辑因素、历史因素和体系因素——之外赋予目的因素以独立的意义。

② 胡塞尔的阐述是适当的,参见《法与时间》(Rechtund Zeit)第 26 页:但人们在解释法律时将不得不顾及法律所产生于其中的历史关联。然而这仅是解释过程的出发点。进一步的任务必须是,将法律从它与产生它的那个时代的联系中提炼出来,并从思想上将它继续引导到现今之世。只有这样,才能使法律与当代和当代的问题之间发生生动的关系。[此处提及的胡塞尔(Gerhart Huserl)系著名哲学家胡塞尔(Edmund Husserl)之子,当时为法兰克福大学法学教授。——译者注]法律解释总是与法律在具体案件中的适用紧密相连,因而也就与它所要介入的现时情形分不开,正因如此,法律解释总是同现时息息相关,对于这一点,伽达默尔(Gadamer)在他的《真理与方法》(*Wahrheit und Methode*)第 2 版,第 292 页、第 311 页以及其他地方多次正确地指出。另外,所谓规则的意义演变也无非是由于解释的变化,这种解释必须着眼于现今的情形,通盘考虑现今的法律制度。参见我的《法学方法论》,第 261 页以下。

③ 值得注意的是,即使所谓的主观解释论(subjektive Auslegungstheorie)的拥护者,如 Nawiasky:《法的一般原理》(*Allgemeine Rechtslehre*),第 130 页,也尝试考虑合乎时代的解释这一要求,他们希望,起决定作用的不是历史上的立法者当时的意图,而是规范制定者显而易见的最终意图,即推定的当今立法者的意图。

正、更理性——了吗？或者哪怕是仅变得更可预测了吗？如果考虑那许多历来争吵不休的问题和歧见，人们会倾向于对上面的问题作否定的回答。对此我要反驳：要求法学方法总能推导出绝对确定的、可以精确验证和预测的结果，这是误解了法的本质，也误解了法学研究对象的特性为法学所设定的界限。在关于法的问题中，精准的确定性是不存在的，因为这里所涉及的不是单纯的量的大小。在此所牵涉的是人的利益、人的命运，还有不同的正义观念和评价。对这里的冲突作出的裁判注定要冷落某一方，并且其程度往往足以伤及他对法的感受。在这里找出一种不仅定分止争，而且令人信服、被视作解决冲突的公正方式的判决，这是困难的，有时甚至是不可能的。法律解释和法发现（Rechtsfindung）的理性方法首先帮助法官更清晰地看到案件中所隐含的法律问题，认清法律的评价并且将这种评价与案件联系起来。这在很多——即使不是全部——案件中，已经为法官勾勒出了正确决定的轮廓。然而这样的决定几乎从来不是仅由已知前提推演出的逻辑上的必然结论，因为即使对所有的前提都有了正确的认识，仍然存在评价的问题。但是在这里必须纠正一种在法律人中间一向广为散布的错误认识，即认为当法律人开始评价之日，就是理性控制的可能性消失之时，也就是科学弃他而去之时。[①] 法学并非仅为法官提供作出客观公正评价所需的经验性资料，它还提供法律所包含的、或多或少得到明确宣示的评价尺度。正如今天的评价法学所认为的那样，法律解释的根本任务恰恰在于，将这些评价尺度从包含它们的那些规范中剥离出来，阐明它们的范围、它们的相互关联或者彼此间的界限，从而以理性的方法为个案中需要寻求的价值判断做出准

---

① 因此我认为，这样的说法至少是容易引起误解的，即任何解释本身都是一种决定，也就是在诸多可能的评价中做出的选择。［而 Wieacker 即这样认为，参见《法律与法官艺术》（Gesetz und Richterkunst），第 7 页］另外，Esser［《原则与规范》（Grundsatz und Norm），第 256 页］认为决定中的意志因素是第一位的，并且他还赞同地引述了拉德布鲁赫（Radbruch）的说法，即解释方法是在结果已经确定之后才被选定，对此我也不能同意。这些说法以及类似的表述有其正确的一面，也就是说目的论的、以法律的内在评价尺度为准绳的解释有时也会带来模糊性，从而迫使法官个人决定价值取舍，对此我在正文中也表示认同。但是上面提到的说法带来的危险在于，它们使人过早地放弃努力，不再寻求一种与法律的评价、与明显内在于法律制度的原则相和谐的评价，在尚未尝试过理性法发现的全部可能性之前就开始进行个人评价。解释始终是一种精神的过程，该过程存在于解释者和被解释者的相互影响之中。在这一过程中，解释者要从被解释的条文的角度来校正自己已经形成的观点；同样，被解释的条文要产生效力，也只有借助于人们可能对它作出的理解。

备,使这种价值判断高清晰度地——即使不是精确无误地——显现出来。

然而这并非总是可能的。在某些案件中,上述过程会导致某种不清晰,因此法官只能依据其个人的确信和责任作出决定。这时我们或许可以说,能够想到的几种解决方案都同样有道理。这一点是外行人往往不理解的。他所期待于科学的是,科学可以在任何事件中带来毋庸置疑的、客观的确定性。与此相反,法律人往往只能满足于主观的确定性。但是这并不能构成轻视法学所发展出的理性方法的理由。即使对于最终决定而言还有回旋余地,通过这些方法至少可以清楚地列出各种可能的解决方案,剔除不适宜的方案,从而使最后作出的价值判断变得清晰。可以高度接近一种永远无法完全实现的理想状态,即司法应植根于理智的基础,这是无可争辩的。

三

上面关于法律解释的论述,同样适用于对法律的发展——这种发展以法学思考为基础,解释、寻找漏洞、填补漏洞以及通过法官对法律的发展而创造出全新的法律制度——最后这种情况并不常见,就思维方式而言,这些活动之间只存在渐进的差别。[①] 这并不意味着,这些差别不重要或者可以被忽视。在这里,目的论的思维方式同样为人们指明道路。我们将实在法的规范——无论是某项特别制度中的规范还是某个自成一体的领域中的规范——看作一个整体,而这个整体则以一定的需要实现的目的和价值为基础。如果根据这些基本思想,应当对某种情形加以规范,而规范却不存在或者不合理,那么上述的意义整体就出现了漏洞。[②] 这时,我们可以将为另外一种情形设计的规范移植到当前的情形,如果这两种情形就其决定性的评

---

① 参见我关于法律解释和法官对法律的发展之间的关系的论文,载 Olivecrona 的庆贺文集(斯德哥尔摩 1964 年版,第 384 页),另参见我的《法学方法论》第 273 页以下;类似的观点参见 Esser:Grundsatz und Norm,第 259 页:在这种意义上,解释法律和发展法律是同一件事,尽管人们在彼处更加强调以能带来稳定性的方法阐明规范的暗示含义,而在此处则更看重或明或隐的追求目的的过程。填补漏洞和补充性解释并不是法官额外的造法性任务,它们与法律解释的再创造特征是同一的,而这种再创造特征是不可想象的,如果没有对原则的设想和考虑——这些原则将不同类的东西整合到一起。

② 关于法律漏洞的定义有大量的文献。目前可参见 Canaris:《法律漏洞的确定》(Die Feststellung von Lückenim Gesetz),1964 年版。

价原则而言能够被视为等同——这就是我们所说的类推(Analogie)。① 在另一些情况下我们会发现,立法者忽略了生活关系中的某种差异,而这种差异需要法律上的区别对待。于是我们便进行这样的区分,通过这一途径或许会使一则由于未做必要的区分而被拟定得过于宽泛的条款得到限制。这样我们就将该则条款引导回立法者的根本观念为其设想的适用范围。我把这一过程称为目的性还原(teleologische Reduktion)。* 这里总要涉及的问题是,以当前的情况为视角,对实在法中所包含的思想或者我们的法律制度的某项一般原则作进一步梳理,从而作出恰如其分的决定。这就要求既准确把握需要加以规范的情形,又准确把握我们的法律制度所提供的规范的可能性以及其中包含的评价尺度。为了了解这些,我们又要运用上面提到的那些解释原则。

尽管法官对法律的发展一直存在,但今天的法院显然比过去更加倾向于做这件事。这固然是因为,权力受法律和正义(Gesetzund Recht)约束的说法使得司法认识到,其发展法律的使命已为宪法所承认。而法院除了对法律加以发展以外,也几乎没有其他选择余地,因为生活关系的急剧变动使人往往不能期待立法者,甚至立法者有时也毋宁让法院先行探路,如在人格权(Persönlichkeitsrecht)领域就是如此。人们的确可以认为,我们的法院在这方面有时走得太远了。例如,基本上每次为侵害人格权而判处痛苦金(Schmerzensgeld)时都要列举的那些理由,在现行法的框架内(de lege lata),始终不能令我信服。② 在禁止使用汽车的判例中,对财产损失概念的扩展也

---

① 对于法律上的类推结论来说,决定性的不是仅有形式逻辑依据的相似性,而是所比较的构成要件中那些对于评价具有意义的因素的一致性。参见我的《法学方法论》第 287 页以下,以及我就作为方法问题的法官对法律的发展所写的论文,载于 NJW(《新法学周刊》)1965,第 1 页,尤见第 4 页以下。

* 参见我的《法学方法论》,第 296 页以下;NJW 1965,第 5 页。其他人则称为限制(Restriktion),例如,Enneccerus,Nipperdey,参见他们所著《民法总论》(Allgemeiner Teil des Bürgerlichen Rechts),§59。德国《基本法》第 20 条第 3 款规定:立法受到宪法秩序的约束,行政权力和司法受到法律和正义的约。——译者注

② 关于这些理由以及对它们的批评,参见我的《债法教程》(Lehrbuch des Schuldrechts),第 7 版,第 419 页以及那里列举的文献;另参见 Wiese:《对非物质损害的赔偿》(Der Ersatz des immateriellen Schadens),第 37 页以下(赞同意见);Lehmann-Hübner:《民法总论》(Allgemeiner Teil des Bürgerlichen Rechts),第 15 版,第 433 页、第 434 页(批评意见)。

是如此。[1] 关于这些问题,人们会有不同看法。无论如何,我认为,当法院对法律加以发展时——也就是说它们实际上,即使不是形式上,是在向立法者提出新的规范时,它们应当为此提出学术上至少可以接受的理由。如果失去控制——这种控制只有科学方法可以提供,[2]就存在太大的风险,即法官最后只是——当然是在不自觉之中——以他个人的评价代替了法律的评价。如此看来,司法对法律加以发展的合法权限,相应地要求一种科学的方法。可喜的是,我们的各个最高级别法院一般而言都有这种意识,而且也准备面对学术批评。

我刚提到,法学理论必须要经受实践的考验,就像实践面临问题时不能缺少理论之光一样。在理论工作者和实务工作者的对话中——遗憾的是这种对话在我们这里还是太少,每个人都会带来一些其他人所没有的东西。实务工作者让我们近距离观察案件并且认识到直接对案件作出决定的紧迫性。首先是通过案件以及通过这种紧迫性,才使法学面临的问题变得明朗。因而,某种法学理论能否对公正裁判作出贡献,成了该种理论的试金石,这是不无道理的。然而理论工作者的任务并不是裁处具体案件;他应当把这项工作留给实务工作者。但是另一方面,具体案件又从来不仅是孤立的个别现象。某个具体案件与其他那些既有共性、又有差异的案件是可资比较的。正义的基本要求就是,对于相同的东西——也就是在比较过程中被认可为同种类、同价值的东西,要加以相同的规范;只有对不同的东西,才做不同规范。因此在面对裁判的案件时,有必要考察具有可比性的案件,考查对这些案件的判决以及在该判决中体现的一般原则。而这恰恰需要运用理论工作者观察问题的方法:不拘泥于具体案件的特殊情况,而转为关注案件的典型性;概括不断重复出现的特征,建构上位的概念,揭示它们之间的关联。

---

① 参见 Wiese 前引书第 17 页以下;Zeuner,AcP(《民事实践档案》)163,第 380 页;另参见我关于损害赔偿法中财产概念的论文,载 Nipperdey 的庆贺文集,1965 年版,第 1 卷,第 489 页;Böticher:《保险法》(Versicherung-srecht),1966 年版,第 301 页。

② 关于衡量法官对法律所做发展的正确性的标准,参见我的《法官对法律加以发展的成功标志》(Schriftenreihe der Juristischen Studiengeselschaft Karlsruhe,Heft 64)(Kennzeichen geglückter richterlicher Rechtsfortbildungen,卡尔斯鲁厄法学研习社丛书第 64 种)。

这已经超出了解释法律和发展法律的本来范畴,是法学典型的系统性成就。[①] 缺少了这一成就,所有的解释将是残缺的,而法律的发展将会流于空洞。这里的关键在于,所寻求到的解释或者对法律的发展能够被镶嵌进法律制度的内部关联之中,它们能够与其他规范相协调。我们对法律进行任何发展时,都要问一句,这种发展和现实的法律制度整体、和它的主导原则是否相符。这样的监控是必不可少的,除非我们放任法律制度随心所欲地向任何方向发展。而对于这样的监控,法学的帮助又是不可或缺的。

四

对于法律生活而言,法学作为一种以一定方法为指导的、试图对现行法加以理性把握、解释和发展的努力,是不可或缺的,上面就是我论证这一观点的依据。然而基尔希曼的观点中还包含一种我们必须进一步研究的思想,那就是,法学之所以无论作为科学还是作为现实的法律生活都没有价值,是因为它的唯一对象——实在法——根本不值得人们付出如此努力。基尔希曼认为,实在法的规定相当大一部分是令人费解的、随机的,个别地方甚至经常是彻头彻尾的专断。[②] 而法学尤其关注的,恰恰是实在法中的这些部分。法学由于只关注偶然,它自己也就变成了一种"偶然"。[③] 紧接着就是那句著名的:立法者的三个更正词就可以使所有的文献成为废纸。

法学的研究对象真的仅是偶然吗?它所关注的只是或者主要是实在法吗?也就是诸如某类期间的长短、某种规定的形式抑或某项交通规则之类,它们的确在某种程度上只是一种武断的确认,因而随时会走向其反面。而法学的研究对象究竟是什么?

毫无疑问,当人们探究什么是法学的研究对象时,会首先想到作为现实规则的实在法。而且属于实在法的不仅是法律和条例,还有体现在法院判决中的得到认可的法律信念、法律要求,以及事实上起作用的各种标准。[④]

---

① 法学总是系统性地,而不是局部性地运作,关于这一点,新近的文献可参见 Diederichsen, NJW 1966,第 697 页。

② 参见基尔希曼演讲稿,第 22 页。

③ 参见基尔希曼演讲稿,第 25 页。

④ 自从 Esser 的 Grundsatz und Norm 一书出版后,就私法领域法官对法律的发展而言,关于这一点已经不存在疑问了。

但是法学的研究对象还包括法律所调整的生活关系本身,包括典型的交易行为、经济和社会的现状以及各种各样的制度。简言之,就是被胡伯(Eugen Huber)称为立法所涉之实体的东西。① 法学的任务之一,就是使规范及其所规定的生活关系发生联系,从而使规范可以正当地运用于生活关系,而生活关系对于法的规定而言也可以理解和规范。但是,无论过去还是现在,人们往往由于只关注规范而忽视了生活关系属于法学的研究对象。然而,将典型性的生活关系纳入法学的视野,这是现代法学最为显著的标志。② 无论其具体形态如何,生活关系总是体现了特定的客观关联,而使这种关联变得清晰,是法学必须关心的事。③ 另外,也存在由客观逻辑所决定的法的结构。④ 并非只有客观关联、客观逻辑结构才构成法学的研究对象——这种对象绝不仅是偶然或专断的产物,关乎法的各种问题同样也是法学的研究对象。现代比较法学告诉我们,关乎法的各种问题,尤其是现代社会的生活方式使我们面临的那些问题,在所有的地方都或多或少地存在;并且尽管不同的法律制度会以不同手段、不同途径解决这些问题,然而其最终结果却往往殊途同归。而这就使我们有理由确信,并非实在法中的一切都是由实在——偶然的状况甚或立法者的专断——所决定。各种各样的问题、规范以及客观逻辑的结构、立法所涉之实体,这些对于立法者乃至法官而言,在很大程度上是预设的,而不能被抛诸脑后。虽然它们也可能随着历史而演变,但是相对于表面现象,相对于个别法律、条例以及法院判决,它们是相对稳定、有其

---

① 参见其著作《法与法的实现》(Recht und Rechtsverwirklichung)1921 年版。最近的文献还有 Troler:《法学的普适性原则》(überallgültige Prinzipien der Rechtswissenschaft),1966 年版,第 61 页以下。

② 在 20 世纪初为此开辟道路的又是利益法学和社会学法学(soziologische Rechtslehre),特别是 Eugen Ehrlich 的著述。对此另请参见 Kantorowicz 在 1911 年所作的演讲法学与社会学(Rechtswissenschaft und Soziologie)(收录于 1962 年以相同标题出版的他的选集,Thomas Württemberger 编辑)。对生活关系的关注尤其表现在那些在很大程度上并非依赖于某部现成法律而发展起来的法律部门,如劳动法;但是在所谓的传统民法部门,这种关注也与日俱增。

③ 法学首先通过考虑所谓的事物的本质来做到这一点。参见 Henkel:《法哲学导论》(Einführung in die Rechtsphilosophie),§25;最近的文献参见 Troler 前引书(注 33)第 184 页以下。

④ 这样的结构不受制于立法者的专断,诸如物权(dingliches Recht)、请求权(Forderungsrecht)、作为整体的债权关系(Schuldverhältnis)、作为意在产生某种法律后果的举动的法律行为(Rechtsgesch?ft)、代理[Vertretung)[对此可参见 Müler-Freienfels:《法律行为中的代理》(Die Vertretung beim Rechtsgeschäft)],它们所涉及的都是这种结构。

自身分量的。而这些正是法学优先试图揭示的。①

这样我们就看到,法学除了负有刚刚谈到的那些使命——法律解释、法律发展、法律统一——之外,又有了一项新的任务:为立法作准备。说立法者——至少是我们这个时代的立法者——可以任意造法,这是不符合事实的。无论如何,如果一部法律要有较强的生命力,那么立法者事先就必须对有待规范的生活关系、对现存的规范可能性、对即将制定的规范所要加入的那个规范的整体、对即将制定的这一部分规范必然施加于其他规范领域的影响进行仔细的思考和权衡。还有一点在我们今天看来也是不言而喻的,即立法者也应当了解,有待规范的那些问题在其他法律制度中是如何加以规定的,从中体现出了哪些可能的解决方案。只有当所有这些前期工作完成之后,真正的立法活动才能开始;而对于这些前期工作而言,显然,法学的帮助是不可或缺的,无论是法律社会学、法律教义学、比较法学还是法的一般原理——如果所涉及的是对法学基本范畴的正确运用。此外,基尔希曼也是承认法学对于为立法作准备的实在价值的,只是他似乎对此并非自觉。因为他在演讲中有一处提到,②法典越出色、越能反映真理,它就越是法学的内容——以最精确的形式得到表述的内容。即使如基尔希曼所认为,法律制定者从中有所汲取的那些法学文献本身成了废纸,只要科学努力的结果在一部好的法典中继续发生作用,这些努力就绝非毫无价值!

事实上,近代那些伟大的法典没有一部可以脱离同时代的法学而产生。奥地利《普通民法典》(Allgemeines Brgerliches Gesetzbuch, ABGB)以及《普鲁士普通邦法》(Allgemeines Landrecht, ALR)以现代自然法学说、以托马斯(Christian Thomasius)和沃尔夫(Christian Wolf)的学派为基础。《德国民法典》(Brgerliches Gesetzbuch, BGB)完全是由 19 世纪普通法时代的法学所孕育,它体现了那个时代法学的一切长处和弱点。《瑞士民法典》(Zivilgesetzbuch, ZGB)则是胡伯(Eugen Huber)这颗科学大脑的天才作品。当今的立法者更是不断运用法学所提供的法的范畴。立法者也和法官一样,必须容忍科学的批评;而今天我们是不缺少科学的批评以及由这些批评中产生的改革建议

---

① 只有如此才可以理解,为什么——正如我在开始时讲到的——像普芬道夫、萨维尼这样重要法学家的作品仍然能够给人带来法学的启迪,尽管它们与现今实在有效的法律无涉。

② 参见基尔希曼演讲稿,第 24 页。

的。这里我只需要提及德国法学家大会(Deutscher Juristentag)所做的工作。法学绝对不是像一些人可能认为的那样,在立法的后面跛脚跟进,而往往是毋宁走在立法的前面。

五

我的阐述已近尾声。现在我要做的只是打消一种可能由于我前面的论述而产生的印象,即一切都已完美,法学也完全胜任它的任务。这绝不是我的看法。例如,基尔希曼曾指责他那个时代的法学,[①]说它很容易走上邪路,沉溺于诡辩和不切实际的空想;法学著述中充斥的是无穷无尽的晦涩和各式各样的弊病,我们必须承认,这样的指责在今天仍然有一定道理。基尔希曼还说:[②]哪个从事法律实务的人从来也没有深刻感受到他的职业的空虚和不足?哪个学科的文献中会像法学著述一样除去好作品之外还能找到这么多精神贫乏、索然无味的读物?谁又能否认,即使在今天这种抱怨还是有其根据?的确,并非一切都已经完美,今日之法学有足够的理由进行自我批判。但是我们不下草率的断语。今天在我们看来有些费解的东西,或许包含某种明天才能被全面揭示的真理。歧途和失误是任何时代科学——而不仅是法学——之路的特征。因此,我们不应当对自以为掌握的学识过分确信,而要对不同声音抱有开放的心态,在有充分根据时,要乐于改变、更新观念。但是所有这些都不构成理由,使人听天由命,认为法学无用而将其抛开,或者像基尔希曼建议的那样回归自然法,即回归到每个人心目中的正义观念。因为我们肯定不能以这种方式去完成现代社会的发展向法律人提出的任务。

请不要忘记:人类今天有着空前的能力和机会。现代技术使我们面临的问题也包括人类——无论是个人、社会群体还是国家——如何共存。在当今,每一个人都与其他人息息相关。在这种广泛的相互关联中,要给每个人都提供施展的空间,才能确保其真正成为人,也才能使一切都保持均衡。如何解决这些问题,才能使人类的技术成就为我们带来福祉而不是灾难,这

① 参见基尔希曼演讲稿,第 34 页。

② 参见基尔希曼演讲稿,第 8 页。

是我们以及我们的下一代所面临的最大课题之一。我不相信,我们在这里可以不要法学的帮助,法学不仅从千年的经验宝库中汲取营养,而且在必要时使人获得探索新路的勇气。

今日的各种自然科学、它们所提供的改变人类生活的知识,有着无可争辩的辉煌。假如这种辉煌使年轻人中那些最有天赋、最具独创性、最有科学潜力的头脑悉数倾注于这些学科,而留给法学的仅是一些只知道在祖辈、父辈已经踏出的道路上亦步亦趋,以图爬到某个可怜的职位、获得些许虚荣的人——情况有时看起来确实如此,那将是很可悲的。现在我以一种实际功用结束这场看来完全没有目的的报告:我将会感到荣幸,如果听众中有人获得了这样的感受,即献身于法学是值得的,因为这里同样存在大量尚未解决而又非常迫切的问题。然而这不仅需要掌握比过去多得多的知识,还需要对鉴别力的长期训练,以发现真正的问题并寻找到解决方案。而这对于所有学科来说都是一样的。在法学就像在任何其他学科:只有初涉者才相信所有问题均已解决,而最终人们会发现,几乎一切都是有疑问的。而无论在哪里,问题都是科学发展的动力。如何才能公正地解决各种各样的利益冲突?如何才能为共存建立有益的秩序?人类一天不停止这样的追问,法学就会存在一天,就会对人类——不仅由于它对实践的功用,而且作为人类精神的一种重要表达①——不可或缺。

(本文载于《比较法研究》2005 年第 3 期,译者赵阳。)

【辅读文献】

1. [德]尤利乌斯·基尔希曼:《作为科学的法学的无价值性》,赵阳译,载《比较法研究》2004 年第 1 期。

2. [德]冯·耶林:《法学是一门科学吗?》,李君韬译,载《比较法研究》2008 年第 1、2 期。

---

① 这个问题已经超出了本演讲的有限的主题,特别探讨这一问题的是 Erik Wolf 的精彩报告 Fragwürdigkeit und Notwendigkeit der Rechtswissenschaft(Freiburger Universitätsreden1953)(《法学的可疑性与必要性》,弗莱堡大学讲演录,1953 年)。

【问题讨论】

1. 拉伦茨如何理解法学的任务？法理学在此过程中能发挥何种作用？

2. 拉伦茨眼中的“科学”指的是什么？法学是和数学、物理学同样的科学吗？

3. 如果法官可以发展法律，那法的安定性如何保障？法治必然保证法的安定性吗？

4. 基尔希曼、耶林和拉伦茨对法概念的理解一样吗？

第三部分

法伦理学

导　言

法伦理学涉及法与目标与价值(正义)之间的关系。它追问的问题是,什么是法律上的正义?如何用法律实现正义?由于正义指涉的是道德问题,所以法伦理学涉及法律的伦理学标准,也可以说是伦理学(道德哲学)在法理学领域的投影。因此,伦理学思考的问题及其层次也会反映在法伦理学之中。依照从具体到抽象的层次,伦理学的思考可以分为三个层次:第一个层次追问的是,在各种具体的状况下,应该采取什么行为?或者说,什么样的行为是对的,什么样的行为是错的?比如,死刑犯生前取精生子是否该被允许?医师协助病人进行安乐死是对的吗?律师可以为了当事人的利益而说谎或隐藏证据吗?这个层次被称为应用伦理学(applied ethics)。第二个层次追问的是,某个行为对或错的一般理论标准是什么?伦理学上大体存在两相对立的立场,一种叫"结果论",它认为一个行为的对错取决于行为所带来后果;另一种叫"义务论",它认为行为的对错取决于行动者是否有意地作出符合某种普遍性道德法则的行为。此外还有作为变种的至善论、契约论,以及德性论等。这个层次被称为规范伦理学(normative ethics)。第三个层次追问的是,道德判断的性质或意义是什么?或者说,道德判断本身究竟有没有真假(对错)?道德判断是客观的吗?对此,可知论持肯定的观点,而不可知论持否定的观点。这个层次被称为元伦理学(meta-ethics)。

要针对应用伦理学层面上具体问题提出的主张进行证

成,就必然要回溯到规范伦理学的层面。因为证成或说理涉及提供理由,而理由必然要具备“可普遍化”和“正当化”的性质。而这么做的前提是肯定道德判断的客观性,也就是道德判断本身是有对错可言的。如果否认这一点(如文化相对主义者或主观主义者),那么就会进入元伦理学层面的讨论。所幸的是,在今天的日常观念中,道德判断并不被认为像我喜欢吃什么口味的冰激凌,或者穿什么颜色的衣服那样是个纯粹主观口味的事。所以,法伦理领域的讨论常见的情形是,从一个具体的争议问题,如安乐死应不应当被合法化入手,进而涉及对支持性或反对性主张背后的一般标准,如功利主义或义务论的交辩。只有在极其罕见的情况下才会涉入元伦理学——除非你否认有任何客观和理性的理由去支持作出立法决定,而认为法律完全是立法者主观专断的产物。所以,法伦理学通常以应用伦理学上的问题为“入口”,而以规范伦理学上的争议为“战场”。

本部分选取了法伦理学领域的三篇经典文献。第一篇为英国高等法院法官帕特里克·德富林(Patrick Devlin)勋爵的《道德的法律强制》。正如这一名篇的标题所显示的,它涉及的是法伦理学上的一个经典主题:是不是道德上好的或对的行为,就可以或甚至应该用法律命令大家去做?是不是道德上坏的或错的行为,就可以或甚至应该用法律禁止大家去做?我们能不能够用法律的强制力来实现某些道德要求?这就涉及了作为其背景的20世纪50年代的《沃尔芬登报告》,以及作为标志性事件的哈特与德富林之争。第二篇为当代著名法哲学与政治哲学家、现任美国哥伦比亚大学教授约瑟夫·拉兹(Joseph Raz)的《服从法律的义务与尊重法律》。该篇涉及的是法伦理学上的另一个经典主题:公民有服从法律的义务吗?具体而言,是不是只要法律规定应该(或禁止)做某个行为,无论对于这个行为的评价为何,我仍然负有义务去做(或不去做)这个行为?我们是否有服从法律的道德义务?“服从法律”的行为本身是否就是道德上良善的?第三篇是德国当代法哲学家阿图尔·考夫曼(Arthur Kaufmann)的《作为法律理念的正义》。它涉及的是第三个、也是最为根本的经典主题:什么是“良善”的法律?什么样的法律制度才是“正义”的?概言之,什么是(不同于一般正义的)“法律正义”?在德国法哲学(尤其是新康德主义法哲学)的传统中,正义往往被放在“法律理念”(Rechtsidee)的框架中来论述,但它指向的核心问题并无二致。虽然上述三位作者的学术传统、成文背景,甚至写作风格皆不相同,但更利于学生们去广泛接触不同的经典文献,无滞碍地予以反思与批判。

文献十 [英]帕特里克·德富林:《道德的法律强制》

【引 言】

同性恋的立法问题是法律伦理学立场的一个试金石。同性恋曾经被视为异端,遭到整个社会的迫害,这要从1871年英国的博尔顿和派克审判说起。博尔顿和派克经常穿着女装在街头活动,穿女人的衣服并不违法,但男同志进行性行为是违法的。依照1533年英王亨利八世的《鸡奸法》,肛交被视为严重罪行,要判处死刑。1870年的一天晚上,警方在一家剧院看到这对男子和多名男子进入一个私人房间,猜测他们可能在进行性行为,于是迅速出动逮捕了他们,随后向法院提起控告。但由于缺乏证据,最后只好释放了他们。此后,政府意识到,为了全面打击同性恋,法律必须更“健全”。1885年,英国通过《刑法修正案》,将“严重不雅”定为刑事犯罪,当实际进行的鸡奸不能被证明时,有穿女装或情书等证据仍能定罪。几个月后,英国著名剧作家、诗人奥斯卡·王尔德被定罪为严重猥亵。接下来的80年里,成千上万的英国人以同性恋名义被逮捕判刑,其中包括计算机科学之父艾伦·图灵。在被控犯有“明显的猥亵和性颠倒行为”的罪名后,他选择接受化学阉割(定期注射雌性激素),因不堪痛苦于1954年自杀身亡。图灵死后3年,《沃尔芬登报告》问世。该报告是由以议员沃尔芬登为首的有关同性恋和卖淫问题的特别调查委员会出具的,它在对同性恋和卖淫行为进行调查的基础上提出法律改革意见,建议不应再将同性恋视为犯罪。因为刑法的作用在于维护公共秩序和体面,保护公民免受侵害,尤其保护那些在物质、职务、经济上处于依赖地位的弱者。法律应该给予个人就私人道德问题作出选择和行动的自由,干预公民私人生活或试图强制实行特殊的行为模式,对实现上述作用而言并不必要。如果成年人私下自愿进行的同性恋,不存在妨害公共秩序和体面问题,因此不应视为犯罪。该报告在法学界引起极大争论,最后英国政府否决了关于同性恋的处理意见。又过了 10 年,即 1967 年,英国政府才颁布性犯罪法令,规定男性成年人之间互相同意的同性恋不再是犯罪行为。截至那时,英国已有数万男人因同性恋性行为而被定罪,处以监禁或化学阉割。

哈特与德富林之争就发生在《沃尔芬登报告》出台后、同性恋正是合法化之前。针对该报告,英国高等法院法官帕特里克・德富林勋爵于 1959 年 3 月 18 日在英国社会科学院马加比法理学讲座的基础上,以《道德的法律强制》为题刊载《英国社会科学院文集》第 45 卷。该文对于《沃尔芬登报告》进行了猛烈的批评,以社会崩溃理论、法律强制理论、道德保守主义和"温和论"为自己的理论出发点,认为必须通过法律的强制来捍卫作为社会基石的共同信念与道德,因此要通过法律的强制来惩罚同性恋。1963 年,英国著名法理学家、分析实证主义的代表人物哈特在其三次斯坦福大学讲座的基础上出版了《法律、自由与道德》一书,对德富林的观点进行了批评,其秉持密尔的"伤害原则"和自由主义传统,坚持私人道德与公共道德的区分,反对对隐私性的、无害于他人的不道德行为进行强制。在 1965 年出版的《道德的法律强制》一书中,德富林将先前发表的同名论文改题名为《道德与刑法》,作为本书的第一讲,并对哈特的观点进行了一定的回应。而哈特又于 1967 年第 1 期的《芝加哥大学法律评论》上专门发表了《社会团结与道德的法律强制》一文对该书进行进一步的回应。此外,美国法理学家罗纳德・德沃金、罗伯特・乔治和政治哲学家理查德・阿尼森也都分别对这一争论发表过评论。

时至今日,这场争论已成为"道德的法律强制问题"绕不过去的基础。它所涉入的问题远非限于同性恋这个主题本身,而是道德争议的法律化问题。因为在现代多元社会中,许多道德争议往往成为法律问题,特别是是否应该立法禁止的问题。如何解决成为法律问题的道德争议,存在两种不同看法:一种认为,国家应该采取道德上好的或对的解决方案(禁止道德上错的行为);另一种则认为,国家应该维持一定程度的道德中立性,尽可能采取公正的解决方案。这背后涉及的是对国家及其法律之角色和作用的定位。

但无论如何,德富林的这篇论文是讨论的起点,这也是我们为什么将它作为基础性文献的原因。

【正 文】

道德的法律强制

[英]帕特里克·德富林

关于同性恋犯罪与卖淫的委员会报告(The Report of the Committee on Homosexual Offences and Prostitution),即众所周知的《沃尔芬登报告》(Wolfenden Report),被公认是一项涉足两大法律与社会之疑难杂症的精湛研究。然而,这一报告仍提出尊重法理学兴趣者的特定主张,进行法律改革者罕有的探索,且围绕其主题明确而谨慎地阐述了法律的应有功能。[①] 对刑法进行法定补充,往往要基于"应当有一条法律禁止它"的简单原则作出。与性犯罪相关的大部分法律是制定法所创,难以确定制定法与大多数人所持道德理念之间的任何逻辑关系。正如报告指出,通奸(Adultery)、淫乱(Fornication)、卖淫并不全是刑事犯罪:男同性恋是刑事犯罪,女同性恋则否;[②]淫乱只是直到50年前的法律才被宣布为犯罪。那么立法机关选择这些犯罪行为是偶然的,还是说确实有些原则可以决定哪些道德律应当体现于刑法中?例如,现在有一个关于异质人工授精(A. I. D = artificial insemination by donor)的提议,即向一位女性实施人工授精而精子供者并非其丈夫,就构成刑事犯罪。通常而言,如果女性已婚,那本质上这就是通奸,即使形式上不是。可当通奸不当罚时,这种行为又是否当罚呢?诸如此类问题有重要的实践意义,因为一部显得恣意且不合逻辑的法律,在面对汹涌的道德愤怒而被束之高阁

---

① 委员会"法哲学的表述(引用帕克南勋爵)"经由他考虑并于1957年12月4日在上议院讨论,载《英国议会议事录》(第206卷),第738页。同样的讨论还有坎特伯雷大主教,第753页;丹宁勋爵,第806页。这一主题霍尔·威廉姆斯先生也有论及,参见《法律评论季刊》1958年1月版,第74卷,第76页。

② Para. 14.

后,最终会威信扫地。作为一个实践问题,这种行为在性道德领域比任何其他领域更常出现,却无法找到这一领域的专门解答。因此必须开展一般性的基础研究:犯罪(crime)与罪恶(sin)的关系是什么? 如果两者有关,那在何种程度上英国刑法应考虑自身与道德强制的关系,并依此惩罚罪恶与不道德行为?

《沃尔芬登报告》所陈述的原则为这一研究提供了一个绝妙而时尚的出发点。在检视报告的过程中,我将发现可供批判的问题。即便我的批判可靠,那也断不可误认为是针对报告中的任何缺点。报告的作者并不像我这样旨在撰写一篇关于道德的法理学论文,而只是推衍出某条可行准则,用以获致一些实践结论。无论怎样,我并不打算就此表达观点,这会超出一个法理学讲座的范围。我只关心总则,报告对此的表述阐明这一话题的切入点,而如果我秉烛不慎步入歧途,还望报告的作者海涵。

委员会报告开篇[①]指出:

我们关于刑法功能的阐述只围绕这一调查主题。在这一领域,我们认为刑法功能乃是维系公共秩序与正派作风,保护公民不受侵犯或伤害,并提供充分的反对剥削和腐化他人的保护措施,尤其是针对那些因身心羸弱、少不经事,或处于某种特定的身体状况、法定或经济依赖而易受伤害的弱势群体。

我们认为,法律的功能不能超出我们已经概述的有必要贯彻的目的,去干预公民的私人生活或力图强迫实施任何特定行为模式。

进而,委员会以其最为重要的建议作为序言[②]:

成人私下自愿发生的同性恋行为应当不再视为刑事犯罪,通过陈述论证[③]我们认为具有决定作用的是,社会与法律应给予个人自由选择与行动的私德的重要性。除非社会凭借法律蓄意施压,将犯罪的范围等同于罪恶,否则就必须保留一个私人道德与不道德的领域——言简意赅地说,即非法律事务的领域。当然,阐明这一点并非容忍或鼓励私人不道德行为。

这一原则的类似表述也出现在报告应对卖淫问题的章节中。报告宣

---

① Para. 13.

② Para. 62.

③ Para. 61.

称,试图将卖淫本身视为违法的判例是不能持久的。[①] 除了提及已经给出的一般性理由,委员会补充道:“我们赞同私人不道德不应由刑法关注,除非属于当中提到的特殊情况。”他们以支持的态度援引[②]了街道犯罪委员会[③](Street Offences Committee)的报告:“作为一个一般命题,法律与私德或道德谴责无关将被普遍接受。”我们将会看到,这里强调的是私人不道德问题。这意味着,不道德行为并非那种以我第一段所引定义或描述的方式侵犯或损害公众的行为。换句话说,不应将不道德行为等同于刑事犯罪,除非它附带有其他特征,如下流、腐化或剥削。这一点也在与卖淫有关的问题上清晰呈现:“法律没有责任关注自身与不道德的关系……法律应当将自身限于那些违反公众秩序和正派作风的活动,或者使普通民众遭受侵犯和损害的活动。”[④]

这些原则的表述自然局限于报告的主题。可如果它们作为总条款是有效的,又为什么不一般地适用于刑法,这似乎没有理由。他们决然将犯罪从罪恶中剥离,将神圣法从世俗法中抽离,并将道德从刑事犯罪中滤出。他们并未表示法律缺乏任何道德的或刑事的支持,同时也没有表现出一种可以称为宗教的或非宗教的态度。很多思想学派可能认为道德非法律之事。首先,不可知论者和自由主义者并非断然怀疑道德,也并非当然地不信罪恶,即便赋予“罪恶”《牛津英语词典》所定义的“违反神法或道德原则”这种双重宽泛含义。他们不能接受神法,并不意味着,对于任何违反世代沿袭且为其生活社会所接受的道德原则的行为,他们可以熟视无睹。只是最后,他要自个儿判断。其次,虔诚的宗教信徒感觉,刑法对道德领域有时弊大于利,改造罪人(至少当他伤害自己时)更应是心灵精神上的而非现世方面的工作。最后,那些缺乏强烈情感的人们不能理解,在有宗教信仰自由的地方,为什么在逻辑上不也应有道德自由。所有这些人都会联合起来,强烈反对给犯罪与罪恶画上等号。

我必须开门见山,在此寻求进行一项法理学家的探究工作,而身为一名

---

① Para. 224.

② Para. 227.

③ Cmd. 3231(1928).

④ Para. 257.

法官我对结果感兴趣。作为一名执行刑法并经常要在刑事法庭上进行判决的法官,我想如果选择一名对罪恶置若罔闻,或者以为犯罪与之截然不同的人作为读者,那么我感觉到这番工作会存在先天缺陷。例如,是否应该将一位女性堕胎者简单认定成仿佛是没有执照的产婆从而作出判决?如果不行,为什么?而如果可以,难道整套法律都建构于一系列社会章程之上?我必须承认,我始于这样一种感觉,完全将犯罪从罪恶(在该篇中我始终在广义上使用这一术语)中剥离开来对道德律而言并无裨益,对刑法而言则损失惨重。可是,这些所谓感觉可以作为法理学问题的证成吗?如果这真的是种正确的感觉,那犯罪与道德律间的关系应如何陈述?对此存在一个好的理论基础吗?还是只是实践工作的归结,抑或兼而有之?这就是我想解释的问题,我将从考虑严谨逻辑学家的立场入手。这一问题可以通过令人信服的论证加以支持,有些论证我相信不容置喙,叙述如下。

道德与宗教形影不离——西方文明普遍接受的道德标准是归属于基督教的。基督教之外的标准则取自其他宗教。除非凭借它们所立足之宗教的力量,否则没有任何一部道德法典可声称具有任何效力。旧约道德在某些方面不同于新约道德,甚至在基督教内部也存在差异。一些人秉持避孕是一种不道德行为的观点,并认为当妻子还活着的时候,一个男人与另一个女人发生性关系,在任何情形下都属通奸。另一些人,包括英语世界的大部分人,则否认这两个主张。在世界的重要宗教中,仅有基督教存在广泛差异。一个国家采用某一宗教作为真理,将自身建立在其教义之上,并否认任何公民在选择其他任何宗教方面拥有自由,既可能是对的,也可能是错的。如果这么做,那么国家会认为有必要在强迫尊神的情况下运用世俗法是符合逻辑的;如果不这么做,那么国家应当将自身与道德本身联系起来就不符合逻辑。然而,如果国家将宗教问题留给私人判断,那逻辑上也应当将道德问题留给私人判断。一个拒绝强制基督教信仰的国家,也就失去强制基督教道德的权利。

假如这一看法靠得住,就意味着刑法不能通过道德律证成其任何条款。例如,不能说谋杀与盗窃之所以被禁止,是因为它们是不道德的或罪孽深重的。国家应当通过其他方式证成加诸作恶者的惩罚,并且必须建立独立于道德的刑法功能。这并不难做到。社会的平稳运行及秩序维系要求一些活动应当被调整。符合这一目的并通过刑法强制的规则,通常只不过为实现统一与便利而设,很少包含任何善恶之间的选择。在高速公路上强制限速或禁止设障的规则就与道德无关。既然刑法在很大程度上由诸如此类的规则构成,那么到底为什么要让道德渗透其中?何不直接将刑法功能定义为保障秩序与正直,保护公民的生命与财产,以及通过像《沃尔芬登报告》那样的方式,详细阐释那些条款与特定主题的关系?毋庸置疑,刑法调整这些对象将与道德律发生重叠。暴力犯罪在道德上是错误的,也是对良好秩序的触犯,因此违反二者。但这只不过因为,二者追逐不同目标且刚好涉及同一领域。这就是我的论证。

这一论证与现有英国刑法的基本原则是否一致?这是首要的检验路径,即使不存在一个确凿的答案。在法理学领域,如果基本概念在理论上不可靠,人们就有权推翻它们。而审视在既有法律框架下论辩如何演进,则是一个好的切入点。

确实,几百年来,刑法与维护治安密切关联,而与性道德鲜有联系。但由此推导出刑法没有道德内容,或者说刑法永远容忍在道德问题上由一个人自己判断,则是错误的。英国刑法从一开始就与道德原则相关。检验此点的一个简要方法就是考虑刑法对于同意所采取的态度。

除了受限于因某一特定犯罪内在本质带来的例外情形,刑法从不容许用被害人同意作为辩护。例如,在强奸犯罪构成中,被害人同意否决了犯罪的必备要素。而对于谋杀指控来说,被害人同意则不能作为辩护理由。即便被害人认为自己罪有应得并自愿如此,也不构成对任何形式侵犯的辩护。被告必须证明法律赋予其惩治权,并且他已合理行使,才能构成一个好的辩护。同样地,被害人可能无法原谅侵犯者却要求停止控诉,然而中止控诉(*nolle prosequi*)权属于首席检察官。

由此,如果法律的存在旨在保护个人,那就没有理由当他不想要之时让其受益。某人之所以不能对其所受犯罪事前同意或事后原谅,是因为犯罪具有社会危害性。不是说社会在物理上会受损,这纯属天方夜谭;也不是说要有任何个体遭遇打击、腐化堕落或受到剥削,因为这些都可能只是私下行为。同样,也不能基于实践理由解释说,一个暴力犯罪者是对共同体其他人的潜在威胁,因此对共同体的自我保护而言,有必要直接基于利害将之拘捕惩罚。这能够适用于被害人准备原谅的情形,但不适用于事先同意的情形。一个杀人者可能只是基于被害人同意或请求行事,被害人的请求对其他人可能也并无威胁,然而,他确实威胁到作为社会基础的重要道德原则,那就是生命的神圣性。迄今为止,只有一种可以接受的解释构成刑法的基础,那就是存在一些社会要求服从的行为标准或道德原则,违反它们便构成犯罪,且这种犯罪不仅损害了被害人,还危害整个社会。

因此,如果刑法改革几乎将排除旨在保障秩序和正直或是保护公民(包括保护青少年不受腐化)的一切,那么它将推翻一个基本原则,也将废止一些具体罪名。安乐死或依本人请求的杀害行为、自杀、自杀未遂、约定自杀、决斗、堕胎、兄弟姐妹乱伦,都属于没有侵犯他人、无须牵涉腐败、剥削而可以私下进行的活动。很多人认为在这些问题上法律需要改革,但迄今为止没有人激进到建议它们作为私德问题应该全部剔除出刑法。这些行为纳入法律的调整只是因为道德原则的问题。同时必须记住,虽然存在很多不道德行为未受法律惩罚,但也不受法律宽恕。法律不允许那些从事任何种类不道德行为的人利用其流程作恶。例如,不能出租一间房屋用于不道德行为,否则租约无效且不具有执行力。而如果房内发生的私德之事无关法律,那为何法律还要去探究它?

众所周知,刑法显然建立在道德原则之上。在许多罪名中,刑法的功能只不过强制执行一个道德原则,而非其他。无论刑事法还是民事法,都声称能够在总体上谈论是否道德。法律从哪获得如此行事的权威,又如何安排其所强制的道德原则呢?毋庸置疑,作为历史问题,法律源于基督教教义。可是当严格的逻辑学家说,在赋予公民不信仰权的地方,法律无法再依赖于那些教义,我想他是对的。因此有必要去寻找其他一些渊源。

我已说过,法理学中的所有问题都可开放讨论,且牵涉整一领域。我设计了三个疑问让自己来解答:

1. 社会是否有权对道德问题进行判断?换句话说,是否应当有公共道德,还是说道德总是私人判断的问题?

2. 如果社会有权判断,那么是否也有权运用法律武器去强制执行?

3. 如果是这样的话,社会是否应当在所有情况下运用这一武器,还是只针对一些情况?如果只针对一些情况,应当以什么原则来区分?

我将从第一个疑问开始,考虑社会有权进行道德判断是什么意思,即判断何为善恶。多数人可能不同意某种实践,这一事实本身并不构成一个社会整体问题。在 10 个人中,有 9 人不同意第 10 人所为,仍可说那事不关己。只有当社会受到影响,才出现诉诸集体判断(有别于大多数人的个体观点,即如果是其他人的私事,作为通情达理的人甚至会缄口不提)的状况。只要没有集体判断,就根本不存在干涉的情形。让我以英国人对宗教的今昔态度为例证。现在的态度是:一个人的宗教信仰是他的私事,他可以考虑另一个人的宗教信仰的对错、真假,但不可虑及其好坏。在更早之前的情形则非如此,正确实践的否认者被视为异端,而异端被视为对社会的破坏。

我所引用《沃尔芬登报告》的那段话暗含这样一种观点,即不应存在一种关于不道德本身的集体判断。可这就是"私德"与"个人选择与行动的自由"的意思吗?有些人真诚地相信同性恋既非不道德,也非变态。是不是说"个人选择与行动的自由"是供个人决定自身道德与否的自由,而社会将对此保持沉默?抑或是可依个人意愿不道德的自由?报告的措辞难免质疑,但委员会对此得出的结论却非常明确。正如报告所建议,[1]如果社会不愿意承认同性恋是道德上的错误,法律就失去保护青少年腐化或惩罚靠"不道德"收入为生的同性卖淫者的基础。当处理卖淫问题时,委员会这一态度更加明显。事实上,委员会将存在某种谴责同性恋与卖淫的公共道德视为当然。报告通过私德似乎想表达的意思,也许描述为关乎道德的私人行为更好。

认为存在公共道德这种东西的观点,也可以通过先验(priori)论证证成。任何形式的社会都由观念共同体构成,不仅包括政治观念,还包括社会成员应当如何行为并支配生活的观念,后者就是社会道德。除政治结构外,每个社会也具有道德结构。更确切地说,由于这可能让人以为是两个独立的系统,我应当这么表述,每个社会的结构都由政治和道德组成。举个婚姻制度的例子。一个男人是否允许娶多个妻子,每个社会不得不以某种方式组成其意见。在英国,我们信仰基督教婚姻理念,所以采取一夫一妻制作为道德原则。因此,基督教的婚姻制度已然成为家庭生活的基础以及社会结构的

---

① Para. 76.

一部分。这种理念的产生并不因为基督教，它的完成则因为基督教，但它保留下来是因为建立了我们赖以生活的房屋，尚未坍塌则无法径直抹除。绝大多数生活在这个国家的人接受这一点，因为这是基督教婚姻理念，人们奉为圭臬。然而，一个非基督教徒也受其限制，就不是因为这是基督教教义的一部分了，而是因为，无论对还是错，这一理念已经被其所生活的社会采纳。举行一场辩论试图证明一夫多妻制在神学上更加正确，在社会上更为可取，对他来说是徒劳无功的。只要他想住在这栋房屋里，就必须接受这种根植其中的建构方式。

若我们考虑纯粹的政治理念或制度，就会更清晰地认识这一点。社会绝不容忍造反，也不允许造反原因正当化的论证。百年后的历史学家可以说政府不好，造反有理，同时国家也可能持有一种理解、平恕的支持观点。但是，这不是一个可以留给个人判断的问题。

对我来说，婚姻制度是一个好例子，因其桥接不同领域，如政治和道德。婚姻生活是我们社会结构的一部分，同时也是谴责淫乱、通奸的道德法典的基础。如果允许个人判断通奸的道德问题，婚姻制度将会受到严重威胁。在这些问题上必须诉诸某种公共道德。然而，公共道德并不限于那些支持诸如婚姻制度的道德原则。人们不认为，因为社会已然选择一夫一妻制并基于此构建自身就支持它。他们会认为一夫一妻本身就是好的，它提供了一种良好的生活方式，正因如此，社会才加以采纳。回到我已经做出的论述，社会意指一个观念共同体，若不共享关于政治、道德、伦理的观念，社会就不能存在。我们中的每一个人都有善恶观念，这些观念不能在我们所生活的社会中保持私人属性。如果男男女女尝试创造一个没有关于善恶基本共识的社会，那必将失败。而如果社会已经建立在公共共识的基础上，一旦失去共识，社会将会瓦解。因为社会不是物理意义上的拼接产物，而是由看不见的公共思想凝合而成。如果这种结合太过于松散，社会成员就会相互疏离。公共道德是束缚的一部分，束缚是社会代价的一部分。人类如果需要社会，就必须付出代价。

普通法律师过去习惯说基督教是本土法律的一部分。这向来都不外乎一种修辞片段，正如萨姆纳勋爵（Lord Sumner）在鲍曼诉世俗社会有限公司案(*Bowman v. The Secular Society*)[①]中所说的一样。潜藏于背后的是一种我很想探寻并解释的观念,即道德(大约一百年前没人觉得值得去辨别宗教和道德)对现世秩序是不可或缺的。1675 年最高法院首席法官黑尔(Chief Justice Hale)说:"宣称宗教是一种欺骗,是为了消除使世俗社会得以维系的那些义务。"[②]1797 年阿舍斯特法官(Mr. Justice Ashurst)谈到"亵渎上帝"时,认为这"不只是冒犯上帝,还冒犯法律和政府,有消除公民社会各种结合与义务的倾向"[③]。到 1908 年菲尔莫尔法官(Mr. Justice Phillimore)还可以说:"一个人可以按自己志趣自由思考、谈论、讲授宗教问题,但不是道德问题。"[④]

你们可能认为,我花了太长篇幅争辩一个大部分人乐意接受的主张,即存在公共道德这种东西,而留下太少时间来讨论对很多人而言可能引起更多困难的下一个问题:社会在何种程度上应当运用法律来强制执行其道德判断? 但我相信,对第一个问题的回答决定了第二个问题的解决方式,甚至几乎澄明第二个问题的答案。如果社会无权作出道德判断,那法律必须找到进入道德领域的一些特定的正当理由:如果同性恋和卖淫本身不是错的,那么立法者要想建构法律规制这些行为的某些方面时,也显然有责任证成这种例外处理。但如果社会有权作出道德判断,并立足于道德对社会不可或缺这一认识,就可以说承认的政府和社会都会运用法律来维系道德,正如运用法律保护其他关乎自身存亡的事物。若第一个命题及其全部含义由此可以稳固确立,那么社会就有针对诸如不道德行为立法的初显性(prima facie)权利。

尽管《沃尔芬登报告》似乎承认社会有权谴责同性恋和卖淫不道德,但它仍要求显示特殊情形以使法律的干涉正当化。我认为这在原则上是错误的,任何试图通过这些线索去处理我所谓的第二个问题都不免失败。我想委员会的尝试确实是失败的,表现为这么一个事实:他们不得不广泛地规定或描述其中的特殊情形,以致只有承认法律关乎不道德本身,才会获得支持。

最广义的特殊情形被描述为"充分的反对剥削和腐化他人的保护措施,

---

① (1917), A. C. 406, at 457.

② Taylor's Case, I Vent. 293.

③ R. v. Williams, 26 St. Tr. 653, at 715.

④ R. v. Boater, 72 J. P. I 88.

尤其是针对那些因身心羸弱、少不经事，或处于某种特定的身体状况、法定或经济依赖而特别易受伤害的弱势群体”[①]这一条款。腐化青少年是一个公认由国家干预的范围，无论出于任何立法目的，青少年都可明确界定。要是类似的保护延及每一其他公民，那么法律的管辖范围将没有限制。“腐化和剥削他人”非常宽广以至于可用来涵盖任何种类的、涉及与他人合作的不道德行为，正如大多数人所做的那样。即使对这些叙述通过逐一列举“特别易受伤害”类型加以限定，事实上这一规定仍灵活而没有实践限制。这不只是措辞的问题，因为即使措辞的使用近乎延伸到临界点，仍不够广阔以涵盖委员会就卖淫问题作出的建议。

卖淫在本质上并不违法，委员会也认为不应使之违法化。[②] 如果卖淫只是私人不道德而不受法律管辖，那么法律与拉皮条者、妓院老板、提供场所容留习惯性卖淫者有什么关系？报告建议，认定这些活动构成刑事犯罪的法律规定应当保留并加强（自从这成为原则以来，在看待妓院问题时无非是说，法律肯定看不惯妓院），并将之置于剥削罪内。[③] 正如同许多其他行业的今生前世，在卖淫行业中可能存在剥削的案例，但总体上一个拉皮条者对卖淫者的剥削，只不过是一个剧团经理对女演员的剥削。报告认为：“绝大多数卖淫者是女性，这样的心理构造使其选择这种生活，因为她们发现这是一种相对容易的生存之道，比任何其他职业还提供了更多自由和利润……大抵卖淫者与拉皮条者是自愿联系的，且以互益的方式运转。”[④]委员会也同意这不能被称为通常意义上的剥削，他们说：“在我们看来，一个过分简化的想法是，那些以卖淫者利润为生的人剥削了卖淫者本身。他们真正利用的是卖淫者与顾客之间的整个复杂关系。顾客寻找卖淫者，卖淫者满足其要求，实际上，他们利用了导致这些的人性弱点。”[⑤]

其实所有性方面的不道德都包括对人性弱点的利用。卖淫者利用了顾客的强烈性欲，顾客利用了卖淫者的道德缺陷。如果对人性弱点的利用被

---

① Para. 13.

② Paras. 224, 285, and 318.

③ Paras. 302 and 320.

④ Para. 223.

⑤ Para. 306.

视为构成一种(法律干预的)特殊情形,那么以这种方式定义道德,实质上没有任何领域的道德可以排除法律。

因此,我认为不可能从理论上对国家针对不道德行为的立法权进行限制。不可能对一般规则预先设置例外情形,也不可能明确不可变通的道德区域,从而使法律在任何情况下都不允许进入。社会有资格用法律保护自身免受威胁,无论是内部的还是外界的。在此,我又认为与政治对比是正当的。叛国罪针对的是资助国王敌人及内部煽动叛乱的行为。其正当理由在于,建立政府对社会存在是必要的,因此必须保护其安全而避免被暴力推翻。而与良好政府一样,建立道德对社会福祉也是必要的。相比外部压力的破坏,社会更经常从内部瓦解。当公共道德不被遵守,社会就会瓦解。历史表明,道德纽带的松弛往往是社会瓦解的第一步,所以如同维系政府以及其他基本制度一样①,社会同步地维系其道德规范是正当的。正如镇压颠覆

---

① 在一点上,哈特教授在《法律、自由与道德》的论证中辨别了一个被他描述为"对我的思想起核心作用"的命题。他陈述了这一命题及其反对理由,内容如下(第 51 页):"他似乎是从一个可接受的命题——某些共享的道德对任何社会的存在而言都是必不可少的[这是我在第 12 页(译者注:中文版第 17 页)所认为的命题]——转移到一个不可接受的命题,即社会在其历史的任何给定时刻下都等同于它的道德,以至于道德发生某种改变就是毁灭社会。前一命题甚至可能被视为是必要真理而非经验真理,这取决于一个对社会貌似合理的定义,即社会由秉持某种共同道德观的人群组成。但是后一命题则是荒谬的。严格说来,那将令我们无法说某个给定社会的道德已经发生改变,而只会迫使我们说,某个社会已经消亡了,而另一个社会出现了。但是,只有建立在这个关于什么是同一社会继续存在的荒谬标准上,才能毫无证据地宣称,任何一种对社会共享道德的背离会危及其存在。"在结论中(第 82 页),哈特教授将讲座中的整个论题谴责为建立在"某种关于何为社会的混乱定义"之上。我并没有主张任何对社会共享道德的偏离都会威胁其存在,我仅是说,任何颠覆活动都会威胁社会存在。我主张这两种活动都在本质上可能威胁社会存在,以至于它们都不能被排除在法律之外。至于剩下的反对意见,在我看来则完全事关言辞。例如,我大胆主张,你不可能在缺少规则的情况下进行游戏,而且如果没有规则那么也将不存在游戏。如果我被问到这一主张是否意味着游戏"等同于"规则,我想这种问题怎么回答都好,因为我相信回答没什么意义。如果我被问及规则改变是否意味着某种游戏消失而另一种游戏产生,我将回答很可能不会,但这也取决于变化的程度。同样,我应大胆主张,无条款则无合同,难道这就意味着某个"修改过的"合同在法律眼中就是一个"新"合同吗?我曾听闻某位天才律师论证道,根据制定法条文的意义,合同会因其中的某一条款被替代而"失效"。法官没有接受这个论证,但是如果大部分的基本条款改变了,我敢说法官定会接受。我在本文中所做的命题是,人类无法拥有没有道德的社会(按我个人理解,无论出于什么论证目的,哈特教授定会同意)。法律可被用于强制执行对社会必不可少的道德。我不明白为什么这一命题(无论对错)就意味着道德在社会没被摧毁的情况下就永远无法改变。如果道德改变,法律当然可能改变。哈特教授(第 72 页)将这一命题称作"运用法律惩罚以凝固在社会存续中某一特定时代占支配地位的道德"。那人们也可以说,将刑罚部分纳入禁止某些行动的法案之中,僵化了整部法案并使得那些禁止性规则免于修订。

活动,禁止恶行同样是法律的事务。相比界定某种私人颠覆活动,界定一个私德领域不具有更多可能性。谈论私德,或说法律与不道德本身无关,或试图为法律禁止恶行的功能划定严格界限,都是错误的。国家立法权禁止叛国与煽动叛乱并不存在理论上的限制,与之相同,我想立法权禁止不道德行为也没有理论上的限制。你可能争辩道,如果一个人的罪恶只殃及自身,那就不关社会的事。假如他选择每天晚上私下在家酗酒,那么除他以外的任何人难道会因此恶化?然而,假设1/4或一半的人口每天晚上都酗酒,社会将会成为什么样子?你不能在理论上对可能酗酒的人数进行限定,而凌驾于社会针对酒醉问题立法的资格之上。这同样适用于赌博问题。研究赌博、彩票、游戏问题的皇家专门调查委员会(The Royal Commission on Betting, Lotteries, and Gaming)曾测试作为社会成员的公民性格。他们说:"我们对赌博的伦理意义的关注限于,它对作为社会成员的赌徒的性格可能造成的影响。如果我们确信不管什么程度的赌博所产生的影响都是有害的,就应倾向于认为国家有责任在最大程度上切实可行地限制赌博。"①

在什么情况下国家应当运用权力,是我设计的第三个问题。但在开始之前,我必须先提一点可能在三个问题中都会谈到的问题。社会的道德判断是如何厘清的?搁置这一问题到现在,我可以更具体的形式来回答,这足以实现目前的论述宗旨。立法者如何确定社会的道德判断?通过多数人的观念去获致当然不够,要求每个公民的个人同意又嫌太过。英国法已经逐步形成且常常运用一种不靠"算人头"的标准。这就是通情达理人(the reasonable man)标准,而不能混淆于理性人(the rational man)。他并不被期望以理性对待任何事物,其判断很可能主要是一个感觉问题。这是老百姓(the man in the street)的意见,或者用所有法律人所熟知的古语,即"克拉彭马车上的人"(Clapham omnibus)的意见。他也可以称为公正(right-minded)之人。对我来说更愿意将他称为陪审团中的成员,因为社会的道德判断与这事儿相关:十二名随机抽取的男性或女性经讨论之后要求达成全体一致。在议会像今天这般活跃之前,那就曾是法官在规定公共政策规则之时所运用的标准。他们并不认为自己是在制定法律,而只不过将每一公正的人都

---

① (1951) Cmd. 8190, para. 159.

会接受的原则规定为有效。这正是波洛克(Pollock)所谓的“实践道德”,它并不建立在神学或哲学基础上,而是“大部分为半意识或无意识地累积并体现于常识道德中的连续经验”。他还将之称为“我们在随机抽取的通情达理的文明人或英国人身上所期待发现的思考道德问题的特定方式”。①

进而,对法律来说,不道德就是推定每一个公正之人都认为是不道德的东西。任何不道德都能危害社会,而实际上通常也都或多或少如此,这就赋予法律发言权(*locus standi*),而断不能置若罔闻。但是(这将我带入第三个问题)个体也有发言权。不能期望人们在生活中的所有行为都听任社会判断的摆布,在社会与个人的权利和利益之间进行权衡,乃是一个老生常谈的问题。这正是法律在大大小小的方面一直在做的事情。举一个非常切实的例子,考虑这么一种个人权利,个人的房屋出入口连接公路,这在现今意味着有权将车辆停放在公路上,有时在有大量装卸货物的情况下还意味着相当长时间的泊车。在很多案件中,法院都不得不平衡私人通行权与公路使用免于阻碍的公共权利。这不能通过把公路切成公共与私人部分来实现,而是通过确认每一主体遍及整体的权利来实现。如果每个人都要将其权利运用最大化,就会导致冲突。因此,每个人的权利必须削减,直到确保每个人的必要需求得以保障为止。

相比公路是公共的还是私人的,我不认为人们可以理智地在公德与私德上谈论更多。道德领域中有公共利益与个人利益,两者经常冲突,如何调和正是难题。这不意味着,不可能对我们社会应如何进行平衡提出任何一般性主张。这样的主张本质上无法严格精确,也无法设计出来限定立法权的运作,但是它们指导了那些必须运用立法权的人。虽然法院作出的每个平衡公私利益的法律裁决都是特设(ad *hoc*)判决,但是这些案件均包括了法院在作出判决时应该考虑的原则表述。同样地,当立法者考虑制定强制道德法时应牢记于心的原则,也可能以一般性原则加以表述。

我相信大多人数会就这些弹性原则的要旨达成一致。必须默认与社会的完整相协调的个人自由最大化。不能说这是一个始终贯穿刑法的原则,因为刑法中许多具有调整特征的部分——处理法定犯(*malum prohibitum*)而

① [英]麦克米伦:《法理学与伦理学论文集》1982,第278、353页。

非自然犯(*malum in se*)的部分——建立在与之对立的原则之上,即个人选择必须让步于多数人便利。而在所有关于道德良知的问题上,我所陈述的原则一般总能占优。它不限于思想和言说,而扩展到行动。正如在战争时代体现为本着道德良知抗议的权利。这一例子也表明,即使在国家危亡之际,道德良知也会被尊奉。在我看来,这一原则特别适合于所有道德问题。在没有超过容忍极限时,没有事情应该受法律惩罚。声称多数人厌恶某种实践并不充分,必须有一种真实的谴责感。那些不满于现行法律处理同性恋问题的人常说,反对改革的人只不过因反感而踌躇不前。即便这样就是错的,但若反感根植内心且非刻意蓄造,那我不觉得人们可以视而不见。厌恶的存在是触及容忍限度的良好标志。并不是每件事都可以容忍。没有哪个社会可以不顾不能容忍、愤怒和反感[①],它们是道德律背后的动力。确实,可以争辩说,如果这些感觉或类似情绪不存在,社会的感觉不足以剥夺个人选择的自由。我估计,当今几乎没有任何一个人不会厌恶故意虐待动物的念头。没人会建议将这种念头或其他类型的施虐归为私德领域,或者同意可以在公共或私人场合实施。也许毋庸置疑,在晚近以前,没人对虐待动物想太多,相比过去,今天也更普遍地遵循恻隐、仁善,将不愿施加痛苦视为美德。但这些问题并不是通过理性论辩决定的。除非宣称来自神意,否则每一道德判断只不过是这么一种感觉,没有任何一个公正的人能以其他方式行为,而不承认自己做错。这种潜藏于社会判断背后的力量出于公共观念而非理性,只是在社会将某种实践置于容忍限度外之前,必须对这种危害社会的实践有深思熟虑的判断。例如,当总体上存在对同性恋的厌恶时,我们必须在一开始便扪心自问是否冷静而平恕地审视,是否我们如此讨厌这一恶行,以至其仅因存在就是犯罪。如果这是一种我们所生活社会的真实感觉,我不能理解缘何否认社会有权根除之。我们的感觉可能并不这么强烈,可能觉得同性恋如果纯属个别就能容忍,但如果散播开来则可能具有严重危害。很多社会就是以这种方式看待淫乱,将之视为必须加以限制但又无法根除的天然缺陷。这时就变成对社会危害与限制程度的平衡问题。在这一点上,沃尔芬登委员会这样一个团体的调研及其结论的价值显而易见。

---

① 这些招致诸多批判的词汇,已在序言中再次考量。

容忍限度会发生变迁。这是对上述问题的补充,但它本身却举足重轻,应成为一个立法者必须牢记于心的独立原则。我假定道德标准没有改变,只要是源于神启的就没有改变,我也愿意假定,社会所做的道德判断总对社会有益。然而,社会对违反道德标准的容忍度(我指的是容忍,而非认可)则世殊时异。可能总体上容忍总在增长,人类智识驱使人们总是寻求更大的思想自由,并外化为迫使其逐渐松散的社会纽带。或许,历史就是这种社会纽带一张一弛的故事,也许所有发达社会都在走向腐朽。我不能谈论不懂的事,无论如何,作为一个实践问题,没有哪个社会愿意为自身衰亡预掘坟墓。因此,我回到简单且显见的事实上,即道德问题的容忍限度会发生变迁。法律,尤其是那些建立在道德基础上的法律,是较少改变的。它随另一个良好的运转原则亦步亦趋,在任何新的道德问题上,法律都滞后于行动。到下一代人,原有的义愤汹涌可能会淡化,法律已失去其所需要的强大支持。但那时,在没有留下道德判断正在弱化的印象时,就不容易改回法律。这也是现在强烈反对就同性恋法律做出任何改变的因素之一。

必须权且增加第三个灵活原则,即应当尽可能地尊重隐私。这并不是一个已经在刑法中明确的理念。公共或私人场合做出行动或表达言语,在原则上都不加区分地纳入刑法范围。但与之相伴而生的是,法官与立法者强烈反对鼓励侦查犯罪时入侵私人领域。警察相比普通公民没有更多的入侵权力,也没有总体上的搜查权,在这个意义上,一个英国人的家仍是其城堡。政府在行使这些权力方面如履薄冰,即便那些权力号称不容置疑。电话窃听与邮件干涉提供了一个很好的例证。最近,一个由三名枢密院大臣构成的委员会在对这些活动的调查①中认定,前任及现任内政大臣已经详细阐述了控制行使这些权力的严格规则,且委员会建议这些规则应以同样的条件继续得到充分实施。然而报告也指出,权力“被普遍恶视”。

这表明一种普遍的情感,即隐私权是一种置于天平上对抗法律强制的东西。诸如此类的考虑是否应该在法律的构造中扮演任何角色?显然,这只在数量非常有限的个案中。当一个受损害的公民祈求法律的帮助时,隐私必然无关痛痒,个人无法要求其隐私权应与他人受到的刑事伤害等量齐

---

① (1957) Cmd. 283.

观。不过,当所有牵涉此举之人都为自愿方,且这种伤害触及道德,道德秩序中的公共利益就可与隐私权主张进行权衡。这项对限制警察权力的调研比类似研究更为深入,它意味着在没有控诉时对私下犯罪的侦查注定十分随意,而这就是支持适度的附加理由。这些考量并未证成将所有私人不道德排除于法律之外的做法。正如刚才的言下之意,我认为应以检验“私人行为”代替所谓“私德”,且这种因素的影响应从某种“明确限制”减弱为“可供参考”。由于犯罪的严重性也是一种应有考量,所以完全可以在同性恋案件中对较轻微的猥亵行为与彻头彻尾的犯罪作出区分,只是依循《沃尔芬登报告》的原则,这种区别不合逻辑。

最后,要牢记的最重要一点是法律关注最小值而非最大值,登山宝训(the Sermon on the Mount)的很多内容并不适合出现于摩西十诫(the Ten Commandments)。我们都承认道德律与国家法的分歧。没有哪个人在将逃避惩罚作为调整行为的唯一目标后还残存什么价值,而每个值得尊敬的社会都会为其成员设置高于法律的标准。当我们运用“道德义务”(moral obligation)和“道德界限”(morally bound)类似表述方式之时,就可以识别这些更高标准的存在。非洲长者在家庭争论中所做的这样一个判断,就让这种区别昭然若揭:“我们有权力让你区分农作物,并将坐观其成,因为这是我们的法律。但我们没有权力使你行如君子。”①

由于这一点非常明显,人们反而熟视无睹。无论专业还是业余,立法者的讨论往往都太拘执于对社会的好坏与对错,以致我老早提到的两个问题——社会通过道德判断的权利与运用法律武器强制执行这一判断——常被混为一谈。刑法不是关于人们应当如何行为的表述,而是人们不这么做会有什么后果的表述。不期望良好公民进入刑法范围或聚焦于刑法,每一法律都应依此建构。

法律武器是社会运用的一种工具,决定何种特殊案件需要运用法律则是一个实践问题。既然它是一个工具,那在决定运用之前,考虑什么与之契合以及由何种机器操作它就是明智的。法律工具包括罚金、监禁,或者较轻

---

① 该案例出自 1942 年 8 月在莱尔卢(lialiu)举行的“撒 – 凯腾格国王议事会”(Saa-Katengo Kuta)。转引自[英]马克思·格拉克曼:《北罗德西亚巴罗策人的司法程序》,曼彻斯特大学出版社 1955 年版,第 172 页。

的监管(如教养院与缓刑期),以及不可忽略的常附随于罪刑公布的刑罚降格。这些工具中,有哪些适合处理性方面不道德行为的工作?事实上存在很多没有纳入法律调整的不道德行为,可见并不存在一个通则。这是个案决定的问题,但在同性恋问题上,《沃尔芬登报告》正确地考虑到对这类犯罪有处理经验的人以及以维护公共道德为天职的牧师的意见。

维持刑法运转的机关以裁定与判决来结案。裁定由治安官或陪审团作出。通常只要犯罪的严重性足以判处最高刑超过3个月的刑罚,被告就有权经过陪审团的裁决。其结果是治安官管辖我所谓法律调整性范围的绝大部分。他们大量处理事关道德或与道德紧密相关的酗酒、赌博、卖淫案件,却不管任何更严重的道德犯罪。他们比陪审团更响应立法者的理念。《沃尔芬登报告》提高教唆犯刑罚的建议仍没有超过3个月,也许不是偶然的。陪审团趋于以自己的惩罚理念冲淡议会法令,他们的职责范围当然是事实而非法律。我并不是说他们经常故意罔顾法律,但如果他们认为法律太过严格,有时就会非常仁慈地看待事实。让我从众多事例中择一谈谈,即一种与16周岁以下少女发生性关系的犯罪行为。女方同意并不能构成辩护,如果她不同意当然算是强奸。法律对年龄相仿的少男与少女之间的情形规定了特殊条款,如果男方在24周岁以下,并能证明有合理的理由相信女方超过16周岁,就构成一个好的辩护。法律认为这种犯罪足够严重,使之只能由一位巡回法院的法官来审理。"合理的理由"不仅指男方真诚地相信女方已经超过16周岁,还意味着他的相信必须有合理的基础。在理论上这不应当是一个容易作出的辩护,但事实上几乎没人主张有罪。其实,女方往往与男方一样备受指责。正如法官反复告知陪审团,法律的目的是保护少女不受侵犯,可陪审团却抛诸脑后。

陪审团在刑法施行中发挥的作用,无任何违反道德的严重罪行可不经陪审团裁决而受罚的事实,对于我所作出的原则陈述举足轻重。他们使得对立法者的纯粹劝诫变成立法者无法忽视的类规则事物。陪审员不只是表达工具,而是活生生的现实。从长远来看,制定的法律中包含他们所不能接受的道德,将不会起到任何作用。

话说回来,我就相信我的第三个疑问应当这么回答,不是经由严格规则的公式化,而是通过每一个案中考虑刚才提到的不同种类因素而作出判断。

划分刑法与道德的界线不是经由任何清晰原则的应用而决定,而是像划分陆地与海洋的凹凸不规则的海岸线。其缺口与海角,就如同通奸与淫乱,法律实质上已经好几百年搁置不议。在我看来,通奸是一种破坏婚姻的行为,和同性恋或重婚一样危害社会结构。将之置于刑法之外的唯一原因在于,法律将其视为犯罪实在太难执行。人们广泛将其视为人性弱点而不适合以监禁的方式惩罚。迫不得已时,法律对淫乱能做的只是制裁最严重的现象。人们广泛憎恨恶行商业化,这种情绪给予法律反对妓院与不道德收入以动力,这其中并不能发现什么逻辑。刑法与道德律分界线的确定,要在每一特定犯罪案件中结合我所指出的各种考量,权衡法律强制的利弊。通奸、淫乱和女同性恋不受刑法规制并不证明同性恋不应该被规制。《沃尔芬登报告》中法理错误的症结在于寻找一些单一原则来解释犯罪与罪恶之间的区别。报告找到的是刑法之存在旨在保护个人这一原则。按照这一原则,基于成人同意的淫乱就超出法律之外,于是,将成人同意的私下同性恋也纳入进来,在逻辑上就站不住脚。其实,真正的原则是法律的存在是为了保护社会。这并不免除法律保护个人不受损害、烦扰、腐化、剥削的功能,只是法律也必须保护人们赖以相处的制度和政治、道德观念的共同体。社会既不能忽略个人道德,也不能罔顾自身维系,兼顾则盛,偏废则亡。

我已说过,潜藏于法律之下的道德必须是源自存在于共同体中的对错感。其与共同体从何处出现这种想法无关,也与其是否来自某种教义或人人皆有的善恶知识无关。如果通情达理的人认为某一实践不道德,同时认为(无论其意见是对是错,只要是坦诚且平恕的)其社会中没有哪个公正的成员会有其他想法,那么对于法的目的来说它就是不道德的。对此,你可能会说,做出不道德行为是一个事实问题,法律固然会将之视为不证自明的事实,但仍无法诉诸比国家政策下的法律原则更高的权威。我想确实如此,法律确实无法区分不道德行为与违反国家政策的行为。但是,法律也从未需要去探求基督教道德与要求每个公正社会成员秉持的道德之间的差别。我认为这种探求是学理的。道德家会发现差别,确实,他们会在诸如离婚、避孕的问题上发现基督教信仰不同分支的差别。但是,为了法律进入道德领域的有限途径,这一问题在实践中并无二致。因此,在我看来,在不触犯自身信念的前提下,自由思想家和非基督教徒可以认识并接受基督教道德构成刑法基础这一事实。同样在不触犯其信念的前提下,他们也会认为如果没有那些有着自身根源并从基督教信念获致力量的教会的支持,道德秩序将会崩溃。

这最终将我带回一开始提出的问题。犯罪与罪恶、教会与法律的关系是什么?我不认为可以将犯罪等同于罪恶。神法与世俗法已经分离,但又在各自需要对方之时破镜重圆。强调教会需要世俗法不是我的职责,简言之,你不可能有一个不带地板的天花板。我非常清楚的是法律需要教会。我已经谈到,刑法是调整人类行为的最低限度,而道德律是最高限度。刑法的手段是惩罚,道德律则是教化、训谕与劝诫。如果任由罪恶的整个重荷压在法律身上,法律将举步维艰。如果在任何环节缺乏清晰而信服的道德教化,法律的施行将会贬损。我举一个法律关于堕胎的例子来说明。我认为今天很多人不理解为什么堕胎是错的。如果说预防怀孕是对的,那么从何时开始阻止出生就变成错的,为什么?我怀疑,有哪个未经神学训练的人可以对这个问题给出满意回答。很多人将堕胎视为避孕意外失败的下一步骤,更有很多人不去堕胎,不是因为他们认为罪恶或违法,而是因为获得实施这种违法行为渠道的难度。法律无力处理堕胎本身,除非悲剧发生或涉及"职业"堕胎者("职业"堕胎和"职业"淫乱之间非常相似),否则只能不干涉。不具有这些特征之一,犯罪很少能被发现,一旦发现,博取同情的诉求又往往非常强烈。"职业"堕胎者往往是帮助焦头烂额的女孩以赚取微薄报酬的生手;涉案的男女双方则是控诉中不可或缺的证人,因而总能免责。收费的堕胎者通常会受到严厉判决,诸如拉皮条者或妓院老板这些收费助成不道德的人严厉得多。原因在于非专业的堕胎危及生命。在1949年[①]的一个案件中,首席法官戈达德勋爵(Lord Chief Justice Goddard)说:"因为这些无知的人的拙劣与疏忽在这类案件中常常造成死亡,所以企图从事堕胎在法律上视为重罪。"我认为,这造成了法律的扭曲,使之脱离于道德,在某种程度上脱离于合理感。行为被惩罚是因为危险性,而危险性很大程度上又是由于违法而只能生手操刀。

我讲这些的目的不是批判与堕胎有关的神学或法律,那是一个超出我

① *R. v. Tate*, *The Times*, 22 June 1949.

眼界的宏大题目。我要展现的是,在一个不浸染于罪恶观的共同体整体中,法律在道德问题上发生了什么变化。法律在不应有重压下不堪重负,或许还被永久扭曲。

现在我回到论证的主线并进行总结。社会不能在没有道德的情况下生存。其道德就是那些通情达理的人所赞同的行为标准。一个理智的人,同时也是一个健全的人,可能持有其他标准。如果他根本不持任何标准,那他就不是一个健全人,且无须进一步考虑。如果持有标准,可能会大相径庭,如他可能不反对同性恋或堕胎。如果那样,他将不共享公共道德,但这并不能使他否认公共道德对社会不可或缺。一个反抗者可以是理性地认为自己是对的,可当他以为社会可以任由其反抗,那他就是非理性的。

一个人若承认道德对社会是必要的,就必须支持运用那些维系道德的必要手段。这两个手段一是道德教化,二是法律强制。如果道德可以仅基于其对社会的必要性而教化,就没有哪个社会需要宗教,那就可以留作纯粹的个人事务。然而,道德不能以这种方式教化,忠诚亦不能。没有社会可以脱离宗教来解决如何教化道德的问题。所以,法律必须将自身安置于基督教道德基础上,并尽力强制执行,并非仅仅因为这是我们大多数人的道德,也非仅因为这是已经建立的教会所教化的道德(在这些问题上法律承认反对国教权),而是因为没有基督教教义的帮助,法律将会衰退这一不可抗拒的理由。

(本文以《道德与刑法》为题刊于[英]帕特里克·德富林:《道德的法律强制》,马腾译,中国法制出版社2016年版,第1~32页。)

【辅读文献】

1. Report of the Departmetal Committee on Homosexual Offenses and Prostitution (Report of Wolfenden Committee), in International Congress on Clinical Chemistry, 1957. 9. 14, pp. 639-640. (沃尔芬登报告)

2. [英]H. L. A. 哈特:《法律、自由与道德》,支振锋译,法律出版社2006年版。

3. [英]H. L. A. 哈特:《社会团结与道德的法律强制》,载[英]帕特里克·德富林:《道德的法律强制》,马腾译,中国法制出版社 2016 年版,第 193 ~ 212 页。

4. [美]罗纳德·德沃金:《德富林勋爵及道德的法律强制》,载[英]帕特里克·德富林:《道德的法律强制》,马腾译,中国法制出版社 2016 年版,第 213 ~ 242 页。

5. [美]理查德·阿尼森:《再论道德的法律强制》,载[英]帕特里克·德富林:《道德的法律强制》,马腾译,中国法制出版社 2016 年版,第 243 ~ 282 页。

6. Robert George,"Social Cohesion and the Legal Enforcement of Morals: A Reconsideration of the Hart-Devlin Debate", in his *Making Men Moral: Civil Liberties and Public Morality*, Oxford: Clarendon Press, 1993, pp. 48 – 82.

【问题讨论】

1. 道德是否可以区分为私人道德与公共道德? 换言之,社会是否有权对(公共)道德问题进行判断?

2. 如果社会有权对道德问题进行判断,这是否同样意味着它也有权运用法律对道德进行强制执行?

3. 如果社会成员实施的、被社会判断为不道德的行为并没有对他人造成伤害,社会是否也有权运用法律手段施加制裁?

4. 如果社会有权运用法律手段施加制裁,是否意味着社会就必定要施加刑事制裁(刑罚)?

5. 德富林在其论述中提出了一个"社会崩溃命题",即社会既不能忽视个人的道德,也不能忽视对社会的忠诚,失去任一方面,它就会灭亡。而哈特则认为,并非所有的道德、而只有一部分道德对社会具有根本作用(它们在《法律的概念》中被称为"最低限度的自然法")。你赞成哪方的观点? 为什么?

6.《沃尔芬登报告》提出了对同性恋行为免除刑罚的三个标准,即"成人""私下""自愿"。你是否赞同这一标准? 理由何在?

文献十一 [英]约瑟夫·拉兹:《服从法律的义务与尊重法律》

【引 言】

公元前399年,古希腊智者苏格拉底被雅典公民大会判处死刑。死刑执行之前,他的学生兼好友克里同极说服他逃离雅典。可是苏格拉底婉拒了他的好意。为了说服他的朋友,苏格拉底列举了一大堆理由说明自己为什么不反抗城邦的判决,纵使它是不正义的。苏格拉底认为,如果不能说服你的母邦,那就要按照它的命令行事,服从它强加的任何惩罚。这段被记载在柏拉图《克里同篇》中的苏格拉底言论是守法义务问题的定调之作。自此以后两千年来,关于守法义务的讨论从未停止。

守法义务是一个超越任何特定实在法的问题,它并不是法律义务,而在宽泛的语境中被等同于政治义务。也就是说,守法义务本身并不是个有没有被特定的实在法所规定(如我国《宪法》第53条)的问题,而是这样一个政治哲学问题:在一个国家中,公民是否有一种广泛的道德义务去服从该国法律?义务的存在不是当然的,一个人除非在有意识的情况下做出承担义务的行为或是为义务的承担提供充分的理由,否则便不能受到约束。个人负有某种义务必须要证明存在该义务的正当性,守法义务也不例外。尤其是当法律的要求与个人的意志相悖、乃至于社会共同的道德判断相悖时,是否存在合理可靠的理由证明仍然有遵守它的义务就显得尤其重要。以西蒙斯为代表的哲学家否认守法义务可被证成,并因此得出所谓"哲学无政府主义"的结论。与之相对,另外一些哲学流派为了抵制哲学无政府主义的立场,发展出了诸如同意理论、公平原则理论、自然责任理论、团体性义务理论等各种守法义务理论,试图对上述问题给出肯定性的答复。

相比于政治哲学界的热点聚集,法哲学界的讨论多少显得相对寂寥(当然,有时在“公民抵抗权”的名目下涉及的也是相关的问题)。为此,我们特地选择了比较有代表性的一篇论文,即拉兹的《服从法律的义务与尊重法律》。该文原为其代表性著作《法律的权威》中的两章,因主题密切相关,我们将之合并处理。拉兹旗帜鲜明地否认存在服从法律的义务,这与法律本身是否合乎正义的要求无关。他首先确定了守法义务的性质,即服从法律的义务是一般性义务,也是排他性理由,确立这一义务就意味着法律是一种正当性权威。接着,他检验并否认了用以证立这一义务的道德理由和审慎理由,前者如包括承诺和准禁止反言、政府的民主特性,后者如不服从将招致制裁、服从的成本小于不服从等。随后认为良法并不能导致服从法律的义务,因为法律的功能在于设立和维持社会合作计划,而非独立的道德理由。但是,即便不服从法律的一般性道德义务,公民也要尊重法律。两者并不矛盾,因为尊重法律的态度可以分为认知性尊重与实践性尊重,不存在服从法律的一般性义务只意味着不拥有尊重法律的实践性态度,但却不影响拥有认知性尊重的态度。他以朋友关系作为类比,认为人们是否尊重法律取决于个人,反映了个人的性情,尊重本身是行为的表意性理由。对于尊重法律的人来说,他的尊重本身构成了服从法律的理由,也意味着他尊重法律的权威。拉兹的主张及其论证与我们的直觉式理解似乎相去甚远,但不符合直觉并未意味着在理论上无法成立,而值得我们(抛开直觉式的否定)去认真对待。批评同样建立在理性论证的基础上。

【正　文】

服从法律的义务与尊重法律

[英]约瑟夫·拉兹

一、服从法律的义务

我的主张是:不存在遵守法律的义务。一般认为,不存在服从法律的绝对性或终极性义务。我认为甚至服从法律的表面义务(prima facie obligation)也不存在。[①] 这一观点是悲观看待法律价值及其改革可能性的结果。我的观点以这种悲观主张为基础。我将论证:即使在法律体系为正义的良好社会中,也不存在服从法律的任何义务。换句话说,无论人们如何看待良好社会的性质或法律为人所接受的结构,从这些或任何其他合理的道德原则中都不能得出这样的结论:存在遵守法律的义务。

一般性论证不能证明此种义务不存在。相反地,一种较为间接的途径可以证明此种义务不存在。本文第一小节将对以下主张的实质进行探讨:"人们拥有服从法律的义务。"接下来的两个小节将检讨这一义务存在情况:这一义务首先来自道德,其次来源审慎的考量因素。最后一小节通过解释为什么我们不应期望良法产生服从义务来澄清法律在社会中的作用。

(一)义务的性质

服从法律的义务必然有其前提性条件,即法律要求这样做。反之则不然。法律要求服从的许多理由与服从义务无关。不去谋杀、攻击、强奸、监禁他人等的理由与法律无关,而完全在于这些行为违背了他人意志或利益或(道德)权利。然而,这些理由也是"法律要求这样做"的理由,因为法律禁止谋杀、攻击、强奸、监禁。服从法律的义务暗含了法律在事实上确实规定了这样做的理由。至少这应是服从法律的部分理由。

这样的情况极为常见:法律的规定是实施某一行为的理由。关于某人违法的传言,如果被他的校长或雇主获知,那么他很可能被开除或解雇。他的犯罪行为将会极大地伤害其至爱的父母或配偶的感情,等等。甚至这些因素也不能证明存在服从法律的义务。因为,尽管在这些情况中法律(即是说,由法律规定行为的事实)是服从行为的理由,但是对特定的人来说,它是适用于某些具体情况的次要理由。服从法律的义务是一般性义务,它适用于所有法律主体以及在所有情势下适用的法律。探究遵守国家法律的义务

① 一个强有力且具有说服性的事例证明不存在遵守法律的任何义务,参见 M. B. E. Smith, "Is there a Prima Facie Obligation to Obey the Law?", *Yale Law Journal* 82 ,1973, p. 950. Cf;还可参见 R. Wasserstrom, "The Obligation to Obey the Law", in R. S. Summers (ed.), *Essays in Legal Philosophy*, Oxford, 1968。

就是探究人们总是愿意按照法律规定行为的根据,对每一个人或每一种场合来说,这些根据不必然相同,但是它们应当具有充分的一般性,以便这种一般性因素适用于所有场合下的所有人。探究遵守国家法律的义务就是探究是否存在一套真值的前提条件,它们使每一个人(每一个公民或居民?)应当总是按照法律的规定行为,并且它们作为必要条件应当包括如下事实:行为由法律规定。

自由政治理论通常认为,服从法律的义务仅暗指服从的表面理由。然而,义务的概念意指一种实践必要性,它比表面理由的实践必要性苛刻得多。在其他地方①我已经讨论过,行为只有由受保护理由②规定时,才具有义务性,受保护理由不单单源于如下事实:坚持它将有助于行为人目的的实现。毋庸置疑,我们可能仅满意于探究是否存在服从法律的表面理由——这一理由对所有可适用法律的情势中的所有法律主体都有效。以下将表明:即使在这种"适中"(modest)的意义上,也不存在服从法律的任何义务。但是,对大多数人来说,服从法律的义务意味着不仅需要表面理由的支持,指出这一点是有意义的。它意指排他性理由——受保护理由的一种——在我对义务的一般性分析中已经给予最佳解释。通常"强"意义上的服从义务并非来自幼稚而不假思索的政治态度,它反映了对政治形势本质特征的一种融贯且严肃的理解,长期以来,许多政治理论家为便利起见而忽视了它。

正确对待法律的问题是政治哲学的核心任务之一。它的一个向度是,探究是否存在一种义务与法律所要求的服从相符,以及我们是否有义务像法律所要求的那样服从法律。一般公众普遍认为,这一义务就是服从法律的义务。除了术语学意义上的研究以外,毫无疑问,探究服从法律的主张是否正当,具有重要意义。

"服从"的法律主张不同于目前将服从法律的义务作为服从的表面理由的哲学概念。大多数目前的哲学论述认为,当犯罪人在强烈的道德理由驱

① 关于"义务"的分析,参见我的论文"Promises and Obligations", in Law, Society and Morality, Essays in Honour of H. L. A. Hart, edited by P. M. S. Hacker and J. Raz, Oxford, 1977。

② 参见第一篇对"受保护理由"的解释([英]约瑟夫·拉兹:《法律的权威》,朱峰译,法律出版社2005年版,第15页——编者注)。

使下实施犯罪时,服从法律的义务并没有被违背,即使他的行为让他获罪。举例来说,非法获得或偷窃治疗病人所必需的药物,而这些药物又无法合法获得(假设这个人是身无分文的旅行者,他不会说当地的语言,等等)。如果这被理解为像法律要求的那样服从法律的义务,显然,这种行为违反了服从法律的义务。按照这种解释,任何违反法律的行为也就是违反服从法律的义务的行为。

这里包含两点:(1)由于法律规则和法律审判设施,法律有权决定在何种情况下其他因素可以否决法律要求。法官适用各种理论,如良心抵抗、自卫、必要性等来使人们免予违法的指责。一定程度上,在某些国家,公诉方的自由裁量权也可以服务于同一目的。由于在法律上法律的要求并非绝对,所以法律本身需要对它们的恰当意义以及被推翻的条件进行确定。因此,服从法律的义务被解释为一种"强"义务。也就是说,按照法律要求的那样服从法律的义务,它包括知晓比服从法律的表面理由更多的内容。它包括承认服从理由具有重要性,以及承认法律自身的含义。换句话说,这意味着在各种条件下对服从理由的否决,仅能通过法律认可的免除惩罚或定罪的条件。听起来,这是主张服从法律的义务具有绝对性。但是,(2)认为这是错误的。《法律的要求》(The Claims of Law)一文*中所提供的观点认为,法律的要求不具有绝对性,而具有排他性。法官不必否认道德理由的重要性,它们有时为违法行为辩解,但却不是法律上的借口和理由。法官的确认为无论是它们还是个人在这种情况下均违反了法律。法官主张人们应当放弃相抵触的考量因素,无论它们多么重要。[①] 立法者或执法者可能不得不采取某些行动。但是,只要他们还没有这样做,个人就应当遗忘那些相抵触的因素。换句话说,法律要求其规则和判决具有权威性。像普遍认为的那样,确立服从法律的义务(在强意义上)就是确立其要求的正当性,即法律的确拥有它所主张拥有的正当性权威。

---

* 参见[英]约瑟夫·拉兹:《法律的权威》,朱峰译,法律出版社2005年版,第二篇"法律的要求",第24~29页。——编者注

① 据此,当犯罪人的动机接受审判时,它可被恰当地看作是减轻或加重的因素。但是审判有其自己的原则控制,它并不影响目前的问题。

（二）服从的道德理由

我们并没有否认某些人拥有服从法律的道德理由。某些人（如坎特伯雷大主教）在社会上处于显要地位，以至于他的行为会对许多人的态度和行为产生深远影响。于是，在他们看来任何违法都可能带来严重的后果，从而他们拥有服从法律的一般道德理由。一个经过改造的罪犯可能向他的女朋友承诺，如果她嫁给他，那么他永远不再违法。如果她的确嫁给了他，他将基于道德理由拥有服从的义务。在某些方面，这有些类似于“准禁止反言”。有时，某人以守法者自居，目的是规劝其他人也服从法律。如果他成功地以某些可预期的利益（和平、繁荣等）——如果他们和他本人都遵守法律，这些利益将自然而然地产生——动员其他人服从法律，他可能拥有服从法律的道德理由，以便不使他们丧失那些利益，尤其是通过规劝他们服从法律而使他们放弃某些其他利益或承担某些额外负担的时候。

有几位哲学家曾试图在这些考量因素的外延上发现服从法律的一般义务。通过这些因素中一个或其他，他们试图证明每一个置身或生存于某一国家的人都必定要遵守法律。即使对恶法来说，不服从有时树立了一个使其他人倾向于不服从的“榜样”，而那些受影响的人可能没有分辨能力、缺乏正确的判断或者倾向于违反良法及恶法。由此，人们拥有了服从法律的义务。这是一个重要的观点，我不想贬低它的重要性。这种观点很容易被放弃，因为普通人行为的影响力微乎其微，以至于不值得考虑。尊重法律的公共氛围依赖于个人行为效果的累积。尽管我们中的绝大多人不能像坎特伯雷大主教那样影响公众态度，但是我们的确影响着其他人的态度，既便这种影响的程度非常微弱。毫无疑问，这是一个重要的观点，但是它很难成为确立服从法律的一般性义务的充分条件。首先，它充其量提供了服从法律的一种普通的表面理由，而不是构成义务且得到法律权威认可的显著理由。其次，尽管这一观点可以适用于许多情况，但是也有许多其他情况不能适用它。由特定人或在特定环境下实施的某些犯罪的确在事实上引起了人们的反感，从而强化了人们的守法倾向。在其他情况下我们所树立的榜样是一个好榜样，因为仅当不服从在整体上为正当时，它鼓励了不服从。除了所有这些情况以外，在一定意义上可以说，违法行为在这一观点得以适用甚至被其他因素否决的某些情况中充当了坏榜样。然而,有无数违法行为从不为人所知。无数的交通违法和许多轻微的税务违法等从未被觉察。进一步说,即使实施了违法行为也不会被觉察,实际上这早先就是肯定的。显然,这些违法并没有树立任何榜样。因此,树立坏榜样的观点并不适用于可能性违法的许多情况。尽管它是一个重要的因素,但它并没有确立服从法律的一般性义务,即使是“弱”义务。

可以确定的是,不作为坏榜样的许多违法,要么是轻微的违法,要么是无受害人的犯罪或者没有直接或可确定的受害人的犯罪(像税务违法)。服从法律的义务被认为具有一般性,然而,在这些情况中,它的实践含义可能具有决定性。在重大违法或对可确定的个人造成直接侵害的案件中,通常存在服从(或违反)大量法律的直接而有利的理由,这并不取决于行为由法律规定的事实。

将服从法律的义务立于承诺或其他保证之上的不断努力更缺乏说服力。当然,有些人发誓要忠诚,有时这包括遵守法律的保证。这些保证常常在强制或胁迫的情况下做出,这完全剥夺了它们的道德有效性(如应征入伍的士兵在酷刑的威胁下发誓忠诚于国家,这没有承认良心抵抗的充分权利)。但是在其他情况下,这种誓言可能在服从之上施加了道德义务(如某人在没有受强制或其他压力的情况下自愿承担国家官员应当承担的义务)。然而,许多人自己并不这样做。我们是否可以将普通公民的日常守法解释为这种保证?当然不能。承诺或其他自愿的保证通过必要的可表达性意图做出。[1] 显然,普通公民的日常生活并不包括承诺或自愿保证。

上文提及的第三种考量因素也不可能为服从法律的义务提供基础。禁止反言和各种形式的准禁止反言确实是行为的独立根据。如果某人通过自己的行为有意识地规劝别人依赖于他,那么他不应当挫败别人的预期——因为这样做会对别人造成不利影响。这样,如果我有意识地通过语言或行为规劝别人遵守法律,这将使他相信我自己也将遵守法律,那么我不应当违法从而让他失望。但是,这种观点仅适用于我的违法行为对信赖我的人产

---

① 承诺的性质参见我的论文“Promises and Obligation”, in Law, Society and Morality, Essays in Honour of H. L. A. Hart, edited by P. M. S. Hacker and J. Raz, Oxford, 1977。

生不利影响时。这种不利影响可能是侵害了他或他的利益,或导致他沮丧和失望。在评价作为特定行为理由的重要性方面,伤害的程度是一个关键因素。这缘于我们很难将服从的一般性义务立于如下因素之上:某人的违反行为并不总是影响他人,无论多么微弱地或间接地。但是,对服从义务的主要批驳是,总体来说,我们不能规劝他人建立这种信赖,当然我们也不能有意识地这样做。最后我仅能说:即使某人的行为确实规劝他人服从法律,但是这肯定不是人们通常能够意识到的事情。大多数人不会相信,别人之所以会服从法律是因为我们期望他们服从法律。①

人们不相信可以规劝他人服从的理由是,至少在与道德无关的意义上,他们不可能这样做。就这一点尤其是法律的特定领域而言,以下是正确的:通过对他人普遍服从法律的预期,人们的服从得到鼓励。但是这对我而言,服从的理由只不过是如下事实:许多伦敦人继续留在伦敦,是因为他们预料到其他人将继续生活在那里——这是反对某人离开这个城市的理由。

上文思考的各种承诺和准禁止反言的主张,不仅在智识上具有误导性,而且在道德上也是危险的。它们主张个人必然拥有服从社会中法律的义务,而不问法律可能为良善还是邪恶。另外,树立坏榜样的主张预设了——尽管不是它本身确立的——法律由规则构成,对规则的违反在道德上是糟糕的。几种主张试图确立服从所有法律的义务,因为它们认为所有法律体系在道德上是良善的(自然法的主张),或者认为如果法律在本质上正义或具有道德良善性,那么就应当得到服从。

上文②探讨过的许多自然法理论是设想得不对头的。但是,那里呈现的各种主张并没有影响所有法律体系都拥有道德价值的命题。即使法律在一些方面和某种程度上必然是良善的,也不会由此得出存在服从法律的义务。如果在道德上有价值的某些法律方面具有普遍性和体系性的特征——如法律是通过将社会行为纳入公开、确定、可知的规则框架内来保障公共秩序的一种方法,那么,当个人行为有可能破坏法律的时候,法律影响个人的行为

① 某人有理由使他人免予伤害,即使当伤害是由他有意识地劝诱别人以特定方式行为而造成的。但是,这里他不再相信准禁止反言的主张,而是相信使别人免予伤害的一般性义务。这种主张将使他服从法律,但是仅是有时因为它是法律才服从。

② 参见以上第三篇和 Practical Reason and Norms, ch. 5. section 3。

理由。这些理由大多源于树立坏榜样的观点,我们已经讨论过这些理由不能产生服从法律的义务。

此外,必然存在的和普遍有价值的法律方面显现于某些法律或制度中,如所有法律体系包含保护有价值生命的法律。如果这样,人们有理由服从那些法律(这并不取决于它们在法律上有效,而取决于它们的道德内容),但是却没有理由遵守其他法律,除非不这样做将树立坏榜样——它导致对良法的侵犯。这样,我们又返回到了树立坏榜样的不充分论证。

同理,支持和维护好制度的义务——不能否认它们的存在——不充分地确立了服从的义务。它直接延伸于那些建立和维持正义制度的法律(如那些保障社会中民主政府运行的法律)。仅当这样做我们可以树立一个好榜样,或不这样做我们将树立一个坏榜样时,也就是说,仅当服从其他这些法律将加强或阻止消弱民主政府安身立命的法律时,它提供了遵守其他法律的理由。

政府的民主特性有助于形成服从法律的理由,彼得 · 辛格(Peter Singer)的《民主和不服从》(Democracy and Disobedience)是这一讨论中最有意思的探讨之一。他看到服从绝对民主性法律的表面义务存在两个根据。一是参与。辛格的主张是一种禁止反言:“禁止反言的法律理论是对我谈论的选举最有益的阐释。在选举过程中,某人的自愿行为将使别人合理地相信他同意多数决议程序。选举结束后,他不能说自己从未表示同意。”这里,他的事实假定显然是错误的。通常,人们知道非民主人士也的确参加了民主选举。

辛格的第二个主张是,民主程序是在争取竞争和正当要求之间达成妥协的公平途径。因此,我们有理由支持它并接受它的公正结果。有两个理由可以说明民主程序是公正的。(1)有效但不充分地创立了服从的义务;(2)具有误导性。有效理由是,在某些国家中民主决议极可能产生公正的结果,并且它比其他结果更易为公众所接受。这些因素表明:在那些国家中民主政府是正义政府,并且应当得到拥护。但是正如上文所指出的,拥护正义制度的义务并没有充分地确立服从法律的义务。

辛格所主张的另一种解释暗含着,民主程序达成的解决办法是公正的解决办法(同时,甚至承认它的其他特征使它不公正)。在我看来,这当然是错误的。对这种观点的拒绝并不依赖于民主的纯工具观。我们可以拥护它,因为它表达了对人们成熟判断的信任,或者因为它对自我表达和自由人的发展是必要的,等等;我们仍然可以不赞同:仅因为它的每一项决议是民主达成的,就应当被服从(比较:遵守所有自然正义规则的官员做出的决定,这一事实并不能使决定正义化,即使自然正义具有工具性价值和自身价值)。

这里所提供的对受欢迎主张的这些概略批驳,并不能充分说明不存在有说服力的论证方法来证明服从的道德义务。可是,也许没有"宗师论证"可以证明不存在这种道德义务。我们所能做的仅是阐明这种论证必须克服的各种困难,以及检讨某些受人欢迎的论证。在这一过程中,本书剩余部分的讨论将以不存在一般性服从义务的假定为基础。①

(三)服从的审慎理由

大多数人在多数时间拥有服从法律的审慎理由。如招致法律制裁、犯罪或其他的危险,这些在多数时间都是大多数人所不希望见到的。存在许多其他"社会制裁",尽管它们以不同的方式、在不同程度上影响着不同的人,但是在相当程度上它们影响着大多数人。进一步说,所有那些理由是正确的理由。它们是按照法律要求而行为的理由;因此它们与许多道德理由不同,道德理由是法律规定这样做的理由的根据,但它们不依赖于由法律来规定这一事实。

显然,这些主要的审慎考量因素并不具有充分的广泛性。如果它们仅是审慎的考量因素,那么,显而易见,在审慎因素并不反对这种行为的情况下,我们都有机会违反法律。次要的审慎考量因素适用范围更广泛。这些因素通过以下方式依附于主要因素:假设(1)众所周知在特定种类的案件中主要因素适用于某些或所有此类案件,如在某人可能违反法律的某些或所有场合下,他拥有不这样做的审慎理由。并且假定(2)这些因素是否适用于个案,如果适用的话,那么它是否否决了所有也适用于该案的相反因素,回答这些问题的努力涉及成本的支付(时间、精力、达成错误结论的风险等)。

---

① 服从法律的某些其他道德理由将在下一篇论文"尊重法律"中给予探讨。在那里我们将看到,它们并没有破坏本节的否定性结论。

在如此情况下,有时最好是采纳确定所有案件属于此类案件的策略或规则,就好像有可能存在的理由是存在的,它否决了所有相冲突的因素。[①] 在我们的案件中,这意味着某人拥有可以按照某一策略行为的审慎理由,这一策略通常是服从法律,而不是在每一个案件中检讨它是否受(主要)审慎理由的规制。是否拥有采纳这些策略的充分理由取决于各种不同的因素,如以下情况可能产生的成本类型和数量:如果某人拒绝这一策略,那么他将依赖于个人对每个案件的盘算,以及他们对可能适用于此类案件的相冲突因素性质的检讨等。

这些审慎策略扩展了服从法律的审慎因素的范围。它们可能比通常认为的要重要得多。可以理解,某人按照案件价值行为而不依赖于一般性策略行为,这会更清楚他行为理由的性质。这样,行为理由通常以一般和模糊的术语来表述,诸如:"我确实没有干这些事情。"这种回答并没有揭示策略所依赖的理由类型。人们通常对理由感到模糊,因为他们可能在不知其义的情况下保持某些规则。在正常情况下,许多人并不违反法律,这种策略通常源于以上所提及的次要审慎理由,但是,这一事实通常并非显而易见,他们经常对自己的理由感到模糊。

然而,即使是审慎策略也不能为服从法律的义务提供充分的根据,这有多方面原因。一般认为,服从法律的义务是道德义务。审慎理由本身并不能产生道德义务。甚至那些认为审慎理由具有道德价值的人也赞同:尽管在多数场合下它值得称道,但并不能证明它是我们行为的义务。进一步说,我们拥有次要审慎理由的程度是因人而异的——次要审慎理由是为遵守法律所采取的审慎策略的理由:某些理由比其他理由更有可能错误地计算个案的风险,某些理由通过慎重考虑这些风险以及深思熟虑所可能产生的紧张关系而极易被推翻。有些人拥有采取遵守法律策略的"强"审慎理由,而其他人却没有理由这样做。重要的事实仍然是,人们几乎没有理由采取全部此类策略。就审慎理由而言,几乎每一个人——尽管他在许多领域拥有遵守服从性策略的理由——都可以在某些低风险领域免予处罚:针对雇主财产的轻微犯罪、轻微的税务违法,等等。每个人都拥有某些法律领域,在

---

① 这一策略是强制性规则,这一意义的分析参见 Practical Reason and Norms, ch. 2。

那里,他的违法造成的风险最低,审慎因素将支持采取忽视法律的策略,就好像不存在反对违法的审慎理由一样,他若无其事地行为。

(四)不具有服从义务的良法

以下观点是自相矛盾的:在国家良善、正义的法律体系中,不存在服从法律的义务的观点。这些自相矛盾的出现在很大程度上归因于我们不情愿放弃存在这种义务的信念。自相矛盾的出现是一种假象。它缘于两个密切相关的渊源:我们认为,体面且有道德感的公民应当服从正义法律体系的法律,并且良善法律体系的法律应当被遵守(被善良的公民遵守)。善良公民对法律的恰当道德态度构成了本文的主题。这里,在不承认存在遵守法律的义务的条件下,审视判断法律体系为良善的可能性,是极有意义的。

首先,看一下某些初步的观点。毋庸多言,与遵守邪恶的法律体系相比,我们通常更拥有遵守良善法律体系的独立道德理由。如果某一法律体系在道德上是良善的,那么它包括道德良善的法律和那些规定道德义务行为的法律——这些行为独立于法律(如禁止谋杀、强奸、诽谤、侵犯隐私、在特定情况的反言、某些类型的欺诈等)。比起遵守邪恶法律体系的法律,我们更有道德理由按照良善法律体系的法律行为,即使不存在遵守正义法律体系的法律的特别道德义务。

下述观点也是正确的:法律体系在总体上是良善的,并且它是信任其法律制定和司法机关的理由。如果我们认为法律在总体上如此,以至于我们有独立的道德理由按照其规定行为,那么就任何个别法律而言,我们也有理由相信存在着遵守它的独立道德理由。这样,通过成为相信和信任个别法律的道德价值的理由,法律体系的一般道德品质鼓励了服从。这里仍然没有涉及服从法律的特别义务。

然而,这两点没有触及明显矛盾的实质:法律体系是正义的事实如何没有成为服从它的理由。为了驱散矛盾,我们必须考虑一下法律在社会中的实质作用。《法律的功能》一文中曾建议一种法律实质功能的分类体系。但是这些功能如何实现?法律确保自身正常运作的法律技术是什么?

凯尔森说,法律技术是通过规定违法制裁而提供服从其标准的动机的技术。这当然是一个极为重要的法律技术,尽管如凯尔森所言,它不是唯一的法律技术。但是本文的上一小节表明,事实上审慎考量因素(它们包括来自制裁的恐惧以及其他的所有因素)并没有充分提供在所有情况下服从的理由,哪怕是表面理由。我们是否应得出这样的结论:不应当存在其法律制裁不能提供行为理由的法律?普遍被忽视的法律应当被撤销,有时这样说是恰当的。众所周知,制定的法律如果被普遍忽视,那么就不应当制定它。但是,这些主张建立在:由确保服从的各种因素的失败而造成的现存或可预见的对法律的忽视。它们不能作为证据来证明:法律制裁无效或不可能有效的地方,不应当存在法律。但是,如果这不是共识,那么即使法律所提供的制裁无疑是一种重要的法律技术,它们也不能被看作唯一的技术。

事实上,存在两种基本法律技术,即两种法律实现其功能的方法(可能存在更多次要的技术)。一种是通过规定制裁提供服从的理由。另一种是以公共可知的方式标识出组织化社会所规定的标准(如社会中具有法律资格的机关或机构的规定)。在第一种技术中,法律创制了服从的理由;在第二种技术中,法律依赖于独立性理由,并且通过公开宣布某些标准来援引和指引它们,而这些标准是受援引理由感召的人所遵守的恰当标准。第二种技术的独立性经常被忽视,看起来,法律标准是公共可知的事实[①]通过以下事实得到顺利地解释:为了使制裁技术成为有效且公正的技术,有必要提供公共可知的标准。我不想否认通过公共可知的标准规制公共权力行使的重要性。[②] 然而,必须指出的是,这不是公共可知标准的唯一作用。以规制法官和其他高级别政府官员行为的法律为例。针对这些官员的法律标准不仅使其他人预测到他们将如何行为,而且主要是规制了官员本身的行为(只有这样,它们才能作为预测官员将如何行为的基础)。尽管政府官员遵守法律是可预期的事实,但不能由此认为他们这样做是因为希望避免制裁,而是因为他们天生就具备遵守法律的独立理由。在此,法律的作用仅是清楚地标识出独立动机所依附的标准。

可以将两种法律技术的区别看作对自然犯(mala per se)和法定犯(mala prohibita)的传统区别作出的一种重新解释。法律的作用之一是,禁止和惩

---

① 主张所有法律标准是公共可知的理由以及对这种条件的解释参见上文《实证主义和法律渊源》。

② 参见上文《法治及其优点》。

罚实施那些由于独立理由而不能被实施的行为,这些独立理由既不取决于法律的存在也与维持其他社会惯例无关(这些都是自然犯)。由于那些独立理由应当感召而事实上并没有感召某些人,所以法律通过制裁向他们提供了其他理由。法律的另一个作用涉及参与社会合作计划(这些义务是法定犯)。在此,我想起如下情况:某人有理由以特定方式而行为是因为它有助于进展中的社会合作计划。此类情况有很多,以下两例最具典型性和普遍性:某些行为——如果相当数量的人以恰当的方式行为——就是有用的,但是如果没有人这样做或仅有很少人这样做,它们就毫无价值。河水污染就是一个例证。如果大多数人不去污染河流,它们是洁净的,并且每个人都拥有道德理由帮助保持河流的清洁。[①] 但是,如果许多人污染它们以致于造成严重污染,那么通常不存在"我自己应当不污染它们"的理由。[②] 我们有理由采取其他的行为,因为社会合作计划的存在是指,社会合作计划的特殊形式使一般性义务具体化并赋予它特殊形式。举例来说,可以承认每一个人都拥有增进他人福利的道德义务。可以主张如果社会上存在可接受的、普遍践行的社会福利制度——由可以提供帮助的人资助而成,那么每个人都应承担帮助实现这一计划的义务,这一义务(部分或完全)就是指尽义务帮助他人。他丧失了按照自己喜欢的方式行为的选择权,而拥有了以社会可接受的方式行为的道德理由。[③]

对不同社会合作计划的讨论,是一个让人着迷且极为重要的主题,它在道德哲学和理性行为理论方面都制造了问题。然而,这些与目前的讨论无关。我们甚至不必赞同以上关于两种不同社会合作计划的大胆评论。与目前讨论有关的,仅有两点:(1)法律在设立和维持社会合作计划方面具有工具性,这不仅通过提供制裁以刺激那些在没有制裁的情况下不去做贡献的

① 在许多情况中,个人行为有助于结果的形成,即使在很小程度上。有时,需要存在相当多的其他贡献者,个人的行为本身可能不会有助于结果。我认为即使在这种情况下,我们经常也拥有参与社会合作事业的道德理由——这种理由的根据或说服力在此并没有阻止我们。

② 除非开展一场改变公众态度的运动,并且这场运动有可能成功等。

③ 尽义务的方式可能是最好的方式,这仅因为它是一种普遍方式。在那些情况中,某人的行为可能对那些与存在义务有关的人产生更为直接的利益。然而,人们将拥有其他理由参与社会实践:这将强化社会实践,因而鼓励其他人也尽其义务。(与个人行为相比,大多数人更容易这样做。)参与社会实践本身是有利的。它是证明人的社会属性意义的一种方式。

人(第一种法律技术),而且通过公开和公共的方式设计社会计划的内容和个人恪尽职守的内容(第二种法律技术),这使那些受正当理由鼓动的人也参与社会合作事业。(2)影响这些情况的道德理由完全源于社会合作实践的事实存在,根本不是源于法律在其创建或维护方面具有工具性。考虑一下以上所说的河水污染的例子,它根本不关系到人们的道德推理:保持河水洁净的实践是否受法律的强制,是否通过热心人的规劝和宣传来维护,或者是否河水可以完全自发地形成保护。重要的是实践的存在,而不是其来源或周围的环境(除了特殊环境外)。另外,假设法律要求保持河流的清洁,但是没有人服从,并且河流成了公共排污场场所,那么在这种情况下,我们所考虑的不往河流里扔废物的道德理由是不存在的,尽管法律要求不应当这样做。

本节讨论的结论是,如果法律能够为行为提供明智的审慎理由,如果法律能够标识出"社会要求这样做是恰当"的某些标准,那么法律是良善的。如果法律恰当地这样做,那么它加强了道德价值的可能性和利益的保护,并且鼓励和支持了有价值的社会合作形式。但是,两种社会技术即使被尊重地使用,也没有产生服从法律的义务。判断法律为有用和重要的社会制度,法律体系是良善或完美的,与此同时否认存在服从法律的义务,这些是讲得通的。

二、尊重法律

我认为不存在服从法律的一般性义务,即使法律是良善的、法律体系是正义的。由此产生的问题是:有良知的公民应当如何对待总体上是良善和公正的法律体系的法律?鉴于不存在服从的义务,对他来说,看起来只有一条路可以行得通。他不应当以一般性道德态度对待法律。法律要求或禁止的行为由个人根据它的道德价值来评价。[①] 有时行为受法律规制的事实将产生道德效果,有时则不会。既然既不存在服从的一般性义务,也不存在不服从的一般性义务,那么唯一恰当的一般性道德态度就是不承认存在一般性道德态度。

---

① 没有必要有意识地花费时间考虑在每一种情况下应当做什么。

本文的目的是揭示,不能强迫人们接受这种结论。不存在服从法律的义务的后果是,人们对法律没有一般性道德态度——即使是对良法。① 一般性道德态度不存在,这在道德上是许可的。但是,还存在另一种被认可的选择:尊重法律。通常认为,对法律的态度就是尊重法律,这样,拥有这种态度的人就拥有了服从法律的一般性理由,他们的理由就是他们的态度,事实是:他们如此尊重法律,并且他们以这种方式尊重法律在道德上是认可的(除非法律体系在总体上是邪恶的)。

(一)一种自相矛盾的主张

尊重法律的人受他人免予承担的义务的约束,这一观点看起来自相矛盾,鉴于目前分析道德哲学的某些普遍主张,它在事实上是矛盾的。本小节将解释这一矛盾的性质。接下来的两个小节将消除这一矛盾,最后一小节检讨尊重法律的态度的道德价值。

我们所称的尊重法律的态度是一种复杂的态度。为了目前论证的目的,最好将它分为两部分,每一部分本身就是复杂的态度。我们将这两部分称为:(主要的)认知性尊重[(primarily) cognitive respect]和(主要的)实践性尊重[(primarily) practical respect],这两部分在实际生活中通常不可分割地联系在一起。主要的认知性态度是指关于法律的道德价值、相关情感上和实践上的倾向以及对法律的恰当意向的正确认知。认知以及情感上和实践上的意向因情况和人们态度的不同而异。举例来说,它们可能包括法律是民主和公平的信念,以及法律有助于社会进步和保护个人权利的信念;它们可能包括国家法律在总体上是开明和进步的自豪感、人们生活在完善法律体系保护下的满足感以及对在创制或执行法律过程中涉及的机关或个人和法律标志(如法院大楼)的尊重甚至赞赏。主要的认知性尊重可能包括某些次要的实践性意向,后者可能不愿支持改变法律制度结构的建议,除非令人信服的证据证明这种改变是为了让法律变得更好;为了建议和鼓励其他人具有与自己相同的态度;为了在其他国家中提倡类似的法律。

这些言论仅阐明了构成认知性尊重态度的信念和意向的种类。主要的

① 也许我应该证明这一点是恰当的。可能存在不服从某些邪恶政府的法律的一般性义务。

实践性尊重态度大体上是由服从法律的意向(如这样做是因为法律要求这样做,或者因为作为服从法律的道德原则,它是正确的[①])、各种感情上和认知上以及适合于法律的其他实践性意向组成。这些也因人而异。它们可能包括对违法者的敌视态度、对正义得到伸张的满足感、对守法行为和服从法律的人的赞同、对违法的羞耻感和愧疚感,等等。

个人对法律的尊重通常包括主要的认知性态度和主要的实践性态度,它们往往是不可分离地交织在一起。但是,在人们的思维和生活方面,它们基本上又是可以分离的。一个人可能拥有其中一种态度而缺乏另一种态度。一个极端的例子:某人拥有实践性而非认知性尊重法律的态度,他相信无论法律如何邪恶,人们都应当服从法律。只要法律有效,人们就应当努力改革法律但却无权破坏法律。如果某人偶然得知本国的法律极为邪恶,他可能会失去对法律的认知性尊重,但很可能他会对法律表现出极端的实践性尊重。相反的分离情况也是极为常见的。一国的居民对其邻国的法律拥有适度的认知性尊重,但缺乏实践性尊重。他可能相信该国的公民或居民有服从本国法律的义务,但作为旅游者却没有这种义务。如果他们的违法行为并没有伤害任何人,那么他们在道德上有无视它的自由——也许,它施加了限制,但是他们在自己的国家不受这种限制的约束。

如果不存在服从法律的一般性义务,那么拥有尊重法律的实践性态度在道德上是错误的。毫无疑问,人们可能并且将继续拥有它,但却不应当拥有。如果存在服从法律的一般性义务,那么灌输尊重法律的实践性态度通常被证明有利于服从义务。对实际上遵守法律的人来说,服从是自然而然的事情,并且这种服从的正当性通常以义务为证(可以认为在合理的法律体系中它几乎不可能被否决)。但是,如果不存在服从的一般性义务,这一态度就得不到证明。灌输服从法律要求的意向在道德上就成了不可容忍的事情。相反地,我们应当对服从或是违背的权衡保持警觉,并经常进行权衡,并且在这一权衡中不存在使判断产生偏见的事先意向。

当然,不存在服从法律的义务并不影响拥有认知性尊重态度的正当性。法律可能在道德上是良善的,这一事实证明了认知性道德尊重态度的正当

① 这一条件对区分实践性尊重与在审慎理由上的服从意向是必要的。

性。然而,用于证明实践性尊重态度正当性的可比性道德事实,看上去是不存在的。这暴露出下文所维护的主张具有明显的矛盾。据此,某些人对法律拥有的实践性尊重本身就是服从法律的理由。这种尊重不具有普通的外在根据,这一事实得到了以下观点的支持:不存在尊重法律的义务,即使是良善的法律体系。在这种社会,尊重法律仅是许可性的。那些尊重法律的人拥有服从的理由,当然也就拥有服从的义务。他们尊重的态度是他们的理由——他们的义务渊源。这一主张不仅使他们承认这一义务,也不仅是他们认为他们受义务的约束,而使他们真正处于义务之下;他们有义务服从。

尊重法律(实践性态度)是指承认尊重法律的道德理由的一种态度。在先前的论文中已得出如下结论——看上去没有一般性道德理由支持:对法律的实践性尊重是一种不正当的态度。如果实践性尊重仅源于服从的义务,并且作为有利于服从义务的态度,它本身是正当的,那么这一结论是必然的。仅当实践性尊重可以颠倒理由的顺序,并且服从的义务仅源于正当的实践性尊重态度时,实践性尊重在道德上才是正当有理的。举例来说,如果允许尊重法律并且尊重本身是服从法律的理由,那么可以这样做。但是,尊重法律有可能并不依赖于服从的义务而是它的替代物吗?我们能说某人尊重法律就是有义务服从法律吗?我将通过朋友关系的类比为这种可能性进行辩护。

(二)朋友关系:类比

设想某人说"我将帮助玛丽,因为她是我的朋友"。某个人是我们的朋友部分取决于我们对他的态度,毫无疑问,朋友关系可以成为行为的理由。行为理由就是朋友希望在恰当场合做的事情。朋友关系成为或被援引为行为理由有某些明显的方式。其中,有两种方式最为常见。(1)朋友关系暗含了某种程度的善意,行为人可能希望(具有自愿的非基于理由的意愿)帮助他的朋友。他希望这样做是他的理由。"因为她是一位朋友"解释了他的意愿背景。(2)朋友关系创立了相互作用的形式,因而他们之间产生了预期。行为人可能认为朋友希望他给予帮助或甚至依赖他这样做(因而放弃了其他的帮助途径)。挫败那些预期可能是错误的(或者他自愿地希望不这样做),这一事实就是他的理由。援引朋友关系暗示了这些预期的存在以及它们如何产生(也许他也指出了挫败这些预期为什么是错误的)。

朋友关系的类比观点认为,这些不能证明朋友关系可能是或可能产生行为理由的唯一途径。尤其是,它认为某些行为必须被履行,因为,鉴于朋友关系,不这样做是错误的,这倒不是因为朋友得知他没有这样做的反应(感情上或行为上)。朋友可能永远不会发现这一事实,从外在表象上看,朋友关系可能一如既往,但是行为人自己明白在这种情况中他是失败的。

这里不可能提供对这种朋友关系观点的分析或辩护,但是有必要更为详细地勾画它。任何两种类似的朋友关系是不存在的。它们因朋友之间的意图、个性和环境而异。然而,朋友关系在相当程度上是人类关系的文化决定模式。(当然在我们的文化中,存在文化认可的若干基本朋友关系模式,而不止一种。这一主张并不以唯一的朋友关系模式为基础。)当一种形成朋友关系的人际关系在两人或更多人之间开始发展时,它的未来状况受到他们每个人对朋友关系的理解的影响——朋友关系的概念是什么以及它意指什么(在他的文化中)。这种认知有意无意地给予发展中的关系以指引。粗略地说,它要么成为基本模式可承认的变量,要么不能。很少有人能够跨越其文化所赋予的模式。他们不这样做,主要缘于文化的塑造(cf. Anne Karenina)。

他们所遵循的朋友关系的文化模式,包括朋友间应彼此如何行为的观念。他们在朋友间设计了某些恰当的行为模式和其他不恰当的行为模式。我们的文化倡导患难见知己;不在陌生人面前任意批评朋友,尽管出于善意等。准确地说,恰当和不恰当的意义因不同文化而异。恰当行为是朋友要求的行为而无论行为人是否想履行这一行为(我宁愿自己独享一个晚上,也不愿再去见汤姆,但是我应当真诚地邀请汤姆,因为这些日子以来他非常孤独和沮丧),这是最为常见的和最确切的朋友关系的内容。同样地,恰当行为有时是必须的而不论朋友是否知晓它或受它影响(我不应当证实迪克的含沙射影,即使迪克知道真相以及我的证实与他人并没有什么不同,甚至即使汤姆从来没有听说过)。

如果这是正确的,那么它是朋友关系的实质,即朋友认为他们之间的关系就是要求行为而不问行为人的意愿或朋友的利益。某个人是朋友的事实是行为的理由,这仅是因为任何其他的行为在朋友间都是不恰当的、与朋友关系不相称的。显然,如果行为人意识到他的行为性质,他将因自己的不恰当行为而感到沮丧(至少如果他想维持朋友关系的话)。但是,他不履行这些行为并不是因为他希望避免悔恨和负疚感,而是因为他相信这是朋友要求的事情。我将这些理由称为表意性理由(expressive reasons)。朋友关系是支持恰当行为、反对不恰当行为(在行为人的文化中)的表意性理由。有时,不愿去做——即使朋友关系产生了期望和信赖——的表意性行为理由没有赋予履行的理由。之所以称为表意性理由,是因为它们要求的行为表达了相关的相互关系和态度。行为人认为自己受这些理由的约束,这一事实是他是否可以作为朋友的标准。表意性理由可能要求某一行为,因为它将有利于朋友(邀请汤姆与我共度一个晚上)。由此可见,它们是福利性理由。但是,它们可能独立于其他的利益(不去证实关于汤姆的谣言),此时,它们是象征性理由。

成为朋友涉及对表意性理由的信任,这一主张就是认为表意性理由的概念像我们知道的那样在解释人类关系中具有一定用途。这并不是主张存在有效的表意性理由,即拥有朋友被证明是正当的。我们要记住,在朋友和陌生人之间不必然存在选择;在我们的文化中,还存在其他的相互关系,并且还有一些关系可能被创立。我将不去证明朋友关系的正当性。相反地,作为人类关系的一般性模式之一,朋友关系在道德上是合乎情理的。根据这一观点,可以归纳出以上讨论的主旨以及其他较为确定的朋友关系的观点。

(1)朋友关系拥有其他关系模式所不拥有的理由。这些(或其中某些)的产生不依赖于产生或伴随新的利益或意愿的关系模式。他们拥有做恰当行为的理由,也拥有避免做不利于朋友关系的事情的理由。他们的文化决定了哪些行为是符合要求的。朋友关系产生了表意性理由(包括福利性和象征性变化形式)。

(2)"根本没有朋友"和"不与特定人交朋友",在道德上都是许可的,除了某些例外情况,对个人来说,不想拥有或形成与任何特定人的朋友关系在道德上并非错误。①

---

① 这一相关许可是排他性许可。因此,本文中的主张并不意味着不存在拥有朋友的道德理由。Cf. Practical Reason and Norms, pp. 89f.

(3)对朋友的选择反映了一个人的性情,可能也是个人道德品质的证明。尽管许多朋友关系不具有道德上的重要意义,但是某些朋友关系则不然。它们揭示了某些道德感情或它们的缺失,指出了道德的优缺点等。因而,尽管是否成为 X 的朋友并无对错可言,但是这样做在道德上是值得称道的,或者阻止朋友关系的进展将成为道德上的污点。

(4)朋友之间的义务是自我施加的。它们取决于我们可能避免或终止的关系。进一步而言,在不做错事情的情况下,我们可以创立和终止某种关系。(这至少是普遍的事实。在某些极端的情况下,看上去终止朋友关系在道德上是不允许的。)然而,在两个关键方面上,朋友间的义务不同于承诺和其他自愿义务。

首先,在典型情况中,它们构成了人际关系的建构性部分,这些人际关系影响着人们的全方位生活。进而,这种关系具有一个认知和感情的向度。既然义务是关系模式的一部分内容,那么它们不能通过人们的行为来承担或放弃(除了某些极为罕见的非典型情况)。义务来源于朋友关系,而不是源于保证行为。朋友关系本身是一个错综复杂的网络,它包括互惠意向和态度,具有实践性、感性和认知性,它不能由保证行为而创立,它随着时间成长、发展和巩固。朋友关系的终止亦是如此。通常,单一行为不能终止由无数因素确立起来的朋友关系。不应当认为这些言论暗指了,时间是创立或割断这种朋友纽带的重要条件。它们仅表明,时间而不是单个行为与朋友关系相关。一见钟情或海誓山盟确立的朋友是一种浪漫的青春期幻想。既然确立或终止朋友关系的狂热或保证可能导致朋友关系的终止,那么这些事件可能导致朋友关系的确立,或者也可能终止。但是,这些事件本身并不能创建或终止朋友关系。①

其次,承诺和其他自愿义务的承担是通过为承担义务而履行的行为,而朋友关系却不是这样。它们的实践性结果——导致了义务的产生——是相互关系而不是其意义或目的的副产品。人们创建朋友关系的目的是为了有人照顾,通常不是为了拥有照顾他人的义务。

---

① 这样,如果初始事件没有延续,我们不会拥有短暂的朋友关系。充其量我们创立朋友关系的努力是一次失败的尝试。

(三)尊重法律:类比

回到尊重法律的问题。在开始应当清楚说明的是:我并不打算将尊重法律视为朋友关系的一种,显然它不是。一方面,朋友关系是一种互惠的关系,而尊重法律不是。此外,朋友关系作为人与人之间的一种关系与尊重制度(诸如法律等)相比,拥有迥然不同的感情向度。但是,在朋友关系和尊重法律之间做一个类比是具有启发性的。这一类比将延及上文提到的四点。它们将以相反的次序呈现出来。

尊重法律像朋友关系一样是一个复杂而多面化的现象。显然,这一复杂的态度并不能在一夜之间获得或丧失。它随着时间而增长,或逐渐消失。同时,人们是否尊重法律取决于个人。某人可能认为法律值得尊重,因而他尊重法律,或者他决定最好是再也不尊重它。这些决定并不是在一夜之间形成或终止的,但是它们标志着获得或丧失这一态度的开始,并且它们证明了人们控制它的存在。

某人是否尊重法律——鉴于有关法律的或社会的信息——反映了他的性情。它说明了某人对权威、对可尊重的制度或他的社会化程度等的态度。有时它也揭示了他的道德品质。但是,这一态度的存在或缺失并非在所有的情况中都具有重要的道德意义。

无论如何,显然——鉴于先前论文的结论——不存在尊重法律的一般性义务。即使在良善的法律体系中,不尊重法律也没有什么错误可言。对法律而言,人们可能总是避免拥有任何一般性道德态度。这或多或少是对法律的欣赏而不是尊重,但是这同样是被许可的。看上去在尊重与不尊重之间存在着不对称的关系,尽管不尊重法律从来不是错误的,但是尊重南非或其他邪恶地区的法律在道德上是错误的。①

最后,尊重本身是行为的理由。那些尊重法律的人拥有其他人所不拥有的理由——表意性理由。在服从法律、尊重相关制度和标志以及避免每每质疑法律的方面,他们表达了自己对法律的尊重。如同朋友关系的情况那样,社

---

① 这一对称存在于其他地方,如同人们不尊重非正义体系的法律,人们也不可能拥有不尊重正义法律的态度,尽管人们根本不拥有对法律的一般实践性道德态度。惯习性理由(conventional reasons)通常受到非惯习性理由(non-conventional reasons)的约束。

会习惯和文化概念部分地决定了表达尊重的恰当或合适的方式。在此，重要的是记住，如同存在合格朋友或部分朋友（打高尔夫的朋友、商业朋友等），也存在合格尊重的可能性（在除了妇女权利以外的所有问题上尊重法律等）。

在朋友关系和实践性尊重之间存在重要的不可比性，也就是说，朋友间的义务仅是复杂人类关系的一个方面，而实践性尊重是服从法律的首要承认性理由，这种观点会遭到反对。因此，尽管我们可能将某些行为构想成是朋友关系（人际关系的其他方面）的恰当表达，但是不存在服从法律的表达形式。因此，宣称尊重本身是表意性理由，是毫无意义的。只要我们对尊重的分析确实如此，这一反对是有效的。实践性尊重和认知性尊重的分离进一步强化了这一点。但是，本质上，实践性尊重并不是独立的态度。它仅是复杂态度和生活方式——不仅与法律相关，而且与法律存在的社会相关——的一个方面。尊重法律是对社会的一种认同（反之则不然）。这里，我们接近了这一类比的根源。一个将自己溶入社会的人感觉到“社会为我，我为社会”，他将忠诚于社会。在尊重法律的过程中，他的忠诚自我流露。朋友关系同样以相互忠诚为条件，因此毫无疑问，朋友关系和尊重法律都产生了表意性理由。

然而，认为尊重法律与对社会的忠诚及认同不可分割，是错误的。认同和忠诚的确在各个方面自我流露。它们可能但不必要通过尊重法律来证明自己。一个人可能仅在其他方面表达他的忠诚。在其证明形式中不包括尊重法律，这不必然是不完全的。因此，即使忠诚于社会是义务，尊重法律也不是。

（四）尊重的价值

现在，对如何正确对待法律进行总结。不存在服从法律的一般性道德义务，即使在良好的社会中。以下情况是许可的：不拥有对法律的一般性道德态度、保留人们的判断，以及对每一种情况的检讨。但是除了邪恶社会，在所有社会中都同样许可拥有对法律的“实践性”尊重。因为对尊重法律的人来说，他的尊重本身是服从法律的理由。当然，援引它作为理由并不是很常见的事情。人们通常说“因为它是法律”或“因为它是我的法律”、“我国的法律是……”。这些解释本身是不完全的，它们通常暗示出人们对作为基本因素的法律的尊重。

在实践意义上,不尊重法律从来不是错误的。但是,这不能得出:在尊重和不尊重都被许可的地方,人们是否尊重法律在道德上是无关紧要的事情。的确,通常它们在道德上无关紧要,其他情况中则不然。尊重法律的人以这种方式表达他对社会的态度、认同和忠诚。他可能发现通过自己对法律的态度来表达对社会的这些态度是恰当的。他可能感觉这是表达自己忠诚地承认法律权威的恰当方式。因而,他将按照法律要求的那样服从法律。但是正如上文所指,尊重是方式和程度的问题,一个人可以将合格的尊重作为他对社会态度的恰当表达。无论如何,对尊重法律的人来说,存在服从的义务。他的尊重是这一义务的渊源。

由此不难看出,为什么实践性尊重可能被视为是忠诚于社会的恰当表达。它是信任的一种证明形式。相信法律为公正和良善的人认为,自己有理由按照法律的要求行为。如果法律在道德上是真正完善的,那么服从法律就是头等大事,它将允许作为辩解的条件,所有法律上所要求的行为理由在这些条件中被其他因素击败。如果一个人绝对信赖法律,他将承认法律的权威。因此,对社会的忠诚可以通过他含蓄地信任法律的行为来表达。由此可见,尊重法律的态度是忠诚的一种证明形式,因为它产生了服从的义务以及对权威的此种承认。

哪种法律值得尊重?使法律值得尊重的条件是什么?一个重要问题是,在何种条件下尊重为行为人所称道,在此对这个问题不作探讨。这不仅是人们应当何时忠诚于自己社会的问题,承认这一点已足矣。即使在忠诚于社会在道德上是恰当或甚至是义务性的地方,通过尊重法律来表达这种态度可能是不恰当的。通过对社会某些制度化方面的态度,尊重法律表达了忠诚。它们的道德品质或行为可能使它们不适合尊重法律所表达的道德信任。毕竟,对法律的尊重是一种对法律颇为自足和自满的态度。它表达了对法律道德正确性的信任。这种信任可能(或不可能)不合时宜。在某些国家,对人民的忠诚可能要求对法律的积极反对,如同在其他国家可能发现尊重法律的正确表达一样。这种或那种态度在何时是恰当的,这一问题不再是如何正确对待法律的问题;它是良好社会和良善法律的性质问题。

(本文原为[英]约瑟夫·拉兹:《法律的权威:法律与道德论文集》,朱峰译,法律出版社 2005 年版,第十二篇和第十三篇,第 203 ~228 页。)

【辅读文献】

1. [美]罗纳德·德沃金:《刺猬的正义》,周望、徐宗立译,中国政法大学出版社 2016 年版,第十四章。

2. [新西兰]杰里米·沃尔德伦:《法律:七堂法治通识课》,季筏哲译,北京大学出版社 2015 年版,第七章。

3. [美]约翰·西蒙斯:《正当性与合法性》,毛兴贵译,载《世界哲学》2016 年第 2 期。

4. 毛兴贵编:《政治义务:证成与反驳》,江苏人民出版社 2007 年版。

5. [美]约翰·西蒙斯:《道德原则与政治义务》,郭为桂、李艳丽译,江苏人民出版社 2009 年版。

6. 朱佳峰:《告别政治义务:迈向一个新的正当性理论》,中国法制出版社 2017 年版。

7. George Klosko, *Political Obligation*, Oxford University Press, 2005.

【问题讨论】

1. 义务具有什么样的性质? 当我们说"公民有服从法律的义务"和"公民有服从法律的理由"时,这两种说法之间是否存在差别?

2. 服从法律的义务/理由是否具有排除相对立之一切道德理由的能力?

3. 法律的正当性与守法义务之间具有什么样的关系?

4. 法律的权威性与守法义务之间具有什么样的关系?

5. 你支持哲学无政府主义的立场(否认守法义务)还是支持存在服从法律的一般道德义务的立场?

6. 如果支持后者,你服膺于何种理论,如同意理论、公平原则理论、自然责任理论、团体性义务理论、感恩理论……?

文献十二 [德]阿图尔·考夫曼:《作为法律理念的正义》

【引 言】

法律正义(或者说"法律上的正义")可以说是法律的伦理标准的另一种集约式的说法。在德国法学传统中,法律正义也往往被冠之以"正确法"(richtiges Recht)的名字,著名者有斯塔姆勒的《正确法论》(1926)和拉伦茨的《正确法》(1979)。在新康德主义的学术脉络中,正义往往被作为法理念、法价值或法的目的来对待。除了斯塔姆勒对此有专门论述外,最著名的论述来自德国20世纪的伟大法哲学家古斯塔夫·拉德布鲁赫。根据拉德布鲁赫的观点,法是具有这种意义的现实,即它注定要为法价值即法理念服务。有时他则直接将这里的"法价值"或"法理念"替换为"正义"。所以,法是具有这种意义的现实,即它注定要为正义服务。当然,这里所说的"正义"是广义上的,它又包括三个要素,即狭义上的正义(主要是平等)、合目的性与法的安定性。这三种价值理念之间既互为要求,同时也彼此矛盾,处于动态的紧张关系之中。理解这三种理念及其价值排序关系就构成了理解法律正义的关键。

作为拉德布鲁赫的关门弟子,考夫曼在其代表性著作《法哲学》中遵循了这一三分法,并花费了三章的篇幅来对三种理念及其关系加以阐释,"第十章 法律理念:正义作为平等(交换正义)——正义与衡平"、"第十一章 法律理念:正义作为社会正义(公共福祉正义、合目的性)"和"第十二章 法律理念:正义作为法的安定性(法律和平)——法律理念的内在紧张"。我们将其合并为一篇论文,题为"作为法律理念的正义",并对篇幅作了一定的删减和表述上的修改。在考夫曼看来,法律理念是法律最高的价值即正义,而正义是法律哲学的基本概念。正义的核心是平等(狭义上的正义),但也包括社会正义(合目的性)与法的安定性,它们分别涉及正义的形式、内容与作用。平等是形式原则,即等者等之,不等者不等之,它是一种关系上的平等,是类推。狭义上的正义可分为分配正义、对等正义(交换正义)与法律正义。社会正义首先涉及伦理善学说。拉德布鲁赫采用了个人—超个人—超人格的三分法,亚里士多德和康德将善良生活或善良意志(绝对命令)作为最高善,功利论将最大多数人的最大幸福普遍化,而反面功利论则要求尽可能避免最大多数人的不幸。何种伦理学观点优于其他观点,并不存在绝对的优先规则。但相对论本身不能走向绝对,人权与一般法律原则似乎是两个限制。无论哪一种法律秩序都必须保障人权,但它并非具有严格的、绝对的效力。一般法律原则在法哲学讨论中扮演重要角色,但它们过于一般且无法单独来决定结论。法的安定性同时意味着法的实证性、实用性和不变性。平等原则首要在于恣意的禁止,实质正义(社会正义)在于实现公共福祉,而法的安定性在于促成法律和平。后二者常发生冲突,没有哪种价值居于绝对的优先地位,但法的安定性通常情况下有限,除非实在法违反正义的程度已达到无法容忍的地步。这首先应判断它是否违反基本权利和人权以及/或者违反一般法律原则。

要说明的是,“社会正义”几乎可以容纳法伦理学的其他所有主题,如反抗权、道德的法律强制等,从而涉及规范伦理学的标准及其争议。所以,关于法律正义问题的讨论是一种总括性的讨论,这篇文献可以作为讨论的起点。

【正　文】

作为法律理念的正义

[德]阿图尔·考夫曼

一、法律理念

对我们而言,在法律理念下可以理解到什么一直是未被澄清的。它是有一些真实或(仅)是理念?或者它是原理、假设、基本规范、衡平原则或者根本是对法律而言——超验的前提?对我而言,似乎一般人无须将法律理念视做如此高深的理解,而是将其视做人类理念在其三种显现形式的反映;即人作为自主的本性(法律形成者)、人作为其世界中的目的(还有法的目的)以及人作为他律性的本性(作为法律的服从者)。(图1不需要从上层开始阅读,应是由下开始:最原始的是人,其次的才是法律理念)然而,却经常在此之上存在一个较广泛的共识,即法律理念是法律最高的价值。而此最高的价值则是正义。但何者又为正义呢?

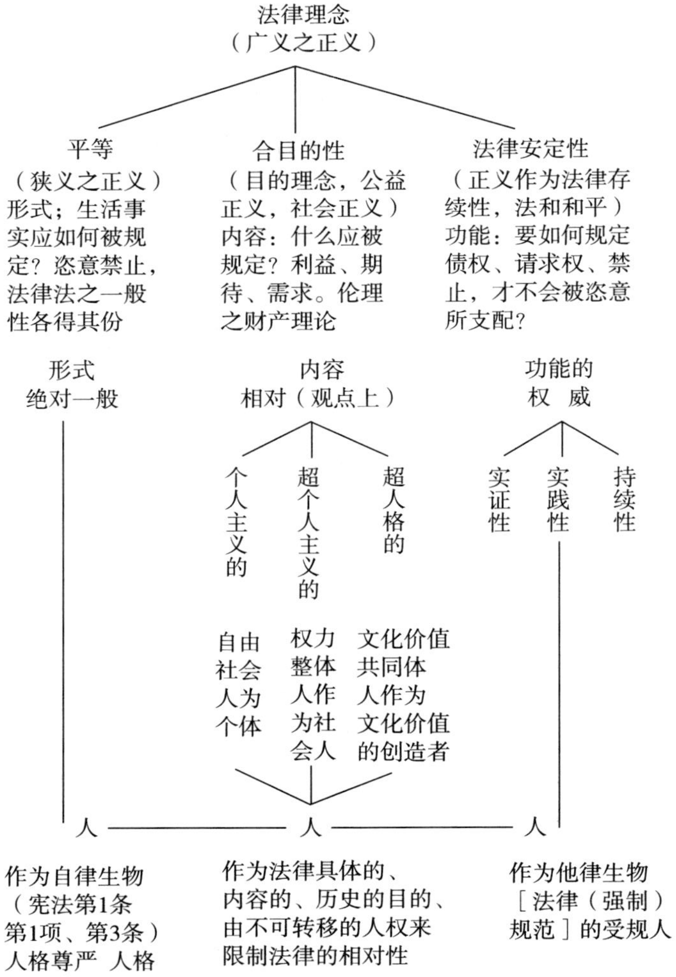

图1 正义(广义)的三个观点

正义是什么的问题不应为一精确与最终的定义——程度上还应比一法律概念低。因为正义是一个不能再溯及的伦理、法哲学与社会哲学以及政治、社会、宗教与法律生活的基本概念。正义在哲学与神学的理解上是经由四项基本道德之第二项来决定的,即智慧、正义、勇敢与节制[以下的道德(Tugenden,Sitte,Moral,Ethik)经常是以上述之道德为前提的]。非常特别的是民主亦是正义之基本形式:平等原则必须为其最高的指导原则。平等是民主最高的道德。对此人们可想一下古典民主思想的学者伯里克斯(Perikles)、梭伦、托克维尔(Tocqueville)……

传统区分:(1)客观正义作为规范秩序、社会制度与体系(如法律、国家、经济、家庭)正当化之最高原则。(2)主观正义则是依据长久以来在罗马法中与由西塞罗所定义形式之道德“正义为——持久的意愿,使人各得其权利”。[1] 以下首先是论及客观正义。

大部分人对何者是正义的回答是:正义的核心是平等。但这也就是说:当平等被视为正义之核心时,则平等明显不是正义的全部。就此在康德之后的时期,特别是实证论,将正义减缩到仅是平等原则,即平等是相同的事物应同等对待,不同事物应不同对待。只有此一完全形式原则才被视为可科学确定的,而正义的内容,相反地,正如人们所言,可能是非科学的对象,而是属于政治,此正如凯尔森所教授的。正义为何的问题对凯尔森而言是一个修辞学的问题。如凯尔森所言:我们不知其为何,也将不知其为何。[2] 依此,法哲学,正义理论则限于形式。

对此大转变的是拉德布鲁赫。他再度开始以哲学来论述正义之内容。但拉德布鲁赫为新康德学派,认为在学术上可确定的仅有其形式。关于内容,与法哲学与价值理论相对论一样,有关法律理念的不同层面与观点以及其相对关系,依拉德布鲁赫的见解,非是一种认识,而是一种认知(更精确地说是学术已提供诸如对正义内容的提出或决定一理性可能的答案)。拉德布鲁赫在以前明白说是“法律理念的矛盾”。[3] 亦即,拉德布鲁赫认为正义就

---

① [古罗马]乌尔比安(Ulpian):《法学阶梯》(Institutionen),Ⅰ,1,pr.;[古罗马]西塞罗:《论义务》(De officiis) Ⅰ,V.后来此一形式经常被采用,如托马斯·阿奎那:《神学大全》Ⅱ,Ⅱ,58,1.

② 参见[奥]凯尔森:《何谓正义?》(Was ist Gerechtigkeit?),第2版,1975。

③ [德]拉德布鲁赫:《法哲学》,第8版,1983,第164页以下=GRGA,第2册,1993,第302页以下。

是平等,但是其却不停留在此。因为平等原则仅是一形式的本质,它还需要一实质原则,然拉德布鲁赫并不将其视为内含于正义的概念,而是除平等与法的安定性外加上一不具联系性的“合目的性”的名称——法的安定性是必要的,因为实质合目的性仅是相对的,依此其取决于权力的对其确定,是在确定学术无法确定之事物。稍后拉德布鲁赫将其法律理念理论加以修正,其将正义(平等)、合目的性与法的安定性决定了法律理念的三层面,此共同支配了法的所有层面,且其彼此之对立非是矛盾,而是正义自我的冲突。由此可看出拉德布鲁赫所认知的价值理念的位阶秩序。①

从上述及上文图1可看出,正义(广义)有三个观点:平等(狭义正义)、合目的性(依其他术语为社会或共同福祉正义)以及法律安定性(法律和谐或和平)。就平等而言是涉及正义的形式,而合目的性是涉及正义之内容,法的安定性则是涉及正义的作用。

区分正义的形式、内容与作用是基于正义观点上体系划分之需求所为的。事实上正义一直是同时存在形式、内容与作用的。亦即,实现平等与共同福祉是正义的作用,平等原则如全无内容是无法想象的,还有“共同最好的”如无形式是无法确定的,法的安定性非为自我存在,因为只有法的安定性,始能满足平等原则与共同福祉原则。在此的对正义的划分并非意谓对正义本质的划分,而是宁可视为一不同重点的强调。

二、正义作为平等

(一)客体或程序?

何为正义问题可由两个方向来进行:其一,什么是正义?其二,我们如何认识与实现正义?这相当于提出了一个存有论与认识论的问题。人们长期相信以及一些人还一直相信什么是正义内容与如何认识正义是全然独立地被处理与回答。正义常被想象为一实质的对象,作为客体,此是与我们的思想相对的以及此是从主体在其纯粹客观性来被理解的。在认识上,正如人们所相信

① 参见[德]拉德布鲁赫:《法哲学预备课程》(Vorschule der Rechtsphilosophie),第3版,1965,第32页以下 = GRGA,第3册,1990,第149页。更早参见[德]拉德布鲁赫:《法律思想难题》(Die Problematik der Rechtsidee),1924 = GRGA,第2册,第460页以下。

的,是没有从认识主体进入的,所以直至今日人们所教授的与所写作的,一方面为法哲学,另一方面为方法论,彼此是不相接触的并列存在的。

然而此种认识理论上的"主体—客体"模式是属于过去的。甚至是在理性时代自然科学中,还有更多在诠释的理解科学中。对此在近来有更多正义的程序理论在进行中,正义以及还有"正确法"作为法律发现程序的产物来被理解。其仅问是否作为如此一产物或是否此程序有一客观的基础。

(二)平等、相似性、同等性

平等原则正如前所述的,首先为一纯粹形式原则。其仅是说,平等即是相同与不同的应予以有差异的且符合其本质的对待与处理。但其并未说明什么是平等或不平等(此问题对一法律构成要件之形成具重要性)以及如何的相同或不同的对待处理(此问题首先涉及法律效果之采取)。在此一观点下可得出世界上没有是完全相同或不同的,而经常只是在一比较观点的标准下(比较点,如"法律意旨")或多或少的相似或不相似(依此基于类推在逻辑上的反面推论是可能的)。平等是不平等的抽象,反之亦然。在相同与相似间并不存在逻辑上的界限,实质的平等经常仅是相似的关联……

此之平等通常是使其平等的行为,然此行为并非基于理性的认识行为,而是一定或首先意谓着是决断、权力的表现。[①] 举例来说,立法者基于其权威,考虑到小孩子自出生到 7 岁、未成年的 7 岁到 18 岁以及成年 18 岁以后的行为能力依当时年纪是相同的,即使 7 岁小孩在通常情形下是与 17 岁小孩有显著差异的。同时再比较此三大范畴又是彼此再度的不平等:17 岁小孩在 18 岁生日前 1 日与 18 岁小孩在过 18 岁生日后 1 日亦是依法律规定彼此不相同的被对待。或者,没有一个凶手是与其他凶手一样,但却被同等对待,被判处无期徒刑。还有一个例子:今日经常论及"自然的权利",特别是动物;在哪些程度上或哪些观点上(如承受痛苦之能力),这些动物(哪些?)

---

① 针对就平等之等同对待依据自己认为重要之观点,参见[德]考夫曼:《类推与"事物本质"》,第 2 版,1982,第 18 页以下,尤其是第 26 页以下,针对平等原则,尤其是针对平等与社会正义,参见[德]扎齐克:《社会平等,联邦宪法法院就平等原则与社会原则之判决》(Soziale Gleichheit; Zur Rechtsprecheng des Bundesverfassungsgerichts zu Gleichheitssatz und Sozialstaatsprinzip)载 AÖR 93,1968,第 341 页以下。

与人们相类似或不相类似?[1]

在今日,亚里士多德的《尼各马可伦理学》第5章形成了对正义问题所有值得深思的开端。正义的核心,正如他所教导的,为平等。但是当后来(如康德)将正义作为形式的与用数值来理解时(康德:如果他杀人,他必须死亡……以致在此正义被视作须依一般先验所形成法则之司法权的理念)[2],亚里士多德就此还是认为以平等较使用比例、几何、类推方式来认知更为适当。平等是中间事物,而正义是比例事物。但比例要求一定标准,类推则是需要一个比较点。亚里士多德称此标准为一价值。在此很清楚的是,这就是关键点,但也是正义整个难题之所在。[3]

平等即是一种关系上的平等,一种相当,一种类推。存在的类推性(它无须要以神学上类比存有学说 = 神存在的难题为依据)是我们可以在认识与关系上去得到一个秩序的前提。如果所有都一样,就毫无不同性,因此去形成不同的语言与不同的规范均是无意义的,甚至是不可能的。而如果在事物上无任何关联性,那么我们就必须给每一件事物一个特殊的名称,对任何一个行为给予一个特殊的规范。秩序只是基于一种存在的类推,此存在的类推介于一致性与差异性之间,介于绝对平等与绝对不同之间(再次回到上述歌德的话)。

(三)正义的类型

亚里士多德已经区分了两种正义,在其中平等以两种不同形式出现:对等正义与分配正义。前者是指在自然中是不平等的,但在法律之前是平等的;它意味着在由法律平等为之的给付与对待给付的完全平等(货品与价格、损害与赔偿)。后者相对于前者是指在对待多数人时的关系相当的平等对待:依价值、能力、需求性与债务的标准来分配权利与义务(与此相同的如6∶3 = 4∶2之杀人犯与窃盗犯,又如无期徒刑与有期徒刑)。分配正义是原始形式,因为私法的对等正义是以公行为的分配正义为前提,如对一定地位

---

① 参见[德]考夫曼:《法律之本质?》(Gibt es Rechte der Natur?),载[德]泽博德(M. Seebode)编:《施彭德尔祝寿论文集》(Festschrift für Günter Spendel),1992,第59页以下;参见[德]考夫曼:《关于正义》,1993,第369页以下,第301~306页。

② 参见[德]康德:《道德之形上学》,学院版,第333页以下。

③ 参见[古希腊]亚里士多德:《尼各马可伦理学》,1130b至1133a。参见[德]萨洛蒙:《亚里士多德之正义概念》(Der Begriff der Gerechtigkeit bei Aristoteles),1937。柏拉图早在《巴门尼德》(Parmenides,又译作"帕尔米尼底斯"),针对类似性与非类似性即洞察敏锐:144aff.,特别147c,149c,161 a—d。

的确定，如权利能力与行为能力。“使各得其份”的公式不能作为所有使其相同被理解：它并非是每一个均是相同，而是每一个存在，亦即均给予机会，去达成对其而言何者为正面之可能性。

托马斯·阿奎那通过正义第三种模式——法律正义，使亚里士多德体系完整①。即强调相对于整体的个人义务：选举义务、法院义务、使所有权为社会所用之义务。此三种正义可以在图 2 与图 3 中清楚分别出来。由图 3 可以看出分配正义是公法，而对等正义是私法。在两者内凸显出法律正义与联系其中有以特别形式出现的社会法。

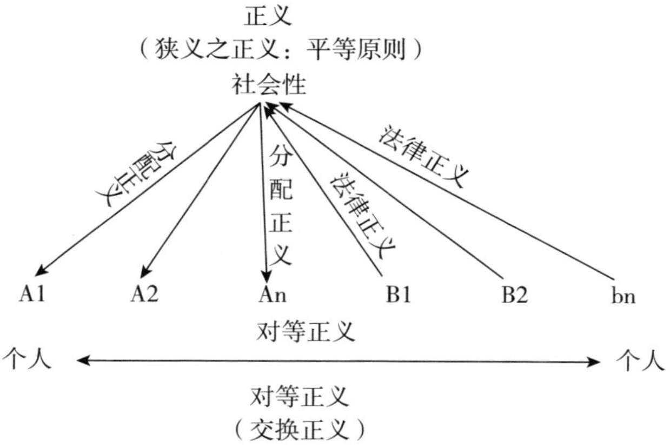

图 2　正义（狭义）的两种形式

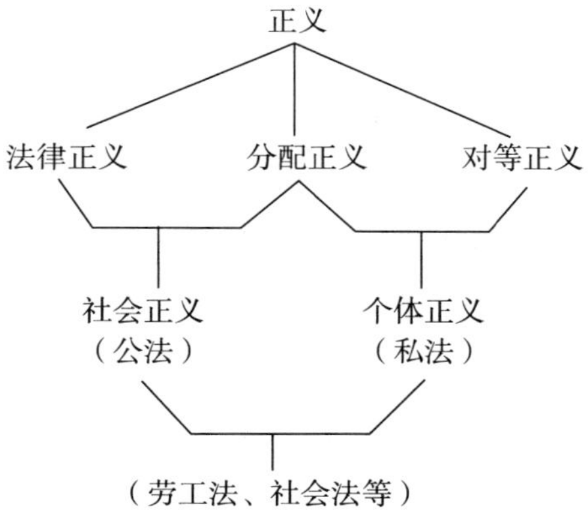

图 3　三种正义的关系

① 参见托马斯·阿奎那：《神学大全》，Ⅱ，Ⅱ，57 ff。

还有一些对使各得其份原则要说明的是,还有许多与伦理要求有关,即与容忍要求,这是非常古老的原则。在苏格拉底之前的安纳西曼德(约公元前600年)就教导说:所有的就是存在的规律(或秩序),这就是说,是一种在“这存在”与“应如此存在”的权利以现存在,产生一种对个人本质自我确信之请求权。还有人们必须要让其他人“作为自己”与“如何作为自己”。①

这些听起来简单,然而实行起来却是困难的,如宽容原则。人们可以让一个有犯罪天赋的人作他自己吗?绝非如此,但是他可以在严格法治国预防下与只有在法治国程序下(“罪疑有利被告”!)去负起责任。

三、正义作为社会正义

(一)伦理善学说

1. 拉德布鲁赫的最高法的目的三分说与法哲学相对论

有关拉德布鲁赫对法律合目的性的学说,当然不是本问题的最终决定。但它在发展具有内涵的正义观的意义和影响,则是不能被忽略的。讨论时必须严肃正视此一尝试。

拉德布鲁赫的法律合目的性学说,最早在1914年的《法哲学纲要》书中提出,其后在1932年的《法哲学》书中提及。② 我们在此引用1947年的《法哲学入门》一书:一方面因为该书相当简明;另一方面因为是他对此问题的最终定论之所在。③ 因为无法以寥寥数句就能正确说出,我们直接引用其典型的段落:

要由法律文句导出正义,尚需要以合目的性来补充。在此,“法的目的”并非意谓经验上的设定目的,而是应有的目的理念。正义概念属于法哲学领域,目的理念则必须得自伦理学。伦理学区分为义务学说与善学说。伦理善系指内容由伦理义务所建立的价值。法的目的涉及伦理善,也与伦理

---

① 参见[奥]埃里克·沃尔夫:《希腊法律思想》,第1册,1950,第226页以下,特别是第233页。

② 参见[德]拉德布鲁赫:《法哲学纲要》,1914年,第82页以下;[德]拉德布鲁赫:《法哲学》,第三版,1932年,第50页以下(第八版,1983年,第142页以下)。二者现均收录于GRGA,第二册,1993年。

③ 参见[德]拉德布鲁赫:《法哲学入门》,1947年,第26页以下(第三版,1965年,第27页以下)=GRGA,第三册,1990年,第145页以下。

义务有关。

伦理善学说依主体本质区分为三个价值群:第一主体是个体人格;第二主体是整体人格;第三主体是文化事物。依三个价值种类的位阶,区分为三个价值体系:个人价值体系视个体人格之价值为最高善;超个人价值体系视整体人格之价值为最高善;超人格价值体系则视文化事物为最高善。

对应于三个价值主体,其共同生活的形式为:个人主义的"社会"、超个人主义的"生活整体"、超人格的"共同体"。为说明这些理念,我们把社会作为一种契约关系,生活整体作为依人体部位的一种有机体,共同体则以建筑者组合的方式,作为文化创造物;在建筑者组合内,其建筑者并非直接的人对人,而是间接通过他们的共同作品相互联结在一起。人类共同生活的三种社会方式,其理想以标语表示:自由、权力、文化。政党政治上,个人主义的理想——自由,可在自由的、民主的及社会主义的政党找到其形态。依自由(党)的见解,人格价值——以数学方式说——是无穷尽的,不再是可乘的价值,且是正当的,即使面对极多数人利益也要贯彻的。反之,民主(党)认为人格价值是有限的价值,多数人总和的人格价值高于少数人。民主党仅保障形式的法律自由,社会主义则要求实质的民主政治,亦即个人事实的、经济的自由,而不脱离个人主义的最后目的。反之,超个人主义的、有机体的学说是威权的或保守的政党的基础。依其见解,国家、整体并不是为个体之故而存在,而是个体为整体之故而存在;而且国家任务也高于多数国民利益之上。最后,任何政党教义并无超人格的见解。但对没落民族嗣后的、历史的评价,它作为唯一标准,因为唯有此种没落民族留存这些文化价值。

三个价值等级的位阶不是明确的,且也无法证明。法律的最高目的与价值,并非仅依不同时代不同民族的社会状态标准来理解;它也被不同人,各依其是非感、国家观与政党立场、宗教或世界观,主观地不同评价。唯有由个人人格深处才能决定,只能由良知决定。科学必须自我限制对此三个价值群下决定。科学以三方式帮助下决定:(1)在体系完整性中发展可能的评价;(2)叙述实现方法以及由科学所限定的后果;(3)发现每一评价立场的世界观前提。虽然此种相对论不能以三方式教导个人,他应做什么,但却可教导他到底要什么,即当他遵循推论规则时,他必须要什么才是前后一致的。

有关拉德布鲁赫的思想介绍到此。联系所引用的文章,拉德布鲁赫提出伦理义务学说,依其见解,此学说导致法律上的绝对权。在此他主要称为人权,无论哪一种法律秩序都必须保障人权(于此产生相对论一项重要的限制,这在以前相关的著作内从未出现过)。

上述文句内仅极短地引用此著名的、法哲学的政党学说;建议读者阅读《法哲学》[①]书中的详细解说(在此也是一样,此学说当然不是最后定论,但迄今几乎尚无与之对应相当的学说)。

批判拉德布鲁赫必须由他的见解开始,他认为个体、整体、作品,或自由、权力、文化,作为三项最高价值,彼此无联结地平行存在,且因而每一项均可决定法律的内容。事实上应是如此:法律的三项最高价值(假定就只有这三项)在其共同效应中才形成法律的内容。若如此,则任务在于:无恣意地决定这一共同效应,这是个特别困难的任务,因为这三项法律价值并非预先和谐地相互存在(就此拉德布鲁赫是完全正确的),它们不仅相互补充,而且在许多方面也相互冲突。举出现实生活的两个例子即足以说明,优先规则是如何特别重要的且有困难的[②]:将公务员调职,鉴于政府致力于教会和解,看起来是非常"符合目的",但对公务员所作的贡献而言,看起来却是"不正的"或"不公的"。免税卖 Flick 股票给德意志银行,证明为非常"有利的",但在平等待遇的观点下,却是"不公正的"。有利,但不公正! 西塞罗相信能够以下述消除紧张关系:"是取疑似之利而舍义,前面这些例子,则是取义而舍疑似之利。"[③]唯有公正事物才是真正有利的——与平等原则相违背的事物,不可能是有利的。事实上是否一直是如此,此怀疑是有理由的。必须以此问题来验证每一具内容的法哲学。

2. 由亚里士多德到康德:最高善之问题

亚里士多德的伦理学,由阿奎那发展到巅峰并结束,系立基于"善良生活"之上。亚里士多德说,在行为领域内,最高善是幸福,且良好生活以及良

---

① 参见[德]拉德布鲁赫:《法哲学》〔注 4〕,第 58 页以下及第 152 页以下 = GRGA,第二册,1993 年,第 290 页以下。

② 其他例子,参见[德]卡尔·恩吉施:《法律思维导论》,第八版(1989 年再印),第 130 页以下。

③ [古罗马]西塞罗:《论义务》,Lib. 3, XXX,110。

好举止是与幸运存有合一的。① 德行作为第一聪明机智，用来辅助实现“良好生活”。且依奥古斯丁的见解，聪明机智在此不多不少，正是“知所追求与避开之事物”②，或者说，它是认识善者为善、恶者为恶的能力，且依此而行为。在亚里士多德—阿奎那伦理学中，善可普遍化成为最高原则：行善避恶③。此一原则确实是普遍性的，但它有决定性的缺点，它是无用的重复语。善的概念意涵要去做它。唯有非常抽象，也就是无内容地思考“幸福”时，它才是可普遍化的。如果把“幸福”具体化，则每个人有不同的意义。“善”（也可说是“幸福”），尼古拉·哈特曼（Nicolai Hartmann）直截了当地称为“空洞概念”。④ 如果把善具体化——且不规避——则证明出它的偶然性，而且把善越具体化，则它越是相对的。现代自然法学说也导出这一极为稀少的结论。海因里希·罗门（Heinrich Rommen）认为自然法的规范只剩两个符合可普遍化的要件：“行义，勿行不义，以及一个古老的、受尊重的规则：各得其份。”⑤何为“义”以及何为“其份”，自然法并无答案，而是绝对事物的所有具体化，就如约翰内斯·梅斯纳（Johannes Messner）所言，“由社会成员的意思决定”⑥，最后就成为力量的问题。

在此一观念内，确实可察觉到，具体规范与规则有某种程度的相对论，而康德则是要建立一个绝对的、先验的、对全体人类无条件拘束的伦理学。⑦人性影响为善或为恶，端视人的行为意志而定：“世界内及世界外，除了善良意志之外，没有任何事物能够无限制地为善。”⑧我们的行为基于何种倾向，与伦理学无关。如果我们依倾向行为，且其高贵者，如爱、同情，则我们由一个最后的外在事物来决定；而内在事物一直存在我们身上，“且不只需要教

---

① 参见[古希腊]亚里士多德：《尼各马可伦理学》，第一册，第二章，1095a，并见第二册全部。

② [古罗马]奥古斯丁：《论自由意志》（De libero arbitrio），C13。此处为未被标示的引用文。[古罗马]西塞罗：《论义务》，1，XLIIII：“学问是值得追求且会变动的科学事物。”

③ 参见[古罗马]托马斯·阿奎那：《神学大全》，I，Ⅱ，94，2：“行善避恶。”

④ [德]哈特曼：《伦理学》（Ethik），第三版，1949年，第290页。

⑤ [德]罗门：《自然法之永久返回》（Die ewige Wiederkehr des Naturrechts），第二版，1947年，第225页。

⑥ [德]梅斯纳：《自然法》（Das Naturrecht），1950年，第345页。

⑦ 参见[德]施魏德勒（W. Schweidler）：《何谓伦理学？》（Was heißt Ethik？），载[德]施佩曼（R. Spaemann）编：《伦理学读本——自柏拉图至今》（Ethik-Lesebuch von Platon bis heute），第二版，1989年，第66页以下（有关康德的部分）。

⑧ [德]康德：《道德形上学基础》（Grund legwng zur Metaphysik der Sitten），学院版，第393页。

导,也需要阐明”。唯有当我们做了,何以我们在此之事,亦即我们的义务,我们才完全符合我们自己。[①] 但我们如何能认识:我们必须做什么,我们的义务是什么? 众知,康德以绝对命令回答:“应如此行为,使你意志的准则始终可以同时作为普遍立法之原则。”(实践理性的批判)[②]或者,就如康德在《道德形上学基础》一书中所说:“应如此行为,待人,无论对你自己或任何其他人,任何时间同样作为目的,而非仅作为工具。”[③]

康德称为目的是完全正确的,这些目的同时也是义务:“自我完美——他人幸福。”[④]

这一定是正确的,当赫鲁施卡(Hruschka)把绝对命令与托马修斯的金律联结在一起,宣称前者来自后者,[⑤]且普遍化原则确实在绝对命令内得到形貌。伦理学与法哲学几乎不可能拒绝普遍的绝对命令,依据萨特存在主义的情况伦理来说,每个人虽为自己的立法者且选择自己的道德,纵然如此,仍得出“绝对命令的存在论上重复”。对此,人必须问:“如果事实上全世界都如此行为,则会如何呢?”[⑥]

---

① [德]康德:《道德形上学基础》(Grund legwng zur Metaphysik der Sitten),学院版,第 393 页以下。

② [德]康德:《实践理性的批判》(Kritik der praktischen Vernunft),学院版,第 54 页。参见维特曼:《康德绝对命令内一般法则的意义》(Der Begriff des allgemeinen Gesetzes in Kants kategorischem Imperativ),载[德]哈夫特等编:《刑罚正义:考夫曼祝寿论文集》,1993 年,第 363 页以下。

③ [德]康德:《道德形上学基础》[注 16],第 429 页。在第 421 页尚可看到绝对命令的一个更强烈的措词:“如此行为,就如你行为的准则应透过你的意志,成为一般的自然法则。”参见[德]拉姆斯多夫(D. Rahmsdorf):《法律的经济分析,功利论与古典的德国哲学》(Ökonomische Analyse des Rechts, Utilitarismus und die klassische deutsche Philosophie),载 RTh—丛书 18,1987 年,第 487 页以下(第 487 ~ 489 页;康德与“幸福”)。

④ [德]康德:《道德形上学》,学院版,第 385 页。

⑤ 参见[德]赫鲁施卡:《17、18 世纪法学讨论金律与一般化原则之竞合,作为绝对命令历史根源》(Die Konkurrenz von Goldener Regel und Prinzip der Verallgemeinerung in der juristischen Diskussion des 17./18. Jahrhunderts als geschichtliche Wurzel des kategorischen Imperativs WTB1),载 JZ,1987 年,第 941 页以下。也参见[德]赫鲁施卡:《联结以前和现今讨论,论康德研究金律》(Kants Bearbeitung der Goldenen Regel im Kontext der vorangegangenen und der zeitgenössischen Diskussion),载[德]哈夫特等编:《刑罚正义;考夫曼祝寿论文集》,1993 年以下。[德]施彭德尔:《金律作为法律原则》(Die Goldene Regel als Rechtsprinzip),载《希佩尔祝寿论文集》(Festschrift für Fritz v. Hippel),1967 年,第 491 页以下。孔子的金律观,参见刘幸义:《法律价值理念;中国传统正义观》,载《功能论之彼岸;考夫曼六秩晋五祝寿论文集》,1989 年;第 175 页以下,第 185 页。

⑥ [法]萨特:《存在主义是一种人道主义》(Existentialism Is A Humanism),1959 年,第 28 页以下。

当然,绝对命令也有瑕疵。它非常抽象,没有时间关联,超越具体场合的特定情状。这是一个纯粹心意伦理,一个非个体人格的伦理学,就如沃纳·迈霍弗所说明的,由原始的伦理学命题"成为你自己",转变为"成为一般人",亦即"成为人之所应然"。[①] 之前舍勒早就反驳康德,除了有一个一般的自身善之外,尚有一个对每一个人均为善的事物存在:"不承认'对己善',而是如康德一样,要把善之理念建立在一个意愿的一般性(必要性)之上,这样的人正是排除:作为个体人格,承认也有一个对己善之事物。"[②]一再有人反驳绝对命令,认为它只是要求结论。黑格尔所理解的康德普遍化原则是,在选择普遍化准则时,只须要求形式逻辑的一致性。[③] 赫尔由此导出,这并不意味违反绝对命令,当一个种族狂热者如此的一致,灭绝某一特定种族的法律也同样要适用于他自己。[④] 但这样对康德不公平。就如韦尔策尔所说明的,康德的伦理学并非像许多批评者所指出,如此形式论的与主观论的,而是,康德即使经常无反思的,一直是以事物的一个客观伦理规范为前提。[⑤] 韦尔策尔确切认为在康德的论证内发现一循环,康德相信道德行为的"什么"能够由"如何",亦即借由绝对命令,发展出来。[⑥] 我赞同帕齐希的见解,绝对命令虽非空洞的形式论,但仍不足以作为任何道德规范的基础。[⑦]

在此不可能深入探讨论证循环的错综复杂难题,[⑧]确认下述即已足:事实上

---

① [德]沃纳·迈霍弗:《法律与存有;法律存有论导论》(Recht und Sein;Prolegomena zu einer Rechtsontologie),1954 年;第 23 页以下。

② [德]舍勒:《伦理学与实质价值伦理学内之形式论;伦理人格论基础之新尝试》(Der Formalismus in der Ethik und die materiale Wertethik;Neuer Versuch der Grundlegung eines ethischen Personalismus),第四版,1954 年,第 496 页。萨维尼提出另一异议;他认为"一般化原则的根本缺点"在于:当有人对批评"依每个人如此行为而为",回答说:"不是每个人都如此行为吗?""因为是否允许某一人,做他人所不能做的事情,或者是否允许任何人,可以同时做,二者仍有所不同"(RTh 4,1973 年,103)。

③ 参见[德]阿佩尔:《对话与责任;过渡到后传统道德的难题》(Diskurs und Verantwortung;Das Problem des Übergangs zur postkonventionellen Moral),1988 年,第 69 页以下。

④ 参见[德]赫尔:《自由与理性》(Freedom and Reason),1963 年,第九章。

⑤ 参见[德]韦尔策尔:《自然法与实质正义》(Naturrecht und materiale Gerechtigkeit),第四版,1962 年,第 169 页。

⑥ 参见[德]韦尔策尔:《自然法与实质正义》(Naturrecht und materiale Gerechtigkeit),第四版,1962 年,第 169 页。

⑦ 参见[德]帕齐希:《无形上学之伦理学》(Ethik ohne Metaphysik),第二版,1983 年,第 170 页。

⑧ 进一步参见[德]考夫曼:《论发现法律中之循环推论》,载《加拉斯祝寿论文集》,1973 年,第 7 页以下;亦载同作者《法律诠释学论文》,第二版,1993 年,第 65 页以下。

绝对命令关系道德行为的“如何”,而非“什么”。叔本华(Arthur Schopenhauer)早就发现,绝对命令绝非是道德律的经验证明,作为意识事实、诉诸道德感情、“绝对判准”高贵名义下的乞题谬误,而是“一个非常细致的思考过程”。[①] 赫费也认为绝对命令是一个“普遍化的程序”。[②] 埃尔沙伊德踏出决定性的一步,他将康德的伦理学理解为一个程序的伦理学与正义学说:“开始并无一个具内容的道德原则,而是程序”[③](有关埃尔沙伊德的详尽说明,见第18章第2节。)由形式得到内容是冒险。

3. 功利论

我们必须问,我们如何得到普遍化的伦理与法律的内容?首先功利论可以提供。[④] 当然立刻出现一个困难,即根本没有唯一的功利论,同样,对“幸福”的意义也没有一致的见解。自由是否优先于幸福,或者反之,幸福优先于自由,这个一再被提出的问题,会被许多功利论者驳斥:自由乃幸福的要素之一。[⑤]

---

① [德]叔本华:《伦理学的两个基本难题》(Die beiden Grundprobleme der Ethik),载《全集》,勒奈森(W. Frhr. v. Löhneysen)编,第三册,1980年,第667页。

② [德]赫费:《康德绝对命令作为伦理范畴》(Kants kategorischer Imperativ als Kriterium des Sittlichen),载《哲学研究期刊》(Zeitschrift für philosophische Forschung)31,1997年,特别是第310页以下,另参见[德]赫费:《绝对命令作为规范性法律与国家哲学的基本概念》(Der kategorische Imperativ als Grundbegriff einer normativen Rechts-und Staatsphiosophie),载《施佩曼祝寿论文集》,1987年,第87页以下。

③ [德]埃尔沙伊德:《自然法难题;系统性导论》(Das Naturrechtsproblem; Eine systematische Orientierung),载[德]考夫曼、哈斯默尔编:《当前法哲学与法律理论导论》,第六版,1994年,第179页以下,第213页。另参见[德]埃尔沙伊德:《康德哲学中的实然与应然难题》,1968年。

④ 法哲学方面功利论的文献有,[德]特拉普(R. W. Trapp):《“非古典的”功利论;正义理论》(“Nicht-klassisicher” Utilitarismus; Eine Theorie der Gerechtigkeit),1988年;[德]拉萨斯(W. Lasars):《正义之古典功利论之根据》(Die klassisch-utilitaristische Begründung der Gerechtigkeit),1981年;[德]奥托:《功利论时代精神中法律理论之没落》(Der Niedergang der Rechtsidee im utilitaristischen Zeitgeist),1981年;[德]克卢格:《法哲学功利论之批判》(Zur Kritik des rechtsphilosophischen Utilitarismus),载ARSP 38(1949/50年),第222页以下;[德]布里托:《实践理性与功利性》(Praktische Vernunft und Utilitarismus),载ARSP—丛书51(1993年),第87页以下。具有启发性的有[德]帕帕耶奥尔尤(K. Papageorgiou):《损害与刑罚,迈向刑法道德性理论》(Schaden und Strafe; Auf dem Weg zu einer Theorie der strafrechtlichen Moralität),1994年,特别是第60页以下;最近值得注意的有,[德]艾登米勒:《效率作为法律原则;法律经济分析的可能性及其界限》,1995年,第22页,第174页以下。“工具论”与法哲学功利论有类似之处,见[德]萨默斯:《实用论之工具论与美国法律理论》(Pragmatic Instrumentalism and American Legal Theory),1983年。

⑤ 参见[德]赫费:《政治正义;批判法律与国家哲学导论》(Politische Gerechtigkeit; Grundlegung einer kritischen Philosophie von Recht und Staat),1997年,第300页以下。

自从边沁与斯图亚特·穆勒以来，古典功利论的原则：最大多数人的最大幸福（穆勒尚加入："与利益有关之团体"）。[①] 乍看来此原则令人信服，但只是乍看之下。

第一个问题，要如何使"幸福"普遍化（有些人将"快乐"理解为"利益"，而非"幸福"，但这不符合意义与语言之理解）。[②] 然并非如此，当人们，如边沁，把"幸福"理解为可分配的实体，帕齐希则承认必须建立功利论的伦理学。[③] 在此仅谈结果。看不出来，品质的、规范的功利论（穆勒）能够成功地把"幸福"普遍化。人的生活品质是多方面非常不同的，无法一以论之。所有的人，几乎所有的人确实想要健康、自由、富有及成功，但有许多健康、自由、富有及成功的人并不幸福。到底要如何面对令人担忧的问题？"如果最大多数人的最大幸福只有通过消灭人命的措施才能达到，世界由所有令人厌恶的、苦难的人得到解放：犯罪人、异常之人、患绝症者、无工作能力者甚至憎恨之人或闷闷不乐之人，到底要如何呢？"[④]

就是如此，赫费提出一个或许比较重要的反对功利论的异议。他反驳说，功利论了解所有人的安康、公共福祉，系集体的、分配的。"完全依最大的整体福利而定，整体福利分配到不同的成员，则无关重要"。体系内"可能给予一些人的不利，因对其他较多人有利，而被抵消"。受不利人可能不同意，因为他们遭受不利系被得利者所迫。"强制性的社会规范，对

---

① 在此不可忽略穆勒的"幸福"概念与边沁不同，亦即为一个品质的概念；参见［德］帕帕耶奥尔尤：《安全与自律；论洪堡特与斯图亚特·穆勒之刑法哲学》（Sicherheit und Antonomie; Zur Strafrechtsphilosophie Wilhelm v. Humboldts und John Stuart Mills），载 ARSP76，1990 年，第 324 ~ 331 页。有关边沁与穆勒的功利论，参见［德］赫费编：《功利主义伦理学导论》（Einführung in die utilitaristische Ethik），1975 年，第 35 页以下，第 54 页以下。

② 有许多关于"幸福"题目的文献。［德］贡彭贝格（R. v. Gumppenberg）、格鲁贝尔（S. Gruber）：《幸福》（Glück），载［德］施佩曼编：《伦理学读本——自柏拉图迄今》（Ethik-Lesebuch），第二版，1989 年，第 393 页以下；［德］施佩曼：《幸福与求福；伦理学尝试》（Glück und Wohlwollen; Versuch über Ethik），1989 年，特别是第 85 页以下；［德］比恩（G. Bien）编：《幸福问题》（Die Frage nach dem Glück），1978 年；［德］福施纳（M. Forschner）：《关于人的幸福；亚里士多德、伊壁鸠鲁、斯多亚、阿奎那、康德》（Über das Glück des Menschen; Aristoteles, Epikur, Stoa, Thomas von Aquin, Kant），1993 年；［德］帕齐希：《无形上学之伦理学》〔注 29〕，第 54 页，强调幸福是"无法比较的"，是正确的。

③ 参见［德］帕齐希：《无形上学之伦理学》〔注 29〕，特别是第 127 页以下。

④ ［德］塔麦洛：《正义与反面先见》（Gerechtigkeit and negative Vorsehung），载［德］马尔契奇（R. Marcic）、塔麦洛：《自然法与正义；基本难题导论》（Naturrecht und Gerechtigkeit; Eine Einführung in die Grundproblem），1989 年，第 323 页。

遭受不利者而言,其性质只不过是强制;它使用权力,对他们仍然是不正当的”。[①]

这一点正是约翰·罗尔斯的正义理论[②],将功利论置之于后。[③] 罗尔斯处理分配,他对任何一方都不偏袒,也不偏袒一群体,而是为了每一人:这是正义所要求的不偏颇。我们还会多次回头探讨罗尔斯。首先,尚应提及的是,克服古典功利论的另一尝试。依伊勒玛·塔麦洛的模式,此一理论称为“反面的功利论”。

4. 反面的功利论

反对(正面的)功利论的主要论点有二:(1)幸福无法普遍化,除非其意义系内容空洞的。某人的幸福在于足球赛踢进球门,另一人则在于阅读有关柏拉图的书籍。(2)(正面的)功利论的利益,只对尽可能的多数人幸福。(正面的)功利论不在乎少数人的不幸(它并非必定指数量上之少数)。保护少数人,在功利论上并无立论基础,当对多数人的“幸福”所必要时,就可牺牲少数人。

两项异议脱离不了由塔麦洛所称的“反面功利论”。只要可能有不幸,且尽可能避免许多人遭受不幸,就适用功利论。且不幸,更正确地说:每个人致力于避免不幸,能够普遍化。对所有的人什么是不幸,可以具体地指出:生病、老弱、痛苦、贫穷、饥饿、无住屋……塔麦洛这样写道:“对我而言,正义规范的最高要求在于消除或尽可能减轻苦难。正面功利论原则在于尽可能谋求最大多数人的最大幸福,必须加以质疑。幸福只不过是一个幸运的情形……不幸的人也应该是我所关心的……再者,最大多数人的幸福经常是以牺牲少数人而得来的。深思熟虑后,我赞同反面功利论——应尽可

---

① [德]赫费:《政治正义》[注35],第75页以下。此一论证不仅相对于“行为功利论”,同样也对于“规则功利论”站得住脚。有关区别参见[德]赫斯特(N, Hoerster):《功利论伦理学与一般化》(Utilitaristische Ethik und Verallgemeinerung),1971年,第18页以下。另参见[德]弗兰肯纳(W. Frankena):《分析伦理学》(Analytische Ethik),1972年,第55页以下。

② 参见他最常被讨论的书:《正义论》,1971年及其后版次。其间罗尔斯对他的学说做了重大的修正(参见《政治自由主义》,1992年),在此不予深论。

③ 参见[德]艾登米勒:《约翰·罗尔斯克服功利论之尝试》(Versuch einer Überwindung des Urilitarismus bei John Rawls),载ARSP 73,1987年,第235页以下。

能避免最大多数人的不幸。”①

有人反对反面功利论说，在伦理与法律内涵普遍化方面，它过于保守。然而完全不是如此。当伦理以及尤其法律的任务，只可能在使世界脱离苦难时，它是一个极高的目标。

由约翰·罗尔斯引进的伦理优先原则也涉及反面功利论（也类似存在于启蒙时期的自然法哲学，如托马修斯）②，优先决定论证适用于处于不佳位置的人、不幸的人。它比促进幸福——大家所理解的——更进一步地避免不幸。反面功利论指出优先规则当中最重要的一项，决定什么是公共福祉及实质正义。

上述说明可用下列要旨为综论：公共福祉正义必须以此种方式追求，尽可能消除或减轻现存之苦难，不制造可避免的苦难，减少不可避免的苦难，且尽可能不加诸社会个别成员身上。尚可得出下述（宽容的）绝对命令：应如此行为，使你行为的后果是可忍受的，且尽可能避免或减少苦难。

本书前一版忽略波普尔所已提出的“反面功利论”。波普尔在他的“开放的社会”一书内建议“以‘尽可能减少苦难’（最小苦难）公式来取代功利论公式‘尽可能增加幸福’（最大快乐）”。再者，“我认为把如此简单的公式作为一个（并非唯一的）公共政策的基本原则，这是可能的。（反之，‘尽可能增加幸福’原则似乎有一倾向，导致一个非常危险类型的好意独裁）……无

① ［德］塔麦洛：《不义作为界限的情况》（Ungerechtigkeit als Grenzsituation），载《叔本华年鉴61》（61. Schopenhauer-Jahrbuch für das Jahr），1980年，第30页，第35页。以及［德］塔麦洛《自然法与正义》中的“人类应求生存，且苦难应被消除”；“所有人类的不必要苦难，应各依社会标准加以减轻”。与此相关的还有［德］赫费：《政治正义》，第326页以下。［德］考夫曼：《反面功利论；试论公共福祉》（Negativer Urilitarismus; Ein Versuch über das bonum commune），1994年；《反面功利论；导论》（Die Lehre vom negativer Urilitarismus; Ein Programm），载ARSP 80，1994年，第476页以下。［德］诺伊费尔德（M. Neufelder）、特劳特曼（W. Trautmann）：《不法特征；实用论法哲学》（Kennzeichen Unrecht; Eine pragmatische Rechtsphilosophie），1993年；［德］舒尔茨（R. Schruz）：《反面诠释学；论不理解之社会人类学》（Negative Hermeneutik; Zur sozialen Anthropologie des Nicht-Verstehens），1995年；［德］贝克尔（M. Becher）：《自然、支配、法律；第二自然法内的第一自然法；论特奥尔多·维森格伦德·阿多尔诺的反面自然法概念》（Natur, Herrschaft, Recht; Das Recht der ersten Natur in der zweiten: Zur Begriff eines negativen Naturrechts bei Theodor Wiesengrund Adorno），1997年。

② ［德］托马修斯：“自然法的要求创设最少的善，但阻止最大的恶。因此它是最急需的；无它则人类步入毁灭。”转引自［德］施塔姆勒：《近代法律与国家理论》（Rechts-und Staatstheorien der Neuzeit），第二版，1925年，第19页。

论如何,要求幸福的急迫性远小于帮助受难者以及减少痛苦”。[①] 依波普尔的见解,减少痛苦是政治的任务,寻找幸福应由个人去做。

此类的反面原则并非说,是什么,而是说,不是什么(以及不应什么),此外尚有许多事物。甚至有人论及“反面哲学”与“反面神学”。“反面法学”的一个著名例子就是拉德布鲁赫的公式,它并不谈什么是“正当法”,而只是谈什么是不正当的,什么是非法的。[②] 此种“不法论证”,如德雷耶所称的,[③] 此种最低限度的自然法,应满足可普遍化的要求;事实上,此一问题内尚有另一共识。

但此种反面伦理学与反面法哲学,仅是反驳的,而非创设的,它能否是最终决定的?若依波普尔的学说,答案必定是肯定的。[④] 事实上,理论哲学在纯演绎的程序内,检验其错误,也就够了。就如第6章内所述,实践哲学不能放弃归纳,它不能自我限制于否证(证明其伪),它必须也肯证(证明其真)。只是:它如何面对相对论?

(二)优先规则

认识法律时,个别论证具有何种位阶,是法律理论与法学方法论上一个非常难以处理的课题。看起来也像是一个毫无希望的冒险尝试。恩吉施已注意到“实践的法律适用系依喜好采用所有解释理论的方法”,且实务上,法院认为此一程序是正当的,“依个案选择解释方法,该方法导出令人满意的结论”。[⑤]

事实上,这或许在法律实务上一再出现,但若如此,则这成为任一法学方法论的死刑宣告。最近虽有人寻找优先规则;尤其是法律论证学说在这

---

① [德]波普尔:《开放社会及其敌人》(Die offene Gesellschaft und ihre Feind),第一册,第六版,1980年,第316页以下。反对者(依我看别无说服力)有[德]冈特(U. Günther):《波普尔“反面功利论”的政治伦理学及其影响》(Poppers politische Ethik des „Negativen Utilitarismus“ und seine Folgen),载《政治期刊》(Zeitschrift für Politik),1980,第231页以下。

② 参见第三章[注41]。公式用语见本章第三节。

③ 参见[德]德雷耶:《法律概念》,载NJW,1986年,第891页。

④ 参见不同的观点:[德]艾森哈特(P. Eisenhardt)、克鲁特(D. Kuith)、施蒂尔(H. Stiehl):《不能两次踏入同一条河流;科学认识之界限》(Du steigst nicht zweimal in denselben Fluß;Die Grenzen der wissenschaftlichen Erkenntnis),1988年,第59页及其他地方。

⑤ [德]卡尔·恩吉施:《法律思维导论》,第八版(1989年新印),第82页。

方面的活动。① 但是如果论证理论以客观论的观点，而几乎没有注意到寻找法律者的人格，如果（鉴于主张“终极理由”，这当然不令人讶异）忽略重要因素，如认识的相对性与多元性（许多相互不同答案可能都是“正确”的），则这些努力最后还是没有结果。这特别适用于在风险下作决定，作这些决定时不应忽略，原则上这些决定并无共识能力②。

论证与优先规则，就如此时论证理论所提出的（罗尔斯、佩雷尔曼、阿列克西、诺伊曼），当它画一认识程序的轮廓，已过于一般且抽象，更遑论能够作为定论。形式论证理论的优点是原则上它到处可适用，但有一个缺点——它“掌握不到”。这的确涉及一个“一般论证学说”（依一个“一般程序法学说”的种类），且在此方面它确实是有用的。但在实务上需要“特别论证学说”及论证规则，且它只能是具有内容的。一个具有内容的论证理论，可适用于所有可想到的对话，如此的一个论证理论几乎是不可能，就如一个单一的诉讼法适用于全部的诉讼：民事诉讼、刑事诉讼、行政诉讼……若想要设定对话规则，如可适用于生命伦理学，但却又不顾及生命伦理学到底是有关什么，且哪一种论证对它是典型的，则它是不会成功的。这就像不考虑实质刑法以及法律社会，而要制定刑事诉讼法一样。我们必须依据经验！有完全不同的法院程序：民事、刑事、行政、劳工……诉讼。因而须有不同的诉讼规则，因为这些程序（诉讼标的）的内容是不同的。如上述，一个“一般程序法学说”是不足的，尤其也必须要规范个别的程序种类。在此程序法本身不够具体，足以规范程序。在刑事诉讼范围内就有许多（且是具体内容的）职务指示，这些指示主要乃详细地形成侦查程序。在民事诉讼范围内也有许多不同点，如亲属事件诉讼必然与租赁诉讼有所不同。对于理性对话而言，论证规则也没有两样。如果此类规则应“掌握”，且必须是具体内容的，则对伦理委员会所需要的规则与对一个经济学对话所需要者是不同的，因为也可能存有某些规则，具有无法掌握的一般特性。“对话伦理”，就如今天所提出的，它不可能以在此所要求的方式而具有内容。

法院程序，特别是刑事程序，到底是不是一个理性对话，亦即是否有关

---

① 参见［德］阿列克西：《法律论证理论》，第二版，1991 年；诺伊曼：《法律论证学说》，1986 年。

② 参见［德］比吉特·克莱茵韦尔丰德：《风险对话；论风险的社会策划》，1996 年，见相关各页。

沟通的且不是谋略的行为,在此不必讨论。值得注意的是,哈贝马斯在他的法哲学《事实性与效力》(Faktizität und Geltung,1992年)一书内,并没有提出优先规则;或许他认为是无望的。所必须确定的是,迄今并无论证与优先规则存在,这些规则可适用于不同的法学、法哲学、伦理学的……对话。

此一确定并非是最轻微的批评与责难声音。如果认为可为伦理委员会获得论证与优先规则(我曾从事此事),则碰到非常大的困难。我推测,最好联系罗尔斯的区分原则,依此,由社会职位最低者来决定关于伦理较佳论证(保护少数人与弱势者)[①];但此一论点必须依不同的认识程序标准,加以重大的具体化与实质化,一直到它是"合适的"。

由罗尔斯所拟制的原始契约(在本书第18章有更多的对话)情形,可普遍化的优先原则是一致的。简言之,决定性的事物是:有一适用任一情形的优先范畴:为何某一个体的形上规则具有最高优先性;此优先范畴意谓,如上述,决定优先的论证必须给予此人(关于个体价值之分配,处于较不好情况的人),如果有一情形存在,此人处于较不好的情况,如果此个体的形上规则由处于较好情况的人所持有。[②] 以一般理解的用语来说:少数人之保障(在确保生存方面,需要优先于能力)、基本权利、基本自由(必须提醒的是,基本权利与基本自由主要是防卫权:反面状况[③])。

罗尔斯的优先原则也是指向宽容原则的目标。对于生存受威胁的贫弱者尤其应宽容。宽容在我们高度错综复杂的关系中有特别重要的意义。困难主要在于处理强烈规范性的客体。经常不能正面地说,明确地由宽容得到什么,而只是——类似拉德布鲁赫"制定法的不法"模式——反面地得到,什么就是不容忍的。在此就如实质(社会)正义领域一样,这些是在风险下的认识。因此必须在(有限制的)法律纳入相对论。不能把相对论,如经常发生的一样,单纯地以负面来评估,纵然相对论是宽容与民主政治的基础。然而要防止"绝对的相对论"。问题是,是否可能以人权与一般法律原则,对相对论做有意义的

---

① 参见[美]罗尔斯:《正义论》〔注41〕,第96页以下。

② 参见[美]罗尔斯:《正义论》。参见[德]克恩(L. Kern):《从哈贝马斯到罗尔斯》(Von Habermas bis Rawls),载[德]克恩等编:《正义——对话或市场?契约论之新论点》(Gerechtigkeit—Diskurs oder Markt? Die neuen Ansätze in der Vertragstheorie),1986年,第83页以下。

③ 参见第七章。

限定。这些能够作为拘束法律判断的定点吗？我们现在转向此问题。

(三)人权

依许多人的见解，人权(在此关联上可忽略人权与基本权利之区分)为伦理与法律的基本成分，此基本成分是不可侵犯的且事实上具有普遍效力。人权是19世纪赐予我们的可贵遗产。P. J. A. 费尔巴哈作为康德学派的批判论法律人，虽然否认有一客观的自然法存在，但明示承认自然权利的存在，此权利先于国家存在且受国家保障。[①] 至少指出历史上孟德斯鸠与卢梭、自由主义与民主主义关于人权之争论：依某一观点，国家必须保障人权；依另一观点，则只在国家所划定的一定范围内受保障。

关于人权的普遍性最近有许多著作。[②] 这是无疑问的，人权显示出高度的一般性；比较法研究已有证明。但人权就如以前的自然法一样：当非常抽象思考人权时，它是一般的；它越以实际既存状况为导向且越具体化，则它越具偶然性与相对性。因而并没有人怀疑人权的可普遍化。[③]

如果以如此一般的说法，则没有人会怀疑生命权与尊严。但如何以保障生命来具体化，亦即重症垂死病患(今天有许多人赞成消极帮助死亡)[④]、

---

① 参见[德]费尔巴哈：《对自然法作为自然法学基础知识之批判》(Kritik des natürlichen Rechts als Propädeutik zu einer Wissenschaft der natürlichen Rechte)，1796年。

② 特别参见[德]屈恩哈特(L. Kühnhardt)：《人权的普遍性；政治关键概念之理念历史研究》(Die Universalität der Menschenrechte; Studie zur ideengeschichtlichen Bestimmung eines politischen Schlüsselibegriffs)，1987年；[德]施雷肯贝格尔(W. Schreckenberger)：《人权的普遍性作为法律修辞学原则》(Die Universalität der Menschenrechte als Prinzip der Rechtsrhetorik)，载[德]考夫曼等编：《法治国家与人类尊严，沃纳·迈霍弗祝寿论文集》，1988年，第481页以下。[德]登宁格(E. Denninger)：《普遍性要求与国家主权间之人权》(Menschenrechte zwischen Universalitätsanspruch und staatlicher Souveränität)，载《批判与信任；彼得·施奈德祝寿论文集》(Kritik und Vertrauen; Peter Schneider zu ehren)，1990年，第45页以下。最新的资料有[德]欣克曼(J. Hinkmann)：《赞成与反对人权普遍性之哲学论证》(Phiosophische Argumente für und wider die Universalität der Menschenrechte)，1996年；[德]迈尔(H. Maier)：《人权如何具有普遍性?》(Wie universal sind die Menschenrechte?)。

③ 参见[德]哈内：《论法律特权》(Vom Privilegium zum Recht)，载ARSP 76，1990年，第385页以下。

④ 参见[德]彼得·辛格(Peter Singer)：《实践伦理学》(Praktische Eehik)，1989年，第1747页以下。参见[德]赫格塞尔曼(R. Hegselmann)、默克尔编：《安乐死辩论》(Zur Debatte über Euthanasie)，1991年。我的观点参见[德]考夫曼：《今日与明日间之刑法》(Srrafrecht zwischen Gestern und Morgen)，1983年；此问题之最新文献见[德]德沃金：《生命之界限；堕胎、安乐死与个人自由》(Life's Dominion: An Argument About Abortion, Euthanasia, and Individual Freedom)，1994年；[德]默克尔：《初生婴儿医学中医师对生死之决定；伦理学与刑法之难题》(Ärztliche Entscheidungen über Leben und Tod in der Neonatalmedizin ;Ethische und strafrechtlichen Probleme)，载JZ，1996年，第1145页以下。

尚未出生者(其保障仅停留在纸上作业)①、严重残障新生儿(赞成所谓早期安乐死显然增加)②,更何况战争中杀人及因原子弹及基因科技时代所引发的多方面的风险。长久以来人的生命不再是绝对价值。③ 是的,不再知道谁是“人”。“人”概念的意义范围,从人的受精卵就已经是“人”,一直到唯有具自我意识且能与他人沟通,才是“完整意义下的人”。

人类尊严也证明,唯有不把人类尊严连结内容,它才是绝对的,但也因而是空洞的。例如,有关堕胎难题在国会辩论中,双方都以要求尊重人类尊严来论证。赞成不处罚堕胎者(至少在最初怀胎三个月内)的论点为:由人类尊严(妇女的自决权)导出,怀胎妇女对自己及“她的肚子”能够自由处理。主张维持禁止堕胎者的辩论则是反过来说,任何人类生命体,即使尚未出生的婴儿都有人类尊严,因此怀胎妇女原则上并不能处分胎儿。唯有当“人类尊严”不考虑内容,当它是一个空洞文字时,两个论证才可能一起是明显的且有效力。但若想到内容,且它当然一直是有内容的,基于经验考虑(否则它没有论证价值),则两个意见当中至少有一个是错误的(当然也可能两个都是错误的)。不应忽略的是,人类尊严向来一直以一个特定的人类形象为基础,且此一人类形象是相对的。约瑟夫·范·德·文(Joseph J. M. van der Ven)并非怀疑论者,他说:“人权,无论是宣示的或‘约定的’,系权利之实证化,而且受环境所拘束。”④在迪伦马特(Friedrich Dürrenmatt)的著作可看到:“并非人权有效力,而是它的解释有效力;因而它是相对的。”⑤

但这与《宪法》第19条第2项之关系如何?该条项规定,基本权利的

---

① 彼得·辛格也主张这一极端的“自由”观点,参见上注之《实践伦理学》,第146页以下。

② 仅引用[德]哈纳克(E.-W. Hanack):《由法律观点论严重残障初生儿之医师界限》(Grenzen der ärztlichen Behandlungspflicht beim shcwerstgeschädigten Neugeborenen aus juristischer Sicht),载MDR,1985年,第33页以下。不同的意见有[德]考夫曼:《所谓早期安乐死之伦理学与法学评价》(Zur ethischen und strafrechtlichen Beurteilung der sogenannten Früheuthanasie),载JZ,1982年,第481页以下,也载《今日与明日间之刑法》,第117页以下。

③ 施特拉腾韦早已如此主张:《帮助死亡》(Sterbehilfe),载SchwZStrR 95,1978年,第77页以下。关于我对保护生命的观念,见一位观察者的看法:[德]克贝尔(W. Kerber):《在考夫曼法哲学中对生命之保护》(Der Schutz menschlichen Lebens in der Rechtsphilosophie von Arthur Kaufmann),载[德]哈夫特等编:《刑罚正义;考夫曼祝寿论文集》,1993年,第161页以下。

④ [德]J. J. M. 范·德·文:《人为法;人性与法律》(Das Menschliche und das Rechtliche),1981年,第3页。

⑤ 《迪伦马特著作全集》(Gesammelte Werke),第七册,1996年,第718页以下。

“本质内容”绝不可被侵犯。是否至少此一“本质内容”可普遍化？在此，何为基本权利的“本质内容”？自从宪法存在以来，这就是一个谜。①

有一种理论，提出相关基本权利的“实质核心”。在介入基本权利时，这一实质核心必须仍“保留下来”。于此之论证明显是实体存有论的。然而对一个无期徒刑的受刑人，他的自由权到底尚有哪些余存？当然不是自由的“核心”。另一理论认为，并非以所剩之事物作为标准，而是关系相当性的观点；介入基本权利不得“过当”。但这并非不要“本质内容之保障”的思想。还有一种理论认为，宪法根本不保障人的个别权利，而只是保障所有权、生命或自由的“制度”。《宪法》第 19 条第 2 项只是意谓保障制度，且不考虑个别人终身被关的问题。最后，卢曼以其功能论的观点主张，排除本质内容，既未保障个人，也没有保障制度。例如，《宪法》第 14 条（保障所有权）“并非保障个人的人格，而是保障他的特定的物之需求，此条文所保障者，既非他的饮食，亦非居住，也不是文化象征的最低装备，而是保障他参与经济交流体制的角色，因为欠缺此保障，就不可能担保交流体制……唯有所有权人作为参与社会之人，以特定的角色而受保障，且不是因其人格之故……而是因经济体制功能能力之故……宪法并无保障价值，而是唯有保障功能”。②

“本质保障”问题不在此处逐一讨论。应指明的是，此与基本权利“本质内容”的普遍化相去不远。上述理论没有一个是令人满意的。仅略指出：依本书所主张关系（不是实体存有论的）的观察方式，人权向来唯有在与他人权利关联下受保障。它一向是人格的权利。一方面，人是法律关联的相关事物；因而任何权利至少间接是人的权利，没有任何例外。另一方面，特定人也是关联者：什么是正确的关系，唯有依多方面关系的标准才能确定；在这些关系中，人相互作为人格者。为再度阐明此例，所有权依其“本质”，既非实体，亦非金钱价值，依歌德［《普罗米修斯》（Prometheus），1773 年《杂记》］所言，“我的实在领域，既不在下，也不在上”。所有权是行为，是人的自

① 参见（有许多参考文献）［德］考夫曼：《论基本权与人权之“本质内容”》（Über den „Wesensgehalt“ der Grund-und Menschenrechte），载 ARSP 70，1984 年，第 384 页以下。

② ［德］卢曼：《基本权利作为制度：政治社会学论文》（Grundrechte als Institution：Ein Beitrag zur politischen Soziologie），1965 年，第 59 页以下，第 120 页以下。

我实现。[①] 人指不出任何事物是自己的,就不可能是完整意义的人。在此要警告所有的相同处理。“实在性填充”人什么,常常因人而异。艺术资助者可称自己具有百万价值,但暴发户则否。因而,介入基本权利后所剩余的“残留物”,各依个案是非常不同的。此一“残留物”不能普遍化。我们只能说,一个人绝不能被剥夺所有事物,以至于他不可能作为人格的一个生命与尊严生活。

已经指出,人权并非具有严格的、绝对的效力,也不能借助相对论来完全克服。这就是人本身的权利与赋予人的权利,没有任何有关人的事物是绝对的。这也适用于一般法律原则。

(四)一般法律原则

在当前法哲学讨论中,“一般法律原则”扮演一个重要的角色。在此必须警告一个已传播的误解。不可以像食谱一样“适用”一般法律原则,且不能如同在窃盗罪法条下“涵摄”。它就是太一般性且太规范性。但此类原则是论证的重要论点,且当涉及保护少数人与弱者时,它有特别的重要性。当然这些原则越偶然,则越具体掌握,且很少能仅据一个此种原则下决定。原则上不能抽象叙述一般法律原则在论证上有何种效力方式,而只能依个别事例来解说。[②]

1. 使各得其份原则(西塞罗):使每个人各得其份。每个人至少所应得的事物,是他自己的、个体的、独特的生命,是他的自身。也就是:每个人有权得依其能力生活(当然不是指危害共同体的能力),且纵然只是“中等的”或“有缺陷的”的生活。绝对的生活保障。

2. 金律(耶稣山上布道)。其正面形式:己所欲,施于人。也就是:促进

① 参见[德]叔本华:《叔本华精华小册》(Kleines Schopenhauer-Brevier),第二版,1988 年,第 143 页:人的财产权“只不过是以其力量所加工之物”。与此相同的,参见[德]布雷希特(B Brecht):《高加索灰阑记》(Der kaukasische Kreidekreis),第六幕:“对小孩良好的事物,应是属于他的。也就是为小孩成长着想的,才是他的母亲。”布雷希特认为,两母争子,应该把孩子判给为他着想的母亲。这与萨洛蒙的判决不同。对此,参见[德]席尔德:《萨洛蒙的判决;对智慧与方法见判决之反思》(Das Urteil des Königs Salomo;Reflexionen zur Rechtsprechung zwischen Weisheit und Methode),载[德]哈夫特等编:《刑罚正义;考夫曼祝寿论文集》,1993 年,第 282 页以下。

② [德]考夫曼:《正义——被遗忘的和平之路》(Gerechtigkeit—der vergessene Weg zum Frieden),1986 年,第 95 页以下。

残障子女的福利,就如同你自己是一个残障的人所希望得到的一样(且不是被杀死)。其反面形式:己所不欲,勿施于人。也就是:如果你不希望被操控,则不要对他人传布与施行基因控制。非武力、帮助义务。

3. 绝对命令(康德):(1)以你所愿意,这些准则能成为一般的规律,依此而行为。(2)依此而为,应对你自己以及他人,任何时间均作为目的,绝非仅作为工具而行为。如果你不愿只是他人的复制品,则根本也不推广复制人。自律,人类尊严。

4. 公平原则(约翰·罗尔斯):依此而为,对所有的相关人平等地分配利益与负担。也就是:一个如此的基因技术计划不是公正的,它只是为多数人的进步与利益,却忽略少数人。少数人之保障。

5. 责任原则[汉斯·约纳斯(Hans Jonas)]:依此而为,你的行为于现在与未来,不会破坏、危害或减损人类生活及其环境。也就是不要从事基因技术,其前景的进步有一天转变为对人类可能无法预见的伤害。生态伦理学、未来伦理学。

6. 宽容原则(考夫曼):依此而为,你行为的后果与尽可能避免或减轻人类苦难是相容的。也就是尊重且承认社会生活低微之人:残障者、尚未出生者、濒死者、被贬抑为“无生存价值”者。反面的功利论。

由这些相互关联原则(尚有更多的)所产生的论证,并非必然的。但它们可以是高度明显的。在绝对要求与相对性之间,它们处于中庸之道(亚里士多德)。

(五)结论

基本上可以把法哲学所有的内容问题移置到社会正义方面,也可以把社会正义的特殊问题——辅助性原则、反抗权、战争与和平及其他等——以个别的章节论述。这取决于作者的形成自由。如果将涉及社会正义的一般问题——如功利论、人权、法律人类学——以“社会正义”之名来处理,则如此主要是因为,且也是特别明显的,社会正义系具内容法哲学的中心议题。社会正义这一广泛的意义也可在察赫尔的“定义”内看到:它是“需求正义、能力正义、机会正义、占有状态正义的集合体。这些‘正义’可能一再相互补充,就如相互处于紧张、矛盾关系一样”。[①]

社会正义的特别问题,无法在此详尽说明。拉德布鲁赫以“完整体系”名称致力于此种完整性(因而他的“法哲学”得以称为“古典的”法哲学)。例如,他探讨所有权、契约、婚姻、刑法、死刑、诉讼、法治国家、教会法、国籍法、战争。但这些问题的完整叙述不会成功,因为法律“材料”几乎完全受时代所限,且因而处于持续变更的状况。例如,拉德布鲁赫根本不可能知道法律信息学。唯有“开放的体系”才可能,因此只能由社会正义的“分则”选出议题。

四、正义作为法的安定性

法的安定性具有两种意义:第一,通过法律达成的安定性,如借此达到防止抢夺、谋杀、窃盗、违约的安定性;第二,法律本身的安定性,亦即其认知可能性、操作可能性与实践可能性的安定性。只有当法律本身是安定的,才能通过法律达成安定性,这第二种形式的法的安定性——真正的或狭义的法的安定性——与法律的效率有关,[②]在这里我们便只就此而论。有部分观点认为如此理解的法的安定性亦即司法判决的确定力,意味着:一个这样的判决不得再以正式的法律救济途径(上诉第二审、上诉第三审、抗告)予以撤销。这一程序就结束,罗马教皇为最终审级。

由于平等原则所具有形式的本质,而且由于不能清楚地认识正确的法律内容,为了法律和平,便必须权威地规定:有效的法律应是业经公布的法律和已有确定力的司法判决。法律发现不是只是一个认识程序,它也是一个决断,一种权力的展现。[③]

---

① [德]察赫尔:《社会法与正义》,载[德]考夫曼等编:《法治国家与人类尊严;迈霍弗祝寿论文集》,1988年,第669页以下、第687页。

② 参见[德]库斯:《法律合理性与效率思想》(Einige Gedanken über Rationalität und Effizienz des Rechts),载[德]哈夫特等编:《刑罚正义;考夫曼祝寿论文集》,1993年,第187页以下;另参见[德]齐普利尤斯:《法哲学》(Rechtsphilosophie),第三版,1994年,第166页以下。最新的基础性介绍见[德]艾登米勒:《效率作为法律原则;法律经济分析的可能性及其界限》,1995年。

③ 对此的重要说明,参见[德]卡尔·施米特:《论法学思维的三种方式》(Über die drei Arten des rechtswissenschaftlichen Denkens),1934年,特别是第24页。另外值得一读的是[德]佩特·诺尔、巴克曼:《小马基雅维利;日常使用权力手册》(Der kleine Machiavelli; Handbuch der Macht für den täglichen Gebrauch),1987年。

法律要安定，便需要具有实证性。这里所谓实证性非单单只在于“法律有明文规定”的情况（习惯法非制定法，但它却因长期持续与同等地执行，而同样是实证的），关键性在于：构成制定法的特征应尽可能精确地予以确定，而不得恣意地规定（明确性原则！）。不确定法律概念（如身体的虐待、无耻）、概括条款（如诚实信用、善良风俗）和强烈的规范性构成要件特征（如不诚实、危险、变态）会危害法的安定性，因为它有导致判决强烈分歧的危险，使得与其相关的法律产生不安定性。但是，非常个别而详尽地揭示权利应是什么的枚举式规范，虽确保一个高度的法的安定性；却可能在个案中违反实质的正义（公共福祉正义）。有句谚语说：“违反规范者，便得不到正义，”并未解决这里的矛盾；原则上，应赋予法的安定性——正是法律集体的和平——具有优先性。以下见联邦最高法院（民事）判决：

几乎所有宪法规范，关于其效力范围都有不同见解，特别是所谓概括条款和善良风俗、诚实信用、公共福祉等概念，也具有相同的命运，需要以价值概念来填补而不具备任何统一客观标准。此规范本身固然受到高度质疑，因为它暗示在法律的基本问题上存有深度的不安定性和矛盾；然而在既有关系下却必须予以采认。法的安定性的要求，即使在法治国中，也绝不可能以几乎毫无漏洞的实证立法全然予以实现，因为鉴于构成要件的多样性，始终必须保留给司法对概括条款的裁量空间和价值补充空间。

法律要安定，进一步必须满足的要求是：实用性。重要的法律事实，必须尽可能得以无错误地认识。有时构成要件的扩大与形式化，在个案中可能导致违背实质正义。以遗嘱为例，就是预先订定严格的形式规定，以便在其死亡后，得以尽可能无疑义地确定立遗嘱人的意思；然而因这样的形式规定，使得真正想要的遗嘱失效的情况却非少见。再以选举权为例，实质的正义，要求只有具判断能力的人民才有选举权（或者比无经验者具有较高的选票价值），此将导致重大的不安定性，因为人们如何无恣意地确定谁是具有判断能力的？依据我们的法律，平等的选举权是每个成年人具有相同的选票价值，这是可以准确运用的标准，然而在许多情形下却并非公正。

最后，法的安定性的第三个元素是法律的不变性（存续性、持续力）。换一个通俗说法便是：法律是什么就必须持续保持。法律不应太轻易得以改变，一个临时性的立法便无法保证同样可靠地执行。但是法律存续性的要求也可能导致法律理念内在的目的冲突。从实质正义的观点,一个不完善的法律应尽可能立刻予以改善;然而正义终究也绝不能忍受任何经常变更的立法,因为如此一来,可能造成法律适用的不平等而导致违背正义。只有当法律以最佳的方式可预见、可预测时,法律和平才可能存在。

五、法律理念的内在紧张

平等原则首要在于恣意的禁止,实质的正义(社会正义)在于实现公共福祉,而法的安定性在于促成法律和平。但是法的安定性不必然意味着最后一定适用公正的法律;反而一定实现经常并不完备的实在法。由此便可能产生目的冲突,特别是介于实质正义和法的安定性之间的目的冲突。当二者不能同时实现时,会发生如何的冲突情况?

就像亚里士多德所说,没有任何法律会基于它的一般性而对于所有的个案都是公正的。然而,如果因此剥夺法律的效力,便会造成一个显著的法律不安定性,人们便可能不再信赖法律。一个宣称:"谁做了应惩罚的不法,便应适当地受到处罚"的法律或许企图成为全然公正的法律;然而这一法律在运用时却可能极端地不安定,且因此带来最大的不法。西塞罗便已发现"法律之极,恶害之极"。[①] 苏格拉底曾对鼓励其逃亡的克里东(Kriton)说:"你认为在国家仍然存在而尚未陷于全然失序时,有可能已终结的法律案件并不生任何效力;而对个别的人无效或是被撤销吗?"[②]而且歌德指出:"宁可你受到冤枉,也比世上没有任何法律要好,每个人便因此服从法律。"[③]这是否正表示:与和平有关的不法优先于法律乎?法律实证论者对此持以肯定,其赋予法的安定性最高地位,纵使是在制定法的不法情况。

由当今不法体系的经验,我们已证明:即使法的安定性也绝非是绝对的价值。但无论如何,必须保持限定于制定法上之不法的极端情形,才能压抑法的安定性,因为制定法错误经常也并非毫无争议地得以认识,且可能因此带来不安定性。拉德布鲁赫在考虑国家社会主义的不法时,曾创出一个非

---

① [古罗马]西塞罗:《论义务》,1,X,33。

② [古希腊]柏拉图:《克里东》(Kriton),50b。

③ [德]歌德:《格言感想集》(Maximen und Reflexionen),载《全集》,汉堡版,第十二册,第379页(第113项)。

常著名的公式,虽然它仍非一切问题的解答;终究很难找到一个较好的公式。以下逐字引述其中重要的片段:①

正义与法的安定性间冲突的解决,仍应以实证的、通过法规和权力所确保的法律——纵使其内容不公正且不合目的——为优先;除非实在法违反正义的程度已达至无法容忍,或该实在法成为“非正确法”而必须对正义让步时,则不在此限。虽然不可能在制定法上之不法和内容虽不正却仍为有效的法律之间,画条较精确的线;然而可以从其他界限关系,来尽其精确之能事:例如,什么情况是甚至不追求正义,什么情况是实在法的规定已有意地违反——构成正义核心的——平等,因为该法律不仅只是“非正确法”,而是根本违背法律的本质。因为人们定义法律,亦即实在法,正如定义命令与法规,其所规定的意义便在于应有助于正义的实现。

最高法院的判决已一再应用这个公式,②而且鉴于先前东德(于柏林围墙下下射击命令)案,使这公式当前再度被热烈讨论。③ 联邦宪法法院一项早期的判决提出以下的主旨:④

法的安定性是法治国原则中——这个原则就其而言,乃涉及针对宪法而可实现真正的正义假设的基本决定——一个重要元素。即便对制宪者,法的安定性的忽视也只得允许到达某些确定的界限,一旦一个规范否认、窜改,或至无法忍受程度地歧视法律内在维护和平的功能,则其纵使为最初宪政规范样貌,亦为无效。然而不可忽视的是,法的安定性的原则和实质正义的要求间经常存在矛盾,而立法者的首要任务应是时而由法的安定性面向,时而由实质正义面向来决断这样一个冲突。只要不流于恣意,这样一个过程便无从指责。对立法者而言,将法的安定性限于某些范围和某些时点,特别是当为了实现实质的正义,其甚至规定或忍受为如此限制时,便有正当

---

① 参见[德]拉德布鲁赫:《制定法上之不法与超制定法之法》,载 SJZ,1946 年,第 105 页以下,(107) = GRGA,第三册,1990 年,第 83 页以下(第 89 页)。

② 首先参见 BGHSt 39,第 1 页以下;BVerfG,载 JZ,1997 年,第 142 页以下,特别是第 145 页。这两项裁判都涉及柏林围墙的死亡射击。

③ 参见第三章〔注 39〕。关于拉德布鲁赫公式,最近有许多论述,可惜的是这些作品多半只能为有限援用,因为是毫无根据地以“超实在法”代替“超制定法”(拉德布鲁赫只用此概念),并称二者具有相同意义。然而情况并非如此,如习惯法是“实证的”法(因持续的同样的惯行所生实证力),它却非“制定”法。拉德布鲁赫始终将实证性视为法律的必要特征;对他而言并没有“超实证”的法律。

④ BVerfGE 3,第 225 页以下。

理由。

主要的问题在于:一个法律本身是否涉及“制定法的不法”?就此,实务上首先应判断是否违反基本权利和人权以及/或者违反一般法律原则。

前面关于法律所说的,也同样适用于司法判决。虽然没有任何一个诉讼程序终结时不生确定力;几乎总是至少有一方诉讼当事人对此判决感到不公平而因此争议不止。这对社会的法律和平所具有的意义,是可以轻易地想象的,此也意味着:有确定力不必然表示是正确的判决,其也可能是错误的判决。涉及司法判决的违反实质正义情形,当然是依照法律本身的规定:确定判决所终结的程序,(除有法律上重要的新事实外)以判决具有重大瑕疵者为限,方得以再审(《刑事诉讼法》第359条以下)。而此正表示存在其他有瑕疵的判决。在此引用最高法院一项就此冲突表示意见的判决,作为见解示例。[①] 案例的事实与法律情况是:在一个发生一部确定力的情形,即前审判决关于有罪宣告部分已确定,只有针对刑罚问题为程序的续行。被告在(关于刑罚问题的)法律救济程序中所提出有罪宣告是错误的主张,完全未能获得审理。他得否推翻已具确定力的判决而获判无罪?联邦最高法院判决予以否定,称:

为了正当化其违背一部确定力之要求,而援指绝对正义性原则,即不容许基于一个已知为错误的有罪宣告而使无辜者受到刑罚。面对如此从是非感所为考量,必须坚决强调为了法的安定性所赋予确定力的意义。

这个判决非常有争议,正因此富有教育意义。实质正义与法的安定性间的界限在哪里?是绝对无法普遍且放诸任何时空地予以规定的,更再一次地说明:法律理念不是定居在一个全然和谐的价值的天堂;而是处于人的世界,也因此是有限而暂时的。

(本文原为[德]阿图尔·考夫曼:《法哲学》,刘幸义等译,法律出版社2004年版,第十、十一、十二章,第225~280页。收录时有删减,章节序号和个别表述亦有调整。)

---

① BGHSt 7,第283页以下(第285页)。

【辅读文献】

1. [德]古斯塔夫·拉德布鲁赫:《法哲学》,王朴译,法律出版社2013年版,第七章。

2. [德]古斯塔夫·拉德布鲁赫:《法哲学入门》,雷磊译,商务印书馆2018年版,第二章以及附录。

3. [德]罗伯特·阿列克西:《法的安定性与正确性》,宋旭光译,载《东方法学》2017年第3期。

4. [德]莱因荷德·齐佩利乌斯:《法哲学》,金振豹译,北京大学出版社2013年版,第四、五章。

5. [美]大卫·莱昂斯:《伦理学与法治》,葛四友译,商务印书馆2016年版,第三章。

【问题讨论】

1. 法理念、法价值或法的目的在法伦理学中扮演什么样的角色?

2. 什么是平等? 为什么说平等是一种形式要求?

3. 什么是合目的性(社会正义)? 有哪些用来判断社会正义之标准的学说? 是否存在最低限度的社会正义要求?

4. 什么是法的安定性? 是否只要存在实在法,就必然实行法的安定性这一价值?

5. 当平等、合目的性和法的安定性发生冲突时该怎么办? 背反平等原则的法是否具有拘束力? 违反最低限度社会正义内涵(假如存在的话)是否具有拘束力?

6. 法律正义与一般正义观念是否存在不同?

第四部分

部门法哲学

◀导　　言▶

法理学或法哲学旨在从一般层面上进行概念分析和知识生产工作。依英国著名法学家威廉姆·特维宁的观点，“一般法理学”(general jurisprudence)这个术语与“全球性法理学”(global jurisprudence)较为接近，这里所谓的“一般性”可以有四个方面的意思：(1)表示抽象的，比如法律的一般理论；(2)普遍的，具有跨时空性和地域性；(3)具有普遍性的意思；(4)数量上不止一个，接近无穷之大/多。与一般法理学相对的是“特殊法理学”(particular jurisprudence)，其研究对象已与特定的地域、传统或文化产生了勾连，这种研究工作所生产的知识在一定程度上具有“局部性”或“地方性”。

部门法哲学是部门法中的“基础理论部分”，也可以说是部门法的“一般性理论”。无疑，它也是法哲学的重要组成内容。它以反思性的、哲理化的方式去探讨部门法中的根本问题，其所生产的概念、分析工具、具体知识对整个部门法具有宏观指导作用。围绕财产权的地位、性质和限制等，产生了财产法哲学；什么犯罪？为什么要进行惩罚？对无害的不道德行为能够进行法律惩罚吗？刑事惩罚与道德的界限在哪里？这些问题是刑法哲学所要解决的问题；婚姻的本质和功能是什么？婚姻可以超越性别而存在吗？法律在何种情况下可以介入性虐待或婚内强奸的问题？所有这些都已经进入了婚姻法哲学的范畴。除此之外，宪法哲学、侵权法哲学、环境法哲学等都也趋渐成熟。

本编在侵权法哲学、财产法哲学、刑法哲学、婚姻法哲学这四个领域中分别选取了四篇代表性文献,主要是考虑到这四个领域的法哲学讨论相对较为成熟。具体而言,朱尔斯·科尔曼的《侵权法哲学:功能与解释》一文主要是批判那种从经济学的范式将侵权法理解为是财富最大化的观点,试图利用德沃金的"整全性解释"理论为侵权法的校正正义本质做出辩护;杰里米·沃尔德伦的《财产法哲学》,在对财产进行概念分析的基础上,揭示和检讨了几种主流的有关财产正当化的理论,对于我们理解财产的权利属性、保护以及限制具有重要的启发意义;乔治·弗莱彻的《刑法哲学》,致力于从刑法与责任角度,来讨论惩罚的本质及正当性问题,可以说,对于为什么要惩罚或惩罚何以是正当的是刑法哲学要首先面对的问题;里夫·吉尔吉斯、罗伯特·乔治和赖安·安德森的《婚姻法哲学》一文,集中分析了两种不同的婚姻观,一种是异性婚姻观,另一种是修正主义的婚姻观,对于婚姻所持有的不同观念将直接决定着我们在看待同性婚姻的问题上将采取何种立场。

文献十三 [美]朱尔斯·科尔曼:《侵权法哲学:功能与解释》

【引 言】

现代侵权法制度是由古代社会的复仇制度演化而来的,在古代社会对于受害者的权利救济是以野蛮的复仇行为来完成,随着文明的发展和进步,复仇的权力慢慢由国家公权力所垄断,个人受到伤害之时一般不得私自寻求复仇,而是通过向司法机关提起侵权损害赔偿的诉求来恢复受损的正义状态。侵权法与哲学的关系甚密,早在2000多年前亚里士多德就在《尼各马可伦理学》一书中探讨过侵权与校正正义的问题,此后许多学者在这个议题上都发表过不少真知灼见。尤其是20个世纪六七十年代,在英语世界国家许多学者试图从法哲学的角度去探讨过失、注意义务、侵权责任等重要问题,试图揭示侵权法背后雄厚的道德基础。在如何看待侵权法的本质问题上,一种观点认为是将侵权法描述为"财富最大化"的制度安排,比如波斯纳就是持有这种观点的典型,突显出了典型的经济理性或实用主义的色彩;另一种观点则是从正义论出发,认为如果侵权法存在本质的话,那么它所指向的是一定是一种校正正义的结构。科尔曼教授的这篇文章,正是运用德沃金的整全性的解释理论,来为侵权法的校正正义进行辩护,同时也试图有力地回击那种对侵权法的本质进行经济分析的观点。

【正 文】

侵权法哲学:功能与解释

[美]朱尔斯·科尔曼

我们已经讨论过,侵权行为法的经济学分析作为一种概念性分析是不能成功的,它不是也不可能是那样一种解释。有价值的批评应当进一步考虑,是否经济学解释可以作为另外一种不同的解释而取得成功。一种选择就是,将其当做经济学模式作为概念性分析失败的那条进路:其之所以失败,是因为忽略了参与者在侵权行为制度中的实际的推理实践,而这不应当被忽略。[①] 经济学分析中,他们认为他们所要的与他们实际所做的发生了分离,他们的自我理解被描绘成一种理想的幻觉。经济学解释的这种特征被某种马克思主义对资本主义社会法律的解释和文化人类学中的某种功能性解释重新回忆起来。[②]此种解释试图说明:为什么制度或实践的存在不能在每个人的意识中,而是在那个产生特定可实践的事实中被发现。该结果被认为可以解释实践的存在及其形态,并且在这个意义上,结果被认为是该实践的功能。也许,侵权行为法的经济学解释是这么一种功能性解释。

当然,这种某一实践 P 有结果 X 的简单事实并不能保证那种观点:即 X 是 P 存在的原因,解释 P,或者是 P 的目的或功能。最为直接的判断是,如果某一结果能够被称为是实践的功能,那就是该实践根据设计者或参与者的意图希望产生这种结果的情况。这种解释不是我们现在所讨论意义上的

---

① 我绝不是存心表明,参与者所作出的每一实际推理都是概念内容的必要组成部分。推理是规范指引的行为,并且参与者可能会作出错误的推理。这里我只是简单地假设:详细说明某种适当的判断力是可能的,这一判断力可以保证特定的推理,而其他的则不能。需要明确的是,无论怎样填充细节,经济学模式在完成即使是体现在侵权行为实践中最理想的或规范的推理方面也将是举步维艰的。

② 例如,历史唯物主义的一个基本原理认为,生产关系(包括整个财产权体系)服务于能够促进生产力的进一步发展功能(并被新的生产关系所替代,当它不能实现这个功能的时候)。关于这一点和这些文章的讨论总体进路,我要感谢 Eric Cavauero。

"功能性",因为这种功能只有在其成为某一有意图的行为人的目标或目的时才会进入解释。很明显,这不是经济学解释的本质,因为没有人愿意承认:数个世纪以来,众多个人致力于发展我们的侵权行为制度的目标是经济效率。① 与之相对照,我们现在所讨论的解释却是那么一种解释,其认为经济效率的结果是侵权行为法的功能,并解释侵权行为法,即使效率并非发展促进者的意图的组成部分;也仍然与大部分当代参与者的意图相背离(alien)。

如果一项实践或制度真的需要通过提出者和坚持者的意图之外的结果来解释,那么就需要证明一种特定的因果关系存在。这种必须满足形式上充分的功能性解释的因果关系,应当能够支持一定范围理论上有意义的相反事实(conterfactuals)。其必须符合这种情况,即如果结果有实质性的不同,或者其核心因素不同,那么该实践就不存在。除非诉诸行为人的意图或目标,只有一种因果关系能够支持此种相反事实,并因此而保证该结果是该事实的目的或功能的说法。②

这种观点可以被大家熟悉的美洲豹斑点的例子有力地说明。这里,需要解释的,当然是一种基因遗传特征而不是一项社会实践;但是其关于功能性进化解释的形式特征提供了一种与我们讨论的这布解释的类推。我们知道,美洲豹的斑点对其伪装有影响,或者说产生了伪装结果,因此增加了其作为捕猎者的成功。我们就会推测,美洲豹的斑点的存在和(非常直接地)形状可以通过参考这种影响和结果来进行解释;也就是说,我们可以把"伪装功效"(camouflage efficiency)看作是斑点的目的或功能。但是迄今为止,这种推测仍然停留在"事实就是如此"的阶段,而并不是一种真正的功能性解释。缺少的是可以支持相反事实的因果关系机制,"如果没有伪装功效,就没有美洲豹的斑点(或者说就没有斑点的那些形状)"。偶然的物种突变和自然选择(结合起来)就满足了其作为合理的因果关系机制来支持相反事

① 当然,今日美国法官的成员;著名的,如 Posner、Easterrook 和(也许)Calabresi,他们有意识地和明确地支持经济效率目标。但相对来讲,这只是晚近的一些发展,没有人愿意说它解释了侵权行为法的基本制度。

② 在社会科学领域对功能性解释最好的批评是由 Jon EIster 在 Make sense of Marx (Cambridge: Cambridge Press,1985)中提出的。无论法律经济分析的实力如何,其支持者们并没有特别地思考社会科学的方法论。

实,并因此满足了将我们的“事实就是如此”转变为一种形式充分的功能性解释。[1]

现在,经济学解释所面临的挑战就清楚了。其从抛弃该实践的提出者和坚持者的自我理解开始,为了这么做,而抛弃了提供一种目的性解释的策略。然而,典型的关于侵权行为法或者任何其他法律的经济学分析,在这一点上,没有提供因果关系机制,也没有提供基因突变和自然选择的替代物。因此,看起来其仍然停留在“事实就是如此”的水平上。

这种观点并不是说不可能有满足因果关系机制要求的法律功能性经济学解释。功能性经济学解释一个很好的例子,在演进为基础的“诉讼——解决”模式中被普雷斯特(Priest)和克莱因(Klein)以及其他人所发现。[2] 他们的观点是,普通法的效率是理性诉讼策略的一个非目的性的副产品。诉讼——解决模式被认为是构成了一种因果关系机制(虽然是影响目的性行为的一个),其能够支持相关范围内的相反事实的说法。如果此种观点在其细节上是真的,那么作为结果的效率就至少可以解释法律的某些方面,即使参与者个人的行动并没有以效率为目标。

但是,即使此种观点可以解释法律的某些部分,其也不能作为侵权行为法的核心的功能性解释。诉讼—解决模式声称在一种方式下有效,在此种方式下,强调理性选择原则指引诉讼参与者采取诉讼与解决策略并最终形成一个有效率的普通法。这也许能(如果事实支持的话)解释那些面对普通法制度的诉讼参与者的行为。但是这仍然并不意味着能够解释体现于其中的那些制度或概念的存在或形态。诉讼—解决模式是以我们现有的侵权行为法的各种制度的存在为基础所做的判断,因此,并不能解释其本身。此种模式并不能解释为什么侵权行为法不同于其他私法分支,也不能解释该部门法为什么拥有其所拥有的个性化的特征和核心概念。诉讼—解决模式开始于侵权行为法拥有个性化双边结构的假设,却没有找到解释这种结构的

---

① 说这样一种解释是“形式上充分的”,并不是说其成功解释了现象;而只是简单地说此种解释是非常成型的,或者换句话说,其只是把正确的部分放在了正确的位置来当做一种可能的解释。如果其真的要成功解释现象,那么其还必须满足其他一些条件。例如,它的事实判断必须是真的。

② See Geoge L. Priest and Benjamin Klein,“The Selection of Disputes, for Litigation”, Journal of Legal Studies, Jan, 1984, pp. 1 – 55.

依据。[①]

直到这里,我还没有挑战经济学分析者的论点:即侵权行为法倾向于导致最大化地降低事故成本。我的焦点一直集中在那些能够使此种倾向表现为对侵权行为法的功能性解释的条件上。然而,我们的侵权行为法产生任何类似于最佳预防的东西并不是那么地显而易见。毫无疑问,我们确实可以假设,侵权行为总归要降低事故成本,就像比喻为一种没有法律追索权来补救损害的情况。但是,在我们的侵权行为法缺位的情况下,较低的成本不可能是最佳成本,也不可能接近最佳成本。经济学分析需要讨论证明,随着时间的过去,侵权行为法一直在以一种接近有效率地减少事故成本的方式发展。只有那时,才会有甚至是最为初步的原因来寻求那种能够显示效率如何解释法律制度形式的因果关系机制。简言之,没有初步的效率显示和合理的因果关系机制,就很难相信经济学解释可以提供甚至是形式上充分的对侵权行为法的一种功能性解释,更不用说提供一种令人信服的或有说服力的解释了。[②]

前面,我一直集中在经济学分析的解释性观点方面;其实,除了解释之外,经济学分析也希望介绍讨论可能促进侵权行为法发展的途径。按照经济学分析的观点,侵权行为法的存在、发展和形态都可以根据经济目标来进行工具性地理解。就像利用任何工具一样,我们可以根据其效率,即其服务于其功能的好与坏,来评价侵权行为法。于此,对于那些有改革思想的法律学者,经济学分析具有极大的吸引力。其不仅使我们可以理解和评价法律,还可以描述我们法律制度的改变。其给了我们一种手段,可以讨论我们对侵权行为法任何一个(实质性的、结构性的或程序性的)规则可能产生的每一个疑问。所有的都可以根据它们的经济效率进行衡量,并依靠其服务于该目标的好坏进行表扬或批评。然后,建议改革的法律评论论文就这样一篇又一篇地发表出来,长

---

① 侵权行为法的许多这种结构性特征,包括其双边结构的各个方面,对于普通法的所有分支都是共同的。一种关于侵权行为法的这些特征的解释,那么就可能用以说明为什么普通法拥有这种特征的总体解释的形式。实际上,因为解释经济学的原因,在其他条件不变的前提下,这种解释可能是更为可取的。然而,这种演进式的或德沃金式的解释,诸如解决—诉讼模式,预先假定了侵权行为法共享了像合同法和财产法一样的结构特征,因此使这些特征未加解释。

② 与之相对照,关于侵权行为法的矫正正义解释并不借助像效率一样的模糊的或隐含的目标。实际上,侵权行为法与矫正正义的关系在任何有意义的感觉上都不是工具性的;矫正正义本身可以是实践的目标,但是,其不是一个内在于其中的目标和侵权行为法目的指向的目标。并且,英美侵权行为法(Anglo-American tort law)表达、体现或陈述着矫正正义。侵权行为法是该原则的一种制度性实现,而不是一种追求内在或隐含目标的工具。

的或短的,重要的或无足轻重的。当然,追问何种制度将如何更有效率地减少事故及其成本的问题,在我们现今存在的侵权行为法体系之下是没有意义的,我们可能会为了最好地服务那种目的而胡乱地修补它。此种问题值得考虑。但是,声称英美侵权普通法可能产生某种特定结果(或者其倾向于如此)与声称该结果是该法的存在和形态最好的或最有说服力的解释是完全不同的。[①]我相信我已经证明了经济学解释无论是作为概念性解释,还是作为因果—功能解释都是不能成功的。但是,仍不足以得出结论,认为法律经济学解释就因此只是作为一种解释本身具有某些错误的一系列政策描述。

实际上,这种对法律(或法律部门)的功能性解释,具有说明性含义的观念是法律理论中一种著名方法的特征。这种方法,被罗纳德德沃金称为"建构性阐释"(constructive interpretation),所应用的功能概念不同于体现在因果—功能形式解释中的概念。在德沃金的理论图景中,社会实践和法律部门(或法律整体)的解释是按照形式与价值两个维度进行安排(arrayed)与评价的。此种解释必须通过说明实践的组成部分是如何形式地结合在一起的(形式要求)来充分地解释实践本身言之成理。然而,很多公认的解释都符合这种要求。最好的解释是那样一种,不仅要符合制度或实践的形式,而且还要揭示其最重要方面,即其本身作为其主旨所能达到的那类事情最好的版本——这是评价的价值部分。[②]

---

① 这并不是说,一种描述性或解释性解释不能有说明性的含义;但是,为了作为解释而成功,其必须符合解释的充分条件;这正是那些,如我们前面所看到的,经济学分析所没有做到的。

② 在下面的部分,我将探讨与德沃金所陈述的形式和价值所不同的表面价值(face value)。然而,马克·格林博格(Mark Greenberg)让我信服地认为,德沃金作为整体主义者,实际上并不能按照他自己的方式厘清形式与价值的差别。换句话说,他并不能为形式设置一个门槛级水平,超过了这个水平,价值或判断因素将成为一个好解释的唯一标准。格林博格认为,德沃金关于形式与价值判断的区分实际上是一种试图简化其观点表述的不幸的解释工具。形式最好是被理解为判断的一个方面。借用德沃金自己的一个例子,如果我们像解释哈姆雷特的故事那样解释阿加沙·克里斯蒂(Agatha Christie)谋杀,那么我们根本就不是将其解释为一部好的文学作品,而是将其解释为一部坏的文学作品。哈姆雷特的故事是一个独立的在文学上较为丰富或深刻的主题,但是这个事实并不能使得其本身成为 Agatha Christie 的一个好的解释。原因在于,根据任何一种可资赞同的文学价值理论,一部作品如果所意图表达的主题与其内容不相干的话,那肯定是一部不好的作品。所以,我们必须要问的问题就是,根据实际的文本,何种解释将会使一部文学作品成为其所能够成为的最好作品。同样地,当我们解释一个成文法的文本或法律体系时,我们并不是首先看哪一个备选解释符合形式门槛,然后再问在剩下的备选之中哪一个产生了一个道德上最好的规则。相反,我们只是考虑哪一个解释,根据给定的实际文本或实践,将会是最为合理的。然而,显而易见的是,侵权行为法的经济学解释很难根据这种更加综合的阐释性解释来补救。

为了提供一个此种意义上的解释必须假定该制度或实践的意义、目的或功能。然后,各个组成部分必须被证明是以一种使该假定的意义或功能彰显的方式结合在一起。如此,该功能提供了一个可供考察的透视物,通过透视,可以看到该实践的各个组成部分是一致的和相互支持的。同时,该假定的目的或功能应当允许我们把该实践或制度看作是其同类中最好的。换句话说,该假定的功能必须根据两点进行评估:其在通过统一实践而显现出来的能力和其独立的道德合理性。

不是把经济学解释看作是一种我们在前面讨论中所界定的标准意义上的功能解释,更可取的也许把它看作对侵权行为法的德沃金意义上的阐释性解释:那种我们也许应该称为解释学意义上的功能解释。以这种方式,置入一种产生有效率的事故成本避免功能,将为我们揭示出一种侵权行为法的结构性和实质性组成部分据以结合在一起的方式,同时也是一种有规范吸引力的方式:换句话说,一种允许我们从其最好的方面考察侵权行为法的方式。

如此,在典型的经济学解释中,侵权行为法的不同部分——过失规则、合理性的界定、直接原因的要求,诸如此类——每一个都被证明是为了促进效率;因此,效率被认为是对它们的最好的解释,单独地或整体地。没有因果观点需要被引入。效率提供了一个把侵权法的诸因素统摄在一起的解释体系,该一致性——随着独立于道德吸引力的效率目标——成为该解释的基础并证明其是正当的。如果此种解释需要某些强求一致的修正,它们可以根据一个有吸引力的目标证明是正当的,因为很明显与更多的事故相比人们更喜欢更少的事故,并且(其他事情一样)人们最喜欢的是在最低成本可能下的最少的事故。

对这个问题解释学上的解释也许是我们所能够提供的最适中的。毕竟,经济学解释已经提出了标准功能解释的两个核心要素:一是证明侵权法的结果确实是事故成本的有效率减少,二是把该结果反作用于对侵权法的存在和形态的解释之因果机制。并且,在典型的对侵权法的经济学解释中,描述性目标和阐释性目标以一种为社会的—科学的(social-scientific)功能解释所无辩护余地的形式结合在一起,这种描述性和阐释性因素的结合正是阐释性重构的那个特点。

如果经济学解释最终成为一种阐释性理论而不是传统的功能主义理论,其自身也许就没有什么感到窘迫的。然而,如果它违反了实证主义者的某些关于组成部分的社会科学审慎,其就应该克服它,而不仅是为它着急。这里就是一些应着急的,甚至是因之而窘迫的。它们当中最为重要的有两个。首先如果经济学解释是德沃金意义上的阐释性理论,那么它在形式的维度上是特别不利的一个。一种解释认为应当有助于我们看清制度的各个部分彼此结合、符合或一致的方式,而关于侵权法的结构,经济学解释所做的恰恰相反。它把受害人和致害人的核心地位当做是彼此并非规范上紧密相关的事情,把侵权法的存在本身看作是仅仅具有认识论上的意义。[①] 形式的维度似乎为了假定的功能而被完全牺牲掉了,现在只是处在一个把解体的各个部分粘合在一起的地位。结果就是,对实际制度的解释只是对完全外部性目标的强迫接受。那就好像是通过将其解释成是一年一度的对零售业的促进来解释圣诞节一样。

经济学解释在价值维度上也是不成功的,在价值方面仍然需要进一步讨论。典型的情形是,法律经济学家们都对将法律总体或具体侵权法之主要或唯一目标说成是效率在规范上的魅力避而不谈。他们很少论及这个主题,而他们曾经所做的论述又尤其没有说服力。但是,如果对侵权法(或任何关于此类事件的法律部门)的经济学解释要想成为德沃金意义上的那种解释,那么那种把效率看作是对侵权法的最好解释的观点需要论证,效率作为侵权法的唯一或最高目标的道德魅力,并且确实需要论证,效率这个唯一目标与体现在矫正正义中的那套价值相比在道德上更具吸引力。

前述讨论也许没有揭示出那些问题,因为经济学解释比讨论展开之初的那个解释更难懂。尽管已经取得了一些进步。因为随着将这个观点重新解释为一种规范性重构或解释的形式,经济学家们已经清除展现在侵权法的效率与其存在之间的因果联系难题,并且在另外的经济学解释无法说明的描述性和阐释性因素的结合方面做出了更多的努力。但是,为了使阐释性重构成为一个可靠的解择,经济学家们需要提供一个比到目前为止所建立的效率与侵权法的结构和实质之间的“联系形式”(fit)更好的观点以及一

① 这是第三讲中的观点。

个在效率的道德价值方面比其所已经提供的更好辩护。

在进一步讨论之前,我想讨论一个试图在矫正正义解释上转变形势(turn the table)的反对观点,这个观点认为矫正正义不能符合特定解释的妥当性标准,而在这一点上经济学解释却是成功的。矫正正义理论没有妥当地解释侵权法,是因为其并没有提供一个理论来解释那个引起补偿义务的过错;相应地,矫正正义也没有告诉我们其通过施加一个第二次序的补偿义务而施加的那个基础的或第一次序的义务是什么。矫正正义论者不能告诉我们为什么约翰必须对史密斯负有一定程度的注意义务;最多他只能告诉我们为什么如果约翰没有这样做而作为结果史密斯受到了伤害,约翰就有了一个补偿义务。与之相对照,效率论者不仅告诉我们为什么约翰必须对史密斯负有合理的注意义务,而且告诉我们构成合理注意的是什么。因此,矫正正义理论最多是个不圆满的解释,而经济学解释则是一个圆满的解释。我把这个观点当作一个严肃的和有见地的反对意见,但是却发现它是没有说服力的。下面让我来解释为什么。

矫正正义观点认为当一个人伤害了另外一个他负有注意义务的人的时候,他就因此而产生了一项补偿义务。这意味着矫正正义是对第二次序(second order)的补偿义务的一个解释。除非没有兑现其所负有的某种第一次序(first order)义务,否则某人不会引起一项第二次序的补偿义务。然而,这些相应的第一次序义务本身并不都是矫正正义义务。如此,当矫正正义预先假定了某种关于这些第一次序义务是什么的解释时,其并不以为它们提供解释为借口。同时,矫正正义并非与任何一套第一次序义务相一致。如果不能识别出至少一部分那些被认为是合理地引起补偿义务发生的第一次序义务作为矫正正义的实质,我们甚至不能使矫正正义被理解为正义的一个原则。只有根据这些范例案件,我们才能理解矫正正义是如何首先表达正义的一个原则。[①] 然而,这是矫正正义遇到的一个真正难题,我将说明人身侵害(assault and battery against the person)提供了一个合适的范例。如果我攻击或殴打了另外一个人,结果他受伤了,这再清楚不过地表明了在何

① Stephen Perry 也强调了这个观点,而且我相信每一个值得关注的矫正正义解释的支持者都会认可这一观点。

种意义上我被认为是引起了一项作为矫正正义实质的补偿义务。因此,人身侵害范例——也许与其他一些类似范例如一起——足以澄清矫正正义意图成为正义的一个原则的那种路径。这并不是一件提供一种理论的事情,根据该理论可以衍生出所有的或单一的由矫正正义实践所保护或实施的义务。一套范例足以使矫正正义成为对其试图解释的那些事情的一种恰当的完美解释。

把这个回应根据报偿正义(retributive justice)和刑法的类比来考虑将会是有帮助的。[①] 报偿主义被认为是一种标准的证立理论,在这个意义上它试图解释说明为什么一种包含惩罚的法律实践是合理的。这个理论可以被看作是一种解释理论——一种对我们实际惩罚实践的解释,我认为矫正正义恰恰是以同样的方式成为一种对我们的民事责任实践的解释。然而,没有人会认为其是对报偿主义的一种背离,因为它没有提供一种关于那些应该被定性为犯罪的行为种类的理论或者列出这些行为种类的名单。报偿主义不是一种犯罪行为理论:它是关于在那些有人犯有犯罪行为的情形下国家应该做什么,并且做什么是正当的理论。当然,报偿主义也因此预先设定了厘定犯罪行为相关种类的某些方式。它提供了一种对犯罪的解释,或者至少列出了什么是犯罪。但是这并不意味着报偿主义作为对我们惩罚实践的解释就因此是不足的(尽管其根据其他基础当然可以被认为是不足的)。[②] 同时为了说明报偿主义是道德原则的干个具体种类,我们需要借助——也许是可修正的——某些种类行为的范例案例,此种行为作为某些道德上确具可非难性的(desert),而不仅是一种社会工具价值的事件,可能要求国家合理地对其严厉处理。一旦报偿主义因此而根据范例而被理解,我们就可以看到其对犯罪施加了特定限制。如果惩罚被根据报偿主义基础来理解,那么我们所惩罚的犯罪行为种类就必须是一种能够被合理地保证了作为一种该当(desert)严厉处理的行为。例如,报偿主义与为了支持一般严格责任

---

① 我不是一个对报偿主义作为一种惩罚理论的辩护者,引用这个例子仅仅是说明一个目的,而不是为了通过类比而为矫正正义而辩护。

② 相反,20 世纪最伟大的犯罪学作品,Joel Feinberg 的 The Morality of the Criminal Law (New York: Oxford University Press,1984)不是,也没有试图成为对那些没有满足刑法法律要求的人的惩罚基础或合理性的一种解释。

而摒弃各种精神因素并不一致。矫正正义与之类似。矫正正义原则也没有提供一个侵权行为的理论或名单;虽然如此,它却又对那些受侵权行为法所保护的利益的种类设定了限制,对侵权行为法所要求承担责任的主体(agency)和责任条件设定限制。

例如,正如我在其他地方所指出的,虽然能够由矫正正义的实践所保证的那套裁决(holdings)不要求必须与根据分配正义的最佳理论而存在的裁决完全一致,然而为了使根据矫正正义实践而保护它们对我们有意义,裁决却必须满足道德正当性的某些最低条件。[①] 矫正正义的原则同样地对责任条件施加了限制——例如,某人仅仅因为是处在一个较为有利的减少或分散风险的地位而被认为就应当为其他人的损失承担责任是与矫正正义不一致的。

简言之,即使矫正正义根据一个其本身并不从矫正正义而得出的第一次序义务体系运转,如果我们能够理解它们为作为矫正正义事件的侵权行为法所实践,那么就一定存在相应的第一次序义务的特定范例案件。其就使得该理论成为其试图解释的东西的一个完全的解释。而且,尽管矫正正义没有给出一个该相应义务的完整名单,其确实对这些义务是什么以及对于没有履行义务而承担责任的条件是什么而设定了限制。所以这些都与报偿理论和惩罚之间的情形非常类似。

这仍然为我们留下了大量侵权行为法所规定的不具体的义务概念,其应当被认为仅仅是一个不太满意的情形。无论矫正正义解释是否为我们提供了一个第一次序义务理论,必须承认我们仍然需要这样一个理论——一个可以从中而系统地得出侵权行为法所实践义务的理论——在我们能够声称可以提供一个对于我们的侵权行为法制度和实践的充分解释之前。实际上,也许可以这样认为:那些效率原则进入图景的地方就是精确的地方。效率能够超越范例案例,并告诉我们——系统地和如其演绎的那样——什么样的义务是必须被施行的。如此,可以这样认为:矫正正义解释和经济分析不仅是一致的,而且实际上是互补的侵权行为法的两种理论。

---

① Risks and Wrongs. 该观点已经由 Stephen Perry 进一步发展。See "On the Relationship between Corrective and Distributive Justice", in Jeremy Horder (ed.), *Oxford Essays in Jurisprudence*, 4 *th ser*, Oxford: Oxford University Press, 2000.

我拒绝承认那样一种观点:即一种对侵权行为法的充分解释必须包含一个我们能够根据它而系统地得出所有第一次序义务的一般理论。在我看来,侵权行为法所保护的第一次序义务内容的大部分是在我们多种形式的社会和经济互动过程中一点一滴零星产生和形成的。[①]这些存在于个体当中的能够产生预期的创生性社会惯习(generate convention)是关于他们——我们——能够理性地要求其他人注意义务的种类和程度的。这些义务的内容然后就在侵权行为法自身的实践中进一步具体化——在立法过程中,在判例法的发展中,在法律重述的写作中,等等。[②] 如果关于这一点我是正确的,那么我们可以拥有一个据以得出侵权行为法所保护的第一次序义务的一般理论似乎是不太可能的。无论关于这些义务产生方式我的观点是否正确,都没有什么理由可以假设它们必须能够从某种理论得出,也没有理由假设提供这样一个理论是对于我们的侵权行为法实践一种充分解释条件。[③]

然而,尽管通过这种方式我对这样一个关于可施加私人义务的一般性综合理论的前景提出了疑问,我当然还没有证明这样一种解释就一定是不成功的。值得参考的是,经济学解释能够提供一种关于我们的侵权行为制度作为一种矫正正义所保护的基本义务的正确理论。我并不认为这样—种混杂理论能够根据我们在实际的侵权行为法律制度中所发现的而得到支持,但是我却不是刻意地说其是一个不可想象的安排。

并且,应当牢记的是,那些偏离了标准经济学解释的各种"义务"(duties)是不能够扮演这种混杂角色的。这些解释并没有用效率来发现一种义务的独立类型,此种类型是分析性地先于我们的责任实践的。在标准的经济学解释中,义务是什么与责任实践应当是什么之间,可以说,是没有界限的。在标准的经济学解释中,解释"义务"或"过错"依赖于在给定的案件中对施加责任相应结果的评估。义务和过错,作为独立的范畴在该过程

① See Risks and Wrongs.

② 其他矫正正义理论者不必完全认同关于矫正观点的原则与根据它而施加的义务之间关系的这个观点。然而,我相信大部分矫正正义理论者会得出一个相似的解释。

③ 也没有什么理由假设:如果不能根据某种一般理论而得出,那些义务就不能根据矫正正义的实践而被合理地施加。

当中则起不到任何作用。[①] 如此一来,虽然从根本上来看,我们能够拥有一个关于义务的效率理论,但是经济学家所提供的却根本就不是一个义务的效率理论,而是关于责任或成本分配的效率理论。

再有,就是经济学家有很好的理由继续此种进路。如果他们真的否认了施加私人义务的全部实践本身受制于效率原则,那么关于效率原则作为所施加的那些义务的一种解释就没有什么特别的吸引力。因此,除了其本身是不可能的之外,一种用效率来解释基本义务的混杂解释还将是目的不明的。[②]

最后,我将讨论这样一种观点,该观点认为矫正正义理论必须根据某种另外那些解释了矫正正义理论所没有解释的侵权行为法特征——例如,替代责任(vicarious liability)或者产品责任——的理论加以补充。那本来就不是我的观点:所有的侵权行为法都必须根据矫正正义理论来进行解释。矫正正义理论意图做的是解释侵权行为法的核心内容。侵权行为法的某些部分,例如替代责任,只有依据我们对侵权行为法的核心内容的解释才有意

① 说义务的范畴在法律经济学解释中不起作用,我并非刻意表明:此种解释完全不参考义务概念或者无视其在侵权行为法中的地位。我所强调的一点就是:义务在责任判断当中没有提供独立的基础。其详如下:在侵权行为法中,赔偿义务——部分地——是作为被告的没有履行其第一次序注意义务的结果而施加的一个第二次序义务。没有履行其第一次序义务致使个人负有了第二次序补偿义务。侵权行为法中的义务概念在严格责任和过错责任中都处于中心地位。在严格责任中,第一次序义务的一般形式是“不得损害他人的义务”;而在过错责任中,第一次序义务的一般形式是“不得因疏忽或不注意而损害他人的义务”。为了使第一次序义务成为责任基础,一个人所负有的具体的第一次序义务必须是作为行为标准而正当有理的。这意味着侵权行为法所表述的那些义务,试图表达出行为的真正原因或者一个人必须遵循的标准。侵权行为法规定一个人如果没有履行这种义务就应依法承担某种特定的法律义务或责任。这个义务,在这个意义上来说,首先是规范性的,同时又是逻辑性的。如果它们首先是规范性的,那么它们就必须表现为那些完全独立于责任施加的行为原因。在经济学分析中,基础的问题是如何在原告和被告之间分配成本。不得致人损害的义务不是在逻辑上先于责任并作为其产生的基础,而是在经济学分析中被解释成为一种责任的结果。这样,该“基础”义务就直接偏离出了施加赔偿义务的经济基础,并且也不再是那样一种义务,该义务作为独立于其在保证或解释责任归属中所承担角色的一种行为标准具有独立正当性。在那种意义上,经济学分析消解了侵权行为法中的义务概念——其消解了某种能够被合理地作为行为标准而不仅仅是责任条件的东西之概念。

② 与之相对照,一种效率或效用最大化进入政治理论的重要层面的混杂解释理论——不是作为决定施加义务的一种方式,而是作为将一种施加义务实践当作一种矫正正义事件来判断的方式——可能会是一种更加可靠的选择。从这个观点出发,个人可以认为:根据效用或效率基础来构建像侵权行为法那样的致力于矫正正义的制度是最好的。我已经指出的问题,只有在我们试图使过错和义务的效率理论与为什么我们施加它们的矫正正义解释相结合时才会出现。

义。替代责任只有作为核心判例的一种原则性的扩展才是合理的;如果其本身并不满足责任的核心观点,那么替代责任也就无法成立。因此,如果矫正正义解释了侵权行为法的核心,其对于我们对那些寄生在核心之上的责任实例的理解将会是根本性的。此点同样适用于根据矫正正义来解释核心或范例案例而延伸出来的那些一定范围内的案例与原则。

现在,我对如下观点不再怀疑,即存在其他一些不能根据侵权行为法的核心原则延伸来解释的案例。这样一些原则和案例将与矫正正义完全没有任何联系。① 但是,我并不认为此种案例显示了对另外一种解释理论的需要。它们只是简单地表明:有时候,一种施加义务的制度类型有很好的理由不考虑责任或过错是否满足普通要件。自然,如果此种案例开始主导侵权行为法——作为结果,即在技术改变上或诸如此类的事物,等等——那么我们也许有很好的理由来修正我们关于侵权行为法是矫正正义体现的观点。

不是追问是否侵权行为法根据效率或正义基础是最好的理解,某些经济分析学者却建议我们考虑一个不同的问题:是什么最好地解释了风险规制的一般制度和实践。尽管矫正正义提供了一种把侵权行为法理解为一种独特的和自发的法律部门的较好说明,但是其在作为对我们一般风险规制实践的解释方面与经济学解释相比却进展不利。实际上,这些分析者认为:侵权行为法不是一个自发的法律部门;它只是与规制风险相关的法律众多部分当中的一个。经济学分析提供了对侵权行为法的一种最好的解释,是因为侵权行为法是有效率规制风险的制度性策略的一个组成部分。以这种方式看待侵权行为法也使我们能够揭示其与该整体的其他组成之间的重要联系。②

当然,以这种方式进行辩论,就是采取了一种偷换主题的类似策略。即使富有同情心的经济分析的批评者也会迷惑于经济分析学者这么快地就准

① 我相信这一点是真的,例如,在 Hymowitz v. Eli Lilly and Co. 一案中。

② 我不能确信:此种观点的论点是什么,部分地是因为我不知道什么是其所认为的“风险规制”内容,以及,因此,什么是我们所认为的作为风险规制的法律实践。这里对此不予讨论,只是与该问题相提并论才暂时提及。此处,我的兴趣是方法论的而非本体论的。我想知道:为什么经济学分析可以提供风险规制实践的(在解释意义上)较好的解释的那个事实,就应当成为认为经济学分析因此而提供侵权行为法的较好解释的一个理由。

备抛弃他们长期抚养的孩子——作为私法的侵权行为法。而且,把侵权行为法着做是风险规制的一般方法之一部分更加符合经济分析方法的那个事实——如果是一个事实的话——最多也只是一个转换讨论主题的提问开始式的原因。这也是为什么直到现在,在一定意义上来说,法律不同部门之间的边界仍然是主观恣意的。有一点需要说明的是,当前的部门法的划分既不符合也没有反映某些自然秩序;另外,第二点需要说明的是,正是由于它们是主观恣意的,所以在某种意义来讲也就允许我们在理论观点上忽略它们,或者在实践中抛弃它们。既然这些范畴在“社会惯习”的意义上是武断的,既不是“自然的”也不是“本质的”,那么就不能根据其本身证明忽略或抛弃它们是正当的。并且也没有什么理由用首选的经济学范畴体系来替代它们。

确认侵权行为法的基本概念范畴正当化的理由不在于显示它们反映了一种独立的道德秩序或者是说它们在一定程度上是概念性的不可或缺的。例如,没有必要说明:“致人损害”与“没有防止损害”之间的区别——而这个区别对于侵权行为法来说是如此基础性的——标志着一种独立的道德上的不同。与之类似,功利主义道德理论也不认为在致人损害、没有防止损害和没有受益之间所存在的不同是基础性的。并且,为了好的功利主义原因,功利主义者可以允许这些不同当中的某些反映在不同的法律部门当中。尽管这些法律思维中范畴之间的边界也许并不标记着固有的道德不同,它们仍然可以是合理的。只有如下的范畴它们在模糊了一种没有实践价值现象的深入思考的意义上,或者在缺乏充分的道德判断的意义上是武断的,才应当被忽略或者抛弃。

接下来的问题就是:是否反映在我们的侵权行为法的实践中的范畴需要正当化——既在道德上又在理论上。从道德问题的立场上来看,对于根据独立的道德基础而认为现存的范畴是可遭反对的观点,我们尚且需要——正如我前面所指出的——听取一种真正辩护,更不用说那种认为它们应当根据经济效率范畴而被替代的观点了。然而,站在理论的立场上,我们也许愿意和希望修正我们的范畴,如果存在一种更加简洁的或者是更加优秀的选择,或者——作为当前实践中所持有的和表达的一如果它们没能与其他重要概念以——一种有序的、逻辑的和完美一致的关系方式结合在一起。诸如此类的考虑也许会引起一种把侵权行为法看作仅仅是一个较大的风险规制制度之一部分的观点的偏移倾向。

问题仍然存在,我们并没有修改法律部门的边界正是因为我们能够,或者是因为这样做符合我们喜欢的理论。我们不能决定,可以说,放弃把侵权行为法的概念范畴作为元意义的或不重要的,正是因为它对经济学用“风险规制实践”范畴来替代它的分析将是更加方便的。从理论的立场来看,之所以引发这样任何一种修改,一定会是因为当前所持有的这些概念范畴遇到了难以解决的问题——例如,是因为出现了一种现象:当前的体系结构难以维系或者其展现给我们的只是模糊不清等。以我们的理论行之元效为基础的修改肯定不是合理的。①

那么,是否有充分的理由来修改我们的侵权行为法的前理论性的概念——抹掉侵权行为法与其他法律部口之间的分界,并且用这套实践来代替风险规制的法律?一个可能的理由已经有人提出并讨论过:受传统范畴限制的侵权行为法概念也许使不同的法律部门之间的重要联系变得不明显。这将等同于传统概念——和以其为基础或者支撑它的理论——没有能够反映关于一致性(consilience)的理论规范。如此一来,经济分析学者可以声称:如果通过经济分析这个透镜来观察侵权行为法,我们就能够更好地理解我们全部风险规制实践的一致性。一种法律理论越是能够统一所考察的不同领域,该理论就越有吸引力。

这些考虑因素似乎提供了一个完全不同的和较好的代表着侵权行为法经济分析的观点。尽管经济学分析并不拥有一个关于我们的侵权行为法双

---

① 理论性——概念性的修改是一项理性的事业;任何一种对现存制度体现概念的背离都需要有理由。这样,我们从最小的改变开始。只是作为最后一种手段,我们才会抛弃我们曾经坚持的特征、范畴和信念的内核。在法律的例子中,我们因此有着初步的原因来保留其中的诸多特征部门——侵权行为法、合同法、刑法等——也包括体现在每一个这些部门法中的那些范畴。我们无须说明也不必假设这些部门法是不可或缺的,或者是它们代表了某种独立的道德秩序。然而,我们一定不要修改或者把法律重新概念化,直到我们有理由怀疑我们现存概念范畴的价值或有用性。在实用主义者的传统中,这经常被表达为“信仰—怀疑”(belief-doubt)原则。按照这个观点,笛卡儿式的基础主义(Cartesian foundationalism)完全将其曲解了。我们没有中止对之前某些以其为基础的确信无疑之基础的信仰。并且,我们把碰巧拥有的这套信仰当作是无须正当化或无须基础的——确信无疑的或别的方式。当然,我们的信仰体系包含了某些谬误,我们应该时刻准备着根据新的经验或更好的理论去怀疑和修改任何一个具体的信仰。

边结构的前理论性概念的很好解释，但是一致性的因素也迫使我们超出侵权行为法来考察其他法律领域——包括行政管理法的各部分和一般的规制法律。为了清晰地考察这些联系，我们所必须付出的代价就是必须修正我们关于侵权行为法双边结构的前理论性理解。那些对我们关于侵权行为法理解看起来曾经是必须的东西应当被抛弃或者重新审视。例如，受害人——致害人的关系曾经被显示为是具有基础性的规范意义；在根据一致性来修正我们对侵权行为法理解的过程中，我们抛弃或者重新解释了该关系的规范意义。当我们抛弃那个观点的时候，该观点认为在侵权行为法中受害人和致害人是按照我们本来可以相反地思考它们是什么样的那种方式紧密地联系在一起的，我们看到了法律中更多的东西以及其组成部分组合在一起的方式。

这是一种正确的讨论类型，但是作为准备用风险规制范畴来替代侵权行为法范畴的观点，它还不是成功的一个。还有很多我们可以据以考察法律部门的观点：私人当事人有关安排他们事务的观点；被他人违法对待的那些人的观点；律师、法官以及或许改革者的观点。经济学对风险规制的分析看起来似乎只是采纳了最后一种，并因此而使其他观点变得几乎无法理解。为了要求我们修正关于侵权行为法的前理论概念，其要求我们抛弃那个认为受害人起诉致害人是因为他们致害人侵害的观点。[①] 我们看到了从改革者的观点出发的许多联系，但是却是以我们也许不能从其他观点来理解法律为代价。

因此，我们仍然没有一个关于侵权行为法经济学分析的观点，而是仅仅拥有了关于这个观点应当是什么样子的一个轮廓。至少，经济学分析的支持者将需要以更多的细节来说明经济学分析阐明侵权行为法与风险规制之间联系的那些进路；他们还将需要为那个观点而辩护，该观点认为：为了使这些联系更加明了，值得牺牲现有的阐明了侵权行为法双边结构的概念。[②]

---

① 当然，诉中自称的受害人也许有各种各样的客观原因来起诉他们诉称的致害人；在大多数案件中，他们确信其根据这个来保证某种金钱上的收获。这一点与诉讼当事人的客观确信无关，而是与当事人所理解的控制着该实践的规范有关。

② 这样一种解释一个暗含的观点似乎是对公法——私法区别的重要基础予以抛弃。所以，为了为风险规制解释辩护，不仅必须抛弃侵权行为法双边结构的核心，而且还必须修正我们关于公法和私法区别的前理论理解。

而且,一致性规范之于理论构建的重要性,为一种隐含的对矫正正义解释的挑战提供了理由,该挑战我们必须应对。那将是矫正正义解释的一个失败,如果它只有通过使其与其他法律领域或者政治道德相分离,来解释侵权行为法。实际上,如果它是一个关于侵权行为法的好解释,我们应当期望着矫正正义也来阐明我们社会实践的一个更广阔领域。毕竟,那些在侵权行为法和矫正正义中都处于核心地位的概念范畴——如责任、过错、补偿等——对于我们前理论性地理解其他法律部门和更加一般的政治制度,也是非常重要的。因此,矫正正义理论者的一个负担不是阐明矫正正义将侵权行为法与规制性实践具体地统一起来,而是直接阐明根据矫正正义对侵权行为法做出的解释揭示出那些侵权行为法与其他法律和政治实践结合在一起的方式。

(本文以《功能与解释》为题收录于[美]朱尔斯·L·科尔曼:《原则的实践:为法律理论的实用主义方法辩护》,丁海俊译,法律出版社2006年版,第41~59页。)

【辅读文献】

1.[美]威廉·M.兰德斯、[美]理查德·A.波斯纳:《侵权法的经济结构》,王强、杨媛译,北京大学出版社2005年版,第1~59页。

2. Stephen Perry, "On the Relationship between Corrective and Distributive Justice", in Jeremy Horder (ed.), *Oxford Essays in Jurisprudence*, 4th ser., Oxford University Press, 2000.

3.[加]欧内斯特·J.温里布:《私法的理念》,徐爱国译,北京大学出版社2007年版,第58~87页。

【问题讨论】

1.侵权法的本质是什么?侵权法有哪些功能?

2.从矫正正义的角度分析侵权法的本质,主要存在哪些理论学说,请简要梳理一下这种理论的发展演变过程。

3. 法律的经济分析为分析侵权法的本质提供了何种新的解释视角？它对矫正正义论的批评有哪些？它向我们展示了侵权法的何种独特结构？

4. 科尔曼运用德沃金的建构性解释理论，对于侵权法之本质所做的解释，对我们有哪些启发？将这种理论应用于侵权法的分析是否存在局限？

文献十四 [美]杰里米·沃尔德伦:《财产法哲学》

【引 言】

财产法的哲学思考包含两类问题。一类是分析性问题,即财产法中一些最重要的概念的含义和用法,如"私有财产"(private property)、"所有权"(ownership)以及"物"(thing)等。另一类是规范性或者正当性问题。众所周知,财产法涉及的是个人有权利对资源——一个国家的土地和物质财富——的使用做出决定,而不必考虑社会上可能受到影响的其他人的利益和愿望。那么,概括来说,赋予人们这种权利的合理性何在?具体而言,哪些原则赋予了将特定资源分配给特定的所有权人以合理性?当然,这两类问题是相关的,因为那些加深我们对"所有权"这样的概念进行分析性理解的要点,也会使我们更加清楚,当正当性问题提出来后,其关键点何在。

【正 文】

财产法哲学

[美]杰里米·沃尔德伦

一、分析性问题

对"私有财产"和"所有权"等概念进行界定的任何努力都面临着这样的风险,要么过分简化财产法的复杂性,要么在技术性细节的迷宫中丧失对一些更大问题的把握。实际上,一些法学家认为这类概念是不可定义的,而且在很大程度上也是可有可无的。他们认为,称某个人为某些资源的"所有权人"(owner),并不能传达任何有关她(或者他人)与该资源之间权利关系的确切信息;作为公司的所有权人不同于作为自然人所有权人;与汽车所有权人相比,知识产权的所有权人享有不同的权利集合;即使针对同样的资源,没有在其财产上设定任何第三人权利的土地所有人的权利(和义务),与居住在自己地产上的抵押人的权利(和义务)相比,存在更大的区别。

不过,要是一个人足够耐心,有可能为这个领域构建出一幅相当清晰的概念地图,它既尊重法律技术专家对法律细节的敏感,也尊重哲学家对一套能服务于有关正当性辩论之焦点的、便于理解的"理想型"的需要。①

(一)财产权的客体

我们首先从某种本体论人手。财产法是关于各种物以及我们彼此之间在对物的使用和控制中相互关系的法律。"物"包括哪些种类? 当然,像苹果、汽车这样的有体物(material things)是一种,但是,财产从未限于那些有形物体。房地产(realestate)提供了一个很有意思的例子。可活动房屋是一种物,该活动房屋所在的地块同样也是一种物。然而在法律上,土地不是有形物体。人们倾向于将土地等同于活动房屋所坐落的土壤和岩石,但是,取走任何量的土壤和岩石,这块土地依然存在。所以,[财产法中的]土地更像是土壤、岩石以及实际上活动房屋所位于的一个空间区域或者地球表面的一部分。知识产权是无形物的另一个例子。我的麦当娜音乐光盘,与你的麦当娜音乐磁带是不同的有体物。但是,它们包含同样的歌曲,这些歌曲本身——旋律以及歌词——可以被视为物,就像苹果和汽车一样,可以在其中存在财产权利。

第三类无形物与法律关系本身的"债权让与"(reification)有关。如果珍妮弗(Jennifer)欠萨拉(Sarah)50 英镑,而萨拉对珍妮弗还钱失去了信心,她或许会接受专门从事讨债业务的布朗温(Bronwen)支付的 30 英镑,而作为回报,布朗温获得了向珍妮弗索偿 50 英镑的权利(如果她能讨回)。自然可以说,萨拉将其债权卖给了布朗温,因而该债权是萨拉拥有的一个物,她甚

① See Waldron, J.. *The Right to Private Property*, Oxford: Clarendon Press, 1986, pp. 26 - 61.

至可以在布朗温没有出现时就处置它。用来表示这类物的法律术语是“诉讼上的动产”(chose-in-action)(更复杂的诉讼上的动产还包括支票以及公司股份)。现在,为某些目的起见,将这些“诉讼上的动产”看作是财产法上的适当主题或许是有帮助的,但是一般来说,诉讼上的动产并不会像土地、知识产权和有体动产(material chattels)那样带来财产哲学上的重要问题。一篇文章、一块土地和一部汽车作为物的存在,其本身不依赖于法律,针对这些物做出某些判定、解决纠纷等,才需要法律。相反,“诉讼上的动产”只有在法律已经以某种特定方式解决了某一特定纠纷时,才得以存在。因而,诉讼上的动产引起的哲学问题更宜被视作是契约法或者公司法上的问题,而不是财产法问题。

有体动产、土地和知识产权在本体论上的区别,对于正当性问题有重要影响。从某些方面看来,就智力成果主张个人财产权,要比就一块土地主张个人财产权有更充分的理由。在某种意义上,我原创的一支曲子不过是我的意愿和智力的产品。要不是我的创造,这首曲子可能永远不会存在;对我以自己的著作权获取利益不满的任何人都必须承认,即使我从未创作这首曲子,因而我也根本没有对它获得某种权利,她的生活也不会变得糟糕。相反,一块土地本身只是自然的存在,并非人类的产品或者发明。或者,如果我们将一块土地界定为一处空间区域,那么它是任何个人活动之前的既定存在;它是人类生存和活动的既定框架(given framework)的一个组成部分。

知识财产与非知识财产在其他方面的对比,似乎在相逆的方向上起作用。对可以利用的智力成果进行的有关财产权限制,与对土地或者其他如椅子等的有体物进行的有关财产权限制,其必要性是不一样的。如果你已经把 Blackacre 用作板球比赛的场地,那么我就没有办法同时在那里踢足球;而且两个人很少可以同时占据一把椅子,而不带来灾难性后果。但是,如果我演奏或者录制了他人创作的一支曲子,我并没有造成曲作者或者他人无法同时使用该曲子,或者妨碍了他人的使用。一首歌不会像一块土地或者一把椅子那样,会因占据的人多而变得拥挤,也不会因使用而有所损坏。但我有可能确实妨碍了歌曲的作者从其创作中获取利益。然而,这避开了财产权问题——因为作者只是通过利用其对曲子享有的财产权所赋予的权利来获益,那种权利即禁止那些拒绝支付报酬的人使用该曲子。

(二)财产制度的类型

当我们讨论不同类型客体中的财产权引起的正当性问题之时,能够理解私有财产制的主要的替代性制度是很重要的。

首先是"财产"与"私有财产"之间的区别。它们之间的区别就是"属"(genus)和"种"(species)的区别。"财产"是属概念(generic concept),可以用来指规范人们获得、使用以及对物进行控制的任何规则制度,无论是有体物还是无体物、自然生成之物还是人造之物。借用大卫·休谟(David Hume)的观点,我们可以说任何在获得、使用与控制方面可能产生争议的物都需要财产规则,尤其是那些相对于人们的需求而言比较稀缺的物。①关于谁去使用或者控制这些事物的争议很可能是很严肃的,因为资源的使用事关重大,人们的生计和享乐都与之息息相关。因而任何希望避免激烈冲突的社会,都需要制定一套规则以防范这类争议。这些规则的重要性无论怎样高估都不为过,因为它们为社会经济提供了法律框架。没有这些规则,计划、合作、生产和交换实际上是不可能的,或者只能以在"黑市"上所见到的那种可怕、不完整的形式存在,而在黑市上没有什么可以信赖。法学家们经常以这些必要性为基础来论证私有财产制度的正当性,但是,直到现在他们所做的也不过是确定了制定财产规则的必要性。在接下来的分析中我们必须牢记,一些社会已有千年历史,尽管它们没有关于土地或者其他重要经济资源的私有财产制度或者类似的什么制度,但它们也满足了其全部成员的需求。

我说过,"财产"是一个属概念,从财产制度的安排上可以进一步分为三个大种类:公共财产、集体(或者国家)财产,以及私有财产。在公共财产(common property)这种制度安排中,管辖资源的规则的目的是让社会的所有成员或者任何成员都有机会使用这些资源。比如说,一块公共所有的土地可以被该社区的任何人用来放牧或者采集食物。公园也对所有进行野餐、体育运动或者休闲的人开放。对于这类财产的使用所进行的任何限制,只不过是为了确保所有成员都有享用的公平机会,并防止任何人以妨碍他人

① See Hume, D., *A Treatise of Human Nature*, ed. L. A. Selby-Bigge, Oxford: Clarendon Press, 1888, pp. 484 - 498.

使用或者获得使用机会的方式利用该公共财产。

而集体财产(collective property)则完全是一种不同的观念。在集体财产制度中,资源并非向所有人都开放,而是由作为一个整体的社群(community)决定如何使用资源,这些决定是通过该社会的集体决策机制在社会利益的基础上制定的。决策机制的实际做法部分地取决于具体的社会制度,可能是部落长老们不慌不忙的讨论,也可能是像实施苏联式"五年计划"的官僚式决策(在现代社会,集体财产实际上等于国家财产,这样的制度通常被称作社会主义)。它还取决于一个社会中关于社会利益的主导观念——比如说,是将所有人平等地享受福利看作社会利益,还是将多数人的最大快乐或者促进某些未来目标(如国家的荣耀、文化的繁荣或者快速工业化)看作社会利益所在。

私有财产(private property)是区别于公共财产和集体财产的另一种制度。在这种制度安排下,关于财产的全部规则都是围绕这样一个观念组织起来的:任何为人所竞争的资源被认为是彼此相互独立的客体,它们已经被分配而受制于某个特定的个人(或者家庭、企业)的决策权威。根据私有财产制度的原则(比如,发现者取得财产或者生产者获得财产的原则等)而获得给定客体的人对该项客体拥有控制力:由她决定该如何处置。在行使这项权威的时候,她并不被认为是作为社会的代理人或者官员而行事。相反,我们说该特定资源是她的财产、属于她、她是它的所有权人;就如她的四肢、肾脏和眼角膜一样,它是她的。她完全可以按照自己个人的意愿决定如何使用该物品,而无须对他人做什么解释,或者如果她愿意,为了他人与她的利益或者她自己的利益,她也可以与他人达成一项合作安排。更进一步,她有权随心所欲地作出决定,无论她的决定是否会影响到他人。如果珍妮弗拥有一间钢厂,关闭还是继续经营该工厂,这是由她(基于她自己的利益)决定的,即使关闭工厂会严重影响到该工厂工人的就业以及所在社区的繁荣。

尽管可以说私有财产制度实际上是一套个人决策体系,但在下述意义上,它还是一套社会规则体系。所有权人没有被要求依靠自己的力量,就其为何有权针对已分配给她的客体做出决定而进行辩护:其他人所做的妨碍或者抵制她的决定的任何企图,都是在与整个社会的集体力量对抗。如果珍妮弗的工人无视她关闭工厂的决定,而占领工厂使之继续运作,她可以要求警察将他们驱逐出去;她不必自己去驱逐,也无须为警察的行动付费。

有时候当我们讨论这些不同的财产制度——公共财产制、集体财产制和私有财产制——安排之时,好像在谈论组织整个社会的不同方式。我们说苏联是社会主义社会,因为经济上最重要的资源是受集体财产规则约束;而在美国,经济上最重要的资源是由私有财产规则约束。实际上,在现代社会,总有一些资源受公共财产制度的支配(如街道和公园),一些资源受到集体财产制度的管辖(如军事基地和大炮),还有一些资源适用私有财产规则(如牙刷和自行车)。甚至在经济上重要的资源中(农村土地、矿产、铁路和工厂等),我们在很多国家都能发现私人所有制和国家所有制的混合,而如何维持这两种制度安排之间的平衡则是政治争吵中一个无休止的主题。

此外,私有财产的所有权人对分配给她的资源进行支配的自由度也存在差别。显然,任何所有权人的自由都要受到行为背景规则(background rule of conduct)的限制:我不能用我的枪去杀害其他人。但这些背景规则不是严格意义上的财产规则。更贴切的例子是区域规划限制和历史遗产保护方面的法律,这些法律实际上等于是把在特定资源使用的某些方面的集体决定,强加于该资源的私有权人身上。比如说,位于历史保护区内的某幢建筑物的所有权人可能得知她可以将该建筑用作店铺、住宅、旅馆,甚至如果她愿意的话可以闲置起来,但是她不得将该建筑拆除,代之以一座后现代风格的摩天大厦。或者,以前面提到的珍妮弗的钢厂为例,所有权人可能会发现法律要求她不得关闭钢厂,除非提前 90 天通知其雇员和当地主管部门。这样,私人所有权也是一个程度问题。在上面这些例子中,我们还仍然可以认为这些历史建筑物和钢厂是私有财产;但是,如果有关其使用的更多方面之决策受到公共机构的控制,我们会更趋向于认为,相关资源实际上受到集体财产制度安排的支配(而其“所有权人”实际上扮演的是社会决策执行者的角色)。

(三)所有权:一束权利

现在我们更为集中地讨论私有财产问题。从技术层面分析,个人对物的使用权包括两个方面。首先,恰如我们已经看到的,这种权利意味着不存在一种必须以某种特定方式或者不能以特定方式使用该物的义务。所有权人可以自由决定并选择占有、使用、改造或者甚至是消耗或毁灭该物的方式,并将其决定付诸实施。其次,私有财产意味着所有权人以外的其他人没有这种自由:他们确实负有某种义务——对所有权人负有的义务——不得占有、使用、改造、消耗或者毁灭该物的义务。当然,他们可以在得到所有权人的同意后使用该物品;但这意味着所有权人全权决定是否禁止他人享用该客体。

所有权人可以允许他人使用她的财产。她可以出借她的汽车、出租她的房屋,或者授予通过她的土地的权利。有时,行使这些权力(powers)的结果是在该客体上创设了另外一种(相对有限的)财产权益,因而所有权中包括的各项自由、权利和权力分散在若干人手中。因此,关于私有财产的法律不仅涉及所有权,还涉及寄托(bailments)、租赁(leases)和地役权(easements)等事项。

更为显著的是,所有权人被合法授予权利,将她在其所有物中的权利整体(包括转让的权利)转让给其他人——作为一种赠与,或者如果她坚持获得某种补偿的话,通过出售的方式。或者作为去世之后的遗产。一旦她这样做了,受让人即处于所有权人的地位;而转让人在该客体上不再享有法律认可的权益。正是因为这种转让权的存在,私有财产制是自我固化的(self-perpetuating)[当然,这与“自我实施”(self-enforcing)不同]。将物首次分配给所有权人之后,社会或者国家不必再关注进一步的分配。物的继续流转将取决于所有权人和他们的后继受让人的意愿和决定。(继承属于例外情形,法律规定了一些补充性规则以防所有权人没有指出其死后谁应接管其财产;不过,即使是这些规则,它们也是按照被继承人通常被预期会做的安排来设计的。)这种财产制度运作方式的结果是,资源既可能广为分散,也可能集中在少数人手中;一些人拥有大量资源,另外一些人却近乎一无所有。作为私有财产制的内在逻辑之一,任何人都没有义务去关注资源分配这一大图景。社会只需承诺,随时随地,强制执行所有权之排他性即可。正如我们将看到的,哲学家们对于这到底是私有财产制度的优点还是其弊端,存在不同的认识。

所以,所有权最为显著的几方面内容有:使用的自由、排他性以及各种转让的权利。一些法学家列举了更多的内容,包括宪法上的征用豁免权(例如,美国宪法第五修正案的规定)以及所有权人为履行判决(例如,为了偿还债务)而被迫出售其所有物的责任。在这方面进行的分析的表达和细致程度,显然一部分是由于品位问题,另外一部分则取决于在该制度的规范性论证中,什么被认为是最重要的。

二、正当化的需要

与地球引力不同,法律和制度不是自然世界本身的特征,而是人类的产物,因人类的决定而得以创设并维持,所以就产生了正当性问题。我们无须坚持既有的制度安排:我们集体地在政治上采取行动,可以自主选择对这些制度进行整体或者细节上的改变。当我们一起考虑如何指引并且评价这些选择时,规范性论证也就产生了。

只要维系一种社会制度的能源和财富还可以其他的方式加以利用,那么,现有的社会制度就需要正当性论证。然而,私有财产制度属于一类特殊的制度,这类制度之所以需要正当性论证,不仅因为其运行涉及机会成本,而且还因为这些制度的运行方式看起来——在其表面上——在道德意义上是可以反对的。在这个意义上,私有财产制就如同惩罚制度。惩罚需要正当性,不仅因为投到监狱的钱可以用来办教育,还因为惩罚涉及有意对人类实施剥夺生命、施加苦痛或者剥夺权利等。这些惩罚行为本来是不可原谅的,除非它们在道德上具有压倒性的理由,而我们想知道这些道德上的压倒性的理由是什么。

与此相似,我们为私有财产制寻找正当性,是因为这种制度剥夺了社会对资源的控制,而这些资源对于其成员的福祉极为重要,并且这种制度在特征上,即要求我们以社会强制力防止社会中的许多成员以某种方式或者所有方式利用其生存所需要的资源。前面我已经提到,承认个人转让权的后果之一是,资源逐渐以这样的方式进行分配:少数人拥有大部分,多数人拥有小部分,甚至有相当数量的人一无所有。私有财产制本身包括了这样一种社会允诺:社会将继续用其道德的和暴力的权威来维护所有权人的权利,甚至对抗那些失业者、食不果腹者、无家可归者、无立锥之地者——他们随时会被驱逐。法律权威和社会力量由此会受制于个人对土地和其他资源进行控制的这种专断的分配[制度],这足以产生反对私有财产制的假定。而寻求正当性的过程,就是探究有什么理由可以用来反驳该假定。

有人会认为,随着“事实上曾经存在的社会主义制度”在中欧、东欧和苏联的瓦解,现在探讨私有财产制的正当性已经没有实际意义。在那里,我们看到的不正是(那些集体所有制的往昔拥护者)最终对市场和私有财产制必要性的迟到的承认吗?在那里,我们看到的不正是(那些集体所有制的往昔拥护者)对商业、工厂、矿藏、农场和一般生产资料中的私有财产制,而不仅是公寓、牙刷以及偶尔冒烟的汽车的私人所有制的迟到的承认吗?

由发生的这些变化,可以很容易得出结论认为,集体财产制已经名誉扫地,而私有财产制的正当性问题已经不证自明。现在可以把这个问题作为务实的人不再关注的东西,放心地交给哲学家们了。当然,哲学家们仍然会就这个问题讨论得不亦乐乎,不过,他们讨论的方式是如同用外星世界的现实性或者明天太阳是否依然升起等诸如此类的问题那样相互揶揄。

就这样打发这个问题是不对的。考虑一下这个比喻:假设,作为某种世界范围内“报应主义革命”影响的结果,20 世纪 40 年代以来废除死刑的国家都要重新恢复死刑。那样会减少美国人民现在对其社会中的死刑的下述担心——杀人禁忌的弱化、错杀无辜的风险、死刑实施过程中的种族不平等、公众迷恋死刑残酷细节的野蛮性,等等。它可能会使我们对改革前景不再满怀希望,但是,这并没有降低我们从道德角度检讨的需要,检讨这是不是一种我们可以与之一起舒适生活的制度。无论如何,探讨一个制度的正当性不仅仅是为了考虑废除这种制度,更多的时候是为了理解和明智地运作这一制度。这里仍然用惩罚制度进行类比分析。在刑法中,我们研究精神状态(mens Fea)和严格责任(strict liability),研究行为的正当性、免责事由与减刑情节、精神错乱这种抗辩理由的使用(或者滥用)之间的区别,研究重罪杀人(felony homicide)与故意谋杀(deliberate murder)之间的相似性。如果不追问刑事制裁的要义所在,那么以上研究无一能够展开。没有一些关于惩罚与个人责任的哲学考量,刑事法律的学说和原则看起来会像是一种徒具形式语法、没有自身真正内涵的神秘语言。

与此相似,在思考财产权问题之时,除非认识到财产规则(或者,尤其是私有财产规则)的要义所在,否则许多问题和争论便没有什么意义。这样的问题有些是技术性的。比如,永续性(perpetuities)的规则、土地产权登记的细节、对遗嘱自由的限制,等等——除非将这些规则与下列做法——为什么在个人对资源的控制,或者在个人对资源控制的处分背后设置一定社会权威——结合起来考虑,否则,上述规则就会成为晦涩难解、莫名其妙,只能通过死记硬背才能掌握的密码。

这一点同样适用于那些技术性较弱、更具实质性的问题。美国宪法第五修正案规定,未经公平补偿不得征用个人财产。显然,这样的[个人]权利则能够防止政府随便没收或征用某人的土地(如用作射击场或者飞机场)。不过,回想一下我们前面用到的例子:如果国家仅仅对所有权人使用土地施加一定的限制又会怎么样呢?萨拉被告知不得在其拥有的地产上建造后现代风格的办公楼,因为这样做会影响该社区的历史美感。这一限制是否构成宪法第五修正案中应该得到补偿的一种征用(taking)呢?萨拉确实遭受了很大的损失(她当初买这块地可能就是为了进行开发)。但从另一方面看,把施加的任何限制都看成是征用也是愚昧的:虽然我开车不得超过时速100公里,但我仍然是汽车的所有权人。

我不认为只是盯着"财产"和"征用"两个字眼就能回答上面这个问题。当然,如果对私有财产为何如此重要,以致值得宪法给予这样的保护没有什么认识,那么,就不可能明智地阐述这个宪法问题(这不同于学习那些只需要死记硬背的各法院相继给出的答案)。保护私有财产制是因为我们怀疑国家与国家机关就资源进行集体决策的能力吗?或者这种宪法保护的目的,只不过是为了限制以公共利益为由课加于个人身上的种种负担?私人所有权所服务的终极目标与价值直接影响对宪法第五修正案征用条款的解释以及对财产法上其他法定神圣原则的解释。

三、正当化的理论

现在我们来看已经提出来的正当性理论。在这个问题上,法理学已经超出了自己的边界,进入了政治哲学,进入了柏拉图(Plato)与亚里士多德(Aristotle)、格劳秀斯(Grotius)与普芬道夫(Pufendorf)、霍布斯(Hobbes)与洛克(Locke)、休谟(Hume)、斯密(Smith)与卢梭(Rousseau)、黑格尔(Hegel)

与马克思(Marx)、边沁(Bentharn)与穆勒(Mill)以及诺齐克(Nozick)与罗尔斯(Rawls)所参与的辩论。

像私有财产制这样的制度需要两个方面的正当性论证。首先,我们需要证明将物置于个人控制之下这种一般观念的正当性。其次,我们需要证明是某人而不是其他人成为特定资源的所有权人所依据的原则的正当性。原则上讲,同一个论证可以同时实现上述双重任务,因为一些一般性论证的目的不过是放大了的压倒性的分配原则。比如,诺齐克论证私有财产制的合理性基础,不过是某些物天生属于某些人,而我们则必须创设尊重那些特定权利的社会制度,无论这个制度作为整体是否适合更广泛的社会目标。他写道:“凡物临世,必已附着于对其有权属之人。”①他举出的最具说服力的例子是身体器官。我们无须为我的肾脏属于我自己寻求一般社会正当性。它们本来就属于我自己,关于财产的任何可接受的理论最好都尊重这一事实。不过,这种特别的论证方式能否扩展到土地或者其他身外之物则是值得怀疑的。约翰·洛克在这个方面的尝试最为著名。② 但是,正如我们即将看到的,即使是洛克也发现,有必要用关于社会效用的更具一般性的考虑来补充他的特定权属理论(particularentitlements)。

(一)正当性论证的一般目标

最常见的正当性论证是,当特定资源由私有制而非其他制度规制之时,人们的生活更为富足。与其他制度相比,据称财产私有制可以使资源得到更合理的利用,或者能够满足更广泛的(以及或许更多样化的)需求,这样人类从特定资源中获得的整体收益就能增加。

这种论证方式最具说服力的观点有时被称为“公地悲剧”的范式。③如果每个人都有权使用某块给定的土地,那么没有人有动力去关心庄稼是否已经播种、土地是否被滥用等。如果有人承担了这些责任,他们很可能得自己承担所有相关费用(如种植费用或者自我节制用地遭受的损失),因此产生

---

① Nozick,R.,*Anarchy,State and Utopia*,Oxford:Basil Blackwell,1974,p.160.

② See Locke,J.,*Two Treatises of Government*,ed. P. Laslett,Cambridge:Cambridge University Press,1988,pp.285-302.

③ Hardin,G.,The Tragedy of the Commons,*Science*,162,1,1968,pp.243-248.

的收益（如果有）却由所有后来使用土地的人享有。在许多情况下，即使有人这样做也不可能产生什么收益，因为除非其他人合作，个人的规划或者节制是无效的。相反，在公共财产制度下，每一个共有人都有动力从土地中获取尽可能快的、尽可能多的收益，因为短期收益是集中可见的、有保障的，而自我节制带来的长远收益则是不确定的、分散化的。然而，如果把一直以来公有的土地划为若干小块，分配给每一个具体的个人，他可以控制在该小块土地上发生的事情，那么耕作计划和自我节制就有机会发挥作用了。在这种情况下，承担自我节制损失的人同时也可以获得节制在未来所能够产生的所有收益；因而，如果人们是理性的，并且如果节制（或者采取其他有远见的行为）实际上是符合成本效益的话，获得的整体效益也会增加。

这一类论证比较熟悉，也比较重要，但是和所有功利主义论证一样，它们需要谨慎对待。在大多数财产私有制度下，总会有一些人拥有很少财产、甚至一无所有，有人则完全仰人鼻息而生活。所以每当我们说，在私有财产这种制度安排下"人们"的生活会更富足时，应该追问一句是"哪些人？每个人？大多数人？还是仅仅是那些少数所有者，他们的财富如何巨大以至于在计算总体效用之时足以抵消其他人遭受的所有不幸？"

约翰·洛克大胆推论，在这种制度下每个人都将更富裕。通过对比英格兰和殖民前的美洲——在英格兰公地被私有者迅速圈起来，而殖民前的美洲土著居民实行土地公有——洛克断言："那里［即美洲］的一个拥有大片富饶土地的部落首领，在吃、穿、住等方面还不如英格兰的一个普通工人。"①这个工人可能并不拥有什么，但是繁荣的私有经济提供的就业前景使他享有较高的生活水平。另外，那些更为乐观的功利主义者以我们现在称为"帕累托改进"（Pareto-improvement）的方式进行论证。或许将以前的公地私有化并不能使所有的人受益，但确实使一些人受益，而其他人的状况并未因此恶化。这几乎不是要求后者支持或者赞成这样一种变化的原因，但是这也表明他们没有什么可抱怨的。因此，穷人的无家可归和悲惨境遇并不是私有财产制造的后果；而仅仅是人类天生要面对的困境，只有一些精力充沛的

---

① Locke, J., *Two Treatises of Government*, ed. P. Laslett, Cambridge: Cambridge University Press, 1988, p. 297.

私有者能够成功地将自己从这种境遇中解救出来。

这样,我们已经讨论了关于私有财产制优于公共财产制的功利主义理由。有关私有财产制相对于集体财产制优越性的论证,更多的是与市场有关,而不是与资源使用中的责任和自我克制的必要性有关。关于市场的论证是,在一个复杂的社会中将特定资源分配到特定生产过程需要无数的决策。比如说一吨煤,那么这吨煤最好用来发电,然后去冶炼用来制作饭锅或者飞机的铝材,还是最好用这些煤来炼钢,然后用这些钢来制造既可以运送牛饲料、也可以运输矾土的铁路货车呢?在大部分经济活动中,生产活动可能涉及无数不同的要素,实践已经证明,由一个以全社会的名义行事、负责整个经济运行的中央机构对生产要素的分配做出有效率的决策是不可能的。

与此相反,在市场经济中,由无数对价格信号做出反应的个人和企业在分散化的基础上进行这些决策,每个人都力图从对其支配的生产资料的使用中获得最大利润。有些人猜想,或许在非私有财产制下也可以实现市场的作用,但是这看来太不可能了。除非市场经济中作为个体的经理从自身对投资和资源配置的决策中获得个人利益——或者除非他们对受此激励的其他人负有责任——这一考虑中获得直接激励,否则不能指望他们对价格做出有效的回应。只有当相应的资源是他们的,因错过市场信号而遭受的损失也是他们的,并且资源配置有所获利时收益也是他们的,才可以指望这种激励机制。

前面已经提到,对私有财产制的功利主义辩护是有困难的,除非它可以表明私有财产制下的每一个人都能更为富裕,或者至少没有人更糟糕。现在,一个能够使所有公民都可以从经济私有化中获得可观利益的社会,或许已经不再是不可能的梦想。但是,在我们所熟悉的任何一个私有财产制社会中,总会有那么一个通常人数不少的阶层只拥有极少的财产或者根本是一无所有,可以说他们比在其他制度下——比如社会主义制度中——的境遇要差。即使一种制度的正当性之所以成为首要问题,部分地是因为这些人面临的困境,正当性理论也不能简单地忽视这些人的困境。顽固的功利主义者可能坚持认为,那些因私有制而获益的人的所得远胜过他人因该制度而受到的损失。也就是说,功利主义者使用产出和财富的总量为私有财产辩护。但是,从哲学的观点看,这种顽固的观点很是声名狼藉[①]:如果我们将个人而不是像“社会福祉”这样的概念性实体作为正当性论证时关注的对象,那么应存在某种我们可以向每个人道出的理由,为什么我们所辩护的制度值得她的支持。否则,为什么她应被指望遵守这种制度的规则和要求,这一点是根本不清楚的(除非我们有权力和人多势众能强迫她接受)。

为了说明一些人享有私有财产制的好处而另外一些人陷入贫困是公平的,或许可以用抛弃论(argument about desert)来补充功利主义论证的不足。洛克就这么做了。他说,上帝把这个世界交给“那些勤劳而理性的人们……而不是让那些争吵不休、好勇斗狠的人满足其贪婪和反复无常”。[②]如果私有财产制是对资源更明智、更有效的利用,那是因为一些人善用了他们谨慎、勤劳和自制的美德。按照这种观点,一些人之所以贫困,在很大程度上是因为他们整天无所事事、肆意挥霍,或者是缺乏进取心。当今,如果用这种理论来论证现存私有制经济中财富分配的正当性,它很容易遭到驳斥。[③]但是,抛弃论者可以采用一种更温和的立场:私有财产制本身就是这样一种制度,其中,游手好闲者不能篡夺其他人勤奋劳动的成果,而那些节俭和有效率之人可以预期因其美德而获得某些回报,这些美德将他们与那些不努力的人相区分。

也可以从另外一个稍微不同的角度来讨论美德问题。我们支持私有制不是因为它(或者说如同)对所有权人表现的美德进行奖赏,而是因为它为人们提供了一个获得并且发挥上述美德的机会。用黑格尔的话来说,拥有财产有助于个人“人格的纯粹主观性”;[④]用朴实的英语来说,就是私有财产制赋予个人以实现其计划和方案的机会,否则它们只能在他们头脑中打转,并且赋予个人为其意图负责的机会,因为他们所作的决定的影响会体现在

---

① See Nozick, R., *Anarchy, State and Utopia*, Oxford: Basil Blackwell, 1974, pp. 32 – 33; Rawls, J., *A Theory of Justice*, Oxford: Oxford University Press, 1971, pp. 22 – 33.

② Locke, J., *Two Treatises of Government*, ed. P. Laslett, Cambridge: Cambridge University Press, 1988, p. 291.

③ See Nozick, R., *Anarchy, State and Utopia*, Oxford: Basil Blackwell, 1974, pp. 158 – 159; Hayek, F. A., *The Mirage of Social Justice*, London: Routledge & Kegan Paul, 1976.

④ Hegel, G. W. F., *Elements of the Philosophy of Right*, ed. A. W. Wood. Cambridge: Cambridge University Press, 1991, p. 73.

他们工作的物体上,比如家、帐篷或者汽车。[①]在公民共和传统(the civic republican tradition)中,这种美德论与自耕农(yeoman farmer)崇高的独立性和自足性有关。个体的业主除了自己勤奋外没有其他可以凭借,既没有富裕到可以购买他人的劳动,也不会穷到为他人出卖劳动。在讲求德性的共和国中,他们是可以依赖的优秀公民。他们在公共生活中运用其审慎、独立、果断和良好管理的美德,这些也是他们经营自己的产业时所必需依赖的美德。如果大多数资源是公共所有的或者是由集体为了全体成员的利益而控制,那么就无法保证公民的生活条件是有利于提升共和国德性的。相反,公民的行为要么像那些坐享国家福利的人,要么成为公地悲剧中不负责的参与者。经过一两代有这种性格的人成长起来以后,整个社会的诚信就岌岌可危了。当然,这些关于美德的观点对财产分配十分敏感。[②] 就像格林(T. H. Green)评论的那样,在资本主义社会中,一个什么都不拥有(own)的人"就财产之占有(possess)所服务之伦理目的而言,可能也被彻底剥夺了财产权"。[③]

为了完成对私有制的一般正当性综合考察,我们必须考虑财产与自由之间的关系。实行私有制的社会经常被描述为自由社会。这一说法的部分含义当然是在这样的社会中,所有权人可以依照自己的意愿自由使用其财产,而不为社会的或者政治性的决策所束缚。(相应地,政府在经济生活中的决策功能也就被最小化了。)但是这还不是那句话的全部含义,因为——就像我们在前面的分析性讨论中所看到的——将私有财产制描述为一种非自由制度同样是恰当的,这是由于这种制度必然涉及社会性地排除人们拥有已为他人所拥有的资源。

这种自由主义定性蕴含了其他两个内容。第一点与独立有关:一个拥有数量可观的私人财产——比如住房以及收入来源——的人与其他财产所有制主导下的社会的公民相比,较少担心他人的意见和胁迫。在完全的字

---

① See Waldron, J., *The Right to Private Property*, Oxford: Clarendon Press, 1986, pp. 343 - 389; Munzer, S., *A Theory of Property*, Cambridge: Cambridge University Press, 1990, pp. 120 - 147.

② See Waldron, J., *The Right to Private Property*, Oxford: Clarendon Press, 1986, pp. 323 - 342.

③ See Green T. H., *Lectures on the Principles of Political Obligation*, London: Longmans, Green & Co, 1941, p. 219.

面意义上，前者生活在自由主义者总是认为对个人极为宝贵的“私人领域”之中——在这个行动领域内，行为人无须就其行为对自己以外的任何人负责。不过，在涉及分配之时，这种自由主义的理由也像美德论一样敏感：按照这种自由主义论述，那些在私有财产制经济中一无所有的人没有自由。

不过，最后一点可能过于鲁莽了，因为私有财产制下实际上还存在其他促进自由的间接途径。米尔顿·弗里德曼①指出，如果一个社会中知识和政治产品的生产方式（如印刷厂和出版社、复印设备以及电脑等）是由许多个人、私有企业或者公司所控制，那么，即使他们的数量不多，该社会的政治自由也将得到促进。在资本主义社会，持不同政见者如果想传达自己的信息，可以选择与一些人（国家官员以外的人）做交易，许多人预备着将自己的媒体供人使用，只是以金钱为基础，而并不关心所传达的是什么信息。与此相反，在社会主义社会中，那些政治上的活跃人士要么不得不游说政府机构传播其主张，要么就得冒风险进行地下出版。弗里德曼认为，从一般角度来讲，私有财产制的社会与社会主义社会相比，为那些一无所有的人提供了更多谋生的方式——只要你愿意，一个更大的雇主名单。对某些人来说，通过这些方式私有财产制可以促进每个人的自由——或者至少增加了选择。

（二）财产分配的几种具体观点

为了方便论述，现在假定私有财产制总体上对一个社会而言是一种好的制度。无论是因为这种制度有利于效用最大化、促成市场、培养美德、信赏必罚，还是因为它提供一个有利于自由发展的适宜环境，我们都认为由不得不对其做出的决定承担后果的个人对资源进行控制是个好主意。现在的问题是，什么人控制什么资源？这是如何——凭借何种规则——决定的呢？

论证私有财产的特定分配的正当性是一项重要的任务。从前文的分析性讨论中我们发现，一旦私有财产制确立，特定资源被分配给特定个人，这个制度的运行就无须进一步分配干预。即使需求改变、人们生老病死、代代相继，私有财产制基本上可以凭借自身的动力运行，至少在资源分配方面如

① See Friedman, M., *Capitalism and Freedom*, Chicago: University of Chicago Press, 1962.

此。不过结果可能不尽如人意。在某些情况下,资源过度集中于少数人、企业或者家族手中,当局不得不考虑以正义之名介入,实施一些大规模的再分配。这在历史上曾经发生在很多国家——比如19世纪后半叶的新西兰、世纪之交的墨西哥以及晚近的菲律宾。那些进行土地改革的国家实际上重新面临着分配问题,它们要建立一种根据当前社会的要求具有正当性的将资源分配给个人的方式。

即使在没有对产权进行重新配置的国家,关于分配的理论也有助于人们思考以什么方式对财产权利进行规范以及如何使财产权利的行使符合社会和经济制度的整体结构。多数发达国家都实行累进的所得税或者财产税,以这些税收为基础向其最贫困的国民提供收入补助和基本服务。这些体制通常并不被视为是财产的再分配方式,但无论如何,这些做法的出现确实考虑了现行制度在多大程度上偏离了公平的分配制度,或者说,财产分配制度应该遵循什么样的基础原则。

我之所以强调这一点,是因为"法律经济学"中一个著名的观点——初始分配并不重要。比如,铁路边的麦田经常因为通过的火车产生火星而遭遇火灾。很清楚的是,在这块土地上,要么是麦田能够顺利生长,要么是火车可以畅行无阻,二者不可兼得。根据科斯定理,①无论是否将麦田不受火灾侵害的权利一开始就配置给麦田种植者,麦田种植者和铁路之间最终都可以达成一个有效的解决方案。如果经营铁路比种植小麦获利更可观,那么,即使种植者有权提起诉讼,铁路公司赔偿其庄稼损失后仍然可以获利;如果种植者无权提起这种诉讼,那么他的利润尚不足以向铁路公司支付费用来说服后者停止火车运营以避免损害庄稼。同理,如果种植小麦的利润更为丰厚,权利的初始配置也不会造成什么不同。但是,科斯定理只能表明分配问题从效率角度来看没有什么重要性(并且,这一结论也只是建立在若干关于交易费用的高度理想化的假定之下)。科斯及其追随者也承认,权利的初始配置将会对各方从有效率的分配中最终获得的财富产生重大影响,他们几乎不能否认这对于当事人自己而言要远远比效率问题重要。总的说

① See Coase, R. H., "The problem of social cost", *Journal of Law and Economics*, 3, 1960, pp. 1 – 44.

来，法律经济学的教授们并没有试图表明，为什么我们应该用效率来排除对所有其他价值的考量，或者说明法律为什么不应该重视传统上被视为法律存在理由的正义。

在探讨将资源分配给具体所有者之原则的哲学家中，一些人赞同初始分配的内在随意性（arbitrariness）；另外一些人则坚持认为，除非初始分配具备道德上的正当性，否则，财产制度的运行不可能是正当的。在后者——也就是坚持初始分配必须具有道德基础的哲学家——当中，一些人主张私有财产的初次分配应该取决于整个社会的集体决策，而其他人则认为合乎道德的产权配置通过个人的单方行为也可以确立。我以与这些观点相应的三个最著名鼓吹者，将其分别称为“休谟式”、“卢梭式”和“洛克式”。

1. 休谟式进路

讨论休谟式进路时，我们从以下假设着手：自远古起，人们一直忙于攫取和争夺资源；在任何时候通过事实占有的方式实现的资源分配可能是随意的（arbitrary），因为这种分配受暴力、贪婪和运气的驱动。而这种掠夺式的攫取和争斗（既有武力的一面，又有意识形态的一面）很有可能会你来我往无限期地持续下去。不过这种状态也可能因达到某种稳定的均衡而得到解决，在这种稳定的均衡中，几乎所有占有重要资源的人发现，这时继续掠夺性的行为的边际成本与取得的边际收益是相等的。在这种情形下，可以获得一种被称为“和平红利”的东西。在冲突减少、社会关系稳定以及市场交易的前景方面，每个人都可以从缔结停止为占有而争斗的协议中获益。

我认为，不妨碍他人对其财产的占有对我是有利的，只要他给我以同样的对待。他能够明智地认识到调整自己的行为对他自己是有利的。如果我和对方都表达了，并且知晓这种利益共识，就会做出适当的决定，采取适当的行为。①

而这种决定一旦持续下去，随着时间的流逝，可能造成承认事实上的占有物成为法律上的财产。

休谟式进路——我们在詹姆斯·布坎南（James Buchanan）的著作中可

---

① See Hume, D., *A Treatise of Human Nature*, ed. L. A. Selby-Bigge, Oxford: Clarendon Press, 1888, p. 490.

以发现其当代版,提出了符合现代经济学精神的关于初始分配的阐述。除了在理性选择理论中运用有关人性的假定,该进路没有在任何其他方面运用有关人性的假定——因此,它在道德诉求方面是相当温和的。按照休谟的解释,自然发生的分配(emergent distribution)的稳定性与该分配本身正义与否或者在道德上是否值得尊重,并没有什么关系。(按照特定的关于分配的标准来衡量)这种分配可能平等也可能不平等,可能公平也可能不公平,但当事人已经认识到,他们不能期望用自己的力量压倒对方而实现更好的分配。休谟认为,我们不应该关注从冲突的年代发展出来的占有制度的分配特征。目的应该是承认任何已经展现出来的资源分配——也就是说,只要支持这种分配可以让我们远离谁应该拥有什么的喋喋不休的争吵,享受一个有序市场所能够带来的福利。

与其主要的辩论对手相比,休谟对财产权起源的阐释,其优点在于承认人类历史早期是一个充满纷争的时代,这个时代基本上没有规则可言,进而也无法进行道德追问。休谟并不要求我们深入考察历史来确定什么人对什么人做过什么,以及如果当时没有做过又会怎样。一旦占有的某种确定方式出现,我们就任意地划一界线,宣布"财产权利从此开始"。这种方式对于我们今天同样有重要的规范性意义。试图质问或者中断现有财产分配的人必须承认,他们最大的努力不仅不会推进一个新的正义时代,反而有可能再次启动一个充满纷争的年代,在这样的年代中,所有的投入都是竹篮打水一场空,实际上任何计划和协作都是不可能的。因此,在这样的基础上确立稳定财产关系的重要性并不在于这样能够带来正义,而它为人们社会生活的其他方面的建设提供了一种确定的、互相认可的基石。

休谟式进路的弱点恰恰也是其优点带来的。正如我们在讨论科斯定理时所看到的,分配正义对于法律和我们自己都很重要。显然,如果一种休谟式的协议认同的是奴隶制或者一种食人族的野蛮制度,我们并不会乐意接受它;但在休谟看来,一些人拥有另外一些人的人身,可能正是从冲突的年代发展出的一种张力平衡状态的特点。而且,如果这种占有模式确实很稳定,那么承认其作为财产制度将会出现全赢的局面——无论是奴隶还是他们的主人,但我们仍然会基于正义而反对这种制度。这说明即使休谟的主张是正确的,即正义感是建立在互相尊重对方的事实占有这一传统的基础之上,这种情感一旦确立就有了自己的生命,因此它以后恰恰可以反对曾产生这种情感的分配方式。

2. 卢梭式进路

按照休谟的模型,相互克制是和平红利实现的保障:我同意尊重你已成功控制的东西,你也同意尊重我已成功控制的东西。一种替代性的选择是设立一个公共权威机构或者国家来强制实现相互克制。但是,如果我们建立的国家强大到足以实施一种事实分配,那么它也有可能强大到足以按它自己的正义理念(也就是其选民或者官员的理念)把资源从一个人转移到另外一个人手中。

实际上,国家力量可以与一种普遍道德情感相提并论,即共同行动者有权根据宽泛的正义原则来确定一种新的分配方式,该方式能够反映每个社会成员在社会中的平等伙伴地位。比如,他们可能会坚持土地资源自始就分配给每一个人,因此若非本人同意,任何人都不可能因他人的非法占有而被正当地剥夺。或者,他们会坚持认为,就像伊曼纽尔·康德(Immanuel Kant)曾经建议的一样,非法占有者的单方行为并不能创设由私人财产权利才能设定的义务,而如果不是由于这种非法占有,人们[对于非法占有者]根本不可能有任何的义务。在康德看来,只有"全民"(omnilateral)意志可以做到这一点,只有这种与公共性的立法相联系的"集体的普遍的(公共的)和强力的意志"[colleetive general(common)and powerful will]可以做到。

这种立场与让－雅克·卢梭(Jean-Jacques Rousseau)的规范性理论联系最紧密。在卢梭看来,即使个体在社会创建伊始已经占有了资源,作为社会契约的内在组成部分,我们仍然必须将自己特有的财产让渡给社会的公意,只有这种公意才能够确定一种能够提供相互尊重的真正基础的分配制度。①

当然,这种[对公意的]服从在我们看来着实很危险。但是如果我们考虑到,另外一种替代方式带来的是特定个人控制资源并因此能够以一种不受道德原则约束的方式对他人享有支配权力,那么这种服从的危险性看起来就不是那么巨大了。我们也必须记住,卢梭模式是高度理想化的,其背后

---

① See Rousseau, J., *The Social Contract and Discourse*, tr. G. D. H. Cole, London: J. M Dent & Sons, 1973, pp. 173 – 181.

不是这样的理念,即认为所有的人——无论贫富——都应该仅仅将其占有物交给那些夸耀自己是政府的一群无论什么样的强盗帮或者先锋党(vanguard party);而应是这样的理念,即关于财产权的合法性理念与真正的社会联合的观念是密不可分的,在这样的社会联合中,人们作为自由和平等的个体来共同解决资源分配问题。

与这种将资源分配给个人的方式相伴生的就是分配原则的问题,该原则应该能够经受公意的认可这一考验(不管是实际的还是假定的考验)。实际上,多数采纳卢梭理论的人都想设想一种大体平等的私有财产。

不过,也就是在这里,该理论模型遇到了最大的困难。财产的初始占有可以根据一种分配原则(平等)来评定,那么任何占有都可以用该原则来评定。毕竟,没有理由说卢梭式的准则适用于时点 t_1,却不能将该准则适用于后来的任一时点 t_n。但是,如果我们在时点 t_1 分配私有财产权利,并且如果——像人们期望的那样,这些权利包括了让渡的权利——那么,恰如罗伯特·诺齐克①已经论证的那样,作为像赠与、遗赠、市场交易等自愿行为的结果,这种为人们所钟爱的分配在时点 t_2 有可能转化为一种不再符合平等主义原则的分配。若要维持一种符合卢梭式原则的分配模式,"要么是必须不断地干预,以阻止一些人按照其自己的意愿转让资源,要么从一些人手中取走他人出于特定原因自愿转让给他们的那些资源"。② 姑且不谈对于自由的侵害,这样不停地用道德准则进行干预和再干预的结果是对市场的破坏,而且就像休谟所说的,"社会陷入极度贫困;不仅无助于消除少量发生的赤贫和物资短缺,反倒使其不可避免地向整个社会蔓延"。③

约翰·罗尔斯(John Rawls)可以被看作卢梭理论模式的当代阐释者。他认为问题可以由坚持以下思路而得以解决,即观念中的卢梭式团结所认可的正义原则不适用于个人的应得之份额,而适用于制度的评判和选择,这些制度一旦被选定,就会遵循自身的逻辑而运作。罗尔斯写道:"对资源分配进行评判时,不能将它与其得以产生的制度,或者说是个人按照既有预期

---

① See Nozick, R., *Anarchy, State and Utopia*, Oxford: Basil Blackwell, 1974, pp. 162 – 164.

② Nozick, R., *Anarchy, State and Utopia*, Oxford: Basil Blackwell, 1974, p. 163.

③ Hume, D., *Enquiries Concerning the Human Understanding and Concerning the Principles of Morals*, ed. L. A. Selby-Bigge, Oxford: Clarendon Press, 1902, p. 194.

采取行动时善意信赖的制度分离开来。”① 但是，这种高度抽象化的说明是否可以被转化为一种思考和衡量具体财产制度安排的实际运作的思路，还有待观察。

3. 洛克式进路

在卢梭的理论模型中，对个人所有者的资源初始分配是由作为整体的社会进行的，其理论前提是对每个人产生影响的事物需要得到全体同意。洛克式进路则拒绝接受这种理论，认为其愚蠢、不切实际：“如果必须得到这样的同意，人类可能还是一直处在饥饿寒苦之中，即使上帝赐予了我们丰厚的资源。”② 他认为，我们生于充满生活必需品的世界，一个人占有并使用其中一些东西并没有什么错。而且，如果一个人已经开始使用一块土地或者其他自然资源，其他人试图禁止其使用或者将这块土地取走的行为显然是错误的，除非该人对资源的占有给他们的生活造成了严重损害。看来我们并不需要为了占有者已经确立的权利而作出任何集体的或者“全民的”决议，去确立占有者的产权。

这种单方获取（unilateral acquisition）理论的最简单形式，实际上是一种先占理论（First Occupancy Theory）：最先占有土地的人将成为其所有权人，或者在更一般的意义上，第一个像所有者一样行动的人，实际上就变成了该物的所有人，至少就占有人或者任何他人行为之道德性而言是这样的。对此，传统的解释是第二个以及后来者必定会损害在前的先占者的利益，而第一个占有人则不会面临这个问题。但是实际并非如此。即使对于第一个占有人而言没有在先的占有者（occupant—appropriator），其占有仍然可能影响其他人的利益——那些本来可以享用公共资源的人现在发现由于第一个占有者的推定权利，他们根本不能继续享用这些资源。

约翰·洛克的理论被普遍视为有关财产制度最有趣的哲学探讨，主要是因为这种理论代表了一种面对和解决这种理论困难的诚实努力。洛克分析的起点是上帝将世界交给人们共有，因此承认单方行为可以确定私人产权一开始就意味着一定的道德问题。

---

① Rawls，J.，*A Theory of Justice*，Oxford：Oxford University Press，1971，p. 88.

② Locke，J.，*Two Treatises of Government*，ed. P. Laslett，Cambridge：Cambridge University Press，1988，p. 288.

洛克又是怎样试图解决这个问题的呢？首先,强调私有财产制产生之时,资源满足每个人专有之后尚有剩余,这样使这个问题能够得以解决。他认为,只有货币的发明才导致巨额占有成为可能,才出现一些人坐拥巨额财富而其他人则只有很少或者一无所有的情况;他还论证——但不完全具有说服力——既然货币源于人们的协约,那么这一阶段的分配同样受到一种具有(我称为)卢梭式理论的正当性考虑的支配:“既然金银……其价值只不过是因为人们的一致同意……那么很明显,人们已经认同了对土地不成比例的、不平等的占有。”[①]

这种论证的主要意义在于它表明洛克已经意识到了单方占有理论的缺陷。类似的认识甚至还体现在洛克关于财产权起源的讨论中,洛克始终用本文前面提到的一般正当性理论作为其个人占有理论的补充。尽管洛克就像任何主张先占理论的学者一样,认为从荒野中获得资源的人通常取得该等资源的产权;然而,他总是不遗余力地另行指出,即使从社会的角度看这也是一种好的做法,因为它奖励了勤奋辛劳,增进了整体福利。在洛克的理论中,单方占有理论从来不是赤裸裸地单独出现,其晚近追随者的理论同样如此,其中最为著名的是罗伯特·诺齐克。[②]

不过,最终还是单方占有的观点激发了哲学想象力。它对洛克的论证理由是不可或缺的,因为它提供了个人权利的原型,这种权利被一般论证所支持并为此后[人们的]同意所认可。洛克的贡献在于将单方占有理论与自我所有权这一观念结合在一起:

尽管土地……为所有人共有,但每个人对其身体享有财产权。对此,除了他本人外没有任何人能够享有该权利。我们可以这样说,其身体进行的劳动,其双手从事的工作,都应该属于该人。只要他使任何东西摆脱了自然所赋予的状态,他就在其中融入了他的劳动,在其上添加了他自己所有的某些东西,从而使它成为他的财产。是他使这件东西摆脱了自然所赋予的共有状态,那么,通过这种在其上添加某些东西的劳动,从而排除了其他人对

---

① Locke, J., *Two Treatises of Government*, ed. P. Laslett, Cambridge: Cambridge University Press, 1988, pp. 301 - 302.

② See Nozick, R., *Anarchy, State and Utopia*, Oxford: Basil Blackwell, 1974.

该件东西的共有权利。[①]

我所劳作之事物成为我自己的一部分,这已经是十分普遍的情感。洛克将这种情感与作为新兴的自由个体之特征的自我占有观(self-possession)结合在一起,这也使单方占有理论在经济学和道德意义上都有说服力。由于我们珍视的大部分身外之物都不是自然赋予的东西,而是劳动的结果,那么就像洛克所言,"劳动的财产权应该能够胜过土地的公有状态"也就没有什么奇怪了:

尽管自然所赋予之物是共有的,但人类(作为自己的主人,自身的所有人以及对自己身体的行为和劳作享有所有权的人)仍然拥有自身这一重要的财产基础;当科学发明使生活越来越便利时,一个人用来养活自己或者用于生活享受的大部分物品也完全是他自己的,而不是作为公共财产可以为他人享有。[②]

在洛克的理论中,不是单方占有理论在法学研究中引起了可能是迄今最大的怀疑,而是由该理论衍生出来的观点——在实定法律制度体系出现以前可能存在私有财产——招致了最大的怀疑。洛克式的财产权确立于自然状态,尽管后来的不平等分配状态经由一致同意得到认可,这里所谓的同意与社会契约或者政府的产生之间并没有什么关系。因而,当实定法产生之时,却发现已经存在一套个人财产权利,而且还有那么一群不好应付的公民随时准备为捍卫以下这种主张而斗争,即政府的任务就是保护他们的财产权利不被重新设置和分配。因此,与此相反,那些笃信政府针对财产权应该拥有更多卢梭式权力的人,经常将他们的论证建立在以下主张之上,即没有法律,则财产权利不可想象。

实际上,洛克式的观点并不是如此轻而易举就可以被驳倒。首先,洛克讲的自然状态并不是非社会的,而是非政治的。洛克采用的是这样的言之成理的观点,即使没有国家和实定法的具体支持,所有种类的道德关系也都能在浓密的社会互动网络中存在。但是,如果这可以被视为一个一般性假

---

① See Locke, J., *Two Treatises of Government*, ed. P. Laslett, Cambridge: Cambridge University Press, 1988, pp. 287 – 288.

② Ibid., pp. 296 – 299.

设,那么为什么财产关系可以成为例外呢?无论是否存在相关的实定法,人们当然都可以耕作土地;而认为人们在没有法律的情况下就不能形成、享有下述观点——干涉或者占有他人的劳动成果是错误的——并据此采取行动的看法是站不住脚的。同样,我们也不需要法律制度来帮助我们解释交易和市场的产生。据我们所知,不同地区居民之间贸易的产生比明确的法律制度的出现要早几千年。

法律对财产制度的贡献巨大这是事实;而且,在现代生活的复杂环境中,没有法律的财产制度——在这种情况下,行为规范仅仅依赖于道德共识这种没有比它更有力的东西——将会充满争议和误解。但是洛克认识到了这一点。这毕竟也是缔结社会契约的目的,亦即提供一个在自然状态中不存在的,能够用来核定细节、实施权利以及解决纠纷的机制。但是,我们需要这种机制的事实——并且只有法律制度才可以为我们提供这些机制——并不自然就得出下述结论,我们有关"我的"和"你的"、财产权和分配正义的观念纯粹是实定法的产物。

(本文以《财产法》为题收录于[美]帕特森编:《布莱克维尔法哲学和法律理论指南》,魏双娟等译,上海人民出版社 2013 年版,第 3 ~23 页。)

【辅读文献】

1. [美]彼得·本森:《财产法哲学》,载[美]朱尔斯·科尔曼、[美]斯科特·夏皮罗主编:《牛津法理学与法哲学手册》,杜宴林、朱振等译,上海三联书店 2017 年版,第 817 ~875 页。

2. [美]斯蒂芬·芒泽:《财产理论》,彭诚信译,北京大学出版社 2006 年版。

3. James W. Harris, *Property and Justice*, Oxford: Clarendon Press, 1996.

4. James E. Penner, *The Idea of Property in Law*, Oxford: Clarendon Press, 1997.

【问题讨论】

1. 为什么哲学对于财产法是重要的？哲学如何进入财产法范畴？

2. 什么是财产权？财产权的私法理念如何能够被自由的法律以及政治价值所证成？

3. 在财产权正当化的过程中，沃尔德伦提出了“休谟式”、“卢梭式”和“洛克式”进路，试比较并评价这种三种论证进路的各自特点。

4. 法律和社会实践中，对财产权限制的常见理由有哪些？在对财产权进行限制时应遵循怎样的原则？

文献十五 [美]乔治·弗莱彻:《刑法哲学》

【引 言】

惩罚在日常生活中无处不在,并且通过各种形式被加诸于人们身上。按照惩罚的性质,既有道德惩罚,又有法律惩罚。按照惩罚的权力范围,可以区分出公共惩罚与私力惩罚,前者比如国家对某个犯罪嫌疑人执行死刑,后者比如父亲对考试成绩不及格的儿子进行体罚。此处,我们更多地关注法律惩罚和公共惩罚。法学理论的一个核心议题,是要讨论国家能够施加惩罚的这种“权力”或“强力”的正当性源于何处。亦即它指向了如下的问题:为何要进行惩罚?惩罚的目的是什么?当论及这些问题时,我们便进入了刑法(刑罚)哲学的领域。对此,一般主要是从两个层面展开讨论,一种是把惩罚本身视为是一种有价值的东西,将惩罚施加给过错者是对的,我们有义务这么做,此即典型的道义论主张;另外一种则是把惩罚视为一种达到其他目的的手段,惩罚之所以值得辩护是因为它能够给我们带来一些好的后果,比如可以震慑或改造犯罪分析,恢复被破坏的社会秩序,同时也能达到教育其他公民的目的。

【正 文】

刑法哲学

[美]乔治·弗莱彻

刑罚和责任在概念上紧密联系。刑罚揭示出让一个人为其错误行为负责的意义所在,而责任是使刑罚具有合理性的原因。

刑罚和责任都被认为是“为了”某事。而“为了”的对象具有一定的逻辑特征。刑罚意味着对过去发生的事情施加的令人不愉快的后果。为了将来可能发生也可能不发生的某事而去惩罚一个人是荒谬的。同样,惩罚也只是适用于人类的行为。在历史上某些时期,政府也惩罚动物,但这种情况之所以发生是因为官员们对动物的行为进行了归责。

一、什么是刑罚

对于“什么是刑罚”的回答是哲学的,或是概念的。我们都有一种强烈的直觉,把射杀一条狂犬看作刑罚是不合适的。这是为了保护人类的健康而采取的防御性措施。这一直觉引导我们去思考认为射杀一条狂犬就其本质而言是一种非刑罚性行为的内在规则。我们可以推断说,刑罚常常是为了过去的事情而施加的,而不是为了保护人们免于正在发生的危险。

有很多人类的制度和我们针对动物的防御措施类似。对精神病患者的民事监护是一个重要的例子。其他的诸如吊销律师执照、弹劾以及遣返都具有一种典型的非刑罚性特点。政府实施的所有这些行为都对个人利益产生了不利影响。而且这三种形式和刑罚一样是因为当事人违反了法律义务。但是它们的目的是要取消个人的资格(吊销律师执照、弹劾)或者民事地位(遣返)意味着它们就其性质而言都是非刑罚性的。或者至少法院是这么认为的。

法院对于抽象的政府行为是否是一种刑罚并不感兴趣。但这个问题在政府针对个人起诉的行为是否构成了美国联邦宪法第六修正案意义上的“刑事起诉”的时候就出现了。如果答案是肯定的,那么受影响的当事人就能够求助诸如获得陪审团审判以及和对方证人进行质证一类的程序权利。判断一个程序就其实质而言是否是刑事程序的核心标准是,如果认为被告要承担责任,那么对他施加的制裁相当于刑事惩罚。

如果某一行为的意图是取消某人的资格,而这一意图就使该政府行为成为非刑罚性的。有人会这样说,和取消一个人的资格不同的是,刑事惩罚必须要提供犯罪人重新融入社会的机会,而正是这个社会认为他要为某一错误行为负责。就家庭里的惩罚而言,这种说法是正确的:孩子因为不听话而被教训,但他们仍然会得到父母的慈爱。就此而言,不听话因为教训而被消除了。

一些理论家认为这就是刑罚在我们社会中运行的方式。但是对刑罚是在让犯罪嫌疑人还债,从而使其可以继续他们在社会中的角色这一观点,很多人持有明显的反对态度。首先,他忘记了死刑制度。死刑制度事实上是最古老,历史上最常见的刑罚形式。其次,如果我们看一下现代的有关累犯的制定法,尤其是对于有两次前科的累犯予以终身监禁的普遍性(三次犯规,必然出局)。在这里我们并没有看到对所谓刑罚消除了犯罪的原则。如果说刑罚已经消除了犯罪,那么,为什么还要对有前科的犯罪嫌疑人加重处罚呢?

于是我们就有了这样一个问题:刑罚是否具有不同于诸如吊销律师资格或签发之类的本质上不具有刑罚性质的行为的一个积极特征?有人会主张刑罚是为了实现自身的目的而施加痛苦,这和剥夺犯规者的资格或其他的职业特权的目的不同。但是当我们说刑罚是“为了实现自身目的”的时候,我们实际上已经在关于刑罚究竟是一种报复还是阻吓的讨论中选定了立场。

研究刑罚概念的最佳进路也许是回避言词定义而只是指向有关刑罚的一些典范性事例——死刑、笞刑、鞭打、监禁(至少从19世纪早期开始)。而无论刑罚是什么,我们都认为上述行为都是刑罚。除了这些核心的例子之外,就存在无穷无尽的争议了。反垄断措施中的3倍损害赔偿就其性质而言具有刑罚性,但没有人会具有丰富程序保护内容的联邦宪法第六修正案应当使用于这种处以3倍损害赔偿金的情形中。

此外,刑罚是权威的表现,就此而言,它和复仇不同。经典惩罚的施加者是父母、国家和上帝。仇杀是一种报复,简单的一报还一报的行为,但它甚至连最狭隘意义上的刑罚都算不上。

二、刑罚的目的

假定我们知道了刑罚是什么,我们就需要转向刑罚目的何为的长期争论。争论中的两大阵营,一方支持这样的观点,即从审判的角度来看刑罚的目的是回溯性的(retrospective),另一方则支持其目的是前瞻性的(prospective)。

报应论据说是回溯性的，它只关注罪行，而不注意刑罚有何益处；在这个意义上，功利论则是前瞻性的，它注意惩罚的益处，而不关注隐含在事实中的强制。但是在回溯性和前瞻性的或者结果主义理论之间，还有其他变种。我们可以对它们进行这样的一些区分：

（1）纯粹的回溯性。仅仅容许那些基于过去事件、尤其是犯罪细节的论证。这种论证认为，罪刑必须相一致，而无论结果如何，这是报应论思想的范例。

（2）实际的结果主义。这种论证威慑证明了刑罚的正当性，威慑包括特定威慑（对罪犯本人）和一般威慑（对其他社会成员），也代表了一个事实预测。如果罪犯和其他社会成员都没有因此而受到阻吓，那么这种预测就是错误的。因此，刑罚能否基于上述理由证明其正当性，这就需要仔细观察刑罚的后果是什么。这一问题，尤其是在检验死刑的功效时，就区别了无论是否存在刑罚都会发生的事情与那些可以归因于刑罚后果的事情。

（3）概念上的结果主义。刑罚赖以证明其正当性的某些结果，在概念上是与刑罚行为联系在一起的，可合乎逻辑地从刑罚中得到欲求的结果。19世纪哲学家黑格尔认为，刑罚维护了权利或法律秩序相对于造成错误后果的犯罪行为的正当性。[①] 如果你相信它发生，那么没有事实可以证明它没有发生，在这个意义上，这种证成行为在概念上是与刑罚联系在一起的。

（4）功利主义。这些理论以实际后果作为行为的伦理条件。总体上，刑罚对社会的收益必须超过它的成本——过错者、他的家庭以及社会其他人的间接损失。在如何权衡成本和收益的方式方面，功利主义学派彼此不同。享乐功利主义把幸福——快乐和痛苦——视为两者的共同标准。经济学家相信，金钱可以作为这些结果的计量，并且因此进行总算和比较。

上述分类就是关于刑罚目的的从回溯性到前瞻性观念光谱上的四个区域。采取其中的某一立场不能等同于进行了一个支持该观点的论证。比起论证回溯性理论，我们更容易去论证工具主义的前瞻性理论。大多数人倾向于这样的观点，即用刑罚来惩治罪犯应该有一个目的：它应该获得一些好

---

① See Hegel, G. F. W., *Philosophy of Right*, tr. T. M, Knox, London and New York: Oxford University Press, 1952, section 99.

处以抵消其造成的损害。

回溯性理论的论证经常依赖于对权威的要求。《圣经》是最受欢迎的源泉。伊曼纽尔·康德是另一个源泉。当然,权威不是一个论证。如果我们全面地考察一下康德的报应论,我们可能发现,它们大多数是建议性的,但是并不令人满意。我们在这里要去讨论他众多论证中的三个。康德非常激烈地反对惩罚的功利主义理论,他写道:

刑罚是一种绝对律令,那些匍匐在幸福说(eudaemonism)(功利主义)的纠缠之中,以发现一些使犯罪者免于惩罚的人不幸了。[①] 这个著名的论述表达了康德的理解,他认为功利主义——或成本收益分析——总是导致对平等原则的违背。一些人将免于刑罚,如果对他们的豁免符合有益的社会目的。康德认为,不应该存在任何豁免,无论那些有意为国家服务,例如接受医学实验的人,[②]还是那些对其惩罚实际上不符合社会福利的人。康德在这个论述中所援引的"绝对律令"这一词并不是在其普通意义上使用。该词语在这里似乎只是意味着承诺平等适用一般和普遍的法律。

在其第二个论证中,康德支持平等适用的非功利主义刑罚观,他强调犯罪和刑罚的平等或相当。利用以牙还牙(the lex talionis)圣经原则的教导,他坚持正义的标准和法律的概念要求这种相当性。他主张,没有任何其他标准可以足够精确以符合法律之下"严格正义"这一迫切需要得到之物(desiderata)。[③]

第三个论证引出了康德对"报应",即德语 Vergeltung 的理解。只有在人们所遵循的公理(个人计划)可以普适化并且可以作为普遍的法律进行适用(gelten)时,绝对律令才要求人们依公理而行。同理,绝对律令的消极要求也可以运用于罪犯身上,在这里,康德利用了与"适用"一词相对的"报应"一词。正如在这个论点中所要求的,惩罚的正当性要求罪犯所遵循的原理被普遍化并且适用于他。如果他谋杀,那么他的谋杀应该被一般化并适用于他。如果他偷盗,他的偷盗应该被视为一个普遍的法律,它会意味

---

① See Kant, L., *The Metaphysics of Morals*, tr. M. Gregor, Cambridge and New York, Cambridge University Press, 1991, p. 141.

② Ibid.

③ Ibid.

着,所有财产受偷窃行为支配。如果财产被破坏了,那罪犯应该被看作没有任何财产。如果他没任何财产,康德(似乎是开玩笑地)下结论说,他应该被投进监狱。[①]

尽管这个论证使贫民院与监狱之间的区别变得模糊不清,但我们应该记起,在康德1795年著述期间,监禁已经成为普遍的惩罚方式。康德努力为监禁,而不是死刑、放逐或阉割寻找理论基础。他认为后面几种惩罚形式分别适应的是谋杀和叛国、[②]兽交[③]以及强奸[④]。康德关于刑法论述的主题是,罪犯应该自食其果。有时可以通过将罪犯的行为理由一般化并使其遭受后果,或者通过使罪刑相匹配,就像阉割匹配强奸一样,来做到这一点。福柯在《规训与惩罚》中的观点可能和匹配刑罚的观念具有一些类同之处。福柯认为,刑罚被看成是和通过再现受害人肉体上所承受的痛苦来赎罪。

三、关于刑罚的替代性理论

康德刑罚正义论中最有迷惑性的是导向了刑罚是关于什么的替代性观点。康德设想了一个行将解体的社会,其中存在这样的问题:仍然存在杀人犯,他们被判处死刑,在监狱中痛苦不堪,应该如何处置他们呢?康德认为,这些杀人犯应该被处死,“以使得每个人因其行为而受到应受的惩罚,人类也不再为血腥复仇所困扰”。处死他们似乎是没有意义的,因为不可能由此得到什么利益。但这恰恰是康德的观点。

社会解体的观念应该被当作思想实验,它非常类似于社会在社会契约之下形成的观点。在历史上这些事情都没有发生过。但是对于测试我们关于公正社会秩序的条件的直觉,它们是有用的模型。更进一步说,圣经对血腥复仇的描述是非常有启发性的。它引出了关于惩罚的古老论证,这种论证在我已经归类为概念的和实际的结果主义理论之间具有一定的地位。显然,圣经文化中的观点是,一个杀人者获得了对被害人生命的控制;为了解

---

① See Kant, L., *The Metaphysics of Morals*, tr. M. Gregor, Cambridge and New York, Cambridge University Press, 1991, p. 141.

② Ibid.

③ Ibid.

④ Ibid.

放这些生命,让它如同自然死亡一样回到上帝那里,凶手必须被处死。[①]未能处死谋杀者意味着,承担这一职责的其他社会成员,将需要承担解放被害人生命的责任。

对这些观点有现代解释。获得对他人生命的控制的观点显示,刑事暴力通常是统治的形式。事实上就是如此。犯罪行为建立了犯罪者对被害人的统治,并且,在杀人的情况下,也建立了对被害人所爱的人和近亲的统治。这一点在一些犯罪中相当明显,例如强奸、抢劫、人室行窃,在这些情况下,被害人具有害怕犯罪者再次袭击的特征。在勒索的情况下也是这样,罪犯以不进行侵犯作为条件,促使受害者付出服务或者金钱,而且能够在任何时候返回并要求另外的补偿。[②] 慢慢灌输的恐惧和这种形式的屈从是获得统治的一种模式。通过使罪犯转化到受害人的地位上,刑罚消解了统治。当罪犯遭受了受害人遭受的痛苦时,两者之间的平等就重新建立起来了。

因此刑罚制度提供了一个机会来消解犯罪者对受害人的统治。未能运用这种制度以及当存在公正惩罚的机会时袖手旁观,都提供了分担责任的基础。在这个意义上,当他们拒绝惩罚那些应受惩罚的人时。"血仇……困扰着人类"。惩罚犯罪的实践为受害人所处社会提供了表示团结,并消除由犯罪所导致的不平等状态的机会。如果社会蓄意拒绝做出对犯罪的传统反应,那么它就将社会同胞与受害人分离开来了。被遗弃的、被抛弃的受害人很容易觉得自己被制度背叛了。

那么,刑罚的主要作用,就是表达与受害人的社会团结。它是一种话语方式,告诉受害人以及他或她的家庭:"你不是一个人。我们同你站在一起共同对抗罪犯。"[③]

在过去的几十年里,在无数已经战胜了独裁政体并开始转变为民主政治的国家里,惩罚和社会团结之间的联系已经变得很明显。第一个显著的例子是阿根廷,在 20 世纪 80 年代中期,它开始起诉那些对军政府时代大规

---

① See Daube, D. , *Studies in Biblical Law*, New York: KTav Publishing House, 1949.

② See Fletcher. G. , "Blackmail: The Paradigmatic Crime", 142 University of Pennsylvania Law Review, 1993, 1617.

③ Fletcher. G. , *With Justice for Some: Victims' Rights in Criminal Trials*, Reading, Mass: Addison-Wesley, 1995.

模失踪负有责任的将军。受害人家庭本身…… 由拉斯 · 玛卓斯(Las Madres)领导——坚持,起诉是维护他们作为公民的尊严的手段。在政府由阿方辛(Mfonsin)总统转移到梅内姆(Menem)总统手中以后,军政府领导者已经得到了赦免。[①] 那些与受害人有关的人们,必须要容忍那些对他们痛苦负责的人们现在作为自由公民过着幸福的生活。

除非那些被惩罚的人确实对导致惩罚的坏事负有责任,否则惩罚几乎没有意义。法律分析的第一步总是要决定,不幸事件是否已经发生,某人是否应该为它负责。为了刑事惩罚的目的,这一糟糕的事情必须构成违反事先公布的法律,而该法律清楚地给出了公民关于违反它会招致责任的警告。一旦确立了违法行为的这种消极状态,我们可以回到这个问题,特定个人是否因导致该状态发生而负有责任。如果他或她是有责任的,那么在正常的情况下,法律制度会因其行为而施加惩罚。

有许多同义词被用来形容归责的第二个步骤。我们可以这样来问,即对于违法行为,行为者是否"应负责"或"有责任",或者违法行为是否"可归因于"或"可归咎于"行为者。所有这些术语集中于一个简单含义,使行为者为违法行为负责是否是公平的。

(一)非法行为

我们可以说法律违反的第一步是确定一种"非法行为"是否已经发生。问题不只是像一种行为是否违反一个法定规则那样简单。首先,这种违反必须具有人类行为的特征。只有人类行为才可以产生刑事责任。一个人的身体是损害手段,这一点不足以判断"非法行为"是否已经发生。如果 B 强迫 A 把手放在一个名贵的花瓶上,并因此打破了它,A 的手是伤害的直接原因,但是 A 个人并不对由 B 控制的损害负有责任。这是责任排除的简单例子。但是,一旦 A 似乎以某些方式在行为,责任的归属就变得更困难了。

刑法看起来像一个场所,在那里对人类行为的要求是最常见的。被告把他的孩子扔出窗外,被告宣称他的确这样做了,但这是因为他是在脑瘤的支配下而为。或者被告在梦游的时候杀了某人,并且人们听到这样的论证:

---

① See Malamud Goti, J., "Punishment and Human Dignity", 2 S'vara: A Journal of Philosophy and Judaism, 1, 1991, p. 69.

不存在任何人类行为,因此也不存在责任。刑法甚至已经创造了“无意识行为”(automatism)这个一般术语来确认这样的问题,即在人体活动当中是否有任何行为或作用导致受害人的损害。但没有人完全知道在人体活动的简单事实之后的“行为”或“行动”的成分是什么。要求行为由意志指示,这一点没有太大用处,因为我们怎样才能知道,没有了把人体活动归类为人类行为的第一步分类,意志是否还在起作用?在实践中我们解决这个问题的方法是,假设除非存在一些已知的否定作用因素——脑瘤、梦游、催眠、癫痫——否则我们假设行为名义上的出现就意味着行为。

行为成为非法,它不但必须是一种行为,而不是一种被操纵的状态。而且它还必须在这个意义上是非法的,即它构成了对法定规范的违反,并且未能证明其正当性。如果一种行为基于同意、较小的罪恶或者防卫,例如保护自身、他人或财产而被证明其正当性,那么这种行为就不是非法的。这些正当性的理由都必须基于其自身的合理性而被一一加以处理。这些辩护主张的重要特征是,它们并不否认个人责任。相反,当某人辩称他的行为正当时,他是想要说,他所做的事情是正确和适当的,并且他有充分的理由为行为负责。因此,为了对免责条件进行分析,我们仍需保留责任问题。

(二)责任和免责事由

从亚里士多德开始,免责事由的讨论就集中在非自愿行为的问题上。人们设想的是,如果行为是非自愿的,那么造成非法事件的人就不为其行为负责。对一个人来说,一种行为可能因为两个原因而是非自愿的,要么因为强迫,要么是不知道相关事实。依次来说,强迫可能是外部的,也可能是内在的。外部强迫的标准情形是威胁和个人必需。公认的强迫模式是用枪顶着受害人的头。她得到了一个她不能拒绝的提议。要么打开保险箱,要么被打死。因此,被强迫行为最清楚的情况是,距离身体的强迫、距离实际上操纵他人的手,非常非常近。但是她总是可以说“不”,结果是被杀害。她的“意志”随着服从持枪者的行为。因为她是在实施行为,而不仅是被操纵,所以我们需要论证来说明为什么我们应该豁免她。

对于像强迫这样的免责事由,可以用两个方面进行解释。其一是因果关系分析的形式。她行为的根源并不在于其品性,也不在于其作为人的本质;相反,行为的根源产生于持枪者的威胁。尽管名义上打开保险箱表明了她的意志,但是她作为人,该行为说明不了什么,或者说明得很少。当允许持枪者拿钱时,她并表现出盗贼的人格或者品性。她在那个犯罪当中没有同谋关系。行为的真正起因不是她的人格和品性特征,而是指在她头上的那杆枪。因此,性格论证扩展了因果关系分析,作为否认那些在不能克服的压力下行为者责任的一种方式。

考虑免责事由的另一替代方式是,强调服从持枪银行抢劫犯指示时的不自愿状态。如果行为是不自愿的,那么它被视为等同于根本没有行为。而在没有行为,即没有自愿行为时,也就没有施加责任的基础了。但是,一个人通过"不自愿"的行为意味着什么,这一点并不清楚。不自愿状态的判断总是要求在威胁和所谓的受强迫一方在回应威胁时必须采取的行为之间进行比较。当威胁变得越来越小而被迫行为的害处变得越来越大时,不自愿状态的判断即失去其基础。迟早我们会到达一个特定点,在其基础上,我们得出行为者应该顶住威胁的结论。如果她为了避免对其汽车的损害而杀人,那么她绝不是不自愿地实施行为。她应该顶住财产损害的威胁,尤其当避免威胁的唯一方式是杀害一个无辜之人的时候。

自愿和不自愿行为之间的边界存在于上述极端的范例之间,第一个范例要求打开保险箱以避免被杀害,第二个范例则是杀死一个无辜的人以避免财产损害。划定界限的方式依赖于我们的判断,我们可以公平地期待彼此在压力环境下做些什么。不同的文化会在不同的位置划出这条界限。一些文化纵容那些在严重压力下必须行为的人;其他文化则更为严格,并且,举例来说,拒绝宽恕杀害无辜的行为,不论受强迫一方所受的损害威胁有多严重。关于免责事由,要记住的要点是,这个问题总是集中于行为者已经做了一些错误的事情。免责就是承认人们不可能总是做正确的事情。但是一种严厉的清教徒文化可能确实要求个人牺牲自身而非认同罪恶。

除了威胁以外,英国和美国法院不愿意承认基于强迫的免责事由。有人认为,像认为人的威胁使错事免责一样,自然环境产生的强迫也会对刑事责任产生同样的影响。在著名的达德利和斯蒂芬(1885)一案当中,王座法院(the Queen's Bench)拒绝这样的类推,坚持认为,在公海上,缺粮断水不能作为杀人和食人的免责事由。比起达德利和斯蒂芬一案中的个人必需,威胁可能更容易得到承认。在后者的情形下,总有一些人为犯罪承担责任,即威胁者承担责任;而在前者的情形下,承认免责事由会意味着没有人为错误行为承担责任。但是原则上,承担责任的替代当事方的有效性,不应影响那些在饥饿压力下行为的人是否负有责任并受到惩罚的判断。

类似于外部压力的内部因素是精神疾病。人们普遍把精神疾病看作一种强迫,这种强迫干扰了行为者的自由,就像外部强迫破坏了自愿行为的可能性一样。但是我们不需要必然地把精神错乱看作是施加于行为者选择自由的负担。一种替代进路把精神疾病和精神错乱视为探究行为者理性思考能力的条件。

根据亚里士多德的观点,如果行为是强迫的产物,或者是在无知的情况下完成的,那么这类行为就是非自愿的。除非行为者知道他在做什么,否则不能说行为者选择了他的行为。无知和错误理论的问题是,没有人完全知道行为环境和后果的每一方面。当伯恩哈德·戈茨(Bernhard Goetz)拔出枪并开始射击地铁上的四个年轻黑人时,他知道些什么?他知道他周遭的初步事实,但是他不知道他周遭的重要特征。他没有办法知道,如果他没有拔出藏着的左轮手枪,会发生什么事情。但是我们必须说,戈茨自愿地实施了行为,而不管他对关系自己命运的因素如何无知。

人们对其行为的认识总是一个程度上的问题。没有人完全知道行为的环境和结果的每一件事情。因此没有概念上清楚的标准来决定,什么时候无知和错误应该排除行为的自愿性质。就像对强迫的分析一样,我们最后得出了一点,非自愿状态的判断与公平的道德标准在这一点上融合在一起。问题总是这样的,在顶住压力和注意我们实施行为的环境中隐含的信息方面,我们可以公平地彼此期待些什么。当我们根据我们为彼此规定的一般标准,我们认为犯错了,那我们个人就应受到谴责,并且不能为自己犯下的错误寻找免责事由。

(本文以《惩罚与责任》为题收录于[美]帕特森编:《布莱克维尔法哲学和法律理论指南》,魏双娟等译,上海人民出版社 2013 年版,第 519 ~ 528 页。)

【辅读文献】

1. [美]比克斯:《惩罚》,载[美]比克斯:《法理学:理论与语境》,邱昭继译,法律出版社2008年版,第144~149页。

2. [英]雷蒙德·瓦克斯:《为什么要惩罚》,载[英]雷蒙德·瓦克斯:《读懂法理学》,杨天江译,广西师范大学出版社2016年版,第257~272页。

3. [美]帕克:《刑事制裁的界限》,梁根林等译,法律出版社2008年版。

4. [日]穗积陈重:《复仇与法律》,曾玉婷、魏磊杰译,中国法制出版社2013年版。

5. 桑本谦:《公共惩罚与私人惩罚的互动——一个解读法律制度的新视角》,载《法制与社会发展》2005年第5期。

【问题讨论】

1. 复仇的形态有哪些?复仇的本质是什么?

2. 试从复仇的角度分析法律的起源和发展过程。

3. 为什么要进行惩罚?分析与比较证成惩罚的几种不同的进路?你认为哪一种论证孔具有说服力?为什么?

4. 在现代社会某种范围的私人惩罚是否仍然允许?分析私人惩罚向公共惩罚转变的必要性和正当性。

文献十六 [美]里夫·吉尔吉斯、[美]罗伯特·乔治、[美]赖安·安德森:《婚姻法哲学》

【引 言】

婚姻是人类社会最古老也是最重要的制度之一,它在维系社会稳定和推动社会变迁方面发挥着极其重要的作用。在接受法律调整的过程中,突显出了许多复杂而又具有根本重要性的难题,比如:什么是婚姻?婚姻存在的基础是什么?婚姻是情感的共同体还是财产或利益的共同体?婚姻自由在法律上意味着什么?法律能够正当地干预个体婚姻自由的正当理由有哪些?如何划定法律干预婚姻的可能限度?婚姻必须要有性别之分吗?假离婚在法律上应作何评价,它违背我们的基本道德吗?诸如此类的一些问题已经超越了单纯法学研究的范畴,而同时也是哲学、文化学、社会学乃至政治学所要关心的内容。在此意义下,婚姻法哲学进入了我们讨论的视野,它试图以一种相对抽象的哲学或分析方式,在反思或探讨有关婚姻的基本问题或元问题,并试图为这些问题提供一种一般性的解释或解决方案。

【正 文】

婚姻法哲学

[美]里夫·吉尔吉斯 [美]罗伯特·乔治 [美]赖安·安德森

什么是婚姻?对于这个问题,人们持有两种对立的观点:

1. 异性婚姻观(conjugal view):婚姻是一男一女的结合,男女双方赋予彼此永恒且专一的承诺,此承诺天然地(内在地)通过共同生育和抚养孩子来实现。配偶之间以夫妻性行为来成就和更新双方的结合;夫妻性行为构成人类生殖过程中的行动部分,这使配偶间的结合成为以生殖为目的的结合。婚姻本身具有独立的价值,但婚姻生育抚养孩子的内在目标决定了它的独特结构,包括一夫一妻制和彼此忠诚的道德规范。婚姻与孩子们福祉的这种关联也帮助解释了为什么婚姻对实现公共利益(common good)非常重要,以及国家为什么必须要对婚姻予以规范和认可。①

2. 修正主义婚姻观(revisionist view):婚姻是两个人(无论是异性还是同性)的结合,他们彼此承诺以情人方式(romantically)相爱且彼此关心,在家庭生活中共同承受负担及分享收益。婚姻本质上是情感和理智的结合,这种结合通过双方一致接受的任何形式的性行为得到稳固。国家必须认可和规范婚姻的原因在于,国家在保持性爱关系(romantic partnership)的稳定性、配偶的具体需要及任何可能被配偶选择抚养的孩子上具有利益。②

有时候人们会暗示异性婚姻观的基础仅仅是根源于宗教信仰。但这种认识是错误的。尽管全球大部分宗教传统历来都将婚姻理解为天生为适应生养和抚育后代的需要而组成的一个男人和一个女人间的结合,③但这只表明婚姻并非任何一种宗教的发明。相反,普遍人性的需要塑造了所有的宗教传统对婚姻本质结构的认识(尽管这种塑造并不完美)。就此而言,传统婚姻是一种社会实践,它的基本形式能被人类的共同理性所辨识,无论我们的宗教信仰背景如何不同。在本文中,我们将为法律上应当高举异性婚姻观(legally enshrining the conjugal view of marriage)而辩护,而我们的论据却无需诉诸于任何宗教的权威。④

本文第一部分将始于维护一个观点(其实很多修正主义者也含蓄地分

---

① See John M. Finnis, *Law, Morality, and "Sexual Orientation,"* 69 Notre Dame L. REV. 1994, pp. 1049, 1066; John Finnis, "*Marriage: A Basic and Exigent Good*", the monist, July – Oct. 2008, 388 – 406. See also patrick lee & robert P. george, body- self dualism in contemporary ethics and politics, 2008, pp. 176 – 97.

② See Stephen Macedo, *Homosexuality and the Conservative Mind*, 84 GEO. L. J. 1995, pp. 261, 279.

③ 即使在现在允许或曾经允许过一夫多妻制的传统中,每一段婚姻仍然是在一个男人和一个女人之间缔结的。

④ 参见下文第二部分第五点。

享了这个观点,却大多不敢正视它),即厘清婚姻的天性(也即它的本质属性)可以解决争论。如果修正主义者反对异性婚姻的一项核心宣称是正确的,即基于平等原则,彼此相爱的关系必须得到法律认可,①那它也将驳倒修正主义婚姻观;如果这一主张是错误的,那它不能驳倒两种婚姻观的任何一种。

不止如此,修正主义者总是在说他们认为婚姻不是什么(例如,天然应当是异性的结合),但是几乎不解释(或含混的解释)他们认为婚姻应该是什么。由于批评一个公认的观念比建构一个全新观念容易得多,由此产生的结果就是,修正主义者的论点简洁了当,极具吸引力。但是这些论点在面对有力质疑时也非常脆弱,而修正主义者并没有什么论据来应对。与此相反,本文从立论角度出发阐明什么是婚姻,并将立论建立在三个被广泛支持的原则基础上。

第一部分同时将阐明,法律上高举异性婚姻观对于维护社会共同利益是多么重要,而法律上高举修正主义婚姻观则会损害之——这样就能回答"同性恋民事婚姻会如何影响你和你的婚姻"的普遍提问。第一部分的论述也将表明,修正主义者通常认为的我们观点中的一个矛盾——为何一个丧失生育能力的男人和一个女人能够结婚——其实很容易得到解决。实际上,修正主义者反而不能解释(这与自由主义精神相悖),为什么国家必须要特别关注一些伴侣关系,以至于需要制定婚姻制度;也不能解释,如果存在婚姻制度,婚姻又必须具有特定的特征,而对于这些特征他们并没有提出质疑。只有异性婚姻观可以对上述两点疑问提出解释。正是由于上述原因,即使那些认为婚姻仅仅是一个对社会有益的法律拟制的人,也会出于强烈的实用主义理由来支持传统婚姻制度。简而言之,第一部分论证指出,法律上高举异性婚姻观,不仅具有充分的理论依据且对社会有益;而法律上高举修正主义婚姻观则相反。因此,第一部分内容是我们论证的核心和本质,可以合理认为,这部分可以独立地对我们的立场进行辩护。

但是很多接受(或至少不反对)我们核心论证的人,仍会对具体实施这

① See William N. Eskridge, Jr., *A History of Same-Sex Marriage*, 79 VA. L. REV. 1993, pp. 1419, 1424.

种观点时的正当性或其后果持有挥之不去的疑问。第二部分考虑到了所有之前未具体回应的重要关注点：从保守主义出发的异议（为何不将传统婚姻规则直接扩大适用于同性恋社群?），从实用性出发的异议（同性恋伴侣的具体诉求怎么办?），从公义角度出发的异议（异性婚姻的概念是否使一些人在别人身上的满足感无法实现?），从人的天性出发的异议（同性恋不是天生的吗?），从价值中立性出发的异议（传统婚姻法是否将有争议的道德和宗教观念强加给所有人?）。

正如本文清晰表明的那样，有关婚姻观的争论会对公共利益产生深远的影响。而决定争论结果的关键系结于一个问题：什么是婚姻?

第一部分

一、平等、公正以及辩论的核心

当今的修正主义者并没有抓住"什么是婚姻"这一核心问题。这一点在他们将婚姻法与禁止种族通婚的法律等同时表现得特别明显。他们辩称，人无法控制自己的性取向，正如人无法控制自己的皮肤颜色。① 在这两种情况中，他们辩称，均没有以此区别对待不同关系的合理基础，因为自由选择与自己所爱的人结婚是一项基本权利。② 如果国家干涉同性恋者获得这种基本权利，即拒绝在法律面前给予他们平等的保护，就是对同性恋的歧视。③

但这种类比是错误的：反种族通婚政策关乎哪些人可以被允许结婚，并不涉及婚姻的本质。但是性别和种族不同，从理性而言关系到婚姻的本质。因为每部法律都会区分情况作出不同规定，所以如果婚姻法根据真正与婚姻本质相关的不同情形而作出不同规定，这并不存在任何不公正的歧视。

反种族通婚者通常并不否认白人和黑人之间有可能缔结真正的婚姻（此处婚姻被理解为一种通过异性间性行为得以成就的结合），就像对公共

---

① See William N. Eskridge, Jr., *A History of Same-Sex Marriage*, 79 VA. L. REV. 1993, pp. 1419, 1424.

② Ibid.

③ Ibid.

设施实施种族隔离的支持者不会辩称,由于仅供白人喝的自来水喷水口所具有的某些特质,使黑人无法从中取水喝。美国的反种族通婚法的目的是,阻止种族间通婚这种真实的可能性成为现实或得到认可,以维持严重不公的白人优越的体制。①

相反,我们现在要讨论的是,两个相同性别的人之间有无可能缔结一种具有婚姻实质特征的结合。修正主义者并非打算不触及婚姻的历史定义,而只是简单地扩大适合结婚的人群的范围。他们的目标是要废弃我们现有的法律中婚姻必须是一夫一妻的定义,②用修正的婚姻观来替代异性婚姻观。

然而更关键的是,反同性婚姻与反种族通婚之间的类比之所以是错误的,是因为这种类比是基于一个错误的假设,即任何法律上的区别对待都是不公正的歧视。姑且假设关于婚姻的法律规定可适用于同性恋;那么根据修正主义者的逻辑,对于追求开放性的、临时的、一夫多妻的(polygynous)、一妻多夫的(polyandrous)、多夫多妻的/多角的(polyamorous)、乱伦的(incestuous)、人兽结合(bestial unions)的人来说,这样的法律仍是歧视。毕竟,有的人会发现自己对于多个对象(同时或不同时期)、有近亲血缘关系的对象或非人类的对象有性和情欲的渴望。人们会自然的推论,这些人不能自由地将这种性渴望付诸实践,但是,对于被同性吸引的人来说其实也是这样。

很多修正主义者认为上述情形和同性恋结合有重要区别。比如乱伦或血亲通婚,可能会生出有疾病的后代或存在虐待儿童的情况。但就算情况如此,这种为避免出现糟糕结果而产生的国家利益能够胜过修正主义者试图描述的那种基本权利,那么为何不允许无生育能力的成人或同性之间的乱伦婚姻呢?修正主义者也许会回答说,人们可以自由选择建立上述伴侣

---

① See Loving v. Virginia, 388 U. S. 1, 1967, p. 11.

② 在人类历史上,没有一个社会的法律专门禁止过同性婚姻。之所以如此,是因为直到最近,人们都没想到过同性婚姻可能存在。另外,反种族通婚的法律,至少是美国的反种族通婚法,是为了实现种族隔离,以此在社会、政治、经济领域保持白人对黑人的优越地位。但传统的婚姻法律不是用来逼迫那些被同性吸引的人群。这样的类比会使很多人感到被冒犯和困惑——特别是投票支持加州8号提案中异性婚姻观的将近2/3的黑人选民。*See* Cara Mia DiMassa & Jessica Garrison, *Why Gays, Blacks are Divided on Prop.* 8, L. A. times, Nov. 8, 2008, at A1.

关系，以及前文列举的那些关系，但是这些伴侣关系不应得到法律上的认可。为什么？因为修正主义者也不得不承认，婚姻本质上不能采取上述形式，或者这样的婚姻会是非道德的。承认这些也是婚姻，会在各个层面造成混乱和降低道德标准。

那些能得出上述结论的修正主义者，必须要接受至少三个前提：

第一，婚姻并不是一个可以无限延展外延的法律拟制——婚姻并不"仅仅是个民事契约"。否则，无论法律如何规制婚姻都是正确的了。相反，有一些性伴侣关系，作为一种独特形式的伴侣关系的范例（我们所称真实婚姻）有其独特价值和结构，无论国家是否给予认可；且这种内在价值和结构也不因法律上对其做出了错误的定义而发生改变。如同亲子关系或一个通过一般承诺缔结的关系一样，真实婚姻是一种能在人们之间产生道德上的权利义务的道德事实（moral realities），其存在并不依赖于法律强制力。①

因此，一些国家禁止种族通婚，其目的或是阻止人们缔结真实婚姻，或是拒绝赋予这种真实的婚姻关系法律上的地位。相反，即使法律将一个男人和他最好的两个朋友，或一个女人和一个非生命物体间的关系赋予了婚姻的地位，也不能使这些关系成为真实婚姻关系。这样做只能给这些根本不是婚姻的关系一个婚姻上的名誉，及法律上婚姻关系所带来的权益（如果有这种可能）。

第二，国家只有在法律上将真实的婚姻关系认定为婚姻才是正当的。那些因各种原因（如精神疾病的原因）被认为不能进入婚姻的人并未被国家错待，即使他们并没有主动选择也不能控制使他们只能单身的因素——毕竟，相对于很多尽管已尽了最大努力寻找另一半却仍保持单身的人们来说，这也是恰当的。

任何将婚姻与其他非婚姻形式的联合（可以是性爱关系，也可以不是）加以区分的法律体系，都会有充分理由从认识论角度排除一些方式的结合。所以在我们得出某些婚姻政策侵犯了宪法中的平等保护条款②或其他道德或宪法原则的结论之前，我们必须首先确定什么是真正的婚姻以及为什么

---

① 关于此观点的概括性辩护，以及我们论证的关于否认这种观点会带来的后果，参见下文第一部分第六点。

② See Perry v. Schwarzenegger, 704 F. Supp. 2d 921 (N. D. Cal. 2010).

它需要法律上的认可。这将帮助我们确定,哪些标准和制定以确认真正婚姻为目标的制度有关(如血亲关系),而哪些标准则应排除(如种族)。同时也能确定,(如果确实存在这种情况)哪些情况下是法律拒绝认可真实的婚姻,而哪些情况下是法律排除了非真实的婚姻关系。

因此,比如在法律是否应认可多夫多妻关系问题上,修正主义者无须首先指出,对这种关系的渴望是天生的还是可改变的;不承认这种关系会对经济带来什么影响;不认可这种关系是否是对这种关系中的伴侣及孩子的侮辱;或不认可这种关系是否侵犯其受到法律平等保护的权利。至于这最后一个问题,恰恰是要反过来考量:弄明白婚姻是什么,我们就会知道,平等原则是否要求我们对待多夫多妻关系要与一夫一妻关系一样——也即将其确认为婚姻。

第三,人并没有可以随意与自己爱的人结婚这样一种基本权利,如果这种权利意味着你所渴望的任何一种形式的伴侣关系都必须被承认为婚姻。人只有一项预设的权利,就是如有可能时不应被阻止缔结真正的婚姻。并且,在此再次强调,国家不能选择或改变真实婚姻的实质要素;如果国家彻底重新发明一个所谓婚姻的概念,那它就是在模糊一个道德真实。

这里有个张力。有些修正主义者主张婚姻仅仅是一个社会上或法律上的建构,但他们要求平等对待的诉求削弱了这种主张。平等原则要求对同类型事件同等对待。那种认为同性结合和异性结合在是否构成婚姻方面是同样的、因此在婚姻法上应被同等对待的判断,预设了至少以下两个前提中的一个:或者这两种伴侣关系都不是上文意义上的真正的婚姻,这也许是因为根本就没有这么个东西,婚姻完全是法律的拟制(在这种情况下,为何不使基于社会效用考虑的明显不平等情形正当化?①);或者两者都是真正的婚姻,无论法律怎么看待他们。这后一个预设则出于一种信念,也是大部分修正主义者看上去和持异性婚姻观者一致的地方,就是婚姻有其自然属性,无

① 这一点需要详细说明:一些修正主义者可能会拒绝承认有“真正的婚姻”,这样也就没有任何形式的关系能与之不符;相反,他们坚持认为婚姻只是社会习俗的产物。那些认为婚姻只是无用和不合理的法律拟制的人,完全没有理由来支持任何婚姻法;而那些认为婚姻是一种有益和合理的法律拟制的人,就必须解释,为什么国家要对婚姻做那些他们也支持的限制。关于这后一点,参见下文第二部分第二点。关于认为婚姻是纯粹法律建构的定义,参见下文第一部分第六点。

论法律对此如何规定。如此一来，一个关键问题——唯一能解决争论的问题——摆在争辩双方面前，那就是：什么是婚姻？

二、真正的婚姻是且仅是一位丈夫和一位妻子的结合

婚姻被公认为涉及以下几个方面：首先，配偶间的全方位（comprehensive）结合；其次，与孩子们之间的特别纽带；最后，恒久性（permanence）、一夫一妻（monogamy）、专一性（exclusivity）的规则。[①] 这三个因素都指向异性婚姻观。

1. 全方位结合

婚姻和其他任何形式的友谊关系不同，就在于它是全方位结合。它包涵了共同生活、共享生活资源，心智和意志的结合（a union of minds and wills）——因此，除其他方面外，还需要双方同意才能形成婚姻。但是从异性婚姻观看来，这种全方位结合还包括身体上的有机结合（organic bodily union）。这是因为身体是人的真实组成部分，不像衣服、汽车、财产等。把人类理解为，没有具体形态的人格（头脑、灵魂、意识之类）使用及内驻于没有人格特征的肉体，是不正确的。毕竟，如果有人毁了你的车，他是故意损害你的财产；如果他砍了你的腿，他是伤害了你。身体是人格的天生组成部分，损害财产和伤害人身是有区别的。

既然身体是我们人格的真实组成部分，那么，如果两个人的结合不包括身体上的结合，它就不是全方位结合——它将作为个人人格的一个重要部分排除在外了。因为人是身体和意识的结合体，身体的结合，将两个朋友间的关系在他们的人格方面延展到一个全新的维度。如果两个人想以适合婚姻的方式达到全方位结合，他们必须（除其他方面的结合外）也要有机的结合（unite organically）——也就是，在他们人格的身体维度上。

如果设想一下另一种可能，就最能清楚看到身体结合的必要性。假设

① 在修正主义者中持有这些观点的文章，参见 Jonathan Rauch，*For Better or Worse? The case for Gay（and Straight）Marriage*，the new republic，may 6，1996，at 18，*available at* http://www.jonathanrauch.com/jrauch_articles/gay_marriage_1_the_case_for_marriage；Ralph Wedgwood，*The Fundamental Argument for Same-Sex Marriage*，7 J. POL. PHIL. 1999，pp. 225，229；Jonathan Rauch，*Not So Fast，Mr. George*，INDEP. GAY F.（Aug. 2，2006），http://igfculturewatch.com/2006/08/02/not-so-fast-mr-george。在支持异性婚姻观的学者中持有这些观点的文章，参见 ST. Thomas Aquinas，Summa Theologica Supp.，Q. 44，Art. 1。

迈克尔和米歇尔将他们的关系不是建立在专一的性关系上,而是专一的打网球关系上。他们发誓找彼此打网球,且只找对方打网球,直到死亡将他们分开。他们由此就结婚了么?当然没有。将网球替代成其他无性行为——他们仍然不可能结婚,专一的性关系——一种排他的特殊形式的身体上的结合——是婚姻所必需的。但是性交(sexual intercourse)有什么特殊性,使其成为唯一能够产生身体结合作用的行为?人的身体可以被触摸或产生各种方式的互动,为什么只有性方面结合可以在任何明显意义上使二人的身体成为"一体"?

我们的身体器官——比如心脏和胃——是同一身体的组成部分,因为它们为了整个身体的一个共同生物性目标——维持我们的生物体生命——而与其他器官协同工作。因此,两个人之间如果要有身体上的有机结合,他们的身体也必须为了共同体的某个生物性目标协同工作。

这种类型的结合不可能与消化或血液循环这种功能有关,因为人天生就可以自己实现这些功能。但是有一项生物功能,是单个成年人天生无法自己实现的:就是有性生殖。通过阴道性交(coitus)的方式(而不是其他性接触的方式),一个男人和一个女人为达到生殖的共同生物性目标,利用他们的性器官,进行身体上的协同工作。他们完成的是复杂的生殖过程的第一步。这样,在严格意义上,他们的身体联合为一体(是在生物意义上结合,而不仅仅是彼此摩擦碰触),这种结合通过阴道性交(而且仅可能是阴道性交)的方式,这种方式与一个人的心脏、肺及其他器官合为一体的方式类似:即为了共同体(the whole)的生物性利益而协同工作。不同的是,在这里所称的共同体是指一个男人和一个女人组成一对配偶,而这个共同体的生物利益是生殖。

我们再从另一个角度看这个问题。任何层面上的结合——身体上的,思想上的,等等——都包含着在这个层面上的互相协作,目标是为了这个层面上的共同利益(common good)。比如,爱因斯坦和波尔讨论一个物理学问题,他们在智识上共同协作,是为了一项智识上的利益——真理。而且使他们乐此不疲的这种智识上的结合是真实的,无论其最终目标是否实现(在这个例子中,是解决一个理论问题)——我们完全有理由假设,爱因斯坦和波尔是在真诚的追求真理,而不是仅仅为了欺骗或其他目的假装如此,从而使他们表面上的智识结合成为一种假象。

与此类似,身体上的结合是为了达到一项身体利益而互相协作——这目标只能通过阴道性交实现。这种结合能够独立实现,即使受孕——即性交行为作为一项生物功能所指向的身体利益——并未实现。换句话说,身体上的有机结合在一个男人和一个女人协同做出一种可能产生受孕结果的行为时就实现了。这种行为在传统上称为生殖行为。[①] 如果(也只有当)这个行为是配偶对于彼此的恒久及专一之承诺的充满爱意和自由的表达,那么它也是一个婚姻行为。

由于人的结合有其本身价值,而不仅是达成其他目标的手段,因此,一对夫妻在阴道性交中为表达爱意达成身体上的结合(这结合对夫妻这种特殊关系来说也是必须的)是有自身价值的,无论是否受孕或甚至他们是否寻求受孕的结果。但两个男人或两个女人却不能实现身体上的有机结合,因为他们的身体无法为了一个身体利益或功能而共同协作,在这里这种身体利益只能是生殖功能。[②] 这里可以很清晰的看出,他们的结合不能构成婚姻的结合,因为婚姻的结合意味着全面的结合,而全面意味着,身体上的结合也是其中一部分。

2. 与孩子间的特别纽带

大部分人认为婚姻的重要(甚至在严格意义上说,唯一)的导向是为了生育和抚养孩子。即这种关系天然以生育和抚养孩子为导向,生育和抚养孩子也使这种关系更为充实丰富。那么这种看法真实么?它又如何影响婚姻的构成呢?

很清楚的是,仅仅是承诺一起抚养孩子,或甚至真的这样做,并不足以使承诺双方的关系形成婚姻关系,即使它成为一种天然以生育和抚养孩子为导向的关系。如果三个修道士同意一起抚养一个孤儿,或者两个年长的兄弟开始照顾自己去世姊妹的儿子,这并不使他们成为配偶。而且婚姻并

---

① See, *e. g.*, Thomas Walter Laqueur, Making Sex, Body and Gender from the Greeks to Freud 1990, p. 48.

② 快乐不能作为这个利益,是出于以下的原因:这个利益必须是真正普遍的,且是针对配偶作为一个共同体的,但是性生活中如果一方享受到乐趣(并且,实际上是任何精神上的利益),都是私人性的,只对个人有利。此处的利益必须是身体上的,而快乐是个人体验方面的。这种利益必须是本身具有价值的,但是快乐本身却不是可独立存在价值——证据就是,比如,虐待狂的快乐。更多这方面的哲学观点,参见 Lee & George, *supra* note 1, pp. 95 – 115, 97 – 176。

不以有孩子为前提,新婚夫妇并不是直到他们第一个孩子出生时才成为配偶。几百年来,北美白人的法律传统就将阴道性交,而不是受孕或孩子出生,作为婚姻成就(圆房)的事件。[①] 此外,这个传统也从没否认没有孩子的婚姻也是真实婚姻。

那么,我们应当如何理解婚姻和孩子之间的特别纽带?我们通过一个关系如何被特定活动所体现(embodied)或确立(sealed)来了解这个关系。一般来讲,普通朋友关系的重心集中在心智和意念的结合,由此每个人了解和寻求对方的利益;因此朋友关系可通过交谈和共同爱好所确立。与之相似,确立和体现学术关系的因素为,联合调查、学术研究、学术发现和学术成果传播;而体育团队关系的确立和体现,则在于练习和比赛。

如果在孩子和婚姻之间确有本质性的联系,我们就可以期待在孩子和婚姻被确立的方式之间也有特别的关联。如果异性婚姻观是正确的话,这种关联是很明显的。婚姻是两个性别互补的人之间的全方位结合,通过生殖行为来确立[成就或成全(consummate or complete)]他们之间的关系,这种行为天然以怀孕生子为目的。所以婚姻本身就是以生育、抚养和教育孩子为导向,而且通过生育、抚养和教育孩子使之完满[②]。这种具生殖特性的行为独特地确立或成全了具生殖特性的结合。

再次指出,这不是说无生育能力的人的婚姻并非真正的婚姻。可以想想这个类比:一个棒球队的特征性结构(characteristic structure)是由其赢得比赛的目标决定的;它包括以最适合荣耀地赢得比赛的方式发展(develop)和分配(share)一个人的运动技能(和其他要素一起,比如刻苦练习和运动员精神)。但是这样的发展和分配对于队员仍是可能的且具有天然的价值,即使他们输掉比赛。

与此相同,婚姻的特征性结构很大程度上是由其生殖目标决定的;它包

---

① 《牛津英语辞典》在其他和婚姻无关的定义中间,将"成就"(consummation)的用法解释为,"婚姻通过性交行为得以完成"。Oxford English Dictionary Ⅲ,at 803 (2d ed. 1989). 在法律中关于这种用法的最早记载是 the 1548 Act 2 – 3 Edw. Ⅵ,c. 23 § 2:"婚姻认定的前提是,夫妻间有婚姻仪式(solemnization)、共同生活(cohabitation)、圆房(consummation)和维持(tractation)。"

见上文,比较现代的用法,"婚姻的成就"(consummation of marriage)仍然在婚姻法中被认作"夫妻间第一次婚后的性交行为"。Black'S Law Dictionary 359 (9th ed. 2009).

② 也即在事实上使其更加丰盛。

含了以最适合有尊荣的父母身份的方式，恒久及专一地发展和分享一个人的身体及整个自我（和其他方面一起）。而这样的包含了生殖行为之身体上结合的发展和分享，对于配偶来说，即使他们无法怀上孩子，仍然是可以进行的且是具有内在价值的。[①]

因此，能够完成身体上结合的人就可以成为配偶，即使他们没有孩子；正如会打棒球的人可以组成棒球队，即使他们没有赢得过比赛。虽然，婚姻作为一种社会实践，有其天然的基本结构，而棒球完全是人为约定规则；但这里的类比还是指出了关键：没有生育能力的配偶和没赢过比赛的球队都能满足进行相应实践的基本要求（夫妻间的结合，以及练习和进行比赛），且保持他们使这种实践达到完满的基本导向（生育和抚养孩子，以及赢得比赛），即使这种完满无法达到。

另外，同性间伴侣关系——无论其道德上地位如何——不能成为婚姻，因为他们关系的根本导向不是孩子，他们的关系不能通过生殖行为来确立。事实上，在普通法传统中，只有阴道性交（而非肛交或口交，即使这种行为是存在于合法结合的配偶间）才被认定为婚姻的成就形式。[②]

既然夫妻关系的天然导向是孩子，那么，当最可靠的社会学证据表明，几乎所有的幸福指标都显示孩子们被他们的亲生已婚父母抚养时境况最好时，也就不足为怪了。研究结果在考虑到各种相关因素（包括贫穷、甚至遗传方面的因素）的基础上得出结论，在原生的完好家庭（intact home）中被抚养大的孩子在以下各项指标上境况最好：[③]

教育成就方面：识字程度和受教育程度；

情感健康方面：焦虑症、抑郁症、滥用药物和自杀的比例；

家庭和性观念发展方面：明确的身份认知、青春期发育开始时间、少年怀孕和非婚内怀孕的比例、遭受性侵犯的比例；

幼稚或成熟的行为方面：攻击性、注意力缺乏障碍、青少年犯罪及被监

---

① 更多关于这点的讨论，详见下文第一部分第四点。

② 更多关于没有生育能力的配偶和同性配偶的区别，详见下文第一部分第四点。

③ 关于相关研究，参见 *Ten Principles on Marriage and the Public Good*，本文有大约 70 个学者签名支持，其通过来自关于孩子和成人幸福的社会科学研究的大量证据，支持了关于婚姻的哲学假设，The Witherspoon Institute，Marriage and the Public Good：Ten Principles 2008，pp. 9 – 19 ，*available at* http://www. winst. org/ family_marriage_and_democracy/WI_Marriage. pdf。

禁的比例。

参考一家叫“孩子的走向”(Child Trend)的左倾研究机构(left-leaning research institution)的结论:

研究清晰表明,家庭结构对孩子有重要影响,对孩子最有帮助的家庭结构就是由亲生父母带领的和谐家庭。单亲家庭中的孩子、未婚妈妈的孩子、再婚家庭的孩子以及同居关系中的孩子更有可能面临悲惨的结局。……为了孩子,促进亲生父母间牢固稳定的婚姻是非常有意义的。……并非只是有两位家长……而是需亲生父母的陪伴,对孩子的发展有巨大支持作用。[①]

另一项研究也表明,“当孩子是父母双方亲生时婚姻的益处能够最大的体现出来”。[②] 由布鲁金斯学会(Brookings Institution)、普林斯顿大学的伍德罗威尔逊公共和国际事务学院(the Woodrow Wilson School of Public and International Affairs at Princeton University)、法律和社会政策中心(the Center for Law and Social Policy)、美国价值观学会(the Institute for American Values)发表的新近文献也证实,完整的原生家庭对孩子很重要。[③]

另外需要注意的是,对于这种原则上同时也是经验上被证明是以孩子为导向的伴侣关系来说,夫妻的真实性取向并不影响这种结合。即使丈夫也会喜欢男性,夫妻间结合仍能够建立与孩子之间的这种纽带。在这方面的必要条件仅仅是性别互补。两个男人,即使他们只喜欢女人,不能呈现出这种生物上的互补性。因此,并不是有任何个人特别的不具备慈爱及负责任地抚养孩子或其他的一些能力,而是说,在承担一个在抚养孩子方面特殊和有价值的纽带方面,在系统上更倾向一些特定安排及那些可以实现和完成这些安排的行为,而这,多少会倾向于一些特定的个体。

---

① Kristin Anderson Moore et al., *Marriage from a Child's Perspective: How Does Family Structure Affect Children, and What Can We Do About It?*, Child Trends Re- Search Brief, June 2002, pp. 1 – 2, 6, *available at* http://www. childtrends. org/ files/MarriageRB602. pdf.

② Wendy D. Manning & Kathleen A. Lamb, *Adolescent Well-Being in Cohabiting, Married, and Single-Parent Families*, 65 J. Marriage & Fam. 2003, pp. 876, 890.

③ *See* Sara McLanahan, Elisabeth Donahue & Ron Haskins, *Introducing the Issue*, 15 The Future of Child. 2005, p. 3; Mary Parke, *Are Married Parents Really Better for Children?*, Clasp Policy Brief, May 2003; W. Bradford Wilcox Et Al., 2 Why Marriage Matters: Twenty-Six Conclusions from the Social Sciences, 2005, p. 6.

3. 婚姻规范

最后,婚姻是以生殖行为为完成标志的结合,因此它的导向是生育和抚养小孩,这种理解可以更好地解释构成我们已知的婚姻的其他规范。

因为如果身体的结合是婚姻的本质属性[①],我们就能理解,为什么在夫妻还没有圆房(consummated)时,婚姻是不完整的(incomplete)而且可以被解除;为什么婚姻就好像一个健康的身体中各器官的结合一样,要求夫妻双方全身心投入且持续一生之久("直到死亡将我们分开"[②])。也就是说,这种夫妻双方各个维度的全方位结合,也要求时间上的完全结合:从始至终(因此是恒久的)和每时每刻(因此是排他的)。而且我们也可以清楚的看到,因为这种对于婚姻来说必须的身体的结合构成了婚姻与生殖间特殊的和本质的联系的基础[③],根据这个事实,婚姻规范应当为孩子创造合适的环境也就不令人感到意外了——一种稳定和谐的家庭环境;而社会学及常识都一致认为,这种环境会因离婚和婚姻中的不忠行为而受到影响,因为离婚剥夺了孩子在完整的原生家庭中成长的权利,而不忠行为则是使一个人背叛了他对配偶和孩子们应负的关心和责任,这种关心和责任往往被婚外私生子所分享。

因此,异性夫妻结合其内在导向为孩子,这点深化和扩展了夫妻间要一生厮守及彼此忠诚的原因:因为在缺乏这种导向的关系中,人们就很难看出,为何恒久性和专一性,并不只是在维持成本不高时会使人感到值得拥有(任何正面的人际关系都追求稳定),而是对于任何人来说,在类似关系中都是应当被遵守的。[④]

三、同性恋的民事婚姻将如何影响你或你的婚姻?

至此,有些修正主义者会放弃在哲学层面攻击异性婚姻观,而只是简单的提问:"认可同性恋婚姻会有什么坏处呢?"即便我们是正确的,坚持我们的异性婚姻观是否就如此重要,可以合理地不顾一些人因他们之间的性关

---

① 更多有关这点的讨论详见上文第一部分第二点第一项。

② Book of Common Prayer 220 (Oxford 1815).

③ 更多有关这点的讨论详见上文第一部分第二点第一项。

④ 参见下文第一部分第五点第三项。

系不被认可而产生的感情上的伤痛和别的方面的困难吗？为什么国家要遵循一些抽象的道德规条？

修正主义者用一个问题来扣住这一点，"同性恋婚姻会如何影响你和你的婚姻呢？"[①]值得注意的是，首先，我们可以将问题反抛给反对法律上承认例如多角关系之类结合的修正主义者：认可多角关系的结合会妨碍任何其他人的婚姻吗？如果这类问题可以用来反对持异性婚姻观者对于应被认可的结合的限制，那么它们也同样可以用来反对持修正主义婚姻观者的相应观点。事实上，这类问题对两者都不能产生影响，因为甚至许多修正主义者都会默认，类似民事婚姻这样的公共制度会对我们的文化产生广泛及深远的影响，而这些影响当然会反过来影响其他人的生活和选择。

因此，异性婚姻观的支持者会经常对这些挑战作如下(且我们相信是肯定地)回应：放弃异性婚姻观的婚姻概念的确会削弱婚姻的社会制度，掩盖异性父母抚养孩子这种理想模式的价值，也会威胁到人们道德和宗教信仰上的自由。下面将会简述这些影响是怎样产生的。

1. 动摇婚姻的基础(weakening marriage)

没有人在真空中行动和权衡事物利弊。人都会受到社会文化标准的暗示(包括对婚姻是什么及婚姻对我们的要求这类暗示)，社会文化标准的形成部分是由法律决定的。事实上，修正主义者自己也证明了这一点。否则为什么他们对同性配偶结合的民事地位(civil unions for the same-sex couples)不满意？他们和我们一样清楚，国家如何选择婚姻的定义非常重要，这会影响整个社会如何理解这一制度。

如果婚姻被重新定义，法律就会教导人们，婚姻本质上仅关系到成人间感情的结合，它不是身体的结合[②]，也不以孩子为导向[③]，而这些是与婚姻规范密切相关的[④]。既然感情是易变的，将婚姻视为本质上一种情感的结合易于提高婚姻的不稳定性——也会模糊友谊的特别价值，因为友谊正是感情

---

① *See*, *e. g.*, Editorial, *A Vermont Court Speaks*, Boston Globe, Dec. 22, 1999, at A22 ("同性恋婚姻对于传统婚姻的影响，不会比航海对游泳的影响更大。")

② 参见上文第一部分第二点第一项。

③ 参见上文第一部分第二点第二项。

④ 参见上文第一部分第二点第三项。

和理性的结合[①]。更重要的是，没有任何理由要求这种主要为感情上的结合，要超过一般意义上的普通友谊关系，受到恒久、专一、限于两人之间的限制[②]，因此这些婚姻规范将渐渐失去意义。因为越来越无法理解这些规范背后的基本原理，人们会越来越不觉得需要在生活中遵守它们。因为越来越无法理解婚姻作为一种特殊形式的结合，除了它所带来的情感上的满足外，还有其自身的独立价值，人们很快将看不到有什么内在理由，必须与一个已不能带给自己持续强烈感觉的人结婚[③]或维持婚姻。

换句话说，错误的婚姻政策将歪曲人们对于恋人们将要缔结和维持的婚姻关系的理解。而且这也会使人们倾向于不再遵守那些对于实现共同利益必不可少的规范。比如卡尔加里大学的哲学家伊丽莎白·布雷克(Elizabath Brake)支持国家对任何人数或性别组合、或任何责任分配形式的婚姻进行认可，她宣称，"婚姻并不是仅使人们得到合法名义；它也使得伴侣们可以向社会宣告他们之间关系的重要性，也借助社会压力维持彼此间承诺"。[④]

当然，婚姻政策可能在很多方面变得更糟糕，而且情况也已经这样了。今天很多修正主义观的反对者——比如美国天主教主教玛吉·加拉格尔(Maggie Gallagher)及大卫·布莱克尔(David Blankenhorn)——同样反对其他不利于异性婚姻观的法律修改。[⑤] 我们在此讨论同性婚姻的问题，不只是因为这个问题本身的重要性，更是因为它是现实辩论的焦点，这场辩论的结果会对加固我们婚姻文化的变革产生深远的影响。的确，现在社会和法律

---

① 参见下文第二部分第三点。

② 参见下文第一部分第五点第二到第三项。

③ Stanley Kurtz, *The End of Marriage in Scandinavia*, The Wkly. Standard, Jan. 2004, p. 23, at 26, *available at* http://www. weeklystandard. com/Content/Public/Articles/000/ 000/003/660zypwj. asp.

④ Elizabeth Brake, *Minimal Marriage: What Political Liberalism Implies for Marriage Law*, 120 Ethics 2010, pp. 302, 332 (强调部分为作者所加).

⑤ Richard Doerflinger, Family Policy in the United States (1980), *available at* http://www. usccb. org/prolife/tdocs/FaithfulForLife. pdf; Maggie Gallagher, The Abolition of Marriage: How We Destroy Lasting Love, 1996; Promises to Keep: Decline and Renewal of Marriage in America (David Popenoe et al. eds., 1996); The Book of Marriage: The Wisest Answers to the Toughest Questions (Dana Mack & David Blankenhorn eds. 2001); The Fatherhood Movement: A Call to Action (Wade F. Horn et al. eds., 1999); United States Conference of Catholic Bishops, Marriage and Family Life, 1975, *available at* http://www. usccb. org/prolife/programs/rlp/ Marriage&FamilyLife75. pdf; Maggie Gallagher & Barbara Dafoe Whitehead, *End No-Fault Divorce?*, 75 First Things 1997, p. 24.

的发展已经使配偶之间那些超越他们自身、并由此更能给彼此带来安全感的纽带严重磨损了。但是认可同性恋婚姻将意味着砍断最后一根维系的绳子。毕竟,人们对婚姻道德规范的潜在的遵从(虽然这种遵从一直在减少),是由于在他们的意识里,婚姻与身体结合及孩子有着深切的(如果是内在的)关联。高举修正主义婚姻观将不仅是削弱这个基础,而是完全摧毁它;并由此摧毁一切扭转其他现今趋势、恢复一个健康的婚姻文化给社会带来的诸多益处的基础。

这些益处同样会惠及配偶和孩子。由于各项有关健康和幸福的指标显示,只有在其身生父母的婚姻中,孩子们才能得到最好的抚育[①],因此,对婚姻规范的进一步侵蚀会给孩子们带来不利的影响,这就迫使国家不得不在他们的健康、教育和人格塑造方面承担更多的责任。[②] 而对于成人来说,那些处于最穷困和最脆弱的社会层面的人会受到最沉重的打击。[③] 但对成人来说更普遍的损害是,当社会对维持婚姻的期待降低时,人们将更不会遵守现在的婚姻规范。

2. 使异性父母作为抚养孩子最理想模式的价值含混不清

正如我们在第一部分第二点中所见,法律上高举异性婚姻会在社会上加强这样的观念:丈夫和妻子间的结合(这种结合被作为规则和理想模式)是生育和抚养孩子最理想的环境;这种理想模式的价值是有我们能够得到的最好社会科学研究成果的支持的。[④] 不止如此,我们也须注意,在理想模式无法实现的情况下产生的收养需求并不能成为重新定义民事婚姻的论据,一个统一的法律上的激励机制正是为了在社会上和实践中强化理想模式——将对替代性和个例性方式的需求降到最低。

然而,如果同性恋婚姻被认可,这种理想模式就被法律废除了,不再会有民事制度加固如下观念:孩子必须有一个父亲和一个母亲;男人和女人一般会在抚养孩子过程中带来不同的好处;男孩和女孩需要且倾向于从父亲

---

① 参见上文第一部分第二点第二项。

② See The Witherspoon Institute, *supra* note 21.

③ 他们明显是现在已经出现的婚姻受到侵蚀的主要受害者。See W. Bradford Wilcox, *The Evolution of Divorce*, 1 NAT'L Affairs 2009, pp. 81, 88 – 93.

④ 参见上文第一部分第二点第二项。

和母亲那里得到不同方面的受益。

在这种背景下，对于那些仍然认为婚姻与孩子间有关键纽带的人们，认可同性恋婚姻所传达出的信息是，通常情况下来说，一个由两个男人或两个女人组成的家庭，同样是适合孩子成长的环境。所以孩子是由两个父亲或两个母亲，还是干脆由单亲抚养，其实都没有什么关碍（甚至也可以普遍如此）。

另外，对于那些对婚姻和抚养孩子之间的关系越来越模糊的人来说——我们相信这种情况最后一定会发生[①]，没有任何婚姻形式会被看作是理想模式。

但是无论上述哪一种观念流行，都会使婚姻作为一种社会制度，对丈夫们维持与妻子和孩子之间关系所施加的社会压力及动力刺激大大降低。而至于那些不被亲生父母抚养的孩子，更容易在社会科学研究列出的各种指标上经历困境。[②]

3. 威胁到道德和宗教信仰上的自由

只要是存在婚姻法的国家，在这个问题上（婚姻的恰当形式和规范）就不可能保持中立；因此，放弃异性婚姻观对婚姻的理解，就意味着国家承认同性和异性的性爱结合一样，也同样都是真正的婚姻。这样，国家就被迫必须把异性婚姻观的支持者当作对伴侣关系作无理由和令人讨厌的区分的固执己见者来看待。根据美国犹太公会议员马克·斯特恩以及很多持守良心自由的维护者的总结归纳，放弃异性婚姻观会损害宗教自由，并且侵犯父母主导教育和抚养孩子的方向的权利。[③]

事实上，反歧视法已经被作为武器对付那些持守良心、不接受修正婚姻观对性别和婚姻的理解的人群。在马萨诸塞州，天主教慈善机构宁愿被迫放弃其收养事工，也不愿违背其原则，把孩子交给同性恋伴侣抚养。[④] 在加

---

① 参见上文第一部分第三点第一项。

② 参见上文第一部分第二点第二项。

③ Marc D. Stern, *Same-Sex Marriage and the Churches*, *in* Same-Sex Marriage and Religious Liberty: Emerging Conflicts 1, 11 – 14 (Douglas Laycock et al. eds., 2008). 这一论文集包含了对同性恋婚姻问题持不同立场的学者的观点，他们得出的结论是，如果婚姻扩展到同性结合上，它和信仰自由的冲突是无法避免的。

④ Maggie Gallagher, *Banned in Boston: The Coming Conflict Between Same-Sex Marriage and Religious Liberty*, The Wkly. Standard, May 5, 2006, at 20, *available at* http://www.weeklystandard.com/Content/Public/Articles/000/000/012/191kgwgh.asp.

州,一个美国联邦地方法院判决支持学校可以禁止其学生反同性恋的宗教性演讲,其不公正地认定这种行为“干扰了学校工作或侵犯了其他学生的权利”。[①] 还是在马萨诸塞州,一个上诉法院判决许可一个公立学校可以不顾家长们的反对,对孩子们进行同性恋关系并非不道德的教导。[②]

支持异性婚姻观关于婚姻的概念不过是一种顽固,这种主张在修正主义者中如此根深蒂固,以致一篇华盛顿邮报风格的文章[③],对仅仅是暗示持异性婚姻观者是“理智”和“深思熟虑”的言语公开谴责并直指其为新闻业的偏见,被激怒的读者将这文章比作对一个三 K 党成员的假想式吹捧。[④] 纽约时报专栏作家在一篇文章里将异性婚姻观的支持者称为“偏狭之徒”并对本文作者之一指名道姓。[⑤] 与此同时,支持法律上重新定义婚姻的组织为自己贴上支持“人权”和反对“仇恨”的标签。[⑥] 这种倾向很明显:一旦婚姻在法律上被重新定义,相信所有人类社会都曾认可的婚姻形式——即一夫一妻的结合,将越来越会被当作是道德错乱、有敌意、偏见、不公正及仇恨的证据。

上述这些观点并不是用来作应当接受异性婚姻观的论据。如果我们的观点是错的,那么在将来某个时候,国家当然可以正当地要求大家将同性性爱关系与异性性爱关系同等看待,公民个人也可以正当地将相反观点视为有害而加以排斥。然而,根据我们关于真正的婚姻应当是什么的论证,[⑦]上述这些观点正是对高举一个无实质依据的婚姻概念可能导致的后果的严正

① Harper v. Poway Unified Sch. Dist. ,345 F. Supp. 2d 1096,1122 (S. D. Cal. 2004).

② See,e. g. ,Parker v. Hurley,514 F. 3d 87 (1st Cir. 2008).

③ Monica Hesse,*Opposing Gay Unions With Sanity & a Smile*, Wash. Post. , Aug. 28,2009, at C01.

④ Andrew Alexander,“*Sanity & a Smile*” *and an Outpouring of Rage*,Wash. Post,Sept. 6,2009, at A17.

⑤ Frank Rich, Op-Ed. , *The Bigots' Last Hurrah*, N. Y. TIMES, Apr. 19, 2009 (Week in Review),at 10.

⑥ See,e. g. ,Human Rights Campaign,http://www. hrc. org (last visited Nov. 8,2010) (该组织将其自我定义为一个为501(c)(4) 条款辩护的组织,“致力于女同性恋、男同性恋、双性恋及变性人的平权运动”); Annie Stockwell, *Stop the Hate*: *Vote No on* 8, Advocate. Com (Aug. 20,2008), http://www. advocate. com/ Arts_and_Entertainment/People/Stop_the_Hate (他将其对加州 8 号提案的反对描述为反对仇恨的努力,该提案提出“只有一个男人和一个女人之间缔结的婚姻在加州是有效的并被承认”。)

⑦ 参见上文第一部分第二点。

警告。这些考虑应当能够刺激到那些支持异性婚姻观、却还没有认清从法律中废除它会带来怎样后果的人。

总而言之，婚姻比其他任何道德理由更值得我们付出关注和努力，因为如果婚姻的道德真实被模糊，会有那么多层面的共同利益将受到严重影响。出于同样的原因，为了避免争论而干脆完全废止婚姻法也会是极不明智的做法。几乎没有一个能给我们留下追踪痕迹的社会不曾对性关系进行过规范。如同我们在第一部分第五点第一项所揭示的（数据引自第一部分第二点第二项），孩子的福祉给了我们充分慎重的理由，在法律上认可和保护婚姻。

四、如果同性不能结婚，为什么无生育能力的人可以

修正主义者常常挑战异性婚姻观的支持者，要求提供一个能为法律上认可据推测无生育能力的配偶间的结合、却不能同等地为法律上认可同性恋伴侣关系提供辩护的原则性论据。但其实这个问题很好回答。

1. 仍然是真正的婚姻

要建立一段真正的婚姻，夫妻间须建立一种结合并在其中生活，这种结合因生育和抚养孩子而完满，且适应生育和抚养孩子的需要。[①] 既然两人之间的任何真诚和高尚的和谐关系都有其自身的价值（而不仅是手段），那么，每一个在此基础上的全方位结合——每一个以身体上有机结合为确立标志的恒久和专一的承诺——当然也是这样。

任何达成身体上有机结合的行为都可以确立婚姻，无论其是否导致怀孕。[②] 配偶间此时行为的属性并不取决于几个小时后的不受其控制的事件——即精子是否能实际上穿透卵子。而且因为这里所说的结合是身体上的结合，因此其真实性也不取决于双方的精神状态。无论夫妻俩是不想要孩子，还是认为他们要不了孩子，这都不重要。无论他们的想法和目的是什么，一对夫妻是否实现身体上的结合取决于他们的身体之间发生了什么。[③]

---

① 参见上文第一部分第二点第一至三项。

② 参见上文第一部分第二点第一项。

③ 身体的结合是否是婚姻中的结合还取决于其他的因素——比如，进行这种身体结合是不是一种对永恒和专一承诺的自由表达。因此，身体的结合是婚姻结合的必要条件，但仅此还不足够。

一对丧失生育能力的夫妇也能通过阴道性交的方式达到身体上的结合,这是非常明显的。试想一下消化过程,即单个人体吸收营养的过程。这个过程中每个不同的阶段——分泌唾液,咀嚼,吞咽,胃的工作,肠道对营养的吸收——都是通过自己的方式运作,共同指向有机体吸收营养这个更大的目标。然而,即使我们的肠道出了问题无法正常吸收营养,并且即使我们吃之前已经知道了这一点,我们分泌唾液,咀嚼,吞咽以及胃的工作仍然是指向那个目标(这些也仍然是消化行为)。[①]

相似的,生育过程中的行为部分并没有因为这过程中的非行为因素——例如,精子数目不足或者卵巢的毛病——阻止了怀孕的发生,就失去它们指向生育目标的动力,并且即使夫妇俩在进行性行为之前已经预料到这一点,也是如此。如前所述[②],两个人的身体协作完成单一身体无法完成的一项单纯的生物功能,这就可以构成身体上的结合。

不能生育不能构成身体上结合的障碍,因此(正如法律一直认可的那样),也就不是婚姻的障碍。这是因为真正的婚姻不仅是生育的手段,即使考虑到人类繁殖的重要利益也是如此。[③] 其本身是一个自洽的存在,有自身的价值。所以婚姻可以独立于孩子而存在,国家可以认可这样的婚姻,而不

---

① 安德鲁·科佩尔曼(Andrew Koppelman)教授曾辩论说,"一个无生育能力的人的生殖器对于生殖毫无用处,正如一把没装子弹的枪对射击毫无用处一般。如果有人拿枪对准我,扣动扳机,他所表现出的行为,虽然在行为层面是适合射击的;但是这把枪是否有子弹以及他是否知道这一点,仍然关系重大"。Andrew Koppelman, The Gay Rights Question in Contemporary American Law 2002, pp. 87 – 88.

科佩尔曼教授的反对理由是错误的,它忽略了一个重点。天然的器官及其运作过程,和人造的物品及其工作过程是不一样的,后者只有在我们将它们用于特定目标时,才能够维持它们对该目标的动力——反过来,其前提条件是我们认为它们是能够真正实现这些目标的。因此,人造物品及其工作过程所具有的功能是由使用它们的人赋予给它们的。因此,一片金属成为一把刀——一个功能是切割的人工制品,只能是我们打算用它来切割的时候。如果它不再适合用于切割,我们也不再打算拿它来切割东西,那它就不再是一把刀。

但是这并不能解释一个男人和一个女人作为人的身体的结合,因为天然的器官生来就如此(因此它们具有指向特定功能的天然动力),并不依赖于我们打算使用它们干什么,甚至也不在于它们所服务的那个功能是否能实际完成。因此,在我们所举的这个例子中,一个胃仍然是一个胃——一个天生功能就是在消化过程中承担特定角色的器官,这不取决于我们是否打算这么去用它,也甚至不取决于消化过程是否成功完成。性器官在人类繁衍中的作用与此类似。

② 参见上文第一部分第二点第一项。

③ 在异性婚姻观看来,配偶们通过宣誓缔结一个全面性结合,由此这个结合也必然是身体上的结合,并且也是天然具有生殖倾向的结合。但是他们并不、也不能够宣誓缔结一个一定会带来生殖结果的结合。

致歪曲婚姻的道德真实。

当然,两个男人或两个女人之间的真正友谊,也具有其本身的价值。但是因为无法达到身体上的有机结合,它无法具有作为婚姻的那种特别价值:它无法成为那种依赖于生育导向[①]和特别的婚姻规范[②]的全方位结合[③]。这就是为什么只能由一个男人和一个女人组成婚姻——这种结合中的规范和义务的内容都是由其指向孩子的内在动力来决定的。这样的动力,并非来自于事实上有孩子或期望有孩子(一些同性恋伴侣甚至同居的弟兄也可以有孩子或期望有孩子,而一些异性伴侣却没有),而是来自婚姻被确立或成就的方式[④]:即阴道性交,这种身体上有机结合的方式。

2. 仍然符合公共利益(in the Public Interest)

有人可能在原则上同意无生育能力不能成为婚姻的障碍,但是他们仍然会怀疑国家在承认无生育能力夫妇的婚姻合法性上有何公共利益。换句话说,我们为什么一定要在法律上认可这种婚姻呢?

从事实上来讲,很多被推测不能生育下一代的夫妇后来都有了孩子,而这些孩子将从父母的健康的婚姻中得益;另外,在任何情况下,想要判断一个人是否有生育能力,都会涉及对他的隐私权的不正当侵犯。修正主义者大概也会同意这一点,举例说,他们也不会赞同在将来颁发结婚证前,先评估一下彼此受吸引的感情程度。

更主要的是,即使是确定不能怀孕的夫妇,也可以和刚结婚还没要孩子的新婚夫妇以及孩子已成年离家的夫妇一样,在生活中符合真正婚姻的特征和规范,由此可以对健康的婚姻文化做出贡献。他们可以成为他人的榜样,帮助教育我们的下一代什么是婚姻,什么不是婚姻。如同我们前面已经论证过[⑤]、且下面还要继续论证的[⑥],健康的婚姻文化对每个人都有好处。

另外,任何婚姻法都会传递出婚姻是什么的信息,这种信息会成为一种道德现实(moral reality)。因此,为了可能进入这一制度的人们、他们的孩子

---

① 参见上文第一部分第二点第二项。
② 参见上文第一部分第二点第三项。
③ 参见上文第一部分第二点第三项。
④ 参见上文第一部分第二点第二项。
⑤ 参见上文第一部分第三点。
⑥ 参见下文第一部分第五点第一项。

及整个社会的益处,国家必须小心其传达的信息的正确性。仅仅认可有生育能力配偶的婚姻,就等于暗示婚姻仅仅是实现生育和抚养孩子的一个工具,而不是像它真实的属性那样,本身就是一种善(good)。[①] 这也会违反修正主义者所提出的平等原则,[②]因为丧失生育能力的配偶和有生育能力的配偶都可以缔结同样基础形式的结合:真正的婚姻。因为没有充分的理由,这种区别对待将是不公平的。

最后,即使一个推崇异性婚姻观念的法律体系(就像我们的法律一直以来都是如此),并不能限制正好有孩子的那些配偶间的婚姻不发生任何事故,但它却能够做到趋向于把孩子们限制在由合法结合的配偶的家庭中。毕竟,如果法律能够更有效的教导婚姻中的真实,人们就会更愿意进入婚姻并受婚姻规范之约束。如果人们缔结更多的婚姻并愿意受婚姻规范之约束,孩子们就更可能为他们合法结婚的亲生父母所抚养长大。死亡和悲剧导致理想与现实间的距离不可能完全消失,但是一个更健康的婚姻文化会使之缩短。因此,在法律上高举婚姻的道德真实,对于保全真正婚姻带来的巨大社会利益,会起到关键的作用。

五、对修正主义者发出的挑战

一方面,我们不仅可以从那些特定的被广泛接受的婚姻特征和符合社会公共利益的角度,推导出应当坚持异性婚姻观的结论(虽然存在很多批评声音),且异性婚姻观本身天然具有其内在一致性;另一方面,修正主义者的说辞也并没有办法解释他们自己对婚姻的信念:那就是,国家在规范特定人际关系中存在公共利益,但这种关系必须是性爱关系(在这种关系中有可能发生性关系),并且是一对一的关系。

尽管修正主义者做了一些无法令人满意的尝试,他们仍然无法对上述观点给出原则性理由。[③] 除非像异性婚姻观那样的理解婚姻是正确的,否则上述观点中的第一个要点会变得更难为之辩护,而对第二要点和第三要点的关键性辩护将变得完全不可能。

---

① 参见上文第一部分第二点第一至二项。

② 参见上文第一部分第一点第一项。

③ 需注意的是,只有建立在真实的原则基础上的合理论据才是具天然决定性的。

1. 国家是否在规范特定人际关系中存在公共利益

为什么国家不对普通友谊进行规范呢？为什么不对忽视甚至背叛朋友的行为规定民法上的结果呢？为什么法律对缔结友谊没有规定一个法定仪式、对结束友谊没有设定法定障碍呢？很简单，因为普通友谊不会在对政治上的共同利益产生结构性影响，以至于对其的法律规范能够被合法化或得到授权。

婚姻正相反，关系到紧要的公共利益，就像几乎所有文化的历史所证实的，必须法律上的认可和规制。[①] 社会依赖于家庭，建立在稳定的婚姻根基之上，因为婚姻可以产生社会所需要的、但其本身却无法塑造的——正直高尚的人，这些人将成为有理性有良知的遵守法律的公民。这些人成年后，孩子们将从来自父母双方的爱和关怀、以及父母彼此间恒久和专一的爱中受益。[②]

虽然自由主义者提出要将婚姻"私人化"[③]，对待婚姻要像法律对待洗礼和受戒礼一样，但是这些有限政府的支持者须注意，这种制度安排对有限政府来说是个大灾难。[④] 缺乏一种盛行的婚姻文化，家庭就不能形成、或者不能实现和保持稳固性。如果父亲缺席和私生子情况变得普遍，社会的一系列异常状态就会随之而来。[⑤] 自然地，对政府公共政策和社会服务的要求就会增加。根据布鲁金斯学会一项研究表明，1970 ~ 1996 年的社会福利支出中有 2290 亿美元是为了解决因婚姻文化的崩塌而激增的社会问题：青少年怀孕、贫困、犯罪、滥用药物及健康问题等。[⑥] 社会学家大卫 · 波普诺（David Popenoe）和艾伦 · 乌尔夫（Alan Wolfe）在斯堪的纳维亚国家中的研究支持

---

① See Maggie Gallagher, (*How*) *Will Gay Marriage Weaken Marriage as a Social Institution*: *A Reply to Andrew Koppelman*, 2 U. ST. Thomas L. J. 33, 2004, pp. 51 - 52.

② 参见上文第一部分第二点第二项。

③ See, e. g. , David Boaz, *Privatize Marriage*: *A Simple Soution to the Gay-Marriage Debate*, Slate (Apr. 25, 1997), http://slate.com/id/2440/.

④ 这是因为，如果国家无法做到整体上认可婚姻制度，社会成本就会增加，这种社会成本大部分会体现在孩子们身上，因为带来社会稳定的传统家庭结构崩塌了。

⑤ 参见上文第一部分第二点第二项。

⑥ Isabel V. Sawhill, *Families at Risk*, *in* Setting National Priorities: The 2000 Election and Beyond 97, 108 (Henry J. Aaron & Robert D. Reischauer eds. , 1999); see also The Witherspoon Institute, *supra* note 21, at 15.

了这个推论,即婚姻文化如被削弱,国家支出就增加。[1]

这就是为什么国家在婚姻方面具有比在普通友谊方面大得多的国家利益:婚姻在原则上和实践上都担负着与孩子们之间的重要关联。[2] 加固婚姻文化更有利于实现把孩子们培养成正直和有创造力的社会成员的目标。换句话说,我们高举任何婚姻观念,且相信异性婚姻观对婚姻的理解是正确的理由,有且只有一个:婚姻和孩子之间深层的纽带。断开这个纽带,要显明国家在规范婚姻方面会有任何公共利益就会变得困难得多。而任何政策建议的提出,都必须首先能够说明,为什么国家要在这方面制定法律来规范它。

2. 这种关系必须是性爱关系吗

有些人认为,国家应该给个人提供特定的法律权益,只要他们在家庭生活中给予彼此支持和关心。但这种安排并不等于婚姻,对于婚姻法的其他特征也没有意义。

假设有两人叫乔和吉姆。他们住在一起,彼此扶持,共同承担家庭责任,没有需要抚养和赡养的人。由于乔比任何人都了解和信任吉姆,因此他希望自己生病时吉姆来医院探望,自己失去意识时吉姆为自己做决定,如果自己先死吉姆可以继承自己财产,等等。而吉姆也是如此。

看到这儿,你可能会推定乔和吉姆之间有性关系。但是这很重要么?如果他们是单身的弟兄呢?如果他们是最好的朋友,自从大学毕业后就一直住在一起呢?或是两个丧偶后聚在一起的人呢?难道有理由认为,他们获得权益的前提是他们之间存在或甚至可能存在性爱关系么?事实上,国家仅仅是因为他们之间没有性行为就不赋予他们权益,难道不会显失公正么?

有人会辩解,任何人都知道婚姻与性爱间有关联。不需要解释。但是对于寻求自己权益的乔和吉姆来说,还是对问题实质的回避。而且这种辩解过早地终结了对一个问题的答案的探寻,即为什么要将婚姻与性爱关联起来。解释这个问题就要回到我们的中心观点:性爱关系是一种指向身体

---

① David Popenoe, Disturbing the Nest: Family Change and Decline in Modern Societies, at xiv-xv, 1988; Alan Wolfe, Whose Keeper? Social Science and Moral Obligation 1989, pp. 42 – 132.

② 参见上文第一部分第二点第二项。

结合的渴望,而婚姻正与身体结合息息相关。

一旦我们承认这个结论,我们就可以回到什么可以算是身体上的有机结合的问题。是拥抱么?大部分人都认为不是。那么为什么性行为如此重要呢?如果有人能从其他行为中获得更多愉悦和感受到更多亲密呢(也许是网球,就像我们先前举的那个例子)?我们必须最终回到这个事实,就是阴道性交,作为一种生殖行为,以独特方式将人的人格结合在一起,就像上文解释过的那样。[①] 然而,这一事实支持的是异性婚姻观:婚姻之所以必须特别地包含性爱关系,是因为婚姻必须包括身体结合,而性爱关系是一种寻求身体结合的渴望。但是,身体上的有机结合只可能发生在男女之间。

3. 这种关系必须是一对一的吗

还回到乔和吉姆的例子。现在加上第三个人:约翰。为了将第二点争论从此例子中排除,假设这三人之间互相有性爱关系。情况有改变么?如果一个人死了,另两个人可以共同继承;如果一个人病了,另两个人都可以探望和替他做决定。如果乔和吉姆的性爱关系可以被认可,为什么乔、吉姆和约翰的关系不行呢?

人们又会说,任何人都知道婚姻只能在两个人之间。不需要解释。但是这种回答对于想要共享权益和得到法律认可的乔、吉姆和约翰来说,却再次回避了问题实质。毕竟,他们不是想要为单个人谋取什么利益;婚姻是一个联合体。他们想使他们的多重性关系得到认可,并共享由此而来的权益。

但是如果异性婚姻观是正确的,婚姻为什么只能由两个人组成就非常清楚了。因为婚姻是两个人之间全方位的结合,身体上有机结合的行为[②]可以成就和更新这种结合,并且这种结合的指向是生育和抚养孩子[③]。这样的结合由且只由两人组成,因为并没有什么行为可以在身体层面上将三个人或更多人有机的结合在一起,或者,因而在其他层面上确定三个人或更多人的全方位的结合。事实上,婚姻结合的这一全面性恰恰要求婚姻的承诺是不可分享的——只能对另一个人发出;但是这样的全方位性以及指向孩子

---

① 参见上文第一部分第二点第一项。

② 参见上文第一部分第二点第一项。

③ 参见上文第一部分第二点第二项。

需求的专一性,只有在异性婚姻观下才说得通。[①] 同样,孩子们也只能由两个人来做他们的父母——一个亲生的父亲和一个亲生的母亲。人只有两个性别,这两个性别对于生殖是缺一不可的。所以作为社会繁衍形式的婚姻,也要求由两个人组成。

有人认为这是在转移话题,因为没有人宣称要求认可多重性关系的婚姻。我们是否在挑起一个杞人忧天的"道德大滑坡"的争论?

首先,我们要注意,基于对可能出现的人们不愿看到的后果的合理推测,而反对一项政策,本质上没有什么错。而在此作这样的推测是非常合理的,因为已经有一些知名人士,比如格洛丽亚·斯泰纳姆(Gloria Steinem)、芭芭拉·埃伦莱希(Barbara Ehrenreich)和科内尔·韦斯特(Cornel West)已经要求法律上认可"多重伴侣"的性关系。[②] 而且这样的性关系并非鲜见:《新闻周刊》有报道称,仅在美国就有50万这样的性关系。[③]

但是,本文的目的仍然不在于预估和推测采纳修正婚姻观会带来什么样的社会和法律后果。对一对一以及性爱关系(第一部分第五点第二项)的标准的检视,是为了提出一个简单却是核心观念的论点:任何用来为法律上承认同性恋关系提供辩护的原则,都可以用来为法律上承认多重性关系或无性关系提供辩护。所以,如果像大多数人(包括很多修正主义者)相信的那样,婚姻本质上只能是两个人之间的性结合,那么修正主义者的婚姻观将是缺乏根据的。任何修正主义者如果同意"国家认可真正的婚姻才是正当的"这一观点[④],那他要么必须放弃一夫一妻制和性行为成就婚姻这样的传统道德规范,要么承认异性婚姻观——也就是说,在婚姻形式中排除同性结合。

卡尔加里大学的伊丽莎白·布雷克教授倒是拥护这样的结果,并指望更多。她支持所谓"最低限度婚姻"(minimal marriage),在这种婚姻里"每个

---

① 参见上文第一部分第二点第三项。

② *Beyond Same-Sex Marriage: A New Strategic Vision For All Our Families & Relationships*, Beyondmarriage. Org (July 26,2006), http://beyondmarriage. org/ full_statement. html.

③ Jessica Bennett, *Only You. And You. And You: Polyamory—relationships with multiple, mutually consenting partners—has a coming-out party*, Newsweek (July 29, 2009), http://www. newsweek. com/2009/07/28/only-you-and-you-and-you. html.

④ 参见上文第一部分第一点。

人可以和不止一人缔结法律上的婚姻关系,可以是对称的也可以是不对称的,人们可以自行决定谁是性伴侣及性伴侣的人数,他们之间的相互关系如何,以及彼此之间互负哪些权利和义务”。[①] 但是当“最低限度婚姻”的参与者必须越来越频繁地在具体情况中决定互相交换什么样的权利和义务时(他们肯定得这样,因为有越来越多各式各样的被认可的性结合可供选择),这一制度建议的目的就会越少得到实现。如果我们从婚姻制度中除去了婚姻的特定形式,我们也就从中除去了婚姻的目的。严格来说,拒绝异性婚姻观的婚姻观念所带来的必然逻辑后果,就是经由无形式,达至无意义(by way of formlessness,toward pointlessness):前文建议的这个制度,由于除去了任何起限制作用的原则性基础,以致几乎不能解释该制度将为社会带来什么好处。当然,有些修正主义者会将他们对所偏爱的规范的支持,建立在出于可行性和现实性的具体考虑之上,这点我们将在后面讨论。但在这里,我们挑战那些支持传统规范(如一夫一妻制)的修正主义者,在道德原则层面,来完成下面句子的论述:多角关系的结合和无性结合从其本质上来说不能被视为婚姻,从而不能为法律所认可,理由是……

六、婚姻不是我们可以随便定义的吗

对于那些将婚姻制度的基础建诸于现实性和可行性的具体考虑之上的人,他们中的一些人被我们称为建构主义者(constructivists)[②]。建构主义者拒绝承认存在任何独立于社会习俗的婚姻的真实——一个关系须符合的一系列客观条件,否则无法将那些独属于我们称为真正婚姻的那种天然结合的道德权利和义务建诸其上。[③] 对于建构主义来说,婚姻是由社会或法律习惯所定义的,而在这些习惯中并没有任何有关婚姻的独立的道德真实可供追循。因此,国家的婚姻制度不可能出错:不同的制度建议的区别,仅在于

---

① Brake, *supra* note 36, at 303.

② See, e. g., Eskridge, *supra* note 5, pp. 22 – 1421. (“一个社会建构主义者的历史学强调了婚姻在历史中被‘建构’的方式,婚姻制度被看成是对更重大社会关系的反映。”)

③ See *id.* p. 1434. (“婚姻并非是一种自然发生的、有特定的本质属性的制度。相反,它是一种和其他文化及社会制度相联系的建构,这样,过时的隔在公共和私人生活间的藩篱就被拆除了。”)

是否更加实际和可行。①

但是,所有类型的普通友谊和那种具有内在独特价值的人际关系之间的显著区别,证明了这种观念的荒谬:后者的独特性体现在,第一,它是两个人在他们的外在身体上达到的有机结合;第二,它的天生导向是生育和抚养孩子;第三,它需要彼此恒久和专一的承诺。婚姻独特的真实性只要一个事实即可证明,即所有人类已知的各个时期和区域的文化,看起来都恰恰规范了实际或潜在的父母们彼此之间的关系以及他们与可能会有的孩子之间的关系。

即使婚姻不具有这种独立真实性,我们针对修正主义者的反对理由也同样可以用来反对支持法律上认可同性结合的建构主义者:既然婚姻仅仅是为了高效的提升社会效用而进行的法律拟制,他们就没有立场认为,我们的观点破坏了同性伴侣及神圣不可侵犯之天赋婚姻权,也不能拒绝认可那些看上去和同性结合有同样社会价值的结合。而且一开始,孩子们的需要就给了我们强有力的基于社会效用的理由去建立婚姻制度。② 而且,我们可以想见,进一步削弱异性婚姻观与为其在法律中的继续保留而辩护相比,给社会带来的损害会更大。③ 这种对婚姻观的辩护,只有在其能够通过不威胁到公共利益的方式而达到其他的实用性目标时,才是有力的;而修正主义婚姻观却不能做到这一点。④ 所以即便是婚姻制度的建构主义者,也只能或只应该反对在法律上认可同性婚姻。

第二部分

一、为什么不能把传统的婚姻规范扩大适用到同性恋群体

撇开抽象理论不谈,重新定义婚姻,是否会对巩固传统的婚姻规范起到

---

① See Hernandez v. Robles, 805 N. Y. S. 2d 354, 377 (N. Y. App. Div. 2005) (Saxe, J., dissenting) ("民事婚姻是一种由国家创造出来的制度……") ("Civil marriage is an institution created by the state..."); Andersen v. King Cnty., 138 P. 3d 963, 1018 (Wash. 2006) (Fairhurst, J., dissenting) ("婚姻从民事婚姻契约本身的属性及国家对这种契约的认可中获得它的力量。")

② 参见上文第一部分第二点第二项。

③ 参见上文第一部分第三点,第一部分第四点第二项。

④ 参见下文第二部分第二点。

积极的作用,增加稳定的、一对一的、彼此忠诚的性关系结合的数量,也能使更多同性配偶被包括进来?我们有很好的理由不这样认为。

首先,上文所述理论虽然抽象,但并非因此使它们与现实情况割裂开来。一个现行规范的内容如果没有现实意义,人们就会越来越倾向于不受它约束。如果婚姻像修正主义者所理解的那样——亦即本质是情感的结合,而和身体上的有机结合以及指向生育抚养孩子的目标都没有本质性关联,那么婚姻的道德规范,比如恒久、一夫一妻、忠诚等,都没有什么意义了。换句话说,对传统婚姻观提出反对的人做出的假设是对的,即重新定义婚姻将会引发一种趋势——但那却是一种方向完全错误的趋势。放弃异性婚姻观念,不会使传统婚姻规范渗入同性恋伴侣关系中,而是会在任何伴侣关系中都削弱这些规范的基础。社会制度会影响我们的观念,而观念的改变一定会带来相应后果。抽离掉规范背后的理性基础,会削弱人们对规范的忠诚度——即使这不会马上发生,也会随着时间的流逝逐渐地发生。

这可不是一个纯粹抽象的问题。假设我们关于婚姻的概念是正确的,请想象一下,关于同性性关系结合的社会学会是什么样?在这个完全不同于婚姻的伴侣关系中,人们将缺乏强烈的动机遵守特属于婚姻的规范。你可以想见,结果是无论在实践还是理论中,这些规范都会逐渐不被重视;而在这两方面,你都是正确的。

比如一夫一妻制。朱迪思·斯泰西(Judith Stacey)——一位著名的纽约大学教授,曾在国会面前作证反对《捍卫婚姻法案》("Defense of Marriage Act"),且为学术同行公认的非边缘人物——曾表达过,她期望修正主义婚姻观的胜利会给婚姻带来"各式各样的、创新的、具有适应性的样式……(使一些人开始)反思西方婚姻制度中一对一的限制,并寻求实现……小团体式婚姻"。[①] 在他们名为《超越同性婚姻》的声明中,超过300个来自"同性恋联盟"("LGBT and allied")的学者和拥护者——包括著名的常青藤盟校的教授们——呼吁承认超过两人的性伴侣关系的合法性。[②] 布雷克教授(Professor Brake)认为,从公义角度,我们有义务使用这样的法律定义,"使一夫一妻制

① See Gallagher, *supra* note 68, p. 62.

② *Beyond Same-Sex Marriage*, *supra* note 80.

不再作为一种规范化的生活方式”,以“矫正原先对同性恋、双性恋、一夫多妻者以及关怀网络(care networks)的歧视”。[①]

与孩子之间的特别纽带又会如何?安德鲁·苏利文(Andrew Sullivan)说,婚姻已经“主要是两个成年人彼此作出情感承诺的一个方式”。[②] E. J. 格拉夫(E. J. Graff)也为认可同性结合后会使婚姻“从此后支持人们的性选择、斩断性和尿布间的联系”[③]这一事实,而感到欢欣鼓舞。

那么婚姻的专一性呢?苏利文先生,一个极力吹捧“陌生人性爱”的精神意义(spirituality)的人,同时也认为,同性结合的“开放性”可能有助于巩固丈夫们和妻子们之间的关系:

同性结合通常比传统婚姻更有效地包容友谊的好处;并且有时,在男性同性恋伴侣关系中,契约的开放性可以使它比很多异性关系更易维持……在两个男人之间,比在一男一女之间,更容易对于婚姻需要婚外的出口达成共识……同性恋关系中必需的诚信、灵活性、平等性无疑可以帮助巩固和改善很多异性恋关系。[④]

当然,这里的“开放性”和“灵活性”,只是苏利文先生对性方面不忠贞的委婉说法。

事实上,一些修正主义者十分积极地支持削弱婚姻制度的目标。“(前总统乔治·布什)声称,允许同性恋伴侣结婚会动摇婚姻制度……他是对的”。[⑤] 维多利亚·布朗沃斯(Victoria Brownworth)可不是右翼的传统主义者,而是给予同性恋伴侣关系法律上认可的拥护者。她继续谈道:“当然会这样,这会使婚姻具有一个比原来好得多的内涵。”[⑥]另一个修正主义者艾伦·威利斯(Ellen Willis)教授庆祝道:“确认同性恋婚姻的合法性会在婚姻制度的正中心埋下对这制度本身的厌恶。”[⑦]

---

① Brake, *supra* note 36, pp. 336, 323.

② Andrew Sullivan, *Introduction*, *in* Same-Sex Marriage: Pro and Con: A Reader, at xvii, xix (Andrew Sullivan ed., 1st ed. 1997).

③ E. J. GRAFF, *Retying the Knot*, *in* Same-Sex Marriage: Pro and Con, *supra* note 93, pp. 134, 136.

④ Andrew Sullivan, Virtually Normal: An Argument About Homosexuality 1996, pp. 3 – 202.

⑤ Victoria A. Brownworth, *Something Borrowed*, *Something Blue*: *Is Marriage Right for Queers*?, *in* I Do/I Don't: Queers on Marriage 53, pp. 58 – 59 (Greg Wharton & Ian Philips eds., 2004).

⑥ *Ibid.* p. 59.

⑦ Ellen Willis, *Can Marriage Be Saved*? *A Forum*, The Nation, July 5, 2004, p. 16.

著名同性恋积极分子米开朗基罗·西尼奥里莱(Michelangelo Signorile),鼓动同性恋伴侣“要求结婚的权利,不要为了遵循社会传统道德准则,而是为要揭穿(婚姻的)神话、彻底改变陈旧的制度”。[①] 同性恋伴侣要“为争取同性婚姻及其带来的权益抗争,一旦成功之后,就要彻底重新定义婚姻制度,因为女同性恋和男同性恋们能够采取的最颠覆性的行为……就是完全转变‘家庭’的观念”。[②]

有些修正主义者,如乔纳森·劳赫(Jonathan Rauch),赞同那种真诚希望保留传统婚姻规范的观点。[③] 但是(相对于其他修正主义者)他实在是寡不敌众,这也并不令人感到奇怪;其他修正主义者实在是有理由认为,重新修改婚姻定义一定会逐渐侵蚀这些传统婚姻规范的根基。

社会学方面的初步研究也支持上述观点。在20世纪80年代,大卫·麦克沃特尔(David McWhirter)和安德鲁·玛蒂森(Andrew Mattison)两位教授(他们两个是同性恋关系),打算作一个调查,以证明人们普遍认为的男同性恋伴侣大多不能坚持专一性爱的这一观念是错误的。在他们所调查的、关系维持了1年以上至37年的156对男同性恋伴侣中,有超过60%的人在确定恋爱关系时,是期望专一性爱的;却没有一对伴侣能维持专一性爱超过5年以上。[④] 麦克沃特尔教授和玛蒂森教授由此得出结论:“婚外性行为的预期,对于男同性恋伴侣来说是一般规律,而对异性恋伴侣却是例外。”[⑤]他们不但没能证明人们的普遍观念是错误的,反而确认了它的正确性。

至于同性恋者的性伴侣数量,我们要注意避免偏见,它通常会不公平地夸大数字;但同时,我们也要在本文所指出的、在不同类型伴侣关系中维持关系恒久和专一之理性基础的力量或相对薄弱性有所不同的前提下,来考量社会调查研究得出的数据。20世纪90年代,英国一项针对超过5000个男性调查对象的调查表明,有纯异性恋、双性恋、纯同性恋倾向的男性,在过

---

① Michelangelo Signorile, *Bridal Wave*, Out, Dec. – Jan. 1994, pp. 68, 161.

② Ibid.

③ See *generally* Jonathan Rauch, Gay Marriage: Why it is Good for Gays, Good for Straights, and Good for America, 2005.

④ David P. Mcwhirter & Andrew M. Mattison, The Male Couple: How Relationships Develop 1984, pp. 53 – 252.

⑤ Ibid. p. 3.

去5年中平均性伴侣人数为2个、7个和10个。[①] 而一项美国的调查表明,18岁以上同性恋或双性恋男性的平均性伴侣人数是异性恋男性的2.5倍。[②]

因此没有任何理由可以让人相信——反而有相当多的理由怀疑——重新定义婚姻会使人们更倾向于遵守传统婚姻规范。与此相反,它从起先就会削弱人们对这些规范背后原本清晰易懂的理性基础的理解。最后只剩下一道所谓感情的马其诺防线,来支持性爱忠贞的信念,以及抵抗修正主义者所期盼之同性婚姻制造的社会风潮所导致的人们在态度和道德观念上的变化。

法律的强制也不是解决这个问题的答案。如果对于一些伴侣关系来说,道德规范本身已没有深刻的理性基础,政府也就无法有效地鼓励处于这些伴侣关系中的人们去遵循这些道德规范。不合理地限制人们自由的法律最终都会消亡,更不用提,能够成功地通过人们对这些法律的遵守来改变人们的行为。从另一方面来说,仅仅在那些道德规范本身就具有独立理性基础的伴侣关系中,传统婚姻法才能起到鼓励人们遵守这些道德规范的作用。[③] 初步证据显示,同性恋伴侣在那些法律上认可其结合关系的辖区内,有意保持性的"开放"。《纽约时报》曾根据一份旧金山州立大学的研究,作过如下报道:"同性恋的婚礼被其反对者们描述成一种改写婚姻中传统道德准则的努力。然而悄悄地,在新闻媒体和法庭的聚光灯照不到的地方,很多男同性恋伴侣正是这样做的……"[④]来自保守主义的论据,事实上是非常薄弱的。

二、如何考虑伴侣关系中的具体需要

安德鲁·苏利文对本文作者之一提出质疑:

在我看来,十分有必要问一下乔治,他打算给同性恋伴侣提供哪些可行

---

① C. H. Mercer et al., *Behaviourally bisexual men as a bridge population for HIV and sexually transmitted infections? Evidence from a national probability survey*, 20 INT'L J. STD & AIDS 87, 2009, p. 88.

② Edward O. Laumann ET AL., The Social Organization of Sexuality: Sexual Practices in the United States 1994, pp. 16 – 314.

③ 参见上文第一部分第二点第三项。

④ Scott James, *Many Successful Gay Marriages Share an Open Secret*, N. Y. TIMES, Jan. 29, 2010, at A17, *available at* http://www.nytimes.com/2010/01/29/us/29sfmetro.html? ref = us.

性建议。他是否认为,我们应当能够将我们的财产留给彼此、而不受其他家人的阻拦?是否认为我们应获许在医院里彼此探访?是否认为,在医疗、法律、监护及财产纠纷中,我们应被视为彼此的近亲属?是否认为应当给予我们和异性婚姻伴侣同样的税法待遇?对于生活在真实世界里的活生生的人来说,这些细节可是至关重要的;而这些活生生的人在共和党看来却是不值一提的。①

首先,上文提到的权益和这两人关系是否为(或在法律上被认为)性爱关系无关。而对本质上相似的情形给予完全不同对待的做法是不公平的。所以上述权益如果适用于某一类型的同居关系,那它们就应当适用于所有类型的同居关系。② 如果法律将上述权益赋予有性关系的一对男性同居伴侣,那么理所当然地,这些权益也应当被赋予两个相依为命的兄弟,因为他们也共同承担家庭责任并也具有类似需求。当然在很多方面,两兄弟之间的关系与两个男同性恋伴侣的关系存在明显差异;但在是否有必要赋予彼此作为家属的权益方面,两者并没有任何不同。

但是一个根据两个成年人(如性伴侣、寡居姐妹或同居的单身修士)请求而赋予他们彼此法律权益的制度设计,并非是一个婚姻的制度设计。赋予这两人互相享有的法律权益,并非因两人关系是性关系。因此我们对这样的政策原则上并不反对。这政策本身并不会掩盖婚姻的本质和其传统规范。

然而,在这样的针对非性关系的"一揽子"福利计划实施前,仍有些问题需要面对。如果这些实际上仅仅是一般友谊的关系,被法律规制并由此受益,那么,那些公共利益是否由此得到了增进呢?这种公共利益的增进,又为何仅限于通过两人之间的关系得以实现?三个同居的单身修士为何不能给彼此或社会带来像两个同居的单身修士那样的益处?而且无论何种公共利益在此受到了严重影响,是否此危机的解除,真的必须依赖于限制人们建立或解除这类友谊的自由(因为如果法律对此进行规制就必会如此),并且

---

① Andrew Sullivan, *Only the Right Kind of Symbolic Sex*, The Daily Dish (Aug. 4, 2009, 11:11 AM), http://andrewsullivan.theatlantic.com/the_daily_dish/2009/08/only-the-right-kind-of-symbolic-sex.html.

② 参见上文第一部分第五点第一项。

能使此种限制正当化?这是否可以成为削弱真正婚姻特殊社会地位的正当理由(如果存在一般友谊关系也被赋予法律权益的制度设计,必会导致这样的结果)?

这样一项政策的价值似乎在于,至少对于住在一起共同承担家庭责任的个人来说,他们可以由此受益,比如获得医院探视权和继承权。但是这些权益也可以通过特别的法律事务安排(legal arrangement)(如代理权)来实现;我们相信,任何人都可以自由地与他人采取这样的法律事务安排。那又有何必要为一般性友谊关系设立一种特殊法律制度?也许在有些管辖区内,存在理由支持建立这样的制度,比如说,那些管辖区内的人们可能达不到为自己采取法律安排的教育程度或缺乏这样的资源。但如果,那些我们用来反对在法律上重新定义婚姻的有说服力的(而且在我们看来是起决定性的)理由,并不能轻易反驳这样一种制度设计,那是因为,它根本就不是要重新定义婚姻。

三、异性婚姻观是否使一些人在他人身上的满足感无法实现

有些人还是会对我们的论点无动于衷,因为他们认为,对于有同性恋倾向者,我们视如无物,不给他们实现满足感的真正机会。毕竟,他们可以说,人类需要一种既包含性关系又为社会所认可的有意义的伴侣关系。这种反对理由的根源在于,他们不仅错误的理解了婚姻实质,也错误的理解了深厚友谊的价值。

我们对于婚姻问题发表观点的初衷,与大部分人对于任何一个道德或政治议题发表观点一样,正是出于我们对个人及社群利益——也就是公共利益的关注。我们已经提供理由证明了这样的看法:支持传统婚姻法律,会促进而非损害公共利益;而废除它们、取而代之以修正主义者理解的婚姻法律,则会损害而非促进公共利益。

但是为了能看清此处所举之反对理由中存在的一些问题,我们就要来考察其中所隐含的几个假设的前提:

第一,如果没有定期性释放作为出口,人就不会有满足感。

第二,有价值的亲密关系中不能没有性。

第三,如果没有法律上的认可,就不可能建立这种带来满足感的同性恋

关系。

第四,同性恋倾向是一种基本人性,以至于任何国家如不主动适应和接纳它,就必然是对这类人群的伤害和无视。

上述假设的前提中,有些在思想史上是全新的观点,这些观点本身依赖于一些更重要的,通常被不加批评地接受的假设前提。但更关键的是,这四个前提对本文辩论的主题来说,要么是存在疑问的,要么是无关的。

因为身体是我们人类真实个体的必要组成部分,①而只有阴道性交可以使两个人在身体上有机结合,从而结成婚姻上的夫妇;②因此,虽然国家可以赋予任何组成形式的家庭的成员一些特定的法律权利和义务,也不应当阻止任何人进行特定的私人法律事务安排,③但它却不能将婚姻中真正独特的东西赋予同性结合,即它不能使同性结合成为真正全方位的结合、使其天然以孩子为导向,或受特别针对婚姻的道德规范之约束。④ 国家最多可以把这样的结合称作婚姻上的结合,但这样做并不能使它实质上成为婚姻,因为在道德真实层面这是不可能的;但是这样做会对社会造成伤害,因为这会混淆人们对真正婚姻上的结合应当包含什么的理解。在这个意义上,不是国家不让特定人群结婚,而是他们自身的条件不幸地阻止了他们进入婚姻(或至少使他们进入婚姻变得困难得多)。这种阻碍,不仅针对那些仅受到同性性吸引的人,也针对那些例如因为其首要的家庭责任使其无法满足婚姻的全面性以及以孩子为导向的条件,或无法找到一个对象,或其他原因无法进入婚姻的人。这些在结婚方面有障碍的人绝不应当被边缘化或被虐待,并且,在他们面对这些通常相当沉重的负担时,我们理当予以扶助。但是,这些都不能使得第一点错误的假设得以成立,即如果没有定期性释放作为出口,人就不会有满足感;这种假设贬低了很多人的生活方式。我们对于因缺乏被异性吸引的感觉而无法结婚的同性恋者和对因其他原因无法结婚的人所怀之期望是一样的,都希望他们能享受丰盛和充满满足感的生命。因着人类

---

① 参见上文第一部分第二点第一项。

② 再次说明,我们并不认为一切阴道性交的行为,甚至是在婚姻内发生的阴道性交行为,都是婚姻上的行为。配偶间并非出于爱的阴道性交,特别是出于胁迫或操控的阴道性交,并非真正的婚姻上的行为——它无法体现和表达配偶间真正的(全方位的)的交流。

③ 参见上文第二部分第二点。

④ 参见上文第一部分第二点第一至三项。

精彩丰富的多样性,这样的生命可以通过无限多的方式实现。在他们的生命中,那原本会进入婚姻中的能量可以转换成其他高贵的生命体验:对家庭和国家更深的委身、服侍他人、冒险、艺术或成千上万的其他方式。

但是与婚姻最相近地,是人们可以通过建立深厚友谊来使用这种能量。[①] 在第二种隐含假设中所包含的那种除性关系外人与人之间无法建立具有意义的亲密关系的信念,会使那些原本能够给人带来满足感的友谊变得肤浅和干瘪;因为这种观点会使人们认为,在单纯友谊中,如果有情感上的、心理上的或性情上的亲密关系将会是不合宜的。我们不应当将深厚友情和性关系的存在画等号。这样做可能会阻碍单纯的朋友间友情的正常发展,因为他们会觉得,为了避免发生双方并不希望的性关系,必须对彼此保持一定的距离。[②] 如果我们鼓励这种没有浪漫性爱就没有亲密关系的"神话",就会剥夺人们彼此深入了解、从而发现被亚里士多德如此贴切地形容为"另一个自我"的奇妙体验。[③]

第三种假设在这里有些让人迷惑不解(虽然这种观点并不少见)。即使承认第二种假设是对的,是否在法律上认可同性恋婚姻,也与是否应当禁止同性恋行为,或是否应当不许某人和另一人同居,完全无关。本文议题与任何人的私下行为无关;相反,关键点在于对某种关系的公开认可及这种认可所带来的社会后果。有人将推动同性恋婚姻形容成是使同性恋结合合法化甚至是非罪化的努力。然而,你只能推动原来被禁止的事物合法化和非罪化,而同性恋结合本身并没有为法律所禁止(与此相反,重婚是被法律禁止的,它是犯罪行为)。同性恋结合只是不被认定为婚姻,无法享受在婚姻中享有的那些权益。事实上,认可同性婚姻会在很重要的层面上限制人的自由:它会要求所有其他人都将同性恋结合当作真正的婚姻来对待,而在传统

---

① 很多受到同性性吸引却不支持法律上认可同性结合的人,在深厚友谊方面找到了自己的特别价值。See, e. g., John Heard, *Dreadtalk*: "*Holy Sex & Christian Friendship*" *John Heard- Life Week 2009 At The University of Sydney-Remarks*, Dreadnoughts (May 4, 2009, 3:33 PM), http://johnheard.blogspot.com/2009/02/dreadtalk-holy-sex-christian-friendship.html.

② 更多关于一个性关系化的文化对普通友谊对影响的论述,参见 Anthony Esolen, *A Requiem for Friendship: Why Boys Will Not Be Boys & Other Consequences of the Sexual Revolution*, 18 Touchstone Magazine, Sept. 2005, at 21, *available at* http://www.touchstonemag.com/archives/article.php? id = 18 - 07 - 021 - f。

③ See Aristotle, Nicomachean Ethics 260 (Terrence Irwin trans., Hackett Pub. Co. 1985).

婚姻法律下,个人和组织是可以自由决定是否这样做。

第四种假设在同性恋和其他那些并没有要求得到国家特别关注和许可的性需求之间,作了武断的区分。它总是误导人们去支持这样的观点,即传统道德非常不公平地仅仅区别对待那些被同性吸引的人。绝非如此。对于任何人来说,传统道德都首先将其看为一个有尊严的人,他的福祉在乎别人的倾听和回应。对于任何人来说,传统道德都能够理解,人有一些欲望与婚姻的全方位结合不相容。对于任何人来说,传统道德认可,无论倾向、遗传和荷尔蒙因素如何,人有进行选择的基本自由;这自由能够使无论男人或女人都成为他们自己个性的创作者。

四、同性恋不是天生的吗

关于这最后部分*同性恋倾向是否是基本人性的讨论,又和另一个反对意见相联系起来;而这问题的答案可以从到目前为止的论证结构中推论得出。争论双方阵营中都有人关心,被同性吸引是天生的(所以,一些有神论者会得出这是神的旨意的结论)呢,还是仅仅是外部环境影响的结果。[①] 这些人认为,如果同性恋的欲望是天生的,那么同性恋结合就应当在法律上被认可。毕竟,任何自然的或出于上帝旨意的事物,怎么能成为婚姻这样美好事物的障碍呢?

我们并不假装自己懂得同性间相互吸引为什么会发生,但是我们认为,这和本文辩论的主题最终无关。在这点上,我们同意同性恋婚姻支持者约翰·科尔维诺(John Corvino)教授的观点,他说:

然而事实上有很多受基因影响的性格特点却是令人讨厌的。酗酒就可能有基因根源,但不能由此推出,酗酒者能无限制地喝酒。有些人可能基因上就有暴力的倾向,但是他们并不比别人更有权去攻击邻居。有这些基因倾向的人不能以"上帝就是这样造我的"为由,照着他们基因倾向去行事。[②]

---

* 是指前文第四点假设。——译者注

① Phyllis Zagano, *Nature vs. Nurture*, National Catholic Reporter (Sept. 30, 2010), http://ncronline.org/blogs/just-catholic/nature-vs-nurture.

② John Corvino, *Nature? Nurture? It Doesn't Matter*, Independent Gay Forum (Aug. 12, 2004), http://igfculturewatch.com/2004/08/12/nature-nurture-it- doesnt-matter/. 科尔维诺教授的论文是特别针对同性恋关系的道德性的,这并不是我们在这里讨论的主题。但是相同的观点可以适用。

当然无论我们还是科尔维诺教授,都不是要将同性恋倾向和酗酒这类疾病或针对邻居的暴力这种不公平事件相提并论。关键仅在于,同性恋结合是否构成婚姻与引起同性恋欲望的原因没有任何关系。某种东西在并非由人自己选择这个意义上来说是天生的这个事实,确实不能证明什么:在这种意义上,有遗传性疾病或(基于人身关系)承担特定义务都可以说是天生的,但这些还是会成为阻止他们结婚的理由。

类似的,如果我们研究发现,男人对多个性伴侣的渴望是有基因根源的(这很有可能),这并不能为一夫多妻制提供辩护理由;而如果我们研究发现,人的性需求都没有基因基础(这基本不可能),也并不能由此否定整个婚姻制度。在同性恋欲望的根源和同性恋婚姻的可能性两者之间,就是没有任何的逻辑关联。

五、异性婚姻法律是否把存在争议的道德和宗教观点强加给每个人

这一点放到最后谈是有原因的。到目前为止,这篇文章已论证了为何要尊重和保护异性婚姻观,也对各种基于理论或实践的反对理由进行了辩驳;论证时并没有诉诸任何上帝启示或信仰上的权威,就像本人在序言里保证过的那样。这反映出婚姻和那些仅仅涉及宗教信仰和实践的问题——比如三位一体或道成肉身的教义、佛的开示、洗礼、犹太教的受诫礼以及有关净身仪式、禁食和祷告的规条——之间有本质的不同。和那些问题不同的是,人在婚姻问题上具有的利益,及它对人类社会共同利益的影响,是可以被理解、分析和讨论的,并不需要引入特别的神学观点和讨论。

当然很多宗教都有认可婚姻的仪式并教导异性婚姻观(或一种与修正主义婚姻观相比,更贴近异性婚姻观的婚姻观念),很多人支持异性婚姻观也是出于维护信仰的动机。但是上述事实并不能解决关于在公共政策中应当选择哪种婚姻观的争论。毕竟,现今已有些宗教在教导或者鼓励信徒为修正主义婚姻观辩护。因此,信仰上的推动力,要么不适合在公共政策中为任何一种婚姻观提供理由,要么就都适合。

即使如此,有些人会说,尊重和保护异性婚姻观,就意味着使一种存在争议的道德信念得到特别优待。但是这样的辩称,也同样会将修正主义婚姻观排除出公共政策选择之外。无论我们选择哪一种婚姻观,都意味着我

们公开地宣称,哪一类同居关系我们应当在公众生活中尊重和鼓励——也同时暗示,哪一类同居关系则应当受到相反的待遇。而修正主义婚姻观(至少是本文表述的那种修正主义婚姻观),会尊重和优待两个同性间的结合,而非多人的结合。正如我们在前文中所指出的①,法律总会在哪一种同居关系应当受到鼓励的问题上,对人们进行教导,除非我们废弃婚姻法;而我们有充足的理由不能这样做。② 从这个意义上说,根本没有真正中立的有关婚姻的公共政策。

最后,我们应当意识到,在这点上,婚姻问题并没有什么特别之处。其他很多重要的政治议题,也只能靠选择一种存在争议的道德立场来解决,包括那些在各宗教信仰中存在不同教导的议题:比如移民、扶贫、死刑以及严刑逼供。这不表示,国家对待这些问题时,不能或不应当有自己的立场。但这确实意味着,公民有义务坦诚的、清晰地彼此阐明自己所持立场,正像我们在这里试图做的那样。

结语

一个假想性实验,也许可以使我们的核心论证变得具体形象。基本上无论处于何种时代或地区的文化,都会有类似于我们所理解为婚姻的习俗或制度。但是假设人类是无性生殖,一个人就可以繁衍出自己的后代;在这种情形下,有任何文化可能发展出像我们今天所理解的所谓婚姻的制度吗?答案明显是否定的。

而我们的观点恰恰对此做出了解释。如果人类采取无性生殖的方式,那么身体上的有机结合——从而达成二人之间的全方位结合——就无法实现,人与人之间的任何结合都不可能产生共同生养和抚育后代的特殊关系;而针对这两种事实所必需的婚姻的规范要件,最多只会成为任何人际关系中一种可有可无的特征。这样一来,婚姻的本质特征就失去了;没有什么人类需求是只有婚姻才能够满足的。

如果不是作为生殖方面的结合,配偶关系本身并没有什么意义,也并非

---

① 参见上文第一部分第四点第二项。

② 参见上文第一部分第二点第二项,第一部分第五点第二项。

任何人类需求之唯一答案;这种领悟,仅仅是对我们经讨论所得出之结论的强调:婚姻从内容上讲,是全方位的结合;从目的性上讲,是为了生养和抚育孩子的结合。只有这两点才是婚姻的本质属性,而对于其他人际关系来说,这两方面却不是必须的。正因为婚姻在建构性意义上满足了人类的本质需求,它就必须与公共利益联系起来;这一点无须特别的宗教性的讨论,人们也可以理解。而那些不能慎重地缔结婚姻或不结婚(即使是基于天生的因素)的人们之间的伴侣关系,理所当然不能被当作婚姻看待,他们的具体需求可以通过其他的制度安排来满足。

所以本文所阐述的观点,并不仅是在少数成年人的利益和其他成年人及孩子们的利益之间,取得一种得到最多数人赞同或造成最少数人损害的利益权衡。这些观点也不是站在某一方立场上的"单纯的辩论",以对抗站在另一方立场上的人们的"具体需求"。上述两种一分为二的做法我们都反对。婚姻被理解为丈夫和妻子之间的异性的结合,在事实上对孩子、对配偶双方以及对社会的公共利益都有益处。如果反对这一观点的论据失去说服力,支持其的论据却站住了脚,而且反对其对立观点的论据是起决定性作用的,那么,我们就可以把这作为这一观点确实促进社会公共利益的证据。因为理性,并非仅仅是辩论者无聊地把各种论据转换成论述中一二三点的工具,而是使问题聚焦到关系人类繁衍生息的特征上的一个棱镜。

(本文以《什么是婚姻》为题收录于郑永流主编:《法哲学与法社会学论丛》,肖潇译,法律出版社 2016 年版,第 207 ~ 249 页。)

【辅读文献】

1. John Finnis, "Marriage: A Basic and Exigent Good", 91 *The Monist*, 3, 2008, pp. 388 – 406.

2. [美]帕特里克·德富林:《道德与婚姻法》,载[美]帕特里克·德富林:《道德的法律强制》,马腾译,中国法制出版社 2016 年版,第 81 ~ 112 页。

3. Patrick Lee, Robert P. George, *Conjugal Union: What Marriage Is and Why It Matters*, Cambridge University Press, 2014.

4. Laurence D. Houlgate. Philosophy, *Law and the Family: A New*

Introduction to the Philosophy of Law, Springer,2017.

5. 马忆南:《婚姻家庭法领域的个人自由与国家干预》,载《文化纵横》2011 年第 1 期。

6. 王洪:《家庭自治与法律干预——中国大陆婚姻法之发展方向》,载《月旦民商法杂志》2005 年第 6 期。

【问题讨论】

1. 什么是婚姻?什么是家庭?婚姻的存在的基础是什么?婚姻或家庭是一个爱情或感情的共同体?还是一种利益或财产的共同体?

2. 费孝通先生将婚姻制度的定义为“社会为子女确定父母的制度”,如何理解他对婚姻制度的这种界定?

3. 爱情或感情可以超越性别,而婚姻必须要有性别之分吗?婚姻的本质是什么?我国法律对婚姻做出了哪些方面的限制?这种限制的正当性基础是什么?

4. 我国宪法所规定的“一夫一妻”应作何解释?宪法规定的“婚姻自由”是否包含了同性婚姻?民法中的婚姻权与宪法上的婚姻权是一种怎样的关系?